# Täterverhalten und Persönlichkeit

## Eine empirische Studie zur Anwendbarkeit der Tathergangsanalyse in der Forensischen Psychologie und Psychiatrie



ISSN 1610-7500
ISBN 3-935979-63-0

Silvia Müller, Denis Köhler & Günter Hinrichs

# Täterverhalten und Persönlichkeit

## Eine empirische Studie zur Anwendbarkeit der Tathergangsanalyse in der Forensischen Psychologie und Psychiatrie

Schriftenreihe Polizei & Wissenschaft

ISSN 1610-7500
ISBN 3-935979-63-0

Verlag für Polizeiwissenschaft

Dr. Clemens Lorei

**Bibliografische Information Der Deutschen Bibliothek**
Die Deutsche Bibliothek verzeichnet diese Publikation in der Deutschen Nationalbibliografie; detaillierte bibliografische Daten sind im Internet über http://dnb.ddb.de abrufbar.



Verlag für Polizeiwissenschaft, Dr. Clemens Lorei
Eschersheimer Landstraße 508 • 60433 Frankfurt
Telefon/Telefax 0 69/51 37 54 • verlag@polizeiwissenschaft.de
www.polizeiwissenschaft.de

Printed in Germany

| | |
|---|---|
| APA | American Psychiatric Association |
| BAK | Blutalkoholkonzentration |
| BKA | Bundeskriminalamt |
| BSU | Behavioral Science Unit |
| BtMG | Betäubungsmittelgesetz |
| CCM | Crime Classification Manual |
| ChET | Checkliste zur Erfassung von Täterverhalten |
| CPRP | Criminal Personality Research Project |
| DSM | Diagnostisches und Statistisches Manual Psychischer Störungen |
| ESPE | Experten- und Spezialistendatei |
| FBI | Federal Bureau of Investigation |
| FFM | Fünf-Faktoren-Modell der Persönlichkeit |
| GEOFAS | Geographische Fallanalyse bei Seriendelikten |
| HPI | Hamburger Persönlichkeitsinventar |
| ICD | Internationale Klassifikation psychischer Störungen |
| IPU | Investigative Psychology Unit |
| JGG | Jugendgerichtsgesetz |
| JVA | Justizvollzugsanstalt |
| KI | Kriminalistisches Institut |
| KKF | Kriminalistisch-kriminologisches Institut |
| KpDÖ | Kriminalpsychologischer Dienst Österreich |
| MO | Modus Operandi |
| MRV | Maßregelvollzug |
| NCAVC | National Center for the Analysis of Violent Crime |
| NEO-FFI | NEO-Fünf-Faktoren-Inventar |
| OFA | Operative Fallanalyse |
| OR | Opferrisiko |
| PCL | Psychopathy Checklist |
| PKS | Polizeiliche Kriminalstatistik |
| PN | Planungsniveau |
| PD | Persönlichkeitsstörung(en) |
| RCMP | Royal Canadian Mounted Police |
| SKID | Strukturiertes Klinisches Interview für DSM-IV |
| SothA | Sozialtherapeutische Anstalt |
| SPSS | Statistical Packages for Social Sciences |
| StGB | Strafgesetzbuch |
| StPO | Strafvollzugsgesetz |
| StVollzG | Strafvollzugsgesetz |
| THA | Tathergangsanalyse |
| TOA | Tatortanalyse |

| | |
|---|---|
| TR | Täterrisiko |
| VICAP | Violent Crime Apprehension Program |
| ViCLAS | Violent Crime Linkage Analysis System |
| WZFP | Westfälisches Zentrum für Integrative Psychiatrie |
| ZIP | Zentrum für Integrative Psychiatrie |

# 1. Einleitung

Die so genannte »**Crime Scene Analysis**« bzw. »**Tathergangsanalyse** (THA)« ist in Deutschland eine vergleichsweise junge Disziplin, über deren Forschungsrichtungen und Anwendungen in Europa – speziell im deutschsprachigen Raum – der Öffentlichkeit wenig valide Kenntnis vorliegt. Vielmehr zeichnen zahlreiche unseriöse Berichterstattungen einzelner spektakulärer Kriminalfälle und mystifizierende Mediendarstellungen ein Bild, das sich gemeinsam mit populärkulturellen Fiktionen wie ‚*Das Schweigen der Lämmer*' (‚*The silence of the lambs*') von Thomas Harris (1989) zum Mythos des seherisch begabten Spezialisten verbindet. Einschlägige biographisch ausgerichtete Publikationen prominenter »Profiler« – in der Kriminalprosa zum eigenen Genre avancierte Romane über Serientäter mit plakativen, martialisch klingenden Titeln wie ‚*Die Seele des Mörders*' (Douglas & Olshaker, 1996), ‚*Mörder aus Besessenheit*' (dies., 1999) oder ‚*Das Profil der Mörder*' (Britton, 2000) – bekräftigen diese Vorstellung des hellsichtigen Fachmannes, dessen Visionen am Tatort eine exakte Täterbeschreibung und -identifikation ermöglichen.

Gleichwohl Deutschland noch nicht in dem Ausmaß von der vermeintlichen Allgegenwärtigkeit des Serienmörders heimgesucht wurde, wie es Anfang der 70er Jahre in den USA der Fall war, so hat auch hier das Interesse der Öffentlichkeit an schweren (insbesondere sexuellen) Gewaltdelikten in den letzten Jahren erheblich zugenommen. Bereits in den 90er Jahren hatten gehäufte Pressemitteilungen und Berichterstattungen über sexuell motivierte Tötungsdelikte zum Nachteil von Kindern ein emotionsgeladenes Klima zunehmender Verunsicherung und Empörung der Bevölkerung hervorgebracht. Nicht nur hatte dies den Erwartungsdruck auf die ermittelnden Beamten verstärkt, sondern auch die Kriminalpolitik und den Gesetzgeber zum Handeln gezwungen (z.B. mit dem ‚Gesetz zur Bekämpfung von Sexualdelikten und anderen gefährlichen Straftaten' vom 26.01.1998). In den letzten Wochen und Monaten waren es v.a. spektakuläre Entweichungen von Patienten, die wegen einer Straftat in forensischen Kliniken bzw. Abteilungen untergebracht waren, welche die Medienlandschaft prägten und für Aufsehen sorgten.

Hinzu kommen kritische Stimmen, die nicht nur eine Verschärfung der Gesetzgebung fordern, sondern darüber hinaus hinterfragen, nach welchen Kriterien Lockerungen im Vollzug bzw. in der Unterbringung (psychisch kranker) Straftäter und frühzeitige Entlassungen gerechtfertigt werden. Der latente Konflikt zwischen Resozialisierung auf der einen Seite und Schutz der Allgemeinheit (Minimierung von Missbrauchs- und Fluchtgefahr) auf der anderen führt zu einem angespannten politischen Klima. Die Tathergangsanalyse kann hier ein Mittel der Wahl sein, um der Umsetzung von Grundsätzen der Angleichung, Gegensteuerung und Integration (§ 3 StVollzG) dahingehend Hilfestellung zu liefern, dass durch die Erforschung der Persönlichkeit sowie eine genaue Rekonstruktion des Deliktszenarios die Behandlungsangebote und Eingliederungshilfen auf den einzelnen Gefangenen bzw. Untergebrachten, dessen Defizite und Bedürfnisse abstellen.

Vor diesem brisanten Hintergrund stellt die Methode der Tathergangsanalyse ein kriminalpsychologisches Werkzeug dar, dessen Wirkung und Wirksamkeit in unterschiedlichen Anwendungsbereichen Erfolg versprechend eingesetzt werden kann und erprobt werden sollte. Obgleich maßgeblich von Mitarbeitern der amerikanischen Bundespolizei »Federal Bureau of Investigation (FBI)« Anfang der 70er Jahre zur Ermittlung von Straftätern entwickelt und als kriminalpsychologisches Instrumentarium etabliert – diente die »Crime Scene Analysis« ursprünglich doch primär zur Erstellung von Täterprofilen und Eruierung von Ermittlungsstrategien sowie zur Entwicklung von Vernehmungsansätzen verdächtiger Personen –, findet die Methode der Tathergangsanalyse seit den 90er Jahren auch außerhalb der Kriminalpsychologie, im forensisch-psychologischen /-psychiatrischen Bereich, zunehmend Eingang.

Einer angemessenen Professionalisierung dieser Disziplin stehen zum einen fehlende Transparenz und Unübersichtlichkeit entgegen; andererseits fehlt es weitgehend an wissenschaftlichen Veröffentlichungen bzgl. ihrer Methodik sowie an Untersuchungen über Einsatzoptionen, Nutzen, Effizienz und Inhalt der Fallanalysen und psychologischen Täterprofile. Insbesondere mangelt es sowohl national als auch international an wissenschaftlichen Studien, die auf empirischer Basis die Grundhypothesen der Tathergangsanalyse untersuchen. Vor allem bedarf es insofern einer Konkretisierung, als in Bezug auf die Profilbestandteile die angestrebte Bestimmung definierter Persönlichkeitsmerkmale hinter soziodemographischen Inhalten zurückstehen. Studien, die klar definierte psychologische Konstrukte in ihre Untersuchung einbeziehen, stehen mit wenigen Ausnahmen weitgehend aus, so dass mit Mokros (2002) an zukünftige Forschungsprojekte der Appell zu richten ist, vermehrt den Persönlichkeitskonstrukten Beachtung zu schenken, um eine Verbindung bestimmter Formen kriminellen Verhaltens mit Aspekten der Täterpersönlichkeit aufzuklären. Dieser Forderung soll – insbesondere im Hinblick auf die Zielsetzung einer Anwendbarkeit der Ergebnisse in der forensischen Psychiatrie – mit dieser Studie entsprochen werden.

Sowohl für die Therapieplanung als auch für die Risikoeinschätzung bzw. Prognose zur Legalbewährung von Gewalt- und Sexualstraftätern, d.h. für Aussagen über zukünftiges Verhalten und eine Einschätzung der Bedrohung, sind konkrete Angaben bzgl. typischer Verhaltensweisen, Merkmale und Eigenschaften – also der Persönlichkeit – unabdingbar. Durch die Zusammenstellung und Überprüfung spezifischer Annahmen der Tathergangsanalyse bzw. der Generierung entsprechender Hypothesen soll zunächst eine Datenbasis auf empirischer Grundlage erstellt werden, welche u.a. in der forensisch-psychiatrischen Beurteilung von Einzelfällen Verwendung finden und gewinnbringend eingesetzt werden kann. Es ist zu erwarten, dass sich aus den Daten zur Grundlagenforschung langfristig eine Verbesserung der Therapieplanung als Basis für die forensische Psychotherapie sowie optimierte Kriterien zur prognostischen Erfassung der Rückfälligkeit von verurteilten Straftätern entwickeln lassen. Eine Verbesserung des Behandlungsangebotes und Optimierung der Prognoseentscheidungen bei Sexual- und Gewaltstraftätern sind im Hinblick auf die Vermeidung zukünftiger Delikte sowohl generalpräventiv als auch spezialpräventiv von zentraler Bedeutung. Somit kann im Sinne des Vollzugsziels sozialer (Wieder-) Eingliederung des Täters (im Interesse der Rückfallvermeidung) die Tathergangsanalyse als weiteres Instrument der (re-)sozialisierenden Behandlung einen Beitrag zur sozialen Integration des Einzelnen und dadurch zum Schutze der Allgemeinheit vor weiteren Straftaten leisten.

Im Rahmen dieser Studie, deren Fokus auf den Beziehungen zwischen tat- bzw. deliktspezifischen Variablen und der Persönlichkeit (Eigenschaften und Psychopathologie) von Sexual- und Gewaltstraftätern liegt, werden inhaftierte und im Maßregelvollzug untergebrachte Täter mit unterschiedlichen Persönlichkeitsmessverfahren untersucht. Zusätzlich wird anhand einer in Anlehnung an bereits evaluierte Erhebungsbogen und computerunterstützte Verfahren konzipierten neu strukturierten Checkliste (*Checkliste zur Erfassung von Täterverhalten*; ChET; Müller, Köhler & Hinrichs, 2004) das Verhalten der Straftäter vor, während und nach der Tat analysiert bzw. unter Einbeziehung der jeweiligen (Gefangenen-/ Krankenpersonal-) Akten rekonstruiert. Die Zielsetzung besteht darin, tathergangsanalytische Konstrukte und Hypothesen empirisch zu überprüfen, um eine systematische, wissenschaftlich fundierte Grundlage für weitere Forschungen anzubieten.

Die vorliegende Arbeit ist in vier Bereiche untergliedert: In der Darstellung des theoretischen Hintergrundes von Tathergangsanalyse und Täterprofilerstellung (**Kapitel 2.**) werden zunächst die Theorie und Methodik unter Bezugnahme auf die historische Entwicklung vorgestellt. Insbesondere erfolgt eine Beschreibung der Vorgehensweise, der Zielsetzungen und Anwendungsbereiche des »Federal Bureau of Investigation (FBI)«. Die zentralen theoretischen Grundannahmen werden – kontextuell eingebettet in theoretische und empirisch belegte Befunde zum Zusammenhang von Delinquenz und Persönlichkeit – hinsichtlich der persönlichkeitspsychologischen Einordnung der Tathergangsanalyse erläutert. Aufgezeigt werden interdisziplinäre Zugänge zur Thematik »Tathergangsanalyse« bzw. zu Beziehungen zwischen Täterverhalten und Persönlichkeit, wobei primär der Nutzen für die forensische Psychologie / Psychiatrie herausgearbeitet wird.

Diese Zusammenhänge zwischen konkreten Verhaltensweisen des Täters bzw. spezifischer Charakteristika des Tathergangs und Persönlichkeitseigenschaften werden nachfolgend präzisiert (**Kapitel 3.**).

Unter Berücksichtigung entsprechender empirischer Studien werden zunächst die tathergangsanalytischen Parameter, die für die Rekonstruktion eines Tatgeschehens von vorrangiger Bedeutung sind (z.B. die Art der Kontaktaufnahme zum Opfer), dargelegt. Auch die Erläuterung der relevanten Persönlichkeitskonstrukte (z.B. ‚Psychopathy') fokussiert auf empirische Befunde, die in Bezug zu straffälligem Verhalten stehen. Die besagten Studien werden insofern diskutiert, als überprüft wird, welche Inhalte im Rahmen der vorliegenden Untersuchung genutzt werden können. Auf dieser Grundlage erfolgt sodann eine Ableitung der Fragestellungen.

Das methodische Vorgehen (**Kapitel 4.**) umfasst neben der Vorstellung des Untersuchungsdesigns v.a. Erläuterungen zur Operationalisierung (insbesondere hinsichtlich der angewendeten strukturierten Checkliste zur Erfassung von Täterverhalten) sowie die Beschreibung der Untersuchungsdurchführung. Im Anschluss an die ausführliche Darstellung der Ergebnisse (**Kapitel 5.**) werden die untersuchten Zusammenhänge zwischen Tathergangsmerkmalen und Persönlichkeitskonstrukten der Täter kritisch bewertet (**Kapitel 6.**). Abschließend erfolgt eine kurze Zusammenfassung, in der die Ergebnisse resümiert und Hinweise sowie Anregungen für nachfolgende Forschungsprojekte gegeben werden.

# 2. Tathergangsanalyse – Theoretischer Hintergrund

Im Folgenden, einleitenden Abschnitt gilt es zunächst, den Begriff der Tathergangsanalyse (THA) mit Inhalt zu füllen und die z.T. uneinheitlich verwendeten Bezeichnungen vorzustellen und voneinander abzugrenzen. An die Definition und Beschreibung dessen, was unter einem »Täterprofil« zu verstehen ist, schließt die konzeptuelle Unterscheidung zwischen induktiver und deduktiver Urteilsbildung an (**Kap. 2.1.**).

Zur Darstellung der historischen und theoretischen Wurzeln der THA (**Kap. 2.2.**) werden zunächst die Entwicklungen in den USA sowie die Konzeptionen im europäischen Ausland vorgestellt, wobei v.a. die Pionierarbeiten auf dem Gebiet der Täterprofilerstellung in Großbritannien, Österreich und den Niederlanden hervorgehoben werden. Die Beschreibung deutscher Entwicklungen fokussiert auf die Fallanalyse des Bundeskriminalamtes (BKA), namentlich der »Operativen Fallanalyse (OFA)« und den computerunterstützten Möglichkeiten dieses kriminalpsychologischen Instrumentariums.

Die Erläuterungen zu Theorie und Methodik der THA (**Kap. 2.3.**) beinhalten die wichtigsten Elemente der Rekonstruktion und Ableitung des Tathergangs, orientiert an der Vorgehensweise des »Federal Bureau of Investigation (FBI)«. Dargestellt werden u.a. die Motivklassifikation sowie das Phasen-Modell des Verlaufs von Gewaltverbrechen (Täterverhalten vor, während und nach der Tat). Vorgestellt werden weiter die unterschiedlichen Zielsetzungen und möglichen Aufgaben- und Anwendungsfelder der THA.

Im Anschluss werden diejenigen Handlungsmuster beschrieben und voneinander abgegrenzt, deren Manifestation am Tatort von besonderem Interesse für eine Verhaltensanalyse sind (**Kap. 2.4.**). Terminologisch und inhaltlich unterschieden werden »Modus Operandi« und »Handschrift« des Täters sowie bestimmte, definierte Personifizierungsformen, wobei v.a. das Prinzip der Ganzheitlichkeit als wesentlicher Bestandteil der THA hervorgehoben wird.

Im anschließenden Kapitel werden die zentralen theoretischen Grundannahmen und ihre Implikationen hinsichtlich der persönlichkeitspsychologischen Einordnung der THA vorgestellt – dies vor dem Hintergrund der ‚alten' und doch immer aktuellen Person-Situations-Kontroverse über die einem Verhalten zugrunde liegenden, auslösenden Bedingungen bzw. Dispositionen (**Kap. 2.5.**). Herausgearbeitet wird insbesondere der Zusammenhang von Straffälligkeit und Persönlichkeit für jene Täter, bei denen das Vorliegen einer psychischen Störung den Einfluss situativer Faktoren auf das Verhalten vermindert.

Den Abschluss dieses ersten Abschnitts zum theoretischen Hintergrund bildet das Kapitel zur interdisziplinären Einordnung der THA (**Kap. 2.6.**), wobei zunächst die Verbindungen zu Kriminologie und Kriminalistik aufgezeigt werden. Anschließend wird der Nutzen dieses tathergangsanalytischen Verfahrens als zusätzliche innovative Untersuchungsstrategie im Fachbereich der forensischen Psychologie / Psychiatrie für die praktische Anwendung bei Fragestellungen der Begutachtung, Therapieplanung und Legalprognose erläutert.

## 2.1. Begriffsbestimmung

> »Seriös durchgeführte Fallanalysen einschließlich Täterprofilerstellung sind [...] mühsame Prozeduren, an die vielfältige Anforderungen gestellt werden. Es handelt sich dabei weder um eine undurchschaubare Geheimwissenschaft noch um eine mysteriöse psychologische Wunderwaffe.«
> (Musolff, 2002a, S. 9)

Das US-amerikanische Konzept des »Profiling« subsumiert eine Vielzahl tathergangsanalytischer Verfahren sowie deren zum Einsatz kommende kriminalpsychologische Ansätze und Methoden. Der gegenwärtigen Bezeichnungsvielfalt liegen primär die unterschiedlichen internationalen wissenschaftlichen Forschungsbemühungen zugrunde, so dass diese Begriffsverwendungen uneinheitlich und z.T. widersprüchlich verwendeter Termini insbesondere aus der historischen und aktuellen Entwicklung resultieren.

### 2.1.1 Tathergangsanalyse (THA) / Crime Scene Analysis

Als umfassendster Ansatz kann der von der amerikanischen Bundespolizei »Federal Bureau of Investigation (FBI)« geprägte Begriff »Crime Scene Analysis« (später bevorzugt: »Criminal Investigative Analysis«) verstanden werden (Homant & Kennedy, 1998). Darüber hinaus finden die verschiedenen aktuellen kriminalistischen, kriminalpsychologischen und kriminologischen Arbeitsmethoden zur Aufklärung schwerwiegender Gewaltdelikte in der Terminologie von »Psychological Profiling«, »Offender Profiling«, »Criminal Profiling«, »Criminal Personality Profiling«, »Geographic Profiling« und »Investigative Psychology« Eingang in die Literatur (z.B. Meyer, 2002; Musolff, 2002a; Robak, 2004). Im deutschsprachigen Raum kursieren des Weiteren Bezeichnungen wie »Täterprofiling«, »Operative Fallanalyse« oder kurz »Fallanalyse« bzw. »OFA« (BKA, o.J.) sowie die der – an den englischen Begriff der »Crime

Scene Analysis« angelehnten – »Tatortanalyse« oder der »Tathergangsanalyse« (Baurmann, 2002; Hoffmann, 2002b).

Da der Ausdruck »Tatortanalyse« insofern irreführend ist, als er dazu verleitet, ausschließlich eine systematische Untersuchung des Tatortes in Form von Spurensicherung etc. anzunehmen, und die (Operative) Fallanalyse vom Bundeskriminalamt (BKA) u.a. auch als Oberbegriff für die analytische Ermittlungstätigkeit bei Erpressungen, Brandstiftungen und Entführungen (vgl. 2.2.3) Verwendung findet (z.B. Dern, 2000; Hoffmann, 2002b), wird in der vorliegenden Arbeit der Begriff »Tathergangsanalyse« präferiert, um hervorzuheben, dass

a) vordergründig *personenbezogene* (Körperverletzungs- und Tötungs-) sowie *sexuelle Gewaltdelikte* thematisiert werden (wie auch beim ‚Vorbild' der Tathergangsanalyse, der »Crime Scene Analysis« bzw. »Criminal Investigative Analysis«);
b) im Zentrum der Analyse die Verhaltensabläufe und Handlungen bzw. diesen zugrunde liegende Entscheidungen des Täters, ergo *dynamische* Elemente des vermutlichen Tat*ablaufs* stehen.

Die Grundannahme der Tathergangsanalyse – und infolgedessen auch Prämisse der vorliegenden Studie – besteht darin, dass bestimmte Verhaltensweisen eines (Gewalt- und Sexual-) Straftäters vor, während und nach der Tatbegehung Rückschlüsse auf dessen Bedürfnisstruktur und Persönlichkeit zulassen (Föhl, 2001; Ressler et al., 1986).

> »‚Case Analysis' can be defined as ‚the study of a major crime by presenting a chronology of activities of all persons involved (victims, witnesses, perpetrators and suspects), before, during and after the crime'.«
>
> (van de Plas, 1998, p. 155)

Letztlich ist auch aufgrund der z.T. voneinander abweichenden Zielsetzungen (vgl. 2.3.2) eine explizite Differenzierung der verschiedenen Ansätze vonnöten. Der Entwicklung durch Mitarbeiter des FBI lag zugrunde, eine schrittweise Systematisierung, Ordnung und Bewertung von zunächst unstrukturiert vorliegenden Informationen in die Analyse des unidentifizierten Täters münden zu lassen. Es wurden Hypothesen über die

Hintergründe eines Deliktes generalisiert, um auf diese Weise polizeitaktisch relevante Hinweise zu produzieren (Hoffmann & Musolff, 2000). Somit diente die »Crime Scene Analysis« ursprünglich in erster Linie der Entwicklung von Ermittlungstaktiken oder auch Vernehmungsstrategien verdächtiger Personen sowie der Erstellung so genannter (psychologischer) Täterprofile.

> »The theory behind this approach is that behavior reflects personality, and by examining behavior the investigator may be able to determine what type of person is responsible for the offense.«
>
> (Ressler et al., 1988, p. 9/10)

Berührungspunkt der verschiedenen Verfahren ist die Idee, durch die Betrachtung, systematische Analyse und Interpretation definierter Tatort- und Tathergangsmerkmale auf Wahrscheinlichkeiten basierende, weiterführende Schlussfolgerungen über das Täterverhalten zum Tatzeitpunkt zu ziehen. Als »Herzstück der psychologisch-kriminologischen Untersuchung von Tötungsdelikten und sexuellen Gewaltverbrechen« (Hoffmann & Musolff, 2000, S. 158) beinhaltet die THA den *Versuch, unter ganzheitlicher Berücksichtigung sämtlicher verfügbarer Fallinformationen den vermutlichen Tatablauf detailliert zu rekonstruieren, von objektiven Tatbestandsmerkmalen auf Verhaltensweisen zu schließen und auf diese Weise auf die – den spezifischen Handlungssequenzen vorausgehenden – Täterentscheidungen zu abstrahieren* (vgl. Hoffmann & Musolff, 2000; Kocsis, 2003; Robak, 2004).

Unterschieden wird hierbei zwischen objektiven Fakten (z.B. Spurensicherung am Tatort, eindeutige Aussagen der Rechtsmedizin in Form von Obduktionsbefunden oder DNA-Analysen) und subjektiven Informationen (z.B. Zeugenwahrnehmungen), wobei zunächst ausschließlich erstere Eingang in weiterführende Analyseschritte finden (Nagel, 2002). Letztere werden erst in späteren Arbeitsphasen schrittweise in die Rekonstruktion integriert.

### 2.1.2 Täterprofile

Diesem Ansatz – sowie der eingangs beschriebenen Mythenbildung durch kolportierte Gerüchte, verbreitet durch einschlägige Hollywood-Produktionen und entsprechende Fernsehserien (z.B. ‚Profiler', ‚Für alle Fälle Fitz', ‚Hautnah - Die Methode Hill') – ist es zu verdanken, dass die amerikanische Bezeichnung »Profiler« auch in Europa verbreitet ist. Im deutschsprachigen Raum wird jedoch die Benennung »Fallanalytiker« bevorzugt (Baurmann, 2002); dies zum einen sicher auch, um sich von der Vorstellung des medienfiktiven, omnipotenten Hellsehers zu distanzieren, v.a. aber zur Verdeutlichung der Tatsache, dass das Erstellen eines Täterprofils eben nur *ein* – fakultativer – Bestandteil der Tätigkeit eines Fallanalytikers ist (während jedoch der Erstellung eines psychologischen Profils obligatorisch eine detaillierte THA vorausgehen muss).

> »Täterprofilerstellung ist ein Verfahren, bei dem ein unbekannter (!) Täter hinsichtlich seiner Persönlichkeits- und Verhaltensmerkmale so beschrieben wird, dass er von anderen signifikant zu unterscheiden ist. Das Täterprofil ist eine fallanalytisch hergeleitete Tätertyp-Hypothese. Sie umreißt die Kategorie Mensch, die als Akteur für die Handlungen, die im Rahmen eines Tatgeschehens gesetzt wurden, infrage kommt.«
>
> (Dern, 2000, S. 538)

Ein Täterprofil hat als »psychologisches Phantombild« (Busch & Scholz, 2001, S. 549) eines unbekannten Täters den Status einer Hypothese: Es gilt, ausgehend von beobachtbaren, der objektiven Messung zugänglichen Indizien, Erlebens- und Verhaltensmuster zu beschreiben und abstraktere Eigenschaften abzuleiten. Obwohl ein Täterprofil keine genaue Identifizierung des Täters abbildet, so vermag es doch als »Einschätzung zum möglichen Tätertyp« (Baurmann, 2002, S. 88) den Kreis potenziell verdächtiger Personen dahingehend einzugrenzen, dass es Hinweise dafür liefert, welche Art von Person das Verbrechen begangen hat. Primäres Ziel ist nicht die Erklärung des Tatverhaltens, sondern die Bestimmung der Persönlichkeitseigenschaften des Täters auf der Grundlage seiner Handlungen (Föhl, 2001). Auf diese Weise sollen diejenigen Merkmale ermittelt werden, welche dem unbekannten Täter zugeschrieben werden können, da sie für die Tatbegehung eines Verbrechens in genau jener wie der erfolgten Form kennzeichnend sind.

### 2.1.3 Induktive vs. deduktive Täterprofilerstellung

Die Vielzahl der internationalen tathergangsanalytischen (Profiling-) Verfahren und verschiedenen methodischen Ansätze können auf einem Kontinuum mit den zwei Polen »induktive« bzw. »deduktive« Täterprofilerstellung abgebildet werden (Musolff, 2002a), wobei es hinsichtlich der jeweiligen Zuordnung divergierende Ansichten gibt (u.a. Föhl, 2001; Robak, 2004; Turvey, 2002).

Bei der *deduktiven* Vorgehensweise zur Tätereinschätzung wird eine Schwerpunktsetzung zugunsten eines konkreten Einzelfalls gesetzt, d.h., die Generierung eines Täterprofils geschieht auf Basis einer individuellen Fallrekonstruktion (»bottom up«, Busch & Scholz, 2001, S. 549). Bei dieser »Analyse des inneren Kontextes des Tatverlaufs« (Robak, 2004, S. 158) werden die am Tatort gefundenen kriminologischen Hinweise in ihren Besonderheiten streng sequenziell chronologisch herausgearbeitet. Schlussfolgerungen über Eigenschaften des gesuchten Täters orientieren sich ausschließlich an der konkreten Fallstruktur, an tatsächlich beobachtbaren Fallgegebenheiten, so dass die individuellen Besonderheiten jeder Tat (Vorbereitung, Begehung, Vertuschung) bei der Analyse berücksichtigt werden: »A method that describes, and bases its inferences on, the behavioural evidence in a particular case, or a series of related cases« (Turvey, 2002, p. 682). Aus den Informationen und Beweisen zum Tatgeschehen werden Hypothesen abgeleitet, die sich vorerst nur auf die Handlungen während der Tat bzw. die Tatrekonstruktion beziehen, bevor in einem späteren Analyseschritt auch Hypothesen zur Täterpersönlichkeit generiert werden können (Föhl, 2001; Turvey, 2002).

Ein klassisches Beispiel des deduktiven, am Einzelfall orientierten Vorgehens ist die Täterprofilerstellung des amerikanischen Psychiaters Dr. J. A. Brussel. Berühmt geworden ist der in zahlreichen Publikationen zitierte Fall des ‚Mad Bomber von New York' aus den 50er Jahren des letzten Jahrhunderts (Brussel, 1971). Brussel unterstützte die polizeilichen Ermittlungen durch die Erstellung eines Persönlichkeitsprofils des unbekannten Bombenlegers, der im Zeitraum von 16 Jahren (von 1940 bis zu seiner Festnahme im Jahre 1956) über 30 Sprengkörper gelegt hatte. Dieses psychologische Täterprofil, erstellt auf der Grundlage von

Tatortphotos, nicht detonierten Sprengkörpern und Kopien der handschriftlichen Briefe des Täters, zeigte im Nachhinein – nachdem George Metesky durch einen Zufall ergriffen und der Taten überführt worden war – in vielen Details Übereinstimmungen (vgl. Canter, 1994; Füllgrabe, 1993; Musolff, 2002a). Eine streng deduktive Vorgehensweise zeichnet auch die fallanalytischen Arbeiten des Bundeskriminalamtes in Wiesbaden aus (vgl. 2.2.3).

Die *induktive* Methode der Urteilsbildung setzt hingegen auf empirisch gewonnene Untersuchungsergebnisse und statistische Daten, die als Vergleichsgrundlage für den konkreten Einzelfall Verwendung finden. Zunächst werden hier regelgeleitet die Daten einer größeren Anzahl gleichartiger, in der Vergangenheit aufgeklärter Delikte (z.B. Eigenschaften bereits ermittelter Täter) gesammelt, allgemeine Thesen über Tat- und Tätertypen bzw. Wahrscheinlichkeitswerte über entsprechende Zusammenhänge entwickelt und statistisch ausgewertet. Ziel dieses »top-down«-Ansatzes (Busch & Scholz, 2001, S. 550) ist die Identifikation für bestimmte Deliktarten ‚typischer' Merkmale bzw. Merkmalscluster, auf deren Basis in einem aktuellen Ermittlungsverfahren Wahrscheinlichkeitsaussagen über den gesuchten Täter getroffen werden, die sich nicht unmittelbar aus vorliegenden Tatort-/ Tathergangscharakteristika ableiten lassen (Robak, 2004). Induktive Schlussfolgerungen resultieren demzufolge aus Studien über an inhaftierten Delinquenten identifizierte Eigenschaften genereller Tätertypen, die mit spezifischen Verhaltensmustern verknüpft werden (»any method that describes, or basis its inferences on, the characteristics of a typical offender type« [Turvey, 2002, p. 686]). Die Besonderheiten des Einzelfalls bleiben zunächst unberücksichtigt.

Als typische Beispiele für eine Herangehensweise an die Täterprofilerstellung, deren Schlussfolgerungen im Schwerpunkt auf induktive Elemente zurückgehen, gelten sowohl die Kategorienbildungen der FBI-Modelle (z.B. »organized« vs. »disorganized«), als auch statistische Ansätze, zu denen u.a. die so genannten empirischen Täterprofile von Stephan Harbort zählen (Föhl, 2001; Robak, 2004). Die jeweiligen Verfahren werden im Verlauf dieser Arbeit detaillierter dargestellt (vgl. Kap. 2.3.).

Der kontroversen Diskussion einer häufig als gegensätzlich beschriebenen induktiven vs. deduktiven Vorgehensweise steht die Tendenz einer Zusammenführung entgegen, bei der beide Formen der Urteilsbildung nicht als disjunkte Entitäten verstanden werden, sondern in einem sich gegenseitig ergänzenden Verhältnis zueinander stehen. Zur Qualitätssteigerung der Arbeit, insbesondere bei der Datensammlung, erscheint es daher sinnvoll, deduktiv konzipierte Analysen zum Tathergang und unbekannten Täter durch die Integration induktiver Elemente zu erweitern. Hierbei sollten nicht gesicherte induktive Hypothesen dann als solche gekennzeichnet werden, wenn sie über die objektive Beweislage hinausreichen (Föhl, 2001).

## 2.2. Historische Entwicklung der THA und der Täterprofilerstellung

> »Die Mörder haben einen glasigen, eisigen, starren Blick, ihr Auge ist bisweilen blutunterlaufen. Die Nase ist groß, oft eine Adler- oder vielmehr Habichtnase; die Kiefer starkknochig, die Ohren lang, die Wangen breit, die Haare gekräuselt, voll und dunkel, der Bart oft spärlich, die Lippen dünn, die Zähne groß.«
>
> (Lombroso, 1894, zit. n. Schneider, 1974, S. 24)

Der Versuch, von den offenkundigen Fakten einer Gewalttat mittels biologischer oder verhaltenspsychologischer Merkmale auf einen unbekannten Täter zu schließen und durch diese Rückschlüsse präventiv sogar eine Tatbegehung zu verhindern, ist vermutlich so alt wie das Verbrechen selbst.

Die historischen und theoretischen Wurzeln der Täterprofilerstellung reichen bis ins 19. Jahrhundert zurück, als bereits einzelne Kriminologen, forensische Pathologen oder Psychiater zu spektakulären Fällen hinzugezogen wurden, um der Exekutive in ihren Ermittlungen Hilfestellung zu leisten. Auf einen detaillierten Überblick dieser weitgehend ohne wissenschaftlich gesicherte, systematische Methodik und ohne Institutionalisierung durchgeführten Ansätze muss hier verzichtet und zum Nachlesen dieser geschichtlichen Retrospektive auf die entsprechende Literatur (z.B. Föhl, 2001; Meyer, 2002; von Lüpke, 1999) verwiesen werden.

### 2.2.1 Entwicklungen in den USA

Der Ursprung der systematischen Methodik moderner fallanalytischer Verfahren zur Erstellung von Täterprofilen ist auf den Beginn der 70er Jahre zu datieren, als die FBI-Mitarbeiter Howard Teten und Pat Mullany im Jahr 1972 die Abteilung für Verhaltensforschung »Behavioral Science Unit, BSU« (heute: »Profiling and Behavioral Assessment Unit«) gründeten und Methoden wie die »Criminal Investigative Analysis« sowie die zugehörige Täterprofilerstellung entwickelten (Föhl, 2001).

Anlass für die Einrichtung der BSU (und die Einführung von fallanalytischen Verfahren) war die sinkende Aufklärungsquote bei Gewaltverbrechen, die auf Veränderungen in der Täter-Opfer-Beziehung und den motivationalen Tathintergründen zurückgeführt wurde. Insbesondere war ein Anstieg derjenigen Delikte zu verzeichnen, bei denen vor der Tat keine Verbindung zwischen Opfer und Täter bestanden hatte. Es wurde festgestellt, dass der Anteil so genannter Beziehungsdelikte gefallen war. Als mitursächlich wurde das Phänomen von in Serie mordenden Straftätern ins Kalkül gezogen – ein Rückschluss, der auch vor dem Hintergrund einer Zunahme von als ‚motivlos' klassifizierten Tötungsdelikten erfolgte (Hoffmann & Musolff, 2000; Meyer, 2002; Robak, 2004).

Ende der 70er Jahre wurden dann unter der Leitung nachfolgender FBI-Spezialisten wie John Douglas, Robert Ressler und Roy Hazelwood diese Untersuchungstechniken modifiziert, psychologische Modelle und Tätertypologien erarbeitet sowie empirische Studien über Serientäter durchgeführt (Douglas et al., 1992; Ressler et al., 1988). Auf diese Weise begann die BSU eine empirische Grundlage als Datenbasis für das Erstellen von Täterprofilen zu schaffen, wobei v.a. die Tatfelder ‚Sexualmord' und Vergewaltigung theoretisch aufbereitet wurden. Nennenswert ist bspw. das »*Criminal Personality Research Project* (CPRP)«, ein inzwischen legendäres Interviewprojekt, in dessen Rahmen Gespräche mit 36 überführten, verurteilten und in amerikanischen Gefängnissen inhaftierten Gewaltstraftätern geführt wurden (vgl. 3.1.1.1.1). Ziel der Arbeit war das Herausarbeiten von Zusammenhängen zwischen dem Täterverhalten, wie es sich in den Spuren am Tatort niederschlägt, und den individuellen Charakteristika der Delinquenten – insbesondere in Bezug auf das Planungsverhalten vor, während und nach der Tat. Die Resultate des CPRP dienen bis heute als Grundlage für die vom FBI praktizierten Profiling-Verfahren. Eine zweite große, speziell für das Profiling angelegte Studie des FBI wurde im institutionellen Rahmen des neu gegründeten »*National Center for the Analysis of Violent Crime* (NCAVC)« durchgeführt. Zielsetzung dieses Projektes war wiederum die Analyse der Verhaltensweisen des Täters zugunsten polizeilicher Aufklärungstätigkeiten (vgl. 3.1.2.1.1) – jedoch stand weniger das Planungsniveau (»organized« vs. »disorganized«) im Vordergrund wie beim CPRP, als vielmehr die Erwartung, aus dem verbalen, physischen und sexuellen Verhalten ermittlungstaktische Hinweise erschließen zu können (Hazelwood & Warren, 1990; Homant & Kennedy, 1998).

### 2.2.2 Internationale Entwicklungen

In den 80er Jahren gründeten sich auch in Europa Arbeitsgruppen zum Thema Profiling, eine Entwicklung, die mittlerweile eine Vielfalt methodischer Ansätze – und Kontroversen zwischen den jeweiligen Vertretern – hervorgebracht hat. Nach dem Vorbild der BSU- (bzw. NCAVC-) Methode wurde das Profiling zunächst in Großbritannien, kurze Zeit später auch in den Niederlanden, Österreich und schließlich auch in Deutschland angewendet und etabliert. Im Rahmen dieser internationalen Ausbreitung kam es nicht nur zu einer entscheidenden Beeinflussung und Modifikation der FBI-Ansätze, sondern gleichsam zu einer Distanzierung von eben diesen. Während sich einige Forschungen am amerikanischen Modell orientierten, sind andere eher eigene Wege gegangen (vgl. Vick, 1998).

#### 2.2.2.1 Entwicklungen in Großbritannien

In Großbritannien begannen Wissenschaftler Mitte der 80er Jahre auf der Grundlage komplexer statistischer und sozialwissenschaftlicher Methoden Modelle zur Erstellung von Täterprofilen zu generieren. Wie bereits zuvor in den USA wurden Studien an überführten (Serien-) Vergewaltigern mit der Zielsetzung durchgeführt, Zusammenhänge zwischen Täterpersönlichkeit und Tatcharakteristika zu eruieren und für das Profiling nutzbar zu machen. Unter der fachkompetenten Leitung von Professor David Canter von der University of Liverpool, der als Psychologe und Verhaltensforscher die intensive Kooperation zwischen Polizei und Hochschule entscheidend beeinflusste, hat sich unter dem Stichwort »*Investigative Psychology*« ein eigener Forschungszweig entwickelt, der inzwischen an mehreren britischen Hochschulen gelehrt wird (vgl. Alison & Salfati, 1998; Canter, 1995; Canter & Alison, 2000).

In seinem Profiling-Ansatz (vgl. 3.1.2.1.2) formuliert Canter explizit eine Distanzierung zu der Technik des FBI, deren Verwendung von Tätertypologien er fehlendes wissenschaftliches Fundament unterstellt. So wurden keine persönlichen Gespräche mit inhaftierten Straftätern geführt, deren Wahrheitsgehalt Canter skeptisch gegenüberstand, sondern ausschließlich Informationen aus polizeilichen Ermittlungsakten ausgewertet, um die Beziehungen zwischen Tatort und Tathergang einerseits und ermittlungsrelevanten Persönlichkeitsmerkmalen des Täters andererseits zu untersuchen (Hoffmann, 2002b; Hoffmann & Musolff, 2000; Robak, 2004).

Neben der wissenschaftlichen Abteilung für Ermittlungspsychologie (»Investigative Psychology Unit«, IPU) wurde 1993 mit der »Home Office Police Research Group« der britischen Polizei eine weitere Forschungsinstitution eingerichtet, die sich im Rahmen des »Offender Profiling Research Program« mit der empirischen Untersuchung der Täterprofilerstellung beschäftigte (Oldfield, 2000). Nennenswert ist auch die 1996 in Bramshill gegründete »National Crime Faculty« (Wells & West, 1998), die sowohl die Forschung zu Gewaltstraftaten begleitet, als auch Polizeikräfte berät und in der Zusammensetzung von Expertenteams unterstützt (Hoffmann & Musolff, 2000).

### 2.2.2.2 Entwicklungen in den Niederlanden und in Österreich

Der eigentliche Durchbruch der Tathergangsanalyse und Täterprofilerstellung in Europa ist auf den Beginn der 90er Jahre zu datieren. So führte das Kriminalpolizeiliche Recherche- und Informationszentrum der Niederlande (Den Haag) im Jahr 1991 die Methoden des FBI ein (van den Eshof & Schippers, 1998), nachdem ein niederländischer Kriminalbeamter – wie auch der Wiener Polizeipsychologe Thomas Müller, Begründer des Kriminalpsychologischen Dienstes im österreichischen Bundesministerium (s.u.), – an einer intensiven Fortbildung durch Mitarbeiter des FBI in Quantico / Virginia auf dem Gebiet des Profilings teilgenommen hat. Hervorzuheben ist insbesondere das niederländische Forschungsprojekt über die Zusammenhänge von Täterverhalten und Merkmalen sowie Vorstrafen des Delinquenten bei Vergewaltigungsdelikten (Jackson et al., 2000).

Mit der Gründung des Kriminalpsychologischen Dienstes (KpDÖ) im Februar 1993 (vgl. Edelbacher, 1993) konnte Müller die beim FBI studierten sowie autodidaktisch angeeigneten Kenntnisse und Methoden in institutionalisierter Form anwenden. Das Forschungsprojekt »IMAGO-300« (vgl. 3.1.1.1.2) beinhaltet daher auch den Versuch, die Ergebnisse aus den USA für den europäischen Raum zu adaptieren. Im Verlauf dieser umfangreichen Replikationsstudie wurden sämtliche Tötungsdelikte mit sexuellem Bezug zwischen 1975 und 1994 in Österreich untersucht und statistisch ausgewertet (Müller, 1998). Es fanden sich große Übereinstimmungen mit den Ergebnissen des FBI.

> »When we worked on Austrian murders together with our colleagues from the National Centre for the Analysis of Violent Crime (NCAVC), we found that their research findings and experience could be applied to the investigation of Austrian criminal cases.«
>
> (Müller, 1998, p. 179)

Thomas Müller, der durch seine in Zusammenarbeit mit dem FBI entstandenen Analysen im Fall des Serienmörders Jack Unterweger sowie durch die Beteiligung an den Ermittlungen im Fall des Bombenbauers Franz Fuchs ebenso internationale Beachtung erfuhr, wie durch seine Bemühungen, den FBI-Ansatz bei den Polizeibehörden verschiedener europäischer Länder publik zu machen und zu etablieren, hat auch die Einführung und Entwicklung fallanalytischer Verfahren in Deutschland maßgeblich beeinflusst (Friese, 2002; Nagel, 2002; Nagel & Horn, 1998).

### 2.2.3 Entwicklungen in Deutschland: Fallanalysen des BKA

Auch in Deutschland haben fallanalytische Verfahren im Verlauf der vergangenen Jahre als ergänzendes Instrumentarium in der Ermittlungstätigkeit der Strafverfolgungsbehörden zunehmend an Bedeutung gewonnen (Schröer et al., 2004). Diesbezügliche Forschungsansätze sind primär dem Aufgabengebiet des BKA in Wiesbaden zuzuschreiben, wobei der Durchführung erster Fallanalysen (einschließlich der Täterprofilerstellung) ebenfalls eine Hospitation beim NCAVC des FBI durch zwei Mitarbeiter (Michael Baurmann und Harald Dern) des Kriminalistischen Instituts (KI) vorausging. Angelehnt an die Vorgehensweise des FBI und den Entwicklungen im europäischen Ausland begannen die Forschungen ab 1983 mit der Einrichtung der Projektgruppe »Kriminalistisch-kriminologische Forschungsgruppe (KKF)« in einem breiten, institutionalisierten Rahmen. Zielsetzung war die Konzeptionsentwicklung einer praktisch anwendbaren Technik der Fallanalyse, ein Vorhaben, dessen Ergebnisse bereits in den Jahren 1995/96 sowohl auf nationalen als auch internationalen Tagungen zu den Themen »Tatortanalyse«, »Täterprofilerstellung« und »Violent Crime Linkage Analysis System (ViCLAS, vgl. 2.2.3.2)« vorgestellt wurden.

#### 2.2.3.1 Operative Fallanalyse (OFA)

Das KKF-Projekt endete fünf Jahre später, und die Methoden, Modelle und Ergebnisse wurden in das Arbeitsfeld »*Operative Fallanalyse* (OFA)« des BKA integriert. Im Jahre 1999 wurde dann die bundesweite Einrichtung von OFA-Einrichtungen in allen Landeskriminalämtern Deutschlands beschlossen, so dass es mittlerweile in jedem Landeskriminalamt OFA-Dienststellen gibt (vgl. zur OFA: BKA, o.J.; Dern et al., 2003; Hoffmann & Musolff, 2000; Nagel, 2002). Grundsätzlich weisen der beim BKA verfolgte Ansatz der OFA und das Vorgehen des FBI bei der »criminal investigative analysis« viele Gemeinsamkeiten auf, insbesondere den ganzheitlichen Ansatz: Die Fallanalyse sollte sowohl alle bekannten Täter-,

Opfer- und Falldaten zu einem inhaltlich konsistenten Bild zusammenfügen als auch Ableitungen zulassen, die über das objektiv Erkennbare hinausgehen: »... die aus der Bewertung des rekonstruierten Täterverhaltens abgeleiteten Hypothesen und Wahrscheinlichkeitsaussagen auf der Grundlage zum Zeitpunkt der Fallanalyse bestehenden Datenbasis ...« (Dern et al., 2004 [*Fallanalyse*], S. 31).

Obwohl auch beim BKA die FBI-Methodik die ursprüngliche Entwicklung beeinflusste, existieren mittlerweile signifikante Unterschiede. Beispielsweise wird insbesondere der Teamansatz als überlegen anerkannt (z.B. aufgrund der Bündelung von Wissen und der Objektivierung der Hypothesenprüfung) und ist als fester Bestandteil in den »einheitlichen Qualitätsstandards für die Durchführung von Fallanalysen« (Dern et al., 2003; 2004 [*Fallanalyse*]) festgeschrieben. Der Team-Ansatz, bei dem Kriminalisten mit fallanalytischer Zusatzausbildung, (Polizei-) Psychologen, Rechtsmediziner sowie bei Bedarf zusätzliche Spezialisten zusammenarbeiten, ermöglicht in Übereinstimmung mit den vorgegebenen Fakten und Informationen eine perspektivenübergreifende Vielfalt von Hypothesen-generalisierungen und Ableitungen aus dem Tatgeschehen, »die in der fortlaufenden Analyse einer Verifikation bzw. Falsifikation unterzogen werden« (Musolff, 2002a, S. 6). Neben dem BKA arbeitet auch die »National Crime Faculty« (Großbritannien) und die »National Police Agency« (Niederlande) in Teams, wobei die Anzahl der Mitarbeiter und die interdisziplinäre Zusammensetzung stark variieren. Einen ausführlichen Überblick über die Rolle der Psychologie bzw. des Psychologen als Bestandteil dieser multidisziplinären Teamarbeit liefert Föhl (2001). Im Anschluss an die Tatrekonstruktion werden die fallanalytischen Ergebnisse schriftlich ausgearbeitet und den zuständigen Kriminalbeamten mündlich präsentiert und erläutert (Dern et al., 2003).

Während Forschung und Praxis in den USA und im europäischen Ausland auf die Suche nach unbekannten Tätern im Bereich sexuell motivierter Gewaltdelikte und Tötungsdelikte fokussierte, konzentrierte sich die OFA zunächst schwerpunktmäßig – wenn auch nicht ausschließlich – auf die Deliktfelder Erpressung und erpresserischer Menschenraub (z.B. Dern, 2000; Hoffmann, 2002b), Entführung sowie (Serien-) Brandstiftung (vgl.

Hoffmann, 2002b) für ihre theoretischen und empirischen Arbeiten. Wichtiger Einsatzbereich dieses kriminalpsychologischen Hilfsmittels ist u.a. die vergleichende Untersuchung im Rahmen einer Tatserienanalyse, insbesondere im Bereich der sexuellen Gewaltdelikte (Vergewaltigung, sexuelle Nötigung, Mord in Zusammenhang mit einem Sexualdelikt) sowie sonstiger (persönlich motivierter) schwerwiegender Gewaltdelikte (BKA, o.J.; Meyer, 2002).

Ein weiterer grundlegender Unterschied zum FBI-Ansatz besteht in der streng deduktiven Vorgehensweise, die eine Berücksichtigung von Tätertypologien nur sehr zurückhaltend als theoretische Anhaltspunkte zulässt. Im Zentrum der Fallanalyse steht vielmehr die Rekonstruktion des Tathergangs (Vortat-, eigentliche Tat- und Nachtatphase) auf Basis der bis dahin vorliegenden objektiven Fall-, Täter- und Opferdaten. Hierbei wird angenommen, dass bei Berücksichtigung all dieser Variablen auf Eigenschaften und Merkmale des Täters geschlossen werden kann (Baurmann, 1996; 1998).

Das Methodenrepertoire der OFA (Abb. 1) umfasst neben den fallanalytischen Verfahren, die denen der THA bzw. »Criminal Investigative Analysis« des FBI (vgl. Kap. 2.3.) – abgesehen von den beschriebenen Abgrenzungen – so ähnlich sind, dass auf eine detaillierte Darstellung verzichtet werden kann, geographische Analysen zur Unterstützung der Ermittlungstätigkeit in Fällen von Seriengewaltstraftaten (Geographische Fallanalysen bei Seriendelikten, GEOFAS). Diese Technik konzentriert sich »auf das wahrscheinliche räumliche Verhalten des Täters zwischen verschiedenen Handlungsarten und der räumlichen Beziehung zwischen diesen verschiedenen Ereignisarten« (BKA, o.J.) und steht damit in der Tradition des »geographic profiling« (Rossmo, 2000; vgl. auch Dern et al., 2004 [*Geographisches Verhalten*]; Hoffmann, 2002b; Turvey, 2002). Basierend auf der Annahme, dass bei der Verübung von Straftaten der Wohnort des Täters und der Tatort bzw. die Tatorte in einem nicht-zufälligen Verhältnis zueinander stehen (Mokros, 2002) und die Tatörtlichkeiten in Abhängigkeit von Gelegenheit, Motivation, Mobilität und Wahrnehmung des Täters ausgewählt werden (Musolff, 2002a), wird die geographische Analyse für eine eingrenzende Wohnortbestimmung des Täters eingesetzt.

Angestrebt werden Informationen, die unter geographischen Gesichtspunkten eine Selektion von Verdächtigen (z.B. Eingrenzung von DNA-Massenuntersuchungen) und damit eine Priorisierung der Ermittlungsaktivitäten (z.B. Bevorzugung bestimmter Postleitbezirke) dahingehend ermöglichen, dass v.a. jene Gebiete einbezogen werden, »in denen am wahrscheinlichsten mit Täteraktivitäten und / oder mit einem Lebensmittelschwerpunkt des Täters zu rechnen ist« (BKA, o.J.; vgl. auch Dern et al., 2004 [*Fallanalyse*]).

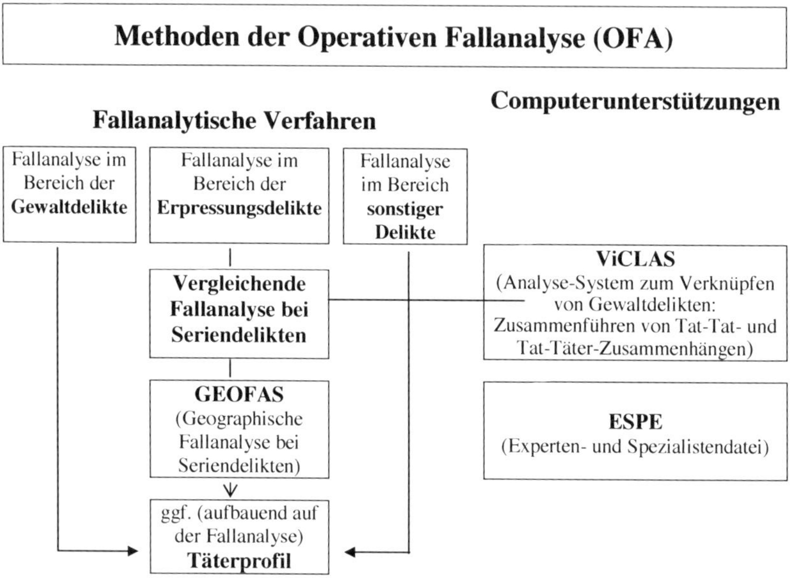


Abb. 1: Methoden der Operativen Fallanalyse (mod. n. Dern, 2000; BKA, o.J.)

### 2.2.3.2 Computerunterstützungen der OFA

In das Gesamtsystem »Operative Fallanalyse« der Bund-Länder-Projektgruppe »Fallanalytische Verfahren und ViCLAS-Datenbanksystem« (BKA, o.J.) finden neben den einzelnen kriminalistischen Methoden auch spezielle Computeranwendungen zur Unterstützung der fallanalysierenden

Arbeiten Eingang, um Daten über spezifische Tat- und Tätermerkmale zu speichern und abzugleichen.

Mitte der 80er Jahre des letzten Jahrhunderts entwickelte das FBI die Falldatei »*Violent Crime Apprehension Program* (VICAP)« zur Identifizierung von Tatzusammenhängen auf der Grundlage von Ähnlichkeiten im Täterverhalten (Ressler et al., 1988; vgl. Robak, 2004; von Lüpke, 1999). Unter Berücksichtigung neuerer Forschungsergebnisse erstellte die kanadische Polizei (Royal Canadian Mounted Police, RCMP) eine Nachfolgedatei, das Datenbanksystem »*Violent Crime Linkage Analysis System* (ViCLAS)«, das seit 1995 erfolgreich in Kanada und international derzeit in vielen Ländern angewendet wird (Baurmann, 1999; Musolff, 2002a). Auch in Deutschland wurde ViCLAS zu Beginn des Jahres 2000 flächendeckend eingeführt (Reichertz, 2002). Dieses Recherchewerkzeug stützt sich auf die Erfahrungen des NCAVC (FBI), der kanadischen RCMP, des Analysezentrums der niederländischen Polizei und INTERPOL (Fink, 2001). Als Auswerte- und Analysesystem zum Erkennen von Tat-Tat- oder Tat-Täter-Zusammenhängen durch Datenabgleich bei (sexuell motivierten) Gewaltdelikten dient ViCLAS vornehmlich dazu, Straftaten von Wiederholungstätern im Bereich der schweren Gewaltkriminalität zu erkennen und zusammenzuführen (Dewald, 2002).

Dabei wird der kriminalistische Einzelfall im Hinblick auf Parallelen zu früheren zurückliegenden, in der Begehungsweise gleichgelagerten, Verbrechen überprüft (systematischer Vergleich hinsichtlich Ähnlichkeiten und Unterschieden verschiedener Einzelvariablen), um Tatzusammenhänge – auch wenn der Täter regional weit voneinander getrennt agiert – zu identifizieren und auf diese Weise zur Täterermittlung beizutragen (BKA, o.J.). Die Einspeisung der Daten erfolgt auf der Grundlage eines umfangreichen Erhebungsbogens (vgl. Douglas et al., 1992), der Angaben zu feststellbaren Fakten am Tatort (Tatablauf, Dynamik des Angriffs, Verwendung von Waffen, Verletzungen und evtl. Todesursache), zum Opfer und zur Täterperson abfragt und diese Informationen zur Bearbeitung an die OFA-Dienststellen weiterleitet (Baurmann, 1999; von Lüpke, 1999). Ist bei einem Delikt ein spezifisches Verhalten gegeben, können dann zahlreiche analoge Fälle mit vorliegenden umfassenden Erkenntnissen zum Tatort, Tathergang (Dynamik), Täter- und Opferprofil herangezogen werden, um Rückschlüsse auf die zugrunde liegende Bedürfnisstruktur resp. »Hinweise auf das Persönlichkeits- und Handlungsprofil des Täters« (Reichertz, 2002, S. 53) vornehmen zu können.

Das BKA erfasst mittels der Datenbank ViCLAS Fallinformationen über folgende unterschiedliche Deliktfelder (BKA, o.J.; Hoffmann & Musolff, 2000):

- versuchte und vollendete Tötungsdelikte mit einem sexuellen, unklaren oder unbekannten Motiv sowie versuchte und vollendete Straftaten gegen die sexuelle Selbstbestimmung unter Androhung und / oder Anwendung von Gewalt – jeweils mit Ausnahme der geklärten persönlich motivierten Taten mit familiärer oder partnerschaftlicher Vorbeziehung, sofern nicht der Gesamteindruck eine ViCLAS-Relevanz ergibt (z.B. Vorliegen besonderer, ungewöhnlicher Tatumstände, Wiederholungsgefahr);

- vermisst gemeldete Personen, bei denen die Gesamtumstände den Verdacht einer Straftat nahe legen;

- Fälle von verdächtigem Ansprechen von Kindern und Jugendlichen, bei denen eine sexuelle Motivation vermutet wird und deren Sachlageüberprüfung Anhaltspunkte für eine geplante schwerwiegende Straftat liefert, z.B. die Anwendung einer verbalen List oder Versuche der Kontrollübernahme mit körperlicher Gewalt sowie der Versuch, das Kind (den Jugendlichen) an einen anderen Ort zu verbringen (Nagel, 2002).

Im Jahr 2000 richtete die OFA-Einheit darüber hinaus eine Computerdatei ein, in die polizeiinterne und -externe einschlägige Experten und Spezialisten bzw. deren Erreichbarkeit eingespeist und stets auf dem neuesten Stand gehalten werden (Experten- und Spezialistendatei, ESPE). Auf diese Weise soll sichergestellt werden, dass Informationslücken, für die außerpolizeiliches Fachwissen erforderlich ist, möglichst schnell geschlossen werden können.

#### 2.2.3.3 Aktuelle Entwicklungen

Obwohl ein bundesweiter Einsatz operativer Fallanalysen erst seit einigen Jahren zu verzeichnen ist, sind diese mittlerweile als kriminalpsychologische Hilfsmittel anerkannt (vgl. Schröer et al., 2004). Im Verlauf der letzten zehn Jahre hat sich die methodologische Vorgehensweise der OFA-Einrichtungen, geprägt durch eigene Forschungs- und Auswerteprojekte, stetig weiterentwickelt (z.B. Dern et al., 2004 [*Geographisches Verhalten*]; Straub & Witt, 2003). Ergebnis dieser steten Weiterentwicklung und Professionalisierung der OFA-Konzeption ist die Institutionalisierung des Ausbildungsgangs für Polizeiliche Fallanalytiker, organisiert und geleitet von den Fallanalytikern des BKA. Die Ausbildung erfolgt unter Berücksichtigung moderner Personalauswahlverfahren, denen ein strenges Anforderungsprofil zugrunde liegt (die formalen Kriterien, geforderten Fähigkeiten und Persönlichkeitsmerkmale sowie die einzelnen Ausbildungsbausteine können nachgelesen werden in Dern et al., 2004 [*Fallanalyse*], S. 37ff.; vgl. auch Föhl, 2001; Nagel, 2002).

Als Beispiel interdisziplinärer Teamarbeit sei auf die fallanalytische Allianz zwischen den Landeskriminalämtern Hamburg und Schleswig-Holstein mit dem Institut für Rechtsmedizin des Universitätsklinikums Hamburg-Eppendorf verwiesen (Schröer et al., 2004), die es ermöglicht, eine Tathergangsanalyse in Zusammenarbeit von zwei kriminalpolizeilichen Fallanalytikern, einem Rechtsmediziner und einem Psychologen sowie ggf. weiterer Spezialisten (z.B. Mitarbeiter der Kriminaltechnischen Untersuchung) durchzuführen. Die enge Kooperation zwischen der OFA-Bayern und dem Institut für Rechtsmedizin in München benennt auch Nagel (2002) als essentiell für den Erfolg fallanalytischer Verfahren.

## 2.3. Theorie und Methodik der Tathergangsanalyse

> »Die Erstellung eines psychologischen Profils [...] ist mit der Tätigkeit eines Arztes verwandt, der eine Diagnose stellt, auf die eine Behandlung folgt: Es werden die Tatsachen zusammengestellt und untersucht, die Situation wird rekonstruiert, Hypothesen werden aufgestellt, und schließlich wird in Umrissen ein Profil entworfen.«
> (Bourgoin, 1995, S. 49/50)

Die THA bewertet das vorliegende Daten- und Informationsmaterial (z.B. Tatortbefunde und Obduktionsberichte) im Hinblick auf die Dynamik des Handlungsablaufs, relevante tathergangsspezifische Parameter (z.B. Planungsniveau des Täters, eingegangene Risiken, Zeitfaktoren) und mögliche Rückschlüsse aus dem sich in den objektiven Tatbestandsmerkmalen niederschlagenden Täterverhalten. Bestandteil dieser Tatanalyse, basierend auf einem Vier-Phasen-Modell des Verlaufs von Gewaltverbrechen, ist hier u.a. die Klassifizierung des Verbrechens nach dem primären Tatmotiv (2.3.1). Aufbauend auf die Tatrekonstruktion sollen auf diese Weise im Rahmen bestimmter, definierter Deliktfelder bzw. unter Vorgabe variierender Zielsetzungen (2.3.2) Aussagen zur Motivlage, zu fallspezifischen Tatumständen und ggf. zur Täterpersönlichkeit abgeleitet werden – dies vornehmlich anhand von Modus Operandi-Merkmalen und Tathandlungen, durch welche die Besonderheiten der Täterpersönlichkeit und der Biographie des Täters zum Ausdruck kommen.

### 2.3.1 Vorgehensweise des FBI: Ablauf der THA

Das Verfahren des FBI – ursprünglich entwickelt für die Ermittlungstätigkeit bei Tötungs- und sexuell motivierten Gewaltdelikten – stellt ein Ablaufschema der THA zur Verfügung (vgl. Abb. 2), um unstrukturiert vorliegende Informationen zu einem Verbrechen einzuordnen und zu bewerten. In sechs Teilschritten soll diese Methode der Rekonstruktion und Ableitung des Tathergangs in eine Analyse des unidentifizierten Täters, der Aufklärung der Tat bzw. des Erstellens eines Täterprofils münden (Douglas et al., 1986; Ressler et al., 1988; vgl. auch Douglas et al., 1992; Hoffmann, 2002a; Pead, 1994).

(1) **Daten- und Informationssammlung**: Die erste Phase umfasst die Erhebung derjenigen zum Zeitpunkt der Analyse zur Verfügung stehenden Daten, die durch die zuständige Ermittlungsbehörde zusammengetragen und umfangreich dokumentiert wurden (Informationen zu tatrelevanten Örtlichkeiten, physische Beweismittel, Photographien und Skizzen des Tatortes, ausführliches Kartenmaterial der Umgebung etc.; Holmes & Holmes, 1996; Turvey, 2002). Einen wichtigen Stellenwert nehmen auch rechtsmedizinische Befunde (Labor-, Obduktionsberichte) sowie aufwendige viktimologische Untersuchungen (z.B. zu Lebensgewohnheiten und Umfeld des Opfers, persönliche Eigenschaften) ein (Schröer et al., 2004). Diese Eingabedaten (*Input*) beinhalten keine Informationen über Verdächtige (Douglas et al., 1986), da zur Rekonstruktion und Interpretation des Täterverhaltens ausschließlich das vom unbekannten Täter gezeigte Verhalten im Zentrum der Analyse steht (Hoffmann & Musolff, 2000). Die Einzelheiten werden nach Möglichkeit mit einem Fragebogen erfasst und in die zentrale ViCLAS-Datenbank eingespeist, um mit anderen Fällen verglichen werden zu können.

(2) **Entscheidungsprozess**: In einem zweiten Schritt (*decision process*) findet eine erste Einordnung und Bewertung bzw. systematische Analyse der erhobenen Daten statt. Die Eingabedaten werden anhand bestimmter Beurteilungskategorien in sinnvolle Muster des Täterverhaltens klassifiziert (Douglas et al., 1986; Hoffmann, 2002a). Eine solche vorläufige Einschätzung und Klassifizierung differenziert bspw. zwischen einfachem, Doppel-, Serien- oder Massenmord – eine Untergliederung des FBI (Ressler et al., 1988, p. 138ff.), die in Teilbereichen vom BKA modifiziert wurde. Weiter umfasst diese Analyse Angaben zur Art des Verbrechens (eine erste Einschätzung des möglicherweise zugrunde liegenden primären Motivs, vgl. 2.3.1.1), vom Opfer und vom Täter eingegangene Risiken, Ort(e) des Verbrechens (z.B. Anzahl, Lage und Charakteristika; räumliche

Beziehung einzelner örtlicher Gegebenheiten zueinander), Zeitfaktoren (Tageszeit des Übergriffs; Zeitspanne des Aufenthalts am Tatort) sowie ggf. zu möglichen Eskalationen im Handlungsverlauf.

(3) **Rekonstruktion des Tatablaufs**: Die Phase drei beinhaltet eine detaillierte chronologische Analyse des Verbrechens (*crime assessment*), aufbauend auf die im Entscheidungsprozess herausgearbeiteten Teilaspekte der Tat. Die einzelnen Handlungselemente bzw. Interaktionen, d.h. der Ablauf der Ereignisse und des Verhaltens sowohl des Täters als auch des Opfers, werden sequenziell rekonstruiert und bewertet, um die Dynamik des Tatgeschehens nachvollziehbar zu machen (Douglas et al., 1986; 1992). Anhand der Tatortcharakteristika und des Tatablaufs kann eine Zuordnung in eine der Täterkategorien erfolgen, wie sie im so genannten »Crime Classification Manual (CCM)« des FBI festgelegt sind. Beispielsweise kann unterschieden werden, welche Sequenzen und Handlungsbereiche des Tatverlaufs auf einen organisierten (systematischen, planenden) bzw. unorganisierten (chaotischen, nicht-planenden) Tätertypen hinweisen – eine Einstufung, die bestimmte Annahmen zur Persönlichkeit des Täters impliziert (Douglas et al., 1986; Ressler et al., 1988). Zur Interpretation der spezifischen Dynamik werden die verschiedenen Phasen des Verbrechens bzw. das Zusammenwirken der einzelnen Tatelemente im Gesamtkontext (z.B. Opferauswahl und Kontrollausübung über das Opfer) in ihrem Verlauf der Organisiertheit betrachtet. Unter Berücksichtigung von Orts- und Zeitfaktoren können z.B. aus der Zeitspanne, die der Täter am Tatort verbracht hat, dessen Ortskenntnisse oder (subjektive) ‚Tatortberechtigung' abgeleitet werden (Schröer et al., 2004). Bei der Rekonstruktion des Tatablaufs wird weiter untersucht, ob eine Tatortinszenierung stattgefunden hat, ob also der Tatort willentlich und unabhängig von den aus Tätersicht notwendigen Tathandlungen verändert wurde, indem Spuren manipuliert wurden (vgl. 2.4.2.1). Von zentraler Bedeutung sind in dieser Phase, unter Integration und Interpretation der rechtsmedizinischen Befunde, die Indizien, welche eine Verhaltensklassifizierung zulassen. Es gilt, zwischen denjenigen Handlungen zu unterscheiden, die zum Erreichen des ‚Tatziels'

notwendig waren (Modus Operandi) und jenen, die darüber hinaus gingen (vgl. 2.4.1). Insbesondere muss herausgearbeitet werden, welche Entscheidungsoptionen der Täter während der Tathandlungen hatte. Festgestellt wird weiter, ob bestimmte »Personifizierungsformen« (vgl. 2.4.2) erkennbar sind. Die Rekonstruktion mündet in eine detaillierte kriminalistisch-kriminalpsychologische Bewertung des Falls mit zunächst abschließender Motivklassifizierung, Feststellungen zum Planungsgrad und zur Dynamik des Handlungsablaufs sowie zur ‚inneren Logik' des Falls (mögliche Täter-Opfer-Interaktionen, Eskalationen etc.).

(4) **Erstellung des Täterprofils**: Auf Basis der Verbrechensrekonstruktion und Interpretation von Verhaltensweisen stellt die Täteranalyse (*criminal profile*) Hypothesen über den unbekannten Täter auf (Beschreibung des Personentyps hinsichtlich Persönlichkeit, Fähigkeiten, Motiven und Gewohnheiten). Inhaltliche Bestandteile dieses »hypothetischen Psychogramms« (Hoffmann, 2002a, S. 122) sind u.a. das Verhalten vor, während und nach der Tat sowie demographische, biographische und physische Merkmale wie Alter und Geschlecht, Wohn- und Arbeitssituation, Beruf und Ausbildung, soziale und kommunikative Fertigkeiten, Intelligenz und psychische Belastbarkeit. Jeder Rückschluss muss zunächst anhand des sich in der objektiven Spurenlage niederschlagenden Täterverhaltens (später durch Heranziehen der bekannten Beweise) nachvollziehbar sein und stets mit dem Gesamtbild des Verbrechens abgeglichen werden (*Feedbackschleife*). Bei diesem Abgleich mit Falldaten, Tatrekonstruktion, Motiven und Tätertyp können sowohl Elemente der deduktiven als auch der induktiven Urteilsbildung integriert werden (vgl. 2.1.3), wenn einerseits von spezifischen Fallinformationen auf bestimmte Tätermerkmale geschlossen wird (»deduktive Schlussfolgerung«), andererseits jene Eigenschaften als wahrscheinlich benannt werden, welche als typisch für die Täterkategorie gelten, in die der unbekannte Täter – vorläufig – eingeordnet wurde (»induktive Schlussfolgerung« [vgl. Robak, 2004, S. 33/34]). Wichtig ist hierbei die Kennzeichnung derjenigen Annahmen, die spekulativ und daher mit einem höheren Unsicherheitsgehalt behaftet sind (BKA, o.J.).

Abb. 2: Ablauf einer Tathergangsanalyse (mod. n. Douglas et al., 1986, p. 6; Hoffmann, 2002a, S. 120; Hoffmann & Musolff, 2000, S. 162;)

(5) **Ermittlungen**: Ein umfassender schriftlicher Bericht über die Ergebnisse der THA und die Ermittlungshinweise wird der anfragenden sachbearbeitenden Behörde bzw. dem zuständigen Ermittlerteam zugestellt. Besonderer Nutzen liegt zum einen in der Strukturierung und Vervollständigung relevanter Daten und somit in der perspektiven-übergreifenden Zusammenfassung des Fallverständnisses; zum anderen in der Möglichkeit, die Erkenntnisse für weitere Nachforschungen und

konkrete Fahndungsansätze bzw. Verdächtigenüberprüfungen anzuwenden. Ergeben sich während der laufenden Ermittlungen neue Hinweise, so werden diese rückgemeldet und eine Überarbeitung des Profils initiiert, in deren Verlauf die getroffenen Aussagen validiert oder modifiziert werden (Robak, 2004).

(6) **Aufklärung der Tat**: Kommt es zur Aufklärung der Tat, werden in einer sechsten Phase die Übereinstimmungen zwischen Tathergangs-/ Täteranalyse und dem tatsächlichen Geschehen und der Person des Täters abgeglichen. Auf diese Weise können die Validität der Analyse, ihre Umsetzung und ihr Nutzen bei der Ermittlungsarbeit überprüft werden, um so durch den Zuwachs an Erfahrung die Methodik der THA und Täterprofilerstellung weiterzuentwickeln (Hoffmann, 2002a).

In der vorliegenden Arbeit sind primär die Entscheidungsprozesse und die Verbrechensbewertung von Interesse. Auf eine detaillierte Erläuterung von Täterprofilerstellung, Ermittlungs- und Aufklärungsarbeit wird hingegen verzichtet und stattdessen eine andere Sichtweise auf das Verbrechen mit den verschiedenen Konstellationen und Verbindungs-möglichkeiten zwischen den einzelnen Fakten in den Vordergrund gestellt. Infolgedessen nimmt ein Großteil der nachfolgenden Ausführungen Bezug auf die Phasen zwei (z.B. Klassifizierung des Verbrechens nach dem primären Tatmotiv) und drei (z.B. das Phasen-Modell des FBI als Hauptmerkmal der Tatrekonstruktion). Weitere unter diese Analyse-prozesse zu fassende Tatbestandsmerkmale sind Bestandteil des Kapitels 3, in welchem eine Spezifizierung der tathergangsrelevanten Parameter vorgenommen wird.

#### 2.3.1.1 Klassifizierung des Verbrechens nach dem primären Tatmotiv

In der zweiten Phase, dem *Entscheidungsprozess*, in welchem die Eingabedaten anhand bestimmter Beurteilungskategorien systematisch analysiert werden (s.o.), wird zunächst eine Einordnung und Bewertung des Täterverhaltens dahingehend vorgenommen, dass das vorliegende Verbrechen hinsichtlich der primären Tätermotivation zugeordnet wird. Das FBI klassifiziert (Tötungs-) Delikte im Hinblick auf das primäre Motiv der Tathandlung in vier Gruppen (Douglas et al., 1986; 1992):

- *Persönliche (Beziehungs-) Delikte*: Auslöser von persönlich motivierten (Beziehungs-) Delikten sind zwischenmenschliche Aggressionen. Oftmals sind Täter und Opfer einander bekannt, jedoch besteht nicht zwingend eine vordeliktische Verbindung; entscheidend ist vielmehr ein emotionaler Konflikt (z.B. Eifersucht, Rache), in dessen Folge die Tat begangen wird (Müller, 1998). So stellt Simons in seiner Arbeit über »Tötungsdelikte als Folge misslungener Problemlösungen« (1988) heraus, dass Täter und Opfer in einem »Beziehungskonflikt« miteinander verkettet seien: »... sie [emotionale Prozesse] haben verursachende Wirkung, indem sie beispielsweise die Suche nach Handlungsalternativen beeinträchtigen. Sie sind Folge des Problemlöseprozesses insofern, als deren Scheitern zu Hoffnungslosigkeit führen kann...« (S. 59).

- *Sexualdelikte*: Sexuelle (Tötungs-) Delikte zeichnen sich durch Tathandlungen zur Befriedigung sexueller Bedürfnisse am Opfer vor, während oder nach dem aggressiven Übergriff (bis hin zur Tötung) aus, wobei nicht notwendigerweise eine Sexualhandlung im engeren Sinne (versuchte oder vollendete Vergewaltigung) vorliegen muss. Eine Kategorisierung als Sexualdelikt ist auch bei Bestehen symbolischer Verhaltensweisen gerechtfertigt, welche z.B. durch das Einführen fremder Gegenstände oder das Zufügen massiver Verletzungen im Genitalbereich (bzw. »sexually significant body parts« [Müller 1998, p. 186]) gegeben sind, da die FBI-Definition das Vorliegen resp. Umsetzen sexueller Phantasien als Zuordnungskriterium annimmt (Hoffmann & Musolff, 2000). Müller (2004b) gibt zu Bedenken, dass sexuelle (Tötungs-) Delikte häufig fälschlich als persönlich motiviert eingestuft werden. Eine sexuelle Motivation bei vordergründig als Beziehungsdelikt zu kategorisierenden Verbrechen sei insbesondere dann anzunehmen, wenn das Opfer dem Täter gänzlich fremd – also austauschbar – sei. Zentrale Elemente eines Sexualdeliktes sind, so Müller (1998; 2004b), Macht, Dominanz und Kontrolle – eine Beurteilung, die konform geht mit den unterschiedlichen Typologisierungsansätzen hinsichtlich der tatauslösenden Motivation von Sexualstraftätern (vgl. Kraus & Berner [2000] sowie Rehder [1996] zur Überprüfung der Vergewaltiger-Typologie von Knight & Prentky auch an deutschen Stichproben; Keppel & Walter, 1999; Vergewaltiger-Typologie des FBI; 3.1.2.1.1). Die Klassifikation als Sexualdelikt birgt besondere Probleme, da hier verschiedene (auch symbolische) Verhaltensweisen in die Analyse einbezogen werden müssen: einerseits können sich nicht-sexuelle Bedürfnisse (z.B. Macht, Kontrolle, Degradierung) durch sexuelle Handlungen ausdrücken (so auch die Grundhypothese der klassischen Arbeit von Groth et al. [1977]), andererseits werden sexuelle Bedürfnisse auch durch nicht-sexuelle Handlungen, die vom Täter als sexuell attribuiert werden (z.B. das Abtrennen und Zerschneiden von Körperteilen), befriedigt (Müller, 2004b). Der Sinngehalt eines Verbrechens wird daher durch Symbole und Symbolhandlungen, die Ausdruck ganz persönlicher Bedürfnisse des Täters sind, elementar beeinflusst (Hoffmann & Musolff, 2000). Vor allem sadistisch motivierte Sexualdelikte, in denen sexuelle Befriedigung mit dem Ausagieren von extremer Gewalt und Aggressionen einhergeht (Ressler et al., 1988), verlangen besondere Beachtung.

- *Bereicherungs- (Tötungs-) Delikte*: Primäres Motiv eines Bereicherungsdeliktes (z.B. ‚Raubmord') ist materielles Gewinnstreben bzw. das Erlangen eines Vorteils in Form von Geld, Besitzanspruch oder auch einer Gefälligkeit (Fink, 2001; Müller, 1998). Inwiefern ein »Verdeckungsmord«, der als »ideellen Nutzen« in dem »Erhalt der Freiheit« resultiere (Hoffmann & Musolff, 2000, S. 165), dieser Kategorie zuzuordnen sei, ist diskussionswürdig. In der vorliegenden Arbeit werden Tötungen zur Verdeckung einer Straftat (z.B. einer Vergewaltigung) als »sekundäre Tarnhandlungen« (Musolff, 2002b, S. 161) bzw. als Inszenierungen (vgl. 2.4.2.1) behandelt, deren primäres Motiv (z.B. persönlich oder sexuell) Basis der klassifizierenden Einteilung ist.

- *Gruppendynamische (Tötungs-) Delikte*: Verursacher von gruppendynamischen Delikten sind mindestens zwei Personen, die eine Handlung oder Unterlassung einer solchen begehen, in deren Folge eine oder mehrere Personen zu Tode kommen. Die Täter wollen sich weder materiell bereichern noch liegt eine sexuelle Motivation vor; vielmehr hängen sie einer gemeinsamen Ideologie an (z.B. terroristische Vereinigungen, Mitgliedschaft in einer Sekte), welche gewalttätige (Tötungs-) Handlungen gegenüber anderen Menschen akzeptiert oder sogar als notwendig und sinnvoll erachtet: »... two or more persons sharing a specific ideology that allows them to kill a person...« (Müller, 1998, p. 186).

Aufgabe der THA ist es, nicht nur eine vorläufige Kategorisierung des Deliktes vorzunehmen, sondern v.a. das mögliche Bestehen mehrerer Motive nebeneinander bzw. einen Wechsel während des Tatverlaufs in die Rekonstruktion einzubeziehen. Beispielsweise kann der materielle Gewinn beim Bereicherungsdelikt oder ideologische Ziele im Rahmen von in Gruppen begangenen Verbrechen nur ein vordergründiges Motiv darstellen, hinter denen die eigentliche Motivation (z.B. sexuelle Befriedigung vor der oder durch die Tötungshandlung, sadistisch-rituelle Misshandlung zur Befriedigung persönlicher oder sexueller Bedürfnisse) zunächst nicht evident ist.

#### 2.3.1.2 Phasen-Modell des FBI

Das FBI entwickelte – maßgeblich auf der Basis des Projektes CPRP – ein Vier-Phasen-Modell des Verlaufs von Gewaltverbrechen (Müller, 1998; Ressler et al., 1988), das kritische Punkte im Handlungsverlauf herausarbeitet, an denen der Täter eine Entscheidung zwischen verschiedenen Alternativen hat treffen müssen. Jede Phase wird als durch bestimmte Entscheidungen des Täters gekennzeichnet beschrieben, die in ihrer spezifischen Aufeinanderfolge Hinweise auf dessen Bedürfnisstruktur geben: »In jeder dieser Phasen wird der Täter Entscheidungen treffen, die seine Persönlichkeit widerspiegeln und Aussagen über bestimmte persönliche Fähigkeiten [...] zulassen« (Fink, 2001, S. 238). Im Verlauf der THA werden gemäß diesem Ablaufmodell charakteristische Entscheidungswege des Täters in ihrer spezifischen Aufeinanderfolge fallanalytisch rekonstruiert.

a) *Verhalten vor der Tat*: Das der Tat vorausgehende Verhalten erlaubt Rückschlüsse darauf, ob diese systematisch vorbereitet oder eher impulsiv aus der Situation heraus begangen wurde (geplant vs. ungeplant). Die Vortatphase gibt somit Anhaltspunkte dafür, ob die Tötung / die Vergewaltigung des Opfers ‚vorsätzlich' geschah, z.B. durch das Bereitlegen einer Waffe oder vorkehrende Maßnahmen zur Tatvertuschung. Auf der Grundlage von Studien des FBI benennen Ressler et al. (1988) als häufige Vortat-Stressoren Konflikte mit anderen Frauen oder den Eltern, finanzielle Probleme sowie Konflikte am Arbeitsplatz oder in der Ehe.

b) *Tötungs-/ Vergewaltigungshandlung*: Die Tötungs- oder Vergewaltigungshandlung liefert verschiedene Hinweise auf Entscheidungen des Täters. Diese spiegeln sich z.B. in der Auswahl des Opfers (bestimmte ‚Selektionskriterien', besondere Vulnerabilität etc.) oder in der Methode und Art der Ausführung wider (Müller, 2004a). Aussagekräftig sind v.a. (sexuelle) Elemente einer Gewalttat, die über die Verhaltensweisen hinausgehen, welche für die eigentliche Tatbegehung notwendig gewesen wären (z.B. postmortale Verstümmelungen, Abschneiden von Haaren). Das FBI bezeichnet jene Momente oder Auslöser, die den Täter letztlich dazu motivieren in den Tötungs-/ Vergewaltigungsmodus überzugehen, als »triggering factors« (Ressler et al., 1988, p. 50). Auslöser für eine Ermordung können sowohl eine bewusste Gewaltphantasie als auch eine spezifische Reaktion des Opfers sein, die nicht der Kontrolle des Täters unterliegt. Möglicherweise dient sie jedoch auch als Versuch, sich der Entdeckung zu entziehen (‚Verdeckungsmord'). Der Tatakt kann den Täter sowohl erregen als auch entsetzen, so dass die (implizit oder explizit erkennbaren) sexuellen Elemente der Gewalttat von besonderem Interesse sind. Sie können bspw. Aufschlüsse über sadistische oder nekrophile Neigungen liefern.

c) *Ablage des Opfers*: Auch jedes Verhalten des Täters nach der Tötung / Vergewaltigung ist Ausdruck und Ergebnis seiner Entscheidungen, z.B., ob das Opfer zu einem anderen Ort transportiert oder am Ort der Tatbegehung zurückgelassen wird. Rückschlüsse können des Weiteren aus dem Bekleidungszustand, der Positionierung und dem Auffindungsort selbst gezogen werden (Hoffmann & Musolff, 2000), wobei die Ausprägung dieser Faktoren zum einen durch pragmatische Gründe (Flucht, Vermeidung von Entdeckung) bestimmt sein können, jedoch möglicherweise auch Reflexionen (sexueller) Gewaltphantasien darstellen (z.B. eine degradierende Positionierung der Leiche).

d) *Verhalten nach der Tat*: Das Nachtatverhalten kann insofern als aufschlussreich hinsichtlich der Entscheidungen bzw. der Bedürfnisse des Täters betrachtet werden, als dieser auch hier unterschiedliche Verhaltensoptionen hat. Das Mitnehmen von Gegenständen (»Souvenirs«) oder die Rückkehr an den Ort des Verbrechens als Fortsetzung (sexuell gefärbter) Phantasiekomponenten sowie ein besonderes Interesse an den Ermittlungsarbeiten (z.B. der Wunsch, sich aktiv in die Untersuchungen einzuschalten) sind mögliche Reaktionen des Täters nach der Tatbegehung (Fink, 2001; Turvey, 2002).

### 2.3.2 Ziele und Anwendungsbereiche der THA

Ziel der THA ist die Bestimmung von Tätereigenschaften aufgrund seiner Handlungen (Douglas et al., 1986; Ressler et al., 1988). Die konkrete Bedeutung einzelner Verhaltensweisen erschließt sich hierbei nur aus einer ganzheitlichen Betrachtungsweise der Tat bzw. der Tatdynamik, so dass einzelne Indizien oder Handlungen erst im Kontext des gesamten Falls sinnvoll zu interpretieren sind (»Das Ganze ist mehr als die Summe seine Teile«, vgl. 2.4.3). Die Bewertung der vorliegenden objektiven Tatbestandsmerkmale erlaubt Rückschlüsse auf viele einzelne Täterentscheidungen, die erst in ihrer Gesamtheit – also der Integration der einzelnen gewählten Handlungsalternativen – die Grundlage dafür liefern, Verhaltensweisen und Persönlichkeitseigenschaften des unbekannten Täters retrospektiv zu analysieren bzw. vorherzusagen.

Tathergangsanalytische Verfahren sind infolgedessen nicht für alle Deliktfelder geeignet und daher in ihrer Anwendbarkeit eingeschränkt. Liegt während einer Tatbegehung ausschließlich instrumentelles Verhalten vor – wenn also nur wenig Handlungsspielraum besteht und kaum spezifische Verhaltensweisen sichtbar werden, die Rückschlüsse auf individuelle Persönlichkeitscharakteristika und Auffälligkeiten zulassen –

sind der Tatrekonstruktion erhebliche Grenzen gesetzt (Meyer, 2002). Zum Beispiel eignet sich ein Banküberfall, dessen Durchführungsart einzig pragmatische Handlungen zur Zieldurchsetzung ‚Geldraub' beinhaltet, nicht – es sei denn, es kämen weitere Tatelemente hinzu, die über das eigentlich notwendige Verhalten hinausgehen (z.B. sexuelle Nötigung, körperliche Misshandlungen, erniedrigende oder sadistische Verhaltensmuster). Besonders geeignet sind daher jene Fälle, in denen der Täter ein Verhalten offenbart, bei dem zuvor Entscheidungen zwischen möglichen Handlungsalternativen getroffen werden mussten, und das somit über den eigentlichen Modus Operandi hinausgeht. Der Einsatz einer THA bietet sich daher primär bei den Deliktfeldern an, die bereits im Zusammenhang mit der Datenbank ViCLAS diskutiert wurden (v.a. Tötungs- und sexuelle Gewaltdelikte), kommt aber auch in Fällen von Brandstiftung, Erpressung und erpresserischem Menschenraub (Entführungen) erfolgreich zur Anwendung (Baurmann, 2002; BKA, o.J.; Dern, 2000).

Die THA als wichtigster Schritt dieser Art von Verhaltensbeurteilung kann für unterschiedliche Zielsetzungen nutzbar gemacht werden. Zu ihren traditionellen Einsatzgebieten gehören bspw. Entscheidungshilfen im laufenden kriminalistischen Arbeitsprozess der ermittelnden Dienststelle in Form von Professionalisierung und Ökonomisierung der Verdachtsgewinnungs-, Ermittlungs- und Fahndungsmaßnahmen (z.B. Dern, 2000; Hoffmann & Musolff, 2000): Einschätzungen zum möglichen Tätertyp (»Täterprofile«) ermöglichen es, bei weiteren Ermittlungen auf Personen mit bestimmten Tätermerkmalen zu fokussieren. Gelingt es aufgrund fallanalytisch gewonnener Erkenntnisse, Verhaltensweisen und Persönlichkeitseigenschaften zu antizipieren, können hieraus Vorschläge für investigative Taktiken abgeleitet werden:

> »Also handelt es sich bei Täterprofilen um die Vorhersage von Straftätereigenschaften, basierend auf Informationen, die dem Tatortkontext zu entnehmen sind, mit der Zielsetzung, im Rahmen laufender polizeilicher Ermittlungen entweder die Identifikation von Verdächtigen zu erleichtern oder eine Liste von Verdächtigen entsprechend ihrer Übereinstimmung mit dem Profil in eine Rangreihe zu bringen.«
>
> (Mokros, 2002, S. 182)

Insbesondere können tathergangsanalytische Verfahren zur Erarbeitung proaktiver Strategien eingesetzt werden, bei denen z.B. durch die gezielte Veröffentlichung von Informationen über lancierte Pressemitteilungen oder arrangierte Medienauftritte ein bestimmtes Verhalten provoziert bzw. unerwünschte Tätigkeiten unterbunden werden sollen (Hoffmann & Musolff, 2000). Auf der Basis der vermuteten Persönlichkeitseigenschaften des Täters wird überlegt, wie dieser mit einer gewissen Wahrscheinlichkeit auf bestimmte Ermittlungsstrategien reagieren wird und eine entsprechende Empfehlung an die zuständige Behörde ausgesprochen (Föhl, 2001). Weiteres Anwendungsfeld ist die Identifikation von Serienzusammenhängen, bei der anhand spezifischer Tatmuster vergleichende Aussagen zur Urheberschaft einer Tatserie getroffen werden. Untersucht wird, ob eine Reihe von Straftaten von einem einzigen oder verschiedenen, unabhängig voneinander agierenden Tätern begangen wurde:

> »... we can assume with a high degree of probability that two homicides, which happened at different times and locations, were committed by the same perpetrator if they betray the same offender decisions in terms of the choice of victim, the mode of killing, and the deposition of the corpse plus a specific, unique behaviour that bears no relation to the killing itself (personation)...«
>
> (Müller, 1998, p. 196)

Eine solche »Linkage-Analysis« (Hoffmann, 2002b, S. 315) ist nicht nur im Rahmen laufender Ermittlungen relevant, sondern kann auch in Fällen des ‚Cold Case Management', der Analyse länger zurückliegender Straftaten, große Bedeutung erlangen. Zusätzlich können die Ermittler bei direkten Interventionen (z.B. Aussagen zum vermeintlichen Täterwohnort, Informationssammlung zur Hausdurchsuchung) und bei der Entwicklung von Einvernahmestrategien von den Erkenntnissen der THA profitieren (BKA, o.J.; Müller, 2004b). Im Bereich der Vernehmungsmethoden können die aus dem Tatverhalten abgeleiteten Hypothesen über die Täterpersönlichkeit Anhaltspunkte für mögliche Strategien der Befragung liefern (Musolff, 2002a). Durch das Wissen um den Tathergang kann bspw. das Einbauen nunmehr bekannter Details taktisch genutzt werden, um mögliche Diskrepanzen zwischen der Aussage des Verdächtigen und der objektiven Spurenlage aufzudecken.

Aus einer THA bzw. Täterprofilerstellung können sich weitere Hinweise ergeben, die in der Vorbereitung und Durchführung einer Hauptverhandlung z.B. als zusätzliche Informationsquelle für taktische Maßnahmen »strafprozessuale Schrittmacherdienste« (Dern, 2000, S. 539) leisten. Das Einbeziehen fallanalytisch fundierter Erkenntnisse hat im Zusammenhang mit Gerichtsverfahren v.a. unterstützende Funktion und ist nicht die primäre Intention. Die Diskussion, ob und ggf. wie Erkenntnisse aus einer THA Eingang in ein Strafverfahren finden sollen (z.B. über die Ermittlungsakten oder im Rahmen der Beweisführung über die Aussage von Sachverständigen) wird hier vernachlässigt und auf die weiterführende Literatur verwiesen (u.a. Bruns, 2002; Dern, 2000; von Lüpke, 1999; zur internationalen Verwendung von THA bzw. Täterprofilen im Strafprozess vgl. Meyer, 2002; Turvey, 2002).

Darüber hinaus bieten Einschätzungen zur Persönlichkeit des unbekannten Täters die Möglichkeit für Gefährlichkeitsbeurteilungen (z.B. hinsichtlich des Gewaltpotenzials von sexuell motivierten Gewalttätern oder Stalkern etc. oder zur Risikoabschätzung hinsichtlich der Wahrscheinlichkeit weiterer Angriffe) bzw. für Gefährdungseinstufungen (Welche Personen haben ein erhöhtes Risiko, Opfer einer Straftat durch diesen Täter zu werden?). Der Anwendungsnutzen von Tathergangsanalysen in diesem Zusammenhang wird an späterer Stelle ausführlicher beschrieben und diskutiert (vgl. Kap. 2.6.).

## 2.4. Personifizierung

»... ein gut strukturiertes Annähern an die Komplexität des Falls mit dem Ziel, die individuelle Sprache dieses Falls verstehen zu lernen...«
(Dern, 2000, S. 541)

Hauptbestandteil einer Tatrekonstruktion ist die Analyse und Klassifizierung der Handlungsweisen des Täters, die sich in unterschiedlicher Form am Tatort manifestieren können. Das FBI entwickelte ein einflussreiches Arbeitsmodell zur Unterscheidung individueller Charakteristika eines Verbrechens (Douglas & Munn, 1992a; 1992b; Homant & Kennedy, 1998): Maßgeblich ist hier die konzeptuelle Differenzierung von pragmatischen Verhaltensweisen, die für eine effektive und zielgerichtete Tatdurchführung notwendig sind (»Modus Operandi«) und solchen, die nicht zwingend erforderlich sind, sondern darüber hinausgehen (»Personifizierung«).

Aufgabe der THA ist hier die Unterscheidung von Handlungen, die dem Modus Operandi des Täters zuzuordnen sind, und jenen, die sich als Bestandteil der individuellen Handschrift am Tatort manifestieren (2.4.1). Der Täterhandschrift wiederum können unterschiedliche physische, verbale und sexuelle Verhaltensweisen zugeschrieben werden, die im Wesentlichen unter folgende Handlungs-Cluster (»Verhaltenssyndrome«; Hoffmann, 2002a, S. 106f.) subsumiert werden können: *Inszenierung* (»staging«), *Emotionale Wiedergutmachung* (»undoing«), *Depersonalisierung* (»depersonalization«) und *Übertöten* (»overkill«). Diese Aufzählung möglicher Personifizierungsformen (2.4.2) ist nicht abschließend, z.B. ist auch das Entwenden von ‚Souvenirs' vom Tatort oder die Ausübung eines erheblichen Ausmaßes an physischer Gewalt als individuelles (rituelles) Verhaltensmuster zu klassifizieren und als Bestandteil der Täterhandschrift zu interpretieren. Ohne eine ganzheitliche Betrachtung der rekonstruierten Straftat sind diese einzelnen Verhaltenskomponenten vergleichsweise wertlos, ihre besondere Bedeutung erhalten sie nur in ihrer Gesamtheit (Prinzip der Ganzheitlichkeit, 2.4.3).

### 2.4.1 »Modus Operandi« vs. »Handschrift«

Der *Modus Operandi* (MO) bezeichnet das rationale und für eine effektive Tatdurchführung notwendige Täterverhalten, diejenigen konkreten Verhaltensweisen, die eine möglichst reibungslose Tatbegehung gewährleisten sollen (Douglas & Munn, 1992a; 1992b; Hoffmann, 2002b). Aus kriminalpsychologischer Sicht ist er Ausdruck jener funktionalen Täterentscheidungen vor, während und nach der Tat, die zur erfolgreichen Tatvorbereitung, Tatbegehung und Tatvertuschung gefällt werden (Harbort, 2003; Hoffmann & Musolff, 2000). Der MO umfasst somit alle Handlungen, die der Täter einsetzt, um

- den erfolgreichen Ablauf der Tat zu gewährleisten,
- seine Identifikation zu erschweren bzw. zu verhindern und
- sein Entkommen durch Fluchtmöglichkeiten zu sichern.

Der MO wird eingesetzt, weil er funktioniert. Insofern stellen die ihm zuzurechnenden Handlungen kein stabiles Verhaltensmuster dar, sondern sind dynamisch und veränderbar, da sie den besonderen Umständen und Erfordernissen – v.a. dem Opferverhalten – angepasst werden (Robak, 2004). Als gelernte Verhaltensweise wandelt und verfeinert sich der MO im Verlauf einer ‚kriminellen Karriere' und ist daher für eine Tatzusammenführung weniger gut geeignet. Hat sich die Vorgehensweise in der Vergangenheit bewährt, ist es nur rational, weiter so zu verfahren. Reichertz (1998; 2002) drückt dieses Verhalten des Täters pointiert in Analogie zu dem eines Fußballtrainers aus, welcher nach der Maxime »Never change a winnig team« die gleiche Mannschaft so lange spielen lasse, wie diese erfolgreich sei. Der MO orientiert sich an Lernprozessen: Lernerfahrungen, die eine Modifikation des Vorgehens bewirken, sind z.B. das Lernen am (Miss-) Erfolg, steigendes Selbstvertrauen bei der Tatbegehung aufgrund vorangegangener Erfahrungen, Berichterstattungen in den Medien, Kontakte mit Strafverfolgungsbehörden oder Kenntnisse über neue Entwicklungen kriminaltechnischer Möglichkeiten (Hoffmann, 2002b; Hoffmann & Musolff, 2000; Turvey, 2002).

> »The modus operandi is very dynamic and malleable. During his crime career, an offender usually modifies the MO as he gains experience. [...] The victim's response can also significantly influence the evolution of an

> MO. If the rapist has problems controlling a victim, he will modify his MO to accommodate resistance.«
>
> (Douglas & Munn, 1992b, p. 260)

Beispielsweise kann die starke Gegenwehr eines Opfers oder eine Verhaftung, die aufgrund von Fingerabdrücken oder DNA-Spuren am Tatort zustande kommt, dazu führen, dass der Täter seinen MO dahingehend anpasst, dass er bei nachfolgenden Taten sein Opfer frühzeitig fesselt und knebelt oder Handschuhe (Kondome etc.) verwendet. So arbeitete Harbort (1999a; 1999b) im Rahmen einer Studie (vgl. 3.1.2.1.3) heraus, dass insofern deutliche Unterschiede in der vergleichenden Bewertung von Erst- und Zweittaten vorlagen, als annähernd 60% der Sexual- und Raubmörder in seiner Untersuchung gezielt ihren Modus Operandi durch die Veränderung bestimmter Tatbegehungsmerkmale anpassten. Beispielsweise sei bei einer Nachfolgetat das Tatmittel mitgeführt worden (bei ersterer stammte dieses vom Tatort oder vom Opfer), es kam zur Ruhigstellung durch Fesseln (bei der Ersttat durch Bedrohung), oder es wurden Beweismittel, die vorher am Tatort belassen wurden, bei der zweiten Tat beseitigt. Weiter stellte Harbort einen Wechsel in der Kontaktaufnahme von überfallartigem Vorgehen zu manipulativer Annäherung bzw. Anlockung fest (vgl. auch Fink, 2001; Föhl, 2001).

Da der MO nur bedingt perseverant ist und »zu jedem Zeitpunkt durch endogene oder exogene Faktoren beeinflusst werden kann« (Harbort, 1999b, S. 715), sind bei der Verhaltensanalyse v.a. diejenigen Handlungsweisen von Interesse, die über dieses unmittelbar für die Tatdurchführung notwendige Verhalten hinausgehen (»Was hat der Täter getan, das er nicht hätte tun müssen ?«). Täter von Gewaltdelikten zeigen vielfach ungewöhnliche oder sogar bizarre Verhaltensweisen, die zur eigentlichen Tatbegehung nicht vonnöten sind und keinen strategischen oder rationalen Charakter aufweisen. Sie hinterlassen damit eine Art »Visitenkarte« (Robak, 2004, S. 31), mit welcher der Täter eine persönliche Bedeutungsebene in sein Verhalten einbringt. In der Terminologie des FBI handelt es sich – bezogen auf Serientaten – um die individuelle *Handschrift* (»signature«) bzw. um eine *Personifizierung* (»personation«), wenn ein einzelnes Delikt aus tathergangsanalytischer Perspektive betrachtet wird (Douglas & Munn, 1992a).

Im Gegensatz zum MO gilt dieser »psychologische Fingerprint« (Harbort, 2003, S. 141) als statischer, annähernd unveränderlicher und unverkennbarer Ausdruck von Besonderheiten der Persönlichkeit und Biographie des Täters bzw. der in dem Verbrechen ausgelebten psychischen Motive – wenngleich es aufgrund einer Weiterentwicklung der zugrunde liegenden Phantasien und Bedürfnisse zu einer Steigerung bzw. exzessiveren Ausprägung z.B. in Form gewalttätiger oder sadistischer Handlungen von Tat zu Tat kommen kann. Häufig spiegeln Personifizierungen bzw. die Handschrift das Bestehen tatauslösender und tatgestaltender Phantasien, als Leitmotiv des Verbrechens, wider, die durch die Interpretation des Täterverhaltens erschlossen werden können (Belitz, 2002). Beim analytischen Zugang zu diesen Verhaltenssequenzen müssen ebenfalls denkbare Handlungsalternativen (»Was hat der Täter nicht getan, das er hätte tun können ?«) diskutiert werden (vgl. Schröer et al., 2004).

> »Als Vorgehensweise (MO) bezeichnet man das, was der Mörder tut, um sein Verbrechen ausführen zu können; die Handschrift ist in gewisser Weise der Grund, warum er es tut – nämlich das, was ihn emotional befriedigt. [...] Ich habe über Jahre hinweg festgestellt, dass die Handschrift viel mehr über das Verhalten eines Serientäters verrät als die Vorgehensweise. Das liegt daran, dass die Handschrift immer gleich bleibt, während sich die Vorgehensweise ändert. Sie entwickelt sich im Laufe einer Verbrecherkarriere, da der Täter aus seinen Erfahrungen lernt. Wenn ihm eine bessere Methode einfällt, ein Opfer in seine Gewalt zu bringen oder eine Leiche abzutransportieren und zu beseitigen, wird er sie anwenden. Doch sein emotionales Motiv, das ihn veranlasst, das Verbrechen überhaupt zu begehen, ist festgelegt.«
>
> (Douglas & Olshaker, 1997, S. 42)

Eine Handschrift bzw. Personifizierung kann umso leichter identifiziert werden, je eigentümlicher oder exzentrischer die Vorgehensweise des Täters ist, z.B. das Vollziehen ritueller – insbesondere post mortem vorgenommener – Handlungen: »The subject introduces an aspect of his personality into the scene through his ritual« (Douglas & Munn, 1992b, p. 261). Typisches Zeichen einer Handschrift sind Verhaltensweisen, die auf Erniedrigung und Machtdemonstration abzielen wie bspw. ein extrem vulgärer Sprachgebrauch; diese individuellen Indizien äußern sich auch in einer übermäßigen Gewaltanwendung trotz fehlenden Opferwiderstandes oder im Versuch, durch Küssen, Streicheln und vermeintlich schmeichelnder Komplimente eine beziehungsähnliche Verbindung vorzutäuschen. Es handelt sich um Verhaltensmuster, die einzig dem Ziel einer Befriedigung emotionaler oder auch sexueller Bedürfnisse des Täters dienen (Douglas et al., 1992; Ressler et al., 1988).

Situative, vom Täter nicht vorhergesehene Ereignisse, z.B. Störungen durch andere Personen oder unerwartete Opferreaktionen, können dazu führen, dass ein Umsetzen lang gehegter Phantasievorstellungen in die Realität (Föhl, 2001) unterbunden wird, so dass sich die Bedürfnisse des Täters nicht in tatsächlichem Verhalten niederschlagen. Eine Handschrift oder Personifizierung lässt sich daher nicht bei jedem (sexuell motivierten) Gewaltdelikt feststellen (Fink, 2001; Hoffmann & Musolff, 2000).

Der THA obliegt es, die mitunter problematische Differenzierung von MO und Personifizierung vorzunehmen, da die Grenzen zwischen Vorgehensweise und Handschrift in Abhängigkeit vom jeweiligen Motiv fließend sind, und eine Handlung des Täters u.U. sowohl dem einen als auch dem anderen Aspekt seines Verhaltens zugeordnet werden kann (Robak, 2004).

> »The problem for the criminal profiler is distinguishing between MO behaviors and signature behaviors. The bigger problem is that signature needs and MO needs may be satisfied by the same behavior.«
>
> (Turvey, 2002, p. 280)

Das Zerteilen einer Leiche nach Tötung des Opfers kann somit als ‚defensiver Akt' unter funktionalen Gesichtspunkten (zur Beseitigung) betrachtet werden und ist demnach Ausdruck des MO; gleichfalls besteht jedoch die Möglichkeit, dass ein ‚offensiver Akt' vorliegt, d.h. persönliche sexuelle, wut- oder rachemotivierte Bedürfnisse (vgl. FBI-Typologie der Vergewaltiger; 3.1.2.1.1) zugrunde liegen (Schröer 2004). Ebenfalls kann die Fesselung eines Opfers sowohl funktional (MO) als auch Anzeichen eines (sexuellen) Bedürfnisses (Handschrift) sein. Verdeckt der Täter während einer Vergewaltigung das Gesicht des Opfers, kann auch dies ebenso Bestandteil seines MO (Verhalten zur Vermeidung einer Identifikation durch das Opfer), wie auch seiner Handschrift (Projektionsfläche zur Umsetzung der Vorstellung, es handle sich um eine andere Person) sein.

Zur Verdeutlichung sei an dieser Stelle auf den fiktiven Serienmörder ‚Buffalo Bill', den Protagonisten in ‚Silence of the Lambs' verwiesen, den der Autor Thomas Harris nach dem Modell unterschiedlicher Serientäter agieren lässt (vgl. Douglas & Olshaker, 1997): nach dem Vorbild des Serienvergewaltigers Theodore ‚Ted' Bundy, der bei der Kontaktaufnahme zu seinen weiblichen Opfern mit Hilfe eines abnehmbaren Gipsverbandes und einer Schlinge einen gebrochenen Arm vortäuschte, simuliert Buffalo Bill mit einem durch eigene Hand eingegipsten Arm Hilflosigkeit, um Frauen zu entführen. Der Serientäter Gary Heidnick lieferte das Modell für einen Täter, der – wie auch im Roman Buffalo Bill – seine entführten Opfer in einer Grube gefangen hielt, die er in seinem Keller ausgehoben hatte. Das eigentümliche, bizarre Verhalten des Buffalo Bill, sich zur Befriedigung sexueller Bedürfnisse aus der Haut der Frauen eine weibliche Hülle zu schneidern, hatte in den 50er Jahren des letzten Jahrhunderts der Serientäter Ed Gein gezeigt.

Während das Eingipsen zur Kontakt- und Kontrollausübung als pragmatische, funktionale Verhaltensweise dem MO eines Täters zuzurechnen ist, mit dessen Hilfe er an die Hilfsbereitschaft seiner Opfer appelliert, um diese möglichst schnell und widerstandslos überwältigen zu können, ist das postmortale Abtrennen der Häute ein individuell charakteristisches Verhalten (Handschrift), dessen persönliche Bedeutung einzig dem Täter bekannt ist (vgl. Douglas & Munn, 1992a). Das dritte benannte Tatmerkmal, das Einsperren in einer Grube, könnte je nach Situation Gegenstand beider Verhaltensklassen sein: Dient es allein dem Ziel, die Opfer dort festzuhalten und eine Flucht zu verhindern, wäre es Bestandteil des MO; verschafft es dem Täter Befriedigung, diese zu demütigen und um ihr Leben betteln zu lassen, gibt dies Hinweise auf seine Bedürfnisstruktur und ist somit Teil der individuellen Handschrift.

### 2.4.2 Personifizierungsformen

Täter und Tat sind durch die individuelle Handschrift auf spezifische Weise miteinander verbunden (von Lüpke, 1999); hier spiegeln sich die Bedürfnisse und Motive, die tatauslösenden und tatgestaltenden Phantasien des Täters wider. Vor allem das FBI hat verschiedene Formen der

Personifizierung als Ausdruck solcher phantasiegeleiteten Handlungsweisen differenziert und beschrieben (Douglas et al., 1992; Ressler et al., 1988). Die Inhalte haben auch in europäischen Konzeptionen Eingang in die Verhaltensanalyse bei der Tatrekonstruktion gefunden (Müller, 1998).

#### 2.4.2.1 Inszenierung (»staging«)

Das Vorliegen einer Tatortinszenierung wird angenommen, wenn am Tatort Indizien dafür gefunden werden, dass der Täter vor, während und / oder nach der Tatbegehung Handlungen vorgenommen bzw. Vorkehrungen getroffen hat, mit denen er eine Verdeckung oder Verschleierung seiner ursprünglichen Tatmotivation intendierte (Müller, 1998). Von *»staging«* (abgeleitet von engl. »stage« - Bühne, etwa »in Szene setzen«) spricht man demzufolge dann, wenn der Tatort absichtlich und unabhängig von den (aus Tätersicht) notwendigen Tathandlungen verändert wurde, um durch eine Veränderung der Spurenlage die polizeiliche Untersuchung zu erschweren bzw. die Ermittlungen – durch das Vortäuschen eines anderen Motivs als des eigentlich handlungsrelevanten – von einem nahe liegenden Verdächtigen, dem ‚logischen Täter', abzulenken: »Staging refers to deliberate efforts by the offender (or others) to alter the crime scene to mislead investigators« (Homant & Kennedy, 1998, p. 332).

Beispielhaft zu nennen ist hier der als Raub getarnte sexuelle Übergriff, wobei eine solche Inszenierung im Extremfall auch in einem Verdeckungsmord enden kann. Eine Form des »staging« liegt auch beim Versuch vor, ein Tötungsdelikt wie einen Unfall oder Suizid darzustellen oder eine aus Wut bzw. aus einem eskalierten Streit heraus erfolgte Tötung eines nahen Angehörigen wie einen Mord in Zusammenhang mit einem Sexualdelikt (‚Sexualmord') – begangen durch einen Fremden – erscheinen zu lassen (Turvey, 2002).

Als weiteres Motiv für eine solche Veränderung an einem Tatort muss die Möglichkeit in Erwägung gezogen werden, dass andere Personen (z.B. Freunde oder Verwandte) als Verursacher einer solchen Inszenierung in Frage kommen, indem sie den Tatort so manipuliert bzw. das Opfer auf eine Weise positioniert oder verdeckt haben, dass – zum Schutze der Integrität des Opfers – von zuvor durch den Täter vorgenommenen (möglicher-weise sexuellen) Handlungen abgelenkt wird.

Andere typische Fälle, in denen nachträglich die Spurenlage verändert wird, sind so genannte »autoerotic fatalities«: tödliche Unfälle bei autoerotischen Handlungen wie z.B. der Masturbation bei simultaner Selbststrangulation, bei denen nahe stehende Personen das Opfer aus Scham oder zur Bewahrung der Würde des Opfers und dessen Familie ankleiden oder das Geschehen als Suizid oder sexuell motiviertes Tötungsdelikt zu tarnen versuchen (Hoffmann, 2002a; Müller, 1998; Robak, 2004).

Inszeniert der Täter (oder eine andere Person) den Tatort, begeht er üblicherweise Situationsfehler, da er ihn – in der Regel unter hoher Anspannung und großem Zeitdruck – so verändert, wie der Tatort jenes Deliktes, das er vorzutäuschen versucht, seines Erachtens aussehen sollte.

> »Offenders who do change a crime-scene tend to make mistakes because they are under great stress, and they do not have the time to present the dynamics of a crime in a logically consistent matter.«
>
> (Müller, 1998, p. 194)

Der Tatort kann dann Widersprüche und verräterische Schwachpunkte aufweisen, so genannte »Rote Flaggen« (*red flags*), welche die Aufmerksamkeit der ermittelnden Behörden auf bestimmte Tataspekte lenken (Douglas & Munn, 1992a). Hier gilt es insbesondere rechtsmedizinische Befunde in die Analyse zu integrieren, z.B. bei der Überprüfung der Verletzungsart und -lokalisation in Zusammenhang mit dem allgemeinen Erscheinungsbild des Verbrechens.

Tathergangsanalytisch ist die Tatortinszenierung von besonderer Bedeutung, da ein »staging« der beschriebenen Form als Indiz für planendes Verhalten bewertet wird (Douglas et al., 1992) und darüber hinaus häufig in Fällen auftritt, in denen eine vordeliktische Beziehung zwischen Opfer und Täter bestanden hat (Ressler et al., 1988).

> »Staging may be present at the crime scene(s). The subject may stage the crime to appear careless and disorganized to distract or mislead police. He

> may stage secondary criminal activity (e.g., a robbery) to cloud the basis for the primary motive of sexual murder.«
>
> (Douglas et al., 1992, p. 125, zum »organized sexual homicide«)

#### 2.4.2.2 Emotionale Wiedergutmachung (»undoing«)

Terminologisch und inhaltlich von der Inszenierung abzugrenzen ist der Begriff des »*undoing*«, der emotionalen Wiedergutmachung. Laut FBI (Douglas et al., 1992) zeige der Täter in bestimmten Handlungsvariationen – wie dem nachträglichen Reinigen oder Zudecken des Opfers bzw. einzelner Körperregionen, der Platzierung in eine schlafende Position, dem Schließen der Augen oder Falten der Hände – Schuldgefühle und versuche den zuvor durchgeführten Tötungsakt aus einem Gefühl der Reue heraus symbolisch ungeschehen zu machen. Turvey (2002, p. 696) definiert diesen Wunsch des Täters, seine Tat am Opfer wieder gut zu machen entsprechend als »the symbolic reversal of crime«. Möglicherweise ist aber auch die Tötung selbst Bestandteil einer emotionalen Wiedergutmachung, wenn bspw. ein vorangegangener sexueller Übergriff (Nötigung, Vergewaltigung) subjektiv ‚rückgängig' gemacht werden soll (Osterheider, 2003b).

Anzeichen von »undoing« finden im Rahmen der THA u.a. auch deshalb Beachtung, da sie entscheidende Hinweise auf eine vordeliktische Täter-Opfer-Beziehung geben können (»actions by an offender who has a close association with the victim and tries symbolically to undo a homicide«, Douglas et al., 1992, p. 355; »... this behaviour is frequently encountered at crime scenes when there was a close relationship between the victim and the offender«, Müller, 1998, p. 192), so dass der Täter eventuell im persönlichen Umfeld des Opfers zu suchen ist.

#### 2.4.2.3 Depersonalisierung (»depersonalization«)

Der emotionalen Wiedergutmachung steht das Konzept der Depersonalisierung (»*depersonalization*«) als »betont psychologisch feindseliger Akt gegenüber dem Opfer« (Hoffmann & Musolff, 2000, S. 171) beinahe diametral entgegen. Dabei werden, so Müller (2004b), das

Opfer oder bereits durchgeführte Handlungen am Opfer gemäß den Vorstellungen des Täters verändert. Depersonalisierung wird als Versuch interpretiert, dem Opfer die physische Individualität zu rauben bzw. dessen Identität zu verdrängen (»... the term depersonalization is used to describe actions taken by the murderer to obscure the personal identity of the victim...« [Ressler et al., 1988, p. 56]), z.B. durch offensiv zerstörerisches, aggressives Verhalten in Form von Schlägen oder Verletzungen im Gesichtsbereich vor oder nach Eintreten des Todes oder durch subtilere Handlungen wie der Positionierung des Opfers in Bauchlage oder Verdecken des Gesichts mit einem Kleidungsstück.

> »Through excessive facial battery, the offender attempts to dehumanise the victim because he or she represents or resembles a person who has caused him psychological distress. Subtile acts of depersonalization may involve covering the victim's face with a towel, pillow, or clothing or placing the victim face down.«
>
> (Douglas et al., 1992, p. 352)

Die psychologisch bzw. tathergangsanalytisch zu bewertende Bedeutung der Depersonalisierung ist nicht eindeutig; dieses Verhaltensmuster kann Anzeichen dafür sein, dass zwischen Täter und Opfer eine persönliche Beziehung vorgelegen hat, oder dass das Opfer für den Täter symbolisch eine Person seiner Biographie repräsentiert, an welcher er Vergeltung für vermeintlich oder tatsächlich erlittenes Unrecht üben will (Hoffmann & Musolff, 2000). Möglichenfalls dient eine Depersonalisierung auch dem Versuch einer Entindividualisierung, um das Opfer zu anonymisieren und somit eine Projektionsfläche für spezifische sexuelle Phantasien zu erhalten.

Müller (2004b) unterscheidet in diesem Zusammenhang die »normal sexuelle Depersonalisierung«, bei der ein meist spontan agierender Täter den Kopf oder andere Körperteile verdeckt, um etwaige ihn irritierende oder abschreckende, seiner Bedürfnisbefriedigung zuwiderlaufende Merkmale (Blutspuren, geöffnete Augen, heraushängende Zunge) nicht wahrnehmen zu müssen, von der »symbolischen« (s.o.), der »deviant sexuellen« und der »handlungsbezogenen Depersonalisierung«. Letztere zeichne sich durch das Motiv aus, sich von der eigenen Handlung zu distanzieren, und ist daher durch weitere Tatmerkmale von der emotionalen

Wiedergutmachung zu differenzieren (vgl. 4.3 zum Prinzip der Ganzheitlichkeit).

> »... aber das Zudecken eines Opfers kann im Zusammenhang mit anderen Entscheidungen prognostisch äußerst günstig eingestuft werden, im anderen Fall kann das Zudecken beim Zusammentreffen mit anderen Entscheidungen prognostisch äußerst ungünstig zu beurteilen sein. Daran erkennen wir die Komplexität einer psychologischen Beurteilung, dass nämlich ein und dasselbe Verhalten, etwa das Zudecken des Opfers im Zusammenspiel mit anderen Entscheidungen zwei unterschiedliche Bedeutungen haben kann. Das bedeutet aber auch, dass wir niemals aus einem Faktum eine Schlussfolgerung ziehen können, sondern dass die Gesamtheit immer mehr ist als die Summe ihrer Teile...«
>
> (Müller, 2004a, S. 92/3)

### 2.4.2.4 Übertöten (»overkill«)

Das FBI beschreibt das Verhaltensmuster Übertöten (»*overkill*«) als »excessive trauma or injury beyond that necessary to cause death« (Douglas et al., 1992, p. 354). Es handelt sich um eine überschießende Gewaltanwendung durch Zufügen multipler Verletzungen, deren Ausmaß weit über das zur Tötung eines Menschen notwendige Maß hinausgeht. Insbesondere das Beibringen postmortaler Wunden, welches – per definitionem – weit über das zur Tötung erforderliche Verhalten hinausreicht, lässt Rückschlüsse darauf zu, »dass die Persönlichkeit des Opfers das eigentliche Zielobjekt des Täters darstellt« (Osterheider, 2003b, S. 23). Formen des »overkill« finden sich v.a. bei persönlich und sexuell motivierten Tötungsdelikten, wobei das Übertöten als Ausdruck der ungebremsten Entladung von Hass, Wut, Drang nach Vergeltung und Aggressionen – wie auch die emotionale Wiedergutmachung – auf eine vordeliktische Verbindung zwischen Opfer und Täter hinweisen kann.

Während Müller (1998) mit dem einschränkenden Hinweis auf fehlende entsprechende Richtlinien angibt, dass das Vorliegen von mehr als zehn schweren Schlägen oder Stichverletzungen gegen Kopf- oder Gesichtsareal »may be rightfully called overkill« (p. 193), raten Püschel & Schröer (2002) von einer ausschließlich anhand der Anzahl von Verletzungen vorgenommenen Einordnung ab. Auch die detaillierte Lokalisation bzw. Verteilung der Wunden sei für rekonstruktive Überlegungen von Bedeutung, wobei es weiter zu berücksichtigen gelte, »dass auch bei

Ausweichen, Flucht oder Gegenwehr des Opfers Verletzungen an verschiedenen Körperstellen zugefügt werden können« (S. 226). Daher müssen tathergangsanalytische Verfahren stets auch die Art der Opferverletzungen (z.B. Abwehrwunden) bei der Tatrekonstruktion einbeziehen, um Formen eines Übertötens als solche zu erkennen bzw. weitgehend ausschließen zu können.

#### 2.4.2.5 Weitere rituelle Verhaltensmuster

Eine abschließende Aufzählung möglicher Personifizierungsformen ist angesichts der Komplexität menschlichen Erlebens und Verhaltens nahezu unmöglich. So individuell und facettenreich die Motive, Bedürfnisse und Phantasien der Täter sind, so umfangreich und vielfältig sind auch die Handlungen, die zu deren Befriedigung bzw. Umsetzung eingesetzt werden. Infolgedessen erheben die hier dargestellten möglichen Elemente der Handschrift keinesfalls den Anspruch auf Vollständigkeit, sondern sollen lediglich einen Hinweis darauf liefern, welche vermeintlich einzigartigen, ungewöhnlichen – und auf den ersten Blick anscheinend sinnlosen – Indizien in der THA eine ganz besondere Wertigkeit erhalten. Somit können spezifische sexuelle Handlungen am Opfer zur Bedürfnisbefriedigung ebenso Bestandteil der Handschrift sein wie das Ausmaß der physischen Gewaltanwendung oder verbale Komponenten des Täterverhaltens. Von Bedeutung sind nicht nur einzelne Taten, sondern auch die Reihenfolge der Durchführung, so dass z.B. bei einer analen Vergewaltigung mit anschließendem erzwungenen Oralverkehr eine zusätzliche Erniedrigung des Opfers als mögliches Motiv zu erheben ist (Turvey, 2002).

Weiter ist von Bedeutung, ob der Täter nach der Tatbegehung relativ wertlose Gegenstände vom Tatort entfernt oder Besitztümer des Opfers an sich genommen hat, deren materieller Wert für ihn völlig irrelevant, deren emotionale Geltung als »Souvenir« oder »Trophäe« jedoch erheblich sein kann (Föhl, 2001; Turvey, 2002). Möglicherweise sind sie Teil seiner Phantasievorstellung, werden als Symbole der selbstempfundenen Omnipotenz an andere Personen (z.B. die Freundin oder Ehefrau) verschenkt oder als Erinnerungsobjekt an einem versteckten Ort deponiert und gesammelt, um jederzeit hervorgeholt werden zu können. Auf diese Weise kann der Täter die Tat ein weiteres Mal in der Phantasie durchleben und die tatbegleitenden Emotionen erneut hervorrufen: »Items taken from the crime scene by the offender to commemorate the offense [...] allow the offender to continue to fantasize and relive the events of the crime ...« (Douglas et al., 1992, p. 355).

Das Spektrum dessen, was vom Tatort bzw. dem Opfer entwendet wird, reicht von Schmuckstücken, Photographien oder Kleidungsstücken (z.B. Unterwäsche) bis hin zu Haarsträhnen oder sogar Körperteilen (Ressler et al., 1988), so dass einige Autoren (z.B. Holmes & Holmes, 1996; Ressler et al., 1988) das Mitnehmen so genannter »Trophäen« mit ausschließlich intrinsischem Wert als Unterkategorie der »Souvenirs« herausstellen. Als Zeichen ihrer erfolgreichen Bemühungen haben diese keine stellvertretende Bedeutung, sondern sind als »symbol of victory, achievement, or conquest« (Turvey, 2002, p. 696) bzw. als »proof of his skill« (Ressler et al., 1988, p. 64) einzig für den Täter bestimmt.

### 2.4.3 Prinzip der Ganzheitlichkeit

Die gedankenexperimentelle Rekonstruktion des Täterverhaltens einschließlich dessen Handlungsmöglichkeiten und -konsequenzen verdeutlicht, wie komplex das Konstrukt Täterhandschrift bzw. Personifizierung ist. Angelehnt an den Grundsatz der Gestalttheorie »Das Ganze ist mehr als die Summe seiner Teile« muss daher jedes Indiz, jede einzelne Verhaltensweise im Kontext des Gesamtgeschehens betrachtet werden, um ein konsistentes Bild der Bedürfnisse, Motive und Phantasievorstellungen des Täters ermitteln zu können. Wie wichtig diese ganzheitliche Betrachtung der Tatdynamik ist, zeigt sich bereits in der beschriebenen Unterscheidungsproblematik zwischen MO und Handschrift sowie der variablen Interpretationsmöglichkeiten einzelner Personifizierungsformen (z.B. emotionale Wiedergutmachung vs. Depersonalisierung, s.o.). Turvey (2002) verdeutlicht diese Schwierigkeit, wenn er den generellen Handschriften*aspekt* (»general signature aspect«, p. 279) von dem Handschriften*verhalten* (»signature behavior«, p. 280) abgrenzt:

- *Handschriftenaspekt*: Die einzelnen individualisierenden Merkmale des Täterverhaltens spiegeln – zusammengeführt zu einem Ganzen – als bedürfnisorientierte Verhaltensseite den wahren Beweggrund der Tat, die motivationalen Phantasieinhalte des Täters wider: »...the overall signature aspect represents the emotional or psychological themes that the offender satisfies when he commits an offense...« (Turvey, 2002, p. 279/280). Als psychologische und emotionale Bedürfnisse (‚Themen'), deren Befriedigung bzw. Versuche einer solchen durch Anteile der Handschrift am Tatort repräsentiert werden, nennt Turvey Profit, Wut und Vergeltung, Experimentierbedürfnis und Neugier sowie Sadismus (ebd.; vgl. auch Föhl, 2001). Auch Douglas & Munn (1992b) haben zwei unterschiedliche Ebenen der Täterhandschrift herausgearbeitet und formulieren den Zusammenhang wie folgt: »... the signature aspect remains the same [...]. The ritual may evolve, but the theme persists...« (p. 262).

- *Handschriftverhaltensweisen*: Jene konkreten Verhaltensweisen, die über ein für den unmittelbaren Taterfolg sinnhaftes Agieren hinausgehen, die also aus Sicht eines Außenstehenden nicht notwendig sind, definiert Turvey (2002, p. 280) als »signature behaviors: ... those acts commited by an offender that are not necessary to commit the crime but that suggest the psychological or emotional needs of that offender«.

Die Analyse und Interpretation einzelner Verhaltensweisen, die im Konzept der Täterhandschrift zusammengefasst werden (z.B. spezielle Arten des Fesselns, eine besondere Reihenfolge, Arten und Lokalisationen von Verletzungen) ermöglichen nur unter ganzheitlicher Berücksichtigung aller Indizien Rückschlüsse auf den generellen Handlungsaspekt. Die Motivation des Täters muss daher aus der Gesamtheit seines Verhaltens erschlossen werden. Da jedoch die einzelnen Handlungen der Handschrift bei zwei unterschiedlichen Taten aufgrund situativer Umstände niemals identisch sein könnten, deklariert Turvey die Bezeichnung »psychological fingerprint« (ebd., p. 283) als inadäquat. Er schlägt vor, dies wiederum mit dem Hinweis auf die problematische Unterscheidung von MO und Handschrift, stattdessen den Begriff der »psychologischen Identität«

(»psychologically identical behavior«, p. 287) zu verwenden, um die Einschränkungen und Grenzen des Personifizierungskonzeptes auch terminologisch hervorzuheben (Turvey, 2002; vgl. auch Föhl, 2001).

## 2.5. Delinquenz und Persönlichkeit – Grundlagen der Tathergangsanalyse

> »Die Frage, welche Bedeutung der Person und welche Bedeutung der Situation als Auslöser von Verhalten zukommt, gehört zu den kardinalen Kontroversen der Persönlichkeitspsychologie.«
>
> (Laux, 2003, S. 169)

Der Tathergangsanalyse und Täterprofilerstellung liegen bestimmte theoretische Prämissen über menschliches Verhalten im Allgemeinen und spezifische tathergangsanalytisch relevante Verhaltensweisen im Besonderen sowie deren Beziehung zu Persönlichkeitseigenschaften zugrunde (2.5.1). Bei der Rekonstruktion des Tatgeschehens ist daher ein Rückgriff auf persönlichkeits-, entwicklungs- und sozialpsychologische Grundlagenkenntnisse unabdingbar. Als kriminalpsychologisches Verfahren, das von bestimmten Verhaltenweisen auf die Persönlichkeit des Täters schließt, erweist sich die THA nur unter der Bedingung als effektiv und sinnvoll, dass die Persönlichkeitsstrukturen einer Person ihr Verhalten – in einem gewissen Umfang – bestimmen und sich jenes dadurch am Tatort manifestiert. Eine solche Grundannahme ist notwendigerweise mit einer Persönlichkeitstheorie verknüpft, welche – die Stabilitätsannahmen betonend – menschliches Verhalten als primär durch die Person determiniert sieht (2.5.2). Jegliche Ausführungen zu Theorie und Methodik der THA sind infolgedessen unter Bezugnahme auf eigenschafts- (trait-) theoretische Konzepte zu bewerten. Diese persönlichkeitspsychologische Implikation ist sowohl vor dem Hintergrund der stets gegenwärtigen Person- vs. Umwelt- Debatte als auch unter Berücksichtigung multifaktorieller Verursachung straffälligen Verhaltens bedeutsam. Hervorgehoben wird der Zusammenhang von Delinquenz und Persönlichkeit für jene Täter, bei denen das Vorliegen einer Persönlichkeitsstörung oder anderer psychischer Störungen den Einfluss situativer Faktoren auf das Verhalten zurückdrängt. Angesichts auffallend hoher Prävalenzraten psychischer Störungen bei Straftätern erfährt die THA in ihrer Anwendung für die spezifische Klientel inhaftierter oder untergebrachter Gewalt- und Sexualstraftäter zusätzliche Berechtigung.

### 2.5.1. Grundannahmen der THA

Vorgehensweise und Methodik der tathergangsanalytischen Verfahren basieren auf bestimmten theoretischen Vorannahmen, die grundlegend sind für die zentrale Prämisse, dass die Verhaltensweisen des Täters vor, während und nach der Tatbegehung Rückschlüsse auf dessen individuelle Charakteristika resp. Persönlichkeitseigenschaften zulassen (Douglas et al., 1992; Holmes & Holmes, 1996; Müller, 1998; 2004a; 2004b; Ressler et al., 1988).

a) ‚Verhalten ist entscheidungsgeleitet und bedürfnisorientiert' (Dern, 2000; Müller, 1998; 2004a; 2004b). Die THA beschäftigt sich in erster Linie mit Täterverhalten und den Entscheidungen, die diesem Verhalten vorausgingen. Die Entscheidungsfindung richte sich, so die grundlegende Annahme, nach Bedürfnissen. Verhalten sei somit entscheidungsgeleitet – wobei nicht jede Entscheidung auf einem bewussten intentionalen Akt basieren müsse – und bedürfnisorientiert.

b) ‚Das (sexuelle, physische oder verbale) Verhalten einer Person reflektiert ihre Persönlichkeit' (Douglas et al., 1992; Ressler et al., 1988). Der Tatort ist ein Ort, an dem ein Mensch Entscheidungen getroffen hat; er hat in einer Entscheidungs- oder Problemsituation eine bestimmte Handlung gewählt, wobei laut FBI das Spezifische dieser Entscheidung zum einen durch die Erfordernisse der effektiven Tatvorbereitung, Tatbegehung und Tatvertuschung bedingt sei (vgl. Reichertz, 1998; 2002). Andererseits liege der Individualität dieser Entscheidungen insbesondere auch die Persönlichkeit des Täters zugrunde, d.h. der Tatort bzw. der Tathergang, das (sexuelle, physische oder verbale) Verhalten am Tatort, reflektiere die Persönlichkeit, weil sich die Eigenschaften eines Menschen in dessen Verhalten widerspiegelten (»behavior reflects personality«, Ressler et al., 1988, p. 9/10). Dort, wo der Täter Entscheidungen treffen müsse, offenbare sich seine Persönlichkeit.

c) ‚Der Modus Operandi bleibt weitgehend ähnlich' (Douglas & Munn, 1992b; Turvey, 2002). Der Modus Operandi bezeichnet die für den unmittelbaren Taterfolg sinnhaften Handlungen, d.h. jene

Täterentscheidungen bzw. funktionalen Verhaltensweisen, die aus Sicht des Täters zur effektiven Tatdurchführung notwendig sind (vgl. I, 4.1). Aufgrund von Lernerfahrungen, so z.B. Douglas & Munn (1992b), modifiziere der Täter ggf. sein Vorgehen, so dass der MO im Verlauf mehrerer (Serien-) Delikte nur weitgehend ähnlich bleibe. Da zunehmendes Erfahrungswissen zu effizienteren Methoden führe, erscheine eine Verifizierung von Tatzusammenhängen lediglich in eingeschränktem Maße möglich (vgl. Harbort, 1999b; Meyer, 2002).

d) ‚Die Handschrift bleibt gleich' (Douglas & Munn, 1992b; Turvey, 2002). Im Gegensatz zum MO bleibe die Handschrift als die sich wiederholende Personifizierung im Wesentlichen konstant (vgl. 2.4.1; 2.4.2). Die Handschrift sei Ausdruck der Motive und Phantasievorstellungen, deren Realisierung dem Täter Befriedigung verschaffe. Er werde und könne daher nicht auf die Umsetzung dieser letztlich tatinitiierenden und tatgestaltenden emotionalen oder auch sexuellen Bedürfnisse verzichten. Obgleich sich einzelne Verhaltensweisen, durch welche die Handschrift ausgedrückt werde, aufgrund weiterentwickelter Phantasien oder aus zurückliegenden Taten gewonnener Erfahrungen (z.B. durch das Erlernen weiterer Strategien, die zur Bedürfnisbefriedigung eingesetzt werden) verändern könnten, blieben die intrinsischen Bedürfnisse selbst stabil bzw. verfestigten sich sogar (Jackson & Bekerian, 2000). Aus verhaltensanalytischer Sicht eigne sich die Handschrift infolgedessen gut für die Identifizierung einer Tatserie und gelte als »probates Kriterium [...], um das Persönlichkeits- und Verhaltensprofil eines Serienmörders identifizieren und interpretieren zu können« (Harbort, 1999b, S. 715). Für eine THA eigneten sich daher v.a. jene Delikte, bei denen der Täter möglichst viel am Tatort verändert und damit Anhaltspunkte für eine »Verhaltensbeweisanalyse« (Föhl, 2001, S. 51) geliefert habe. Insbesondere eine möglichst charakteristische, außergewöhnliche und exzentrische Vorgehensweise, z.B. in Form ritueller Handlungen, Erniedrigungen und Machtdemonstrationen, Beschimpfungen und demütigenden Anweisungen an das Opfer (Fink, 2001), ermögliche die Identifizierung des »Verhaltens-Fingerabdrucks« (Meyer, 2002, S. 145). Aus dem Vorliegen dieser – weitgehend unveränderlichen –

persönlichen Ausdrucksformen der Täterphantasien könnten wiederum Rückschlüsse auf spezifische Persönlichkeitsmerkmale gezogen werden (vgl. Kap. 3.), so dass sich »bestimmte Verhaltensmuster bestimmten Persönlichkeits- und Tätertypen zuordnen [lassen]« und »bei Vorliegen eines solchen Musters eine bestimmte Persönlichkeitsstruktur jedenfalls in ihren grundlegenden Aspekten beim gesuchten Täter als gegeben anzusehen [ist]« (Robak, 2004, S. 22).

e) ‚Die Täterpersönlichkeit bleibt weitgehend konstant und unterliegt keinem grundlegenden Wandel' (Föhl, 2001; Holmes, 1998; Holmes & Holmes, 1996). Eine weitere Basisannahme der THA besagt, dass die Persönlichkeit des Täters weitgehend konstant bleibe, d.h., obwohl sich einzelne Aspekte im Laufe der Zeit geringfügig ändern könnten, blieben die zentralen Elemente stabil und äußerten sich z.B. in der Handschrift. Eine gewisse Konstanz im Verhalten ist insoweit anzunehmen, als bestimmte wichtige, steter Wiederholung unterworfene Gewohnheiten und Aktivitäten eines Menschen in Form von Schemata abgespeichert werden, die dann bei Konfrontation mit neuen und unbekannten Situationen in Erinnerung an frühere Erfahrungen abgerufen werden (vgl. Robak, 2004). Die Prämisse der Persönlichkeitskonstanz basiert im Sinne gleich bleibender Verhaltensdispositionen auf dem Prinzip der Verhaltenskonsistenz, demzufolge das Verhalten des Täters am Tatort und sein Umgang mit dem Opfer Ausdruck seiner generellen Interaktions- und Kommunikationsmuster seien, so dass aus diesem direkten Verhältnis Rückschlüsse auf nicht-kriminelle Handlungen zulässig würden. Hier wird die persönlichkeitspsychologische Grundannahme der THA evident; mit der Annahme, dass die Persönlichkeit eines Menschen sogar unter den verschiedensten Umständen keinem grundlegenden Wandel unterliege, nimmt dieser verhaltensanalytische Ansatz Bezug auf eigenschafts- (trait-) theoretische Konzepte (Holmes & Holmes, 1996; Robak, 2004).

### 2.5.2 Persönlichkeitspsychologische Einordnung der THA

Allen Theorien zur Persönlichkeit ist die Annahme innewohnend, dass menschliches Verhalten durch Faktoren des Organismus und der Umgebung des Individuums determiniert sei. Hierbei gibt es jedoch divergierende Meinungen über die jeweilige Bedeutung, welche den situativen bzw. personalen Determinanten beizumessen sei (vgl. Pervin, 2000). Die THA versucht, aus bestimmten Verhaltensweisen Rückschlüsse auf die Täterpersönlichkeit zu ziehen. Somit ist unter Bezugnahme auf die Person-Situations- bzw. Konstanz-Variabilitäts-Debatte die persönlichkeitspsychologische Orientierung dieser Vorgehensweise zugunsten eines eigenschaftstheoretischen Ansatzes offensichtlich.

#### 2.5.2.1 Konstanz-Variabilitäts-Kontroverse: Nature vs. Nurture

Der so genannte »Dispositionismus« oder »Personalismus«, die dominierende Strömung in der Persönlichkeitspsychologie der 40er und 50er Jahre des letzten Jahrhunderts, postuliert Generalität und Konsistenz des Verhaltens und fokussiert bei der Erklärung von Verhaltensweisen auf internale Merkmale der Person (Verhalten = f [Person]). Gemäß dieser Auffassung sind Eigenschaften verantwortlich für das Erzeugen von »stabile(n) Beziehungen zwischen den Situationen und den Reaktionen einer Person« (Asendorpf, 2004, S. 36).

Eigenschaftstheoretische Konzepte beschreiben das menschliche Erleben und Verhalten in Form von »traits«, die aufgefasst werden als »relativ breite und zeitlich stabile Dispositionen zu bestimmten Verhaltensweisen, die konsistent in verschiedenen Situationen auftreten« (Amelang & Bartussek, 2001, S. 49). Die Person-Situations-Debatte, als deren prominentester Vertreter Walter Mischel gilt, begann in den 60er Jahren. Mischel (1968) stellte den Personalismus bzw. das Konzept stabiler Persönlichkeitseigenschaften nachhaltig in Frage und forderte eine stärkere Berücksichtigung situativer Faktoren als Auslöser von Verhalten. Die Situation bzw. deren Wahrnehmung und die Beurteilung der für diese Situation als angemessen interpretierten Reaktion bestimme das Verhalten (Verhalten = f [Situation]). Verhalten sei dann stabil, wenn die Umweltbedingungen stabil blieben, ein Standpunkt, der in seiner radikalen Formulierung als »Situationismus« definiert wurde.

Aus den Extremrichtungen des Personalismus und Situationismus entwickelte sich als dritte Position der »Interaktionismus«, der auf die Wechselwirkung zwischen Person (P) und Situation (S) abstellt. Während einige Vertreter (z.B. Graumann, 1975) argumentieren, dass die Umwelt eine Funktion der Person und jene wiederum durch die Umwelt bedingt sei (S = f [P]; P = f [S]), findet sich nunmehr in der Literatur – häufig bezugnehmend auf die traditionelle Lewin'sche Gleichung Verhalten = f (Person, Umwelt) – die klassische Verhaltensformel Verhalten = f (P×S), wobei das Zusammenspiel von Persönlichkeit und Umwelt als multiplikativ angesehen wird.

So wie auch die Eigenschaftstheoretiker selbst die Wichtigkeit von Umweltfaktoren für das Verhalten durchaus anerkannt haben – die Stabilitätsannahme deklariere nicht die Gleichheit des Verhaltens in unterschiedlichen Situationen, sondern vielmehr eine Regelhaftigkeit des Verhaltens –, impliziert auch die Trait-Orientierung der THA keineswegs, dass die Bedeutung von Situationsvariablen gänzlich verneint wird. Die Orientierung an Persönlichkeitseigenschaften beruht stattdessen auf der Annahme, dass die Täterpersönlichkeit varianzanalytisch mehr zur Verhaltensaufklärung beitrage als Umweltvariablen (z.B. Täter-Opfer-Interaktion, situative Einflüsse wie Störungen bei der Tatbegehung). Eine persönlichkeitspsychologische Einordnung der THA mündet demnach in die Formel, dass menschliches (in diesem Fall straffälliges) Verhalten eine Funktion sowohl von Person, als auch der Situation darstellt, wobei jedoch den Dispositionen bzw. Eigenschaften der Person eine höhere Wertigkeit beigemessen wird (Verhalten = f [**Person** × Situation]).

#### 2.5.2.2 Verlaufsbetrachtung und multikausale Verursachung

Sowohl für die kriminologische und forensische Theorienbildung, insbesondere aber auch für die Umsetzung in der forensischen Praxis (z.B. in Begutachtungs- oder Therapiesituationen), sind Persönlichkeitsmerkmale von erheblicher Bedeutung. Das komplexe Phänomen Kriminalität muss als multifaktoriell bedingt betrachtet werden; hierbei widerspricht die Einbeziehung unterschiedlicher kumulativer Risikofaktoren wie z.B. kognitiver Defizite, situativer Anreize etc. (vgl. Bio-psycho-soziale Modelle der Entwicklungspsychopathologie, Köhnken & Bliesener, 2002) nicht der traittheoretischen Herangehensweise der THA. Vielmehr kann mit Scheurer & Richter (2000) davon ausgegangen werden kann, dass »Persönlichkeitseigenschaften [...], verbunden mit dem gegebenen situativen und sozialen Kontext, das konkrete Verhalten [bestimmen]« (S. 19). In Mehrebenenmodellen zur Entstehung von Straffälligkeit sind Persönlichkeitseigenschaften als zentrale Bestandteile integriert (ebd.); dies v.a. vor dem Hintergrund, dass hier nicht nur genetische Dispositionen eine wichtige Rolle spielen, sondern sich zudem auch biologisch-physiologische Faktoren und biographische Erfahrungen in der Persönlichkeit des einzelnen niedergeschlagen haben.

Die Persönlichkeitsentwicklung kann nicht losgelöst von Reifeprozessen und Sozialisationserfahrungen betrachtet werden. Die Persönlichkeit eines Menschen ist vielmehr Ausdruck und Ergebnis sowohl biologischer Prozesse – z.B. neurophysiologischer Veränderungen zentralnervöser Funktionen – als auch entwicklungspsychologisch relevanter Verläufe – z.B. die konstruktive Bewältigung von Entwicklungsaufgaben (‚development tasks'; vgl. Liepmann & Stiksrud, 1985) oder der adäquate Umgang mit kritischen Lebensereignissen (‚critical life events'; vgl. Fillip, 1990). Die theoretische Basisannahme, dass Verhalten eine Funktion von Person und Situation darstellt, beinhaltet demzufolge einerseits die Prämisse einer multikausalen Verursachung straffälligen Handelns (personale und situative Faktoren) und andererseits die Notwendigkeit einer Verlaufsbetrachtung. Diese führt dazu, auch die Umweltbedingungen als in Abhängigkeit von der Persönlichkeit stehend (unter dem Gesichtspunkt der Vorerfahrungen sowie hinsichtlich der kognitiven Interpretation der aktuellen Situation) in die Analyse einzubeziehen. Ursachen und Auslöser kriminellen Verhaltens sind daher auf der Grundlage bestimmter Dispositionen und Vulnerabilitäten (Persönlichkeitseigenschaften) zumeist mehrere in Wechselwirkung miteinander vorliegende Faktoren (Scheurer, 1993; Scheurer & Richter, 2000). Weiterführend sei auf die sehr ausführliche und informative Darstellung von Möller (2001) zur multikausalen Analyse jugendlicher Aggression und Gewaltkriminalität verwiesen, in der sowohl entwicklungs- als auch persönlichkeitspsychologische Faktoren einbezogen und miteinander verknüpft werden.

Eine Verlaufsbetrachtung der Persönlichkeitsentwicklung zeigt weiter, dass hereditäre Faktoren die Sensitivität gegenüber Umweltbedingungen insofern beeinflussen, als sie Vulnerabilitäten konstituieren, die wiederum im Verlauf individueller Erfahrungen in der biographischen Vorgeschichte durch andere (situative) Faktoren gestärkt oder geschwächt werden (Magnusson, 1999; Müller-Isberner, 2004). Der Einfluss bezieht sich v.a. auf die Interpretation der Situation, d.h. auch generalisierte Dispositionen wie kognitive Fähigkeiten haben einen gewissen Stellenwert (vgl. hierzu das ‚Modell der sozialen Informationsverarbeitung' von Crick & Dodge, 1994; außerdem Möller, 2001).

Interpretiert als »Handlungs-Konstruktionskompetenzen« (Lösel, 1993, S. 537) sind sie v.a. in solchen theoretischen Konzeptionen bedeutsam, die Delikte als Problemlöseversuche beurteilen: »Die kognitionstheoretisch orientierte Tat-Analyse stellt den einfachsten Zugang zum Verständnis ‚kriminellen' Handelns dar. Danach ist ‚kriminelles' Handeln eine Folge misslungener Anpassungs- und Problemlöseprozesse.« (Simons, 1988, S. 10/11). Selbst Mischel (1984, p. 158) benennt so genannte »specific (local) consistencies« für Personen mit besonderen Verhaltensmustern (z.B. Aggressionen, Rückzugstendenzen) sowie für Extremsituationen, die kognitive und selbststeuernde Kompetenzen erfordern, welche über die Möglichkeiten der Betroffenen hinausreichen.

### 2.5.2.3 Straffälligkeit und psychische Störungen

Die Frage, welche Bedeutung situativen bzw. personalen Determinanten bei der Beurteilung von Täterverhalten zukommt, ist nur unter Berücksichtigung der spezifischen Klientel, deren Handlungen im Rahmen einer THA analysiert werden, zu beantworten. Gleichwohl jegliche Handlungen und Verhaltensweisen in ihrer Realisierung untrennbar mit situativen Gegebenheiten verbunden sind, und das menschliche Verhalten nicht als durch die individuellen Eigenarten der handelnden Person allein determiniert anzusehen ist (Dahle, 2000), muss die Tatsache berücksichtigt werden, dass »nicht jede Persönlichkeit die gleich große Chance hat, in bestimmte Situationen zu geraten« (Simons, 1988, S. 40). Es ist vielmehr davon auszugehen, dass einige (extreme) Persönlichkeiten in hohem Maße dazu neigen, bestimmte Situationen gezielt aufzusuchen oder entsprechende Rahmenbedingungen aktiv herzustellen bzw. unterschiedliche Situationen sehr einseitig wahrzunehmen und zu interpretieren (Dahle, 1997a; 2000; Möller, 2001).

Charakteristisch für diese Personen sind Rigidität und fehlende Anpassungsbereitschaft an die Anforderungen unterschiedlicher Umstände, so dass ihr Verhalten weniger unter dem Einfluss der tatsächlichen Situation steht (Robak, 2004). Ähnlich argumentiert auch Belitz (2002), wenn er darauf hinweist, dass solche Taten, in denen Personifizierung als »von der Persönlichkeit geprägte Verhaltensumsetzung« auftritt, als »Spezialfall der analytischen Betrachtung von Straftaten unter Situations-, Umwelt- und Persönlichkeitsaspekten [gelten]«, da hier der Situationseinfluss stark zurückgedrängt werde, weil »die Täter versuchen, sich aktiv ein Umfeld zu organisieren, das die im Bereich ihrer Persönlichkeit liegenden Bedürfnisse umzusetzen erlaubt« (S. 133/4). Dies kann v.a. für die spezifische Gruppe von Straftätern angenommen werden, die schwere (sexuell motivierte) Gewaltdelikte begehen. Insbesondere bei Vorliegen einer Persönlichkeitsstörung oder anderen psychischen Störungen dominieren personale gegenüber situativen Faktoren:

> »Persönlichkeitsstörungen umfassen tief verwurzelte, anhaltende Verhaltensmuster, die sich in **starren** Reaktionen auf **unterschiedliche** persönliche und soziale Lebenslagen zeigen. [...] Es handelt sich um **stabile** Verhaltensmuster, die sich auf vielfältige Bereiche von Verhalten und psychischen Funktionen beziehen und häufig mit persönlichem Leiden und gestörter sozialer Funktionsfähigkeit einhergehen.«
>
> (Venzlaff & Pfäfflin, 2004, S. 251)

Die individuellen Handlungsmöglichkeiten resp. -freiheiten sind bei Vorliegen einer psychischen Störung – insbesondere einer Persönlichkeitsstörung – systematisch eingeschränkt. Gemäß des DSM-IV (Diagnostisches und Statistisches Manual Psychischer Störungen; American Psychiatric Association, 1994; Saß et al., 1996) manifestiert sich das »überdauernde Muster von innerem Erleben und Verhalten« einer Persönlichkeitsstörung in mindestens zwei der folgenden Bereiche:

- *Kognition* (die Art, sich selbst, andere Menschen und Ereignisse wahrzunehmen und zu interpretieren)

- *Affektivität* (die Variationsbreite, die Intensität, die Labilität und Angemessenheit emotionaler Reaktionen)
- Gestaltung *zwischenmenschlicher Beziehungen*
- *Impulskontrolle*

Diese Operationalisierung im DSM-IV (analog auch die in der ICD-10 [Internationale Klassifikation psychischer Störungen; Dilling et al., 2000]) verdeutlicht, dass unterschiedliche Kriterien erfüllt sein müssen, um eine entsprechende Diagnose zu rechtfertigen, dass also der Rückschluss von einzelnen, einfachen Verhaltensweisen auf das Vorliegen einer Persönlichkeitsstörung nicht zulässig ist (Fiedler, 2001). Nicht nur ist es unzulässig, von einmaligem Verhalten auf psychische Störungen zu schließen, sondern es muss prinzipiell eine Berücksichtigung vieler Verhaltensweisen (bzw. im Kontext der THA vieler tathergangsanalytischer Parameter, vgl. Kap. 3.) erfolgen, um durch die Einbeziehung derart heterogener Verhaltensmuster Aussagen über die übergeordnete Persönlichkeit des Handelnden treffen zu können.

Bei der Analyse schwerer (sexueller) Gewaltdelinquenz im Rahmen einer THA gilt es, die Handlungsentwicklung bis hin zur Tat aus der Perspektive des Täters zu begreifen (vgl. Simons, 1988). Diese Aussage gewinnt umso mehr an Bedeutung, je weniger situative Einflussfaktoren berücksichtigt werden müssen. Infolgedessen erfährt die THA bei Vorliegen psychischer Störungen – die bei inhaftierten Straftätern deutlich häufiger als in der Durchschnittsbevölkerung diagnostiziert werden (z.B. Hinrichs, 2002) – zusätzliche Bedeutung.

Die Annahme besonders hoher Prävalenzraten für psychische Störungen in der Population inhaftierter oder untergebrachter Straftäter findet in einer Vielzahl nationaler und internationaler Forschungsprojekte Bestätigung. Untersuchungsinhalte dieser empirischen Studien sind sowohl psychische Störungen generell (gemäß den Klassifikationssystemen DSM-IV und ICD-10) als auch einzelne Störungsbilder (z.B. das ‚Psychopathy'-Konstrukt, Persönlichkeitsstörungen). Insgesamt belegen internationale Befunde ein bei Straftätern im Vergleich zur Durchschnittsbevölkerung erhöhtes Risiko für psychische Störungen im Allgemeinen (Arboleda-Florez, 1998; Bland et al., 1998; Gunn, 2000; vgl. auch die Meta-Analyse von Fazal & Danesh,

2002) und für Persönlichkeitsstörungen bzw. so genannte ‚Psychopathie-Persönlichkeiten' im Besonderen (Andersen et al., 1999; Hobson et al., 2000). Auffallend hohe Prävalenzen für psychische Störungen bei (jugendlichen, heranwachsenden und erwachsenen) Delinquenten ließen sich auch in Untersuchungen an deutschen Stichproben nachweisen (z.B. Huchzermeier et al., 2003; Kunst & Hoyer, 2003; Ullrich & Marneros, 2002).

Im vorliegenden Kontext sind v.a. jene Ergebnisse relevant, die sich explizit auf Gewalt- und Sexualstraftäter beziehen. So stellen z.B. Frädrich und Pfäfflin (2000) in ihrer Studie fest, dass bei 77.8% der Täter von Straftaten gegen Leib und Leben und 62.5% der Sexualstraftäter ihrer Stichprobe eine Persönlichkeitsstörung vorlag. Ähnlich hohe Prävalenzen im Hinblick auf Störungen der Persönlichkeitsentwicklung fanden Köhler (2004), Köhler & Hinrichs (2004) sowie Köhler et al. (2004) bei jugendlichen und heranwachsenden Straftätern, so dass die eigenschafts- (trait-) theoretisch fundierten Grundannahmen der THA (s.o.) auch auf vergleichsweise junge Täter (Jugendliche und Heranwachsende) übertragbar erscheinen.

## 2.6. Interdisziplinäre Einordnung der Tathergangsanalyse

»Es ist das Los der Menschheit, dass die Wahrheit keiner hat. Sie haben sie alle, aber verteilt, und wer nur bei einem lernt, der vernimmt nie, was die anderen wissen.«

(Joh. Heinrich Pestalozzi)

Eine eindeutige Zuordnung der THA zu einer bestimmten Disziplin, sei es die Rechtswissenschaft, die Kriminalistik oder die Psychologie, ist unmöglich, da sie sich der Erfahrungen unterschiedlichster Fachgebiete bedient. Die nachfolgende interdisziplinäre Einordnung stellt die vorrangigen Wissenschaftsgebiete vor, deren Kenntnisse von herausragender Bedeutung für die THA sind (2.6.1). Hervorgehoben wird ihr Nutzen für die Aufgaben der forensischen Psychologie / Psychiatrie – das Anwendungsfeld, das die Möglichkeiten der THA erst in den letzten Jahren für sich gewonnen hat und in Bezug auf Fragestellungen zu Therapie und Prognose ganz besonders von diesem Verfahren profitieren kann (2.6.2).

### 2.6.1 THA im Spannungsfeld der Disziplinen

Die THA macht sich verschiedene wissenschaftliche Disziplinen zunutze; so umfasst ihr interdisziplinärer Ansatz z.B. Kenntnisse aus der (Rechts- und Kriminal-) Soziologie, der Strafrechtspraxis und der Rechtsmedizin. Einen besonderen Stellenwert nehmen jedoch Kriminologie, Kriminalistik, Kriminalpsychologie und forensische Psychologie / Psychiatrie ein.

Die *Kriminologie* als »geordnete Gesamtheit des Erfahrungswissens über das Verbrechen, den Rechtsbrecher, die negativ soziale Auffälligkeit und über die Kontrolle dieses Verhaltens« (Kaiser, 1997, S. 1) beschäftigt sich mit der wissenschaftlichen und methodischen Analyse der Kriminalität als einer Form abweichenden Verhaltens, d.h. den als ‚kriminell' ausgewiesenen Verhaltensweisen und den Personen, denen solches Verhalten zugeschrieben wird, sowie mit der Art des Umgangs mit diesem gesellschaftlichen Phänomen bzw. dem Prozess gesellschaftlicher Zuschreibung und Kontrolle (Albrecht, 1993; Kunz, 2001). Werden hier vordergründig übergeordnete Theorien zu Ursachen, Genese, strafrechtlichen Zusammenhängen und Prävention von Straftaten behandelt, beinhaltet die *Kriminalistik* im Sinne einer »Strafuntersuchungskunde« (Feest, 1993) diejenigen Methoden und Verfahren, deren Erkenntnisse bewusst in den Dienst der Rechtspflege gestellt werden. Als Wissenschaft, der die polizeiliche Vorbeugung, Verfolgung und Aufklärung des Verbrechens durch die Polizei und andere Strafverfolgungsorgane obliegt (Kaiser, 1997), stellt sie Instrumentarien und Erkenntnisse zur kriminalstrategischen Entwicklung und Koordinierung von Maßnahmen der Kriminalitätsbekämpfung, für die kriminaltaktische Planung operativer Vorgehensweisen sowie für kriminaltechnische Ermittlungshandlungen wie Spurensicherung, Handschriftenvergleich und DNA-Analyse zur Verfügung (Kunz, 2001).

Als eine der Bezugsdisziplinen der Kriminologie umfasst die *Rechtspsychologie* »eine psychologisch orientierte Rechtstatsachenforschung im weitesten Sinne sowie die Anwendung psychologischen Fachwissens in konkreten Einzelfragen der Rechtspflege« (Stephan, 1993b, S. 423). Gegenstand der Rechtspsychologie sind u.a. die Teilbereiche Kriminalpsychologie und Forensische Psychologie, die ihre Identität einerseits aus ganz unterschiedlichen Zielsetzungen gewinnen. Andererseits ist entgegen der Auffassung Stephans (1993b, S. 422), dass es »keinen gemeinsamen Bezugspunkt« gäbe, durchaus eine verbindende Beziehung festzustellen: Wenn ein Verbrechen geschehen ist, ein Tatort vorliegt, jemand also Opfer einer Straftat geworden ist, richtet sich das Augenmerk der Vertreter beider Disziplinen u.a. auf die Person, die dieses Szenario zu verantworten hat, den (unbekannten) Täter – wenn auch aus je unterschiedlicher Perspektive.

In enger Nachbarschaft zur Kriminologie stehend befasst sich die *Kriminalpsychologie* mit Fragen der Entstehung, Ausführungsform, Aufdeckung, Prävention und Intervention sowie der Prognose kriminellen Verhaltens im Allgemeinen, wobei die Erklärung einzelner Straftaten im Besonderen hervorzuheben ist (Füllgrabe, 1997; Stephan, 1993b; Wegener, 1981). Für die Analyse einer Straftat stehen Daten des Tathergangs zur Verfügung, basierend auf Tatortspezifika sowie ggf. Aussagen des Opfers.

Den Täter kennt diese Disziplin meist nicht, allenfalls können Verhaltensweisen rekonstruiert werden. Insofern ist das ursprüngliche Einsatzgebiet der Tathergangsanalyse unter das Anwendungsfeld der Kriminalpsychologie zu subsumieren.

Gegenstand der *Forensischen Psychologie* ist die Anwendung psychologischer Erkenntnisse im Dienst der Rechtspflege (Stephan, 1993a), inhaltlicher Schwerpunkt ist die Gutachtertätigkeit im familienrechtlichen (z.B. Fragen des Sorge- und Umgangsrechts), verkehrsrechtlichen (z.B. Eignungsbeurteilung), sozialrechtlichen (z.B. Arbeitsunfähigkeit, Rehabilitation) und im strafrechtlichen Bereich. Letzterer beinhaltet zum einen die Begutachtung der Zuverlässigkeit und Glaubhaftigkeit von (Opfer-) Zeugenaussagen (u.a. Arntzen, 1993; Köhnken, 2003a; Wolff & Steller, 1997), die Beurteilung von psychischen Beeinträchtigungen bei Opfern (u.a. Littmann, 1992), Fragen der Zeugenvernehmung sowie zum Wiedererkennen von Tatverdächtigen durch Augen- und Ohrenzeugen (Grundlagenforschung zum Beweiswert von Personenidentifizierung [u.a. Köhnken, 2003b]). Zum anderen – und dieser Teilaspekt ist für die vorliegende Arbeit von besonderer Bedeutung – sind spezielle Fragen zur Persönlichkeit des Täters (bzw. je nach Verhandlungsphase des Beschuldigten oder Angeklagten) wesentlicher Bestandteil.

### 2.6.2 Nutzen der THA für die forensische Psychologie / Psychiatrie

Die forensische Psychologie und Psychiatrie fokussiert auf die Täterperson u.a. bei unterschiedlichen Fragestellungen der Begutachtung (z.B. Reifebeurteilung, Fragen zur Verantwortlichkeit bzw. Schuldfähigkeit, bei Verhaltens- bzw. Kriminalprognosen) oder auch bei Fragen zur Therapieplanung und bzgl. der Rückfallrisikoeinschätzung (Dahle, 1997a; 1997b; Egg, 1997; Elz, 2002b; Pfäfflin, 2004). Als objektive Daten für die Psychotherapie liegen meist das (Einweisungs-) Urteil, entsprechende Gutachten, Auszüge aus dem Bundeszentralregister und evtl. Stellungnahmen über psychiatrische Vorbehandlungen vor, denen nur bedingt valide Informationen über den eigentlichen Tathergang zu entnehmen sind. Urteilsbegründungen beinhalten das aus Sicht der Jurisprudenz zu rechtfertigende Strafmaß eines Deliktes, relevant ist v.a.

das ‚Endergebnis' der Tat (z.B. Vergewaltigung oder Mord), um eine Klassifikation in strafrechtliche Normen vornehmen zu können. Juristische Deliktklassifikationen allein sagen jedoch wenig über psychologische Tatmerkmale aus (Dahle, 2000). Besondere Verhaltensmuster (z.B. Handlungen mit Symbolcharakter, Sequenzen, die über das hinausgehen, was zur Deliktbegehung gemäß Strafgesetzbuch notwendig gewesen wäre) finden kaum Eingang, so dass eine systematische Analyse der Tatbegehungssituation bzw. des möglichen Täterverhaltens zum Tatzeitpunkt nicht erfolgen kann (Osterheider, 2003a; 2003b).

**Rechtspsychologie**

| **Kriminalpsychologie** | **Forensische Psychologie / Psychiatrie** |
|---|---|
| ⇓ | ⇓ |
| Täterverhalten (Tatortspezifika, Tathergangsdynamik, Opferaussagen) | Täterpersönlichkeit (Begutachtung, Therapieplanung, Rückfallprognose) |

**Interdisziplinärer Ansatz**

Abb. 3: Interdisziplinärer Ansatz von Kriminalpsychologie und Forensischer Psychologie/ Psychiatrie (Köhler et al., 2005)

Bei der therapeutischen Arbeit fehlen daher oft wichtige Kenntnisse bzw. müssen aus den (wahren oder unwahren) Aussagen des Täters eruiert werden, ohne anhand objektiver Daten validiert werden zu können. Das Einbeziehen tathergangsanalytischer Kenntnisse kann Hinweise auf die Bedürfnisorientierung des Täters zum Tatzeitpunkt geben (insbesondere durch die differenzierte Analyse des Täterverhaltens, z.B. die Unterscheidung von MO und Personifizierung, vgl. 2.4.1) und so der Gefahr entgegenwirken, »... dass nicht nur zu Beginn, sondern auch häufig im Verlauf der stationären Unterbringung [und Inhaftierung] nur eine unzureichende therapeutische Auseinandersetzung mit dem Delikt erfolgen kann, im schlimmsten Fall das Delikt in den Hintergrund tritt« (Osterheider, 2003b, S. 18). Eine Erfolg versprechende Behandlung dürfe sich, so auch Dahle (2000, S. 77/8), nicht »in der bloßen Applikation allgemeiner psycho- und sozialtherapeutischer Prinzipien erschöpfen«, sondern sei »um so effizienter, je gezielter und systematischer sie an der Veränderung der *individuellen kriminogenen Risikofaktoren*« ansetze.

Eine differenzierte Diagnostik und eine spezifische Behandlung bedarf aller verfügbaren Informationen über den Täter, um eine Bearbeitung der Tatsituation gemeinsam mit diesem zu ermöglichen. Genaue Kenntnisse der Tatabläufe eröffnen hierbei einen möglichen Zugang zur (sexuellen) Erlebens- und Phantasiewelt, so dass z.B. Wischka (2004) die Bearbeitung des Tatgeschehens im Deliktszenario als wesentlichen Bestandteil kognitiv-behavioraler Programme zur Behandlung von Sexualstraftätern postuliert. Der Täter könne nur dann die Verantwortung für seine Tat übernehmen, wenn er sich als aktiv Handelnder erlebe. Besonders wichtig sei es hierbei, »die Entscheidungsprozesse, die zugrunde liegenden Phantasien und die verzerrten Kognitionen transparent« (S. 80) zu machen. Auch Beier (2003) hebt hervor, dass tatphänomenologische Besonderheiten (z.B. Beißen, Schneiden, quälende Probierschnitte) frühzeitig als Alarmzeichen wahrgenommen werden müssten. Sind diese ‚Alarmsignale' dem (Einweisungs-) Urteil nicht zu entnehmen, bzw. behält der Täter diese Informationen in seinen Einlassungen zurück, kann eine therapeutische Auseinandersetzung nicht erfolgen. Insbesondere bei Gewaltdelikten, deren sexuelle Motivation aufgrund mangelnder Informationen über die Tat (Tatablauf, Vortatgeschehen, Nachtatverhalten) im Verlauf der Behandlung nicht thematisiert wurde – so dass nicht erkannt wurde, dass hier sexuelle Bedürfnisse durch nicht-sexuelle Handlungen befriedigt wurden – besteht die Gefahr, dass keine oder aber die falsche Therapie eingeleitet wird.

> »Was ist, wenn sich diese Lüge unenttarnt in die Akten einschleicht und jene, die mit dem jungen Mann über Ursache und Wirkung zu diskutieren haben, nicht wissen können, was an diesem Tage passiert ist, wenn sie einfach nur die Geschichte von ihm kennen? [...] Was ist, wenn seine Tarnung der Vorgangsweise auch den bohrenden Fragen der forensischen Psychiater und Therapeuten standhält und was ist, wenn er nicht verglichen wird mit jenen, die ähnlich gelagerte Verbrechen begangen haben? Haben wir dann nicht die Grundlage und Basis für weitere Verbrechen? Nach 6, 7, 10 oder 15 Jahren kommen diese Menschen aus dem Gefängnis und beginnen wieder dort, wo sie aufgehört haben, nur weil wir nicht zum

> richtigen Zeitpunkt an der richtigen Stelle den richtigen Menschen die richtigen Informationen gegeben haben.«
>
> (Müller, 2004a, S. 131)

Eine Kooperation von forensischer Psychologie/ Psychiatrie und Kriminalpsychologie ist daher dringend nötig (Müller, 2004a; 2004b; Schröer et al., 2004), damit persönlichkeits- und verhaltensorientierter Ansatz konstruktiv und einander ergänzend zusammengeführt werden können. Sowohl inhaltlich als auch juristisch ist das Erstellen von Gefährlichkeitsprognosen primär Aufgabe der Forensischen Psychologie / Psychiatrie. Die Integration kriminalpsychologischer – tathergangsanalytischer – Erkenntnisse in die forensische Psychologie ermöglicht die disziplinübergreifende Zusammenarbeit derjenigen, die das *Verhalten* und derjenigen, die die *Persönlichkeit* zu beurteilen haben (Müller, 2004a), und eröffnet damit eine verbindende Perspektive dieser rechtspsychologischen Teilbereiche auf dasselbe Phänomen. Insbesondere bei schweren (sexuellen) Gewaltverbrechen bietet die Kriminalpsychologie die Möglichkeit, anhand einer Tathergangsanalyse Rückschlüsse auf die Dynamik des Verbrechens zu ziehen (Müller, 2004b). Eine solche Herangehensweise ist von großer Bedeutung, um die wahren Motive bzw. die eigentlichen Bedürfnisse, die einer Gewalttat zugrunde liegen, unabhängig von den Aussagen des Täters herauszufinden (Diskrepanz-Diagnostik) und so einerseits die diagnostische und therapeutische Arbeit zu verbessern sowie andererseits eine bestmögliche Beurteilung und Rückfallprognose zu gewährleisten.

> »Im Therapieverlauf kann es sinnvoll sein, den Patienten mit seinen – im Kontrast zu den objektiven tatortanalytischen Gegebenheiten stehenden – divergenten Aussagen auch unter prognostischen Aspekten zu konfrontieren.«
>
> (Osterheider, 2003a, S. 164)

Eine solche Kooperation findet bereits seit den 90er Jahren in Ansätzen statt. Beispielhaft sei auf das Westfälische Zentrum für Forensische Psychiatrie (WZFP) Lippstadt-Eickelborn verwiesen, das nicht nur eng mit dem Kriminalpsychologischen Dienst Wien zusammenarbeitet, sondern darüber hinaus seit 2001 im Rahmen eines zehntägigen Kurses unter der Leitung von Thomas Müller und dem ehemaligen FBI-Mitarbeiter Robert Ressler den europaweit ersten Ausbildungskurs »TOA / OFA« (»First

European Course in Crime Scene Analysis for Riskmanagement and Riskassessment«) für therapeutische Mitarbeiter der Forensischen Psychiatrie anbietet (Müller, 2004a; Osterheider, 2003a; 2003b).

Auch das Kriminal-Forensische Institut der Forensisch-psychiatrischen Klinik Straubing arbeitet seit 2002 eng mit der Abteilung für Operative Fallanalyse des Polizeipräsidiums in München zusammen und bietet ferner Fortbildungen zum interdisziplinären Wissensaustausch im Hinblick auf gemeinsame Schnittstellen bei der Bewertung von schwerwiegender (sexuell motivierter) Gewaltkriminalität an. Das Curriculum beinhaltet hier explizit die Verbindung polizeilicher, kriminologischer, psychiatrischer und psychologischer Lerninhalte (Bezirkskrankenhaus Straubing, www.bkh-straubing.de).

Die Inhalte der Tathergangsanalyse sind in diesem Zusammenhang gerade **nicht** darauf ausgerichtet, polizeiliche Fallanalysen durchzuführen oder Täterprofile zu erstellen. Vielmehr sollen wichtige zusätzliche innovative Untersuchungsstrategien zur Verfügung gestellt werden, um – v.a. in Fällen sexuell motivierter Tötungsdelikte und allgemeiner Sexualdelinquenz – Aussagen über das Kommunikations- und Manipulationsverhalten treffen zu können und auf diese Weise weitere Zugänge zur (sexuellen) Phantasie- und Erlebniswelt der Täter zu eröffnen (Osterheider, 2003b). Infolgedessen bezeichnet Osterheider (ebd., S. 23) den interdisziplinären Ansatz als »zwingend indiziert zur verbesserten Diagnostik von relevanten Persönlichkeitsmerkmalen [...] ebenso wie zur differenzierten Therapieplanung und zur Gewinnung zusätzlicher Informationen für die spezifische Prognosestellung«.

# 3. Täterverhalten und Persönlichkeit – Empirischer Hintergrund

Für die Auswahl geeigneter Therapieoptionen sowie für die Vorhersage zukünftiger Legalbewährung – z.B. im Hinblick auf eine bedingte Entlassung oder Strafaussetzung zur Bewährung – ist eine adäquate diagnostische Beurteilung der Täterpersönlichkeit unverzichtbar. Integrativer Bestandteil jeglicher Therapie von Gewalt- und Sexualstraftätern sollten hierbei die tathergangsanalytischen Kenntnisse über die individuellen Verhaltensweisen sein, die für den einzelnen Täter als ‚kriminogen' identifiziert werden können. Die Zusammenführung der Informationen, die über die Persönlichkeit eines Täters und über sein spezifisches Tatverhalten vorliegen, ist ein erster Schritt, um die Annahmen der THA über entsprechende Beziehungen bzw. Unterschiede zwischen Tätern schwerer (sexueller) Gewaltverbrechen zu überprüfen. Auf der Grundlage so gewonnener Ergebnisse besteht dann die Möglichkeit, eine Form von ‚Referenzgruppe' auszubilden, d.h., auf der Basis inferenzstatistischer Analysen können Wahrscheinlichkeitsaussagen über die Zusammenhänge von Tat und Täter getroffen werden, die eine Gegenüberstellung gestatten. Bisher fehlt es weitgehend an entsprechenden Studien, die einen solchen Vergleich des einzelnen Täters in Bezug auf seine Persönlichkeit und sein Verhalten im Tatablauf mit anderen zulassen. Einer konstruktiven und einander ergänzenden Zusammenführung von persönlichkeits- und verhaltensorientierten Erkenntnissen durch den interdisziplinären Austausch derjenigen, die das Verhalten und derjenigen, die die Persönlichkeit eines Gewalt- oder Sexualstraftäters zu beurteilen haben (vgl. Kap. 2.6), steht dieser Mangel an empirisch fundierten Arbeiten entgegen. Einen ersten Ansatz zur Verknüpfung von Täterverhalten und Persönlichkeit auf der Grundlage empirisch gewonnener Daten soll die vorliegende Arbeit liefern.

Im folgenden Abschnitt werden zum einen spezifische Charakteristika des Tathergangs bzw. konkrete Verhaltensweisen des Täters präzisiert; zum anderen erfolgt eine Beschreibung der Persönlichkeitseigenschaften, denen für den vorliegenden Kontext eine besondere Bedeutung beigemessen wird. Erläutert werden zunächst die tathergangsanalytischen Parameter, die für die Rekonstruktion des Tatgeschehens von vorrangiger Bedeutung sind (**Kap. 3.1.**). Hierbei wird insofern eine Selektion möglicher Faktoren des Tatortes und der Tathergangsdynamik vorgenommen, als insbesondere jene tat-/ deliktspezifischen Variablen – unter Berücksichtigung entsprechender empirischer Studien – diskutiert werden, deren Analyse auch Gegenstand der vorliegenden Untersuchung ist. Die Auswahl relevanter Persönlichkeitskonstrukte (**Kap. 3.2.**) orientiert sich gleichermaßen an den Fragestellungen dieser Studie.

Vorgestellt werden Untersuchungen, die empirische Befunde zu Zusammenhängen zwischen diesen Variablen der Täterpersönlichkeit und delinquentem Verhalten thematisieren. Anhand der einbezogenen Studien – sowohl im Hinblick auf tathergangsanalytische Parameter als auch bzgl. relevanter Persönlichkeitskonstrukte – gilt es hervorzuheben, dass kaum Arbeiten vorliegen, die explizit die Annahmen der THA zu den behaupteten Beziehungen zwischen Eigenschaften des Täters und definierten Kriterien der Tatbegehung überprüfen. Insbesondere spiegelt die Darstellung des ‚status quo' an diesbezüglichen Forschungsprojekten wider, dass z.B. auch die Untersuchungen des FBI weniger auf Eigenschaften der Täter*persönlichkeit* (z.B. Risikobereitschaft) abzielen, sondern vielmehr auf soziodemographische Merkmale der Täter*person* (z.B. Schulbildung, Berufstätigkeit) fokussieren.

Nachdem sowohl die tathergangsanalytischen Parameter als auch die Persönlichkeitskonstrukte, die Gegenstand dieser Studie sind, hinsichtlich ihrer – theoretischen und empirisch nachgewiesenen – Beziehungen zu Straffälligkeit bzw. delinquentem Verhalten beschrieben wurden, schließen die Ausführungen zum Abschnitt über ‚Täterverhalten und Persönlichkeit' mit einem Ausblick auf die Fragestellungen (**Kap. 3.3.**). Die vorangegangene Darstellung der relevanten Tatort-/ Tathergangsvariablen und Persönlichkeitskonstrukte mündet hier in konkrete Annahmen über Zusammenhänge zwischen diesen, die in der vorliegenden Studie überprüft werden. Die Abbildung 4 verdeutlicht schematisch, welche Variablen des Täterverhaltens und der Täterpersönlichkeit auf Zusammenhänge zueinander untersucht werden:

| Interdisziplinärer Ansatz | | |
|---|---|---|
| **Kriminalpsychologie** | | **Forensische Psychologie/ Psychiatrie** |
| ⇓ | | ⇓ |
| **Täterverhalten**<br>Informationsquellen:<br>Tatortspezifika<br>Tathergangsdynamik<br>(evtl. Opferaussagen) | | **Täterpersönlichkeit**<br>Informationsverarbeitungsziele:<br>Begutachtung<br>Therapieplanung<br>Rückfallprognose |
| Planung der Tat | | ‚Psychopathy'<br>Neurotizismus |
| Kontaktaufnahme zum Opfer | | Extraversion<br>Risikobereitschaft |
| Beziehung zum Opfer | | ‚Psychopathy' |
| Täterrisiko | | Offenheit<br>Verträglichkeit |
| Spezifisches Täterverhalten / Personifizierung<br>- Inszenierung<br>- Spurenbeseitigung | | Gewissenhaftigkeit |
| - Anale Vergewaltigung | | Persönlichkeitsstörungen |

Abb. 4: Variablen des Täterverhaltens (Kap. 3.1.) und der Täterpersönlichkeit (Kap. 3.2.) sowie die in dieser Studie hypothetisch angenommenen Beziehungen (Kap. 3.3.)

## 3.1. Tathergangsanalytische Parameter

»Wenn man das Persönlichkeitsdiagramm eines Täters erstellt, werden diesem Wissensfundament die Details der Straftat gegenübergestellt. Jeder Aspekt des Verbrechens – Ort, Timing, die Waffe, das Opfer, die Grausamkeit des Angriffs, das Maß an Planung – besagt etwas über die verantwortliche Person. Das Entscheidende sind die Details.«
(Britton, 2000, S. 127)

In dem vom FBI konzipierten Ablaufschema der THA (vgl. 2.3.1) werden unter die Arbeitsphasen ‚Entscheidungsprozess' und ‚Rekonstruktion des Tatablaufs' unterschiedliche tathergangsanalytische Parameter subsumiert, die eine Einordnung, Bewertung und Kategorisierung von Verhaltensweisen des Täters bzw. objektiver Tatbestandsmerkmale zulassen. Es erfolgt zunächst eine kurze Darstellung der relevanten tat-/deliktspezifischen Variablen sowie eine Auswahl derjenigen Studien, die zum Themenkomplex in Bezug auf Straftaten bzw. der THA vorliegen. Diese Untersuchungen werden insbesondere darauf überprüft, ob Zusammenhänge zu Persönlichkeitseigenschaften postuliert werden bzw. ob solche Beziehungen sich haben bestätigen lassen. Die Vorstellung der Studien dient weiter dem Zweck, ggf. Parallelen oder Unterschiede zu der in der vorliegenden Arbeit vorgenommenen Operationalisierung der jeweiligen Tatcharakteristika aufzuzeigen.

Im Vordergrund steht zunächst das Täterverhalten in Bezug auf das Planungsniveau (3.1.1) und die Art der Kontaktaufnahme (3.1.2). Zu diesen Parametern liegen empirische Befunde des FBI vor, welches für sich in Anspruch nimmt, in seinen Studien Zusammenhänge von Persönlichkeit und Tathergang untersucht zu haben. Als weitere tathergangsanalytische Variablen werden die Beziehung zwischen Opfer und Täter zum Tatzeitpunkt, das Täterrisiko sowie spezifische Verhaltensweisen unter Berücksichtigung vorliegender empirischer Befunde beschrieben (3.1.3).

### 3.1.1 Planungsverhalten

Als eines der Merkmale, das als wesentlich für die THA angesehen wird, gilt das Planungsniveau, das während der Tat zum Ausdruck kommt. Eine Einbeziehung in diese Studie wird auch insofern für notwendig erachtet, als die Ergebnisse der THA für die Anwendung im Rahmen der forensischen Psychologie / Psychiatrie (Therapie und Prognose) relevant sind. Hier spielt der Planungsgrad eine wichtige Rolle, da z.B. für Sexualstraftäter bei einer langfristigen Vorbereitung der verurteilten Tat eine höhere Rückfallgefahr nach der Entlassung angenommen wird (u.a. Egg, 2003; Nedopil, 2000; Rehder, 2001).

#### 3.1.1.1 Empirische Befunde

Entsprechende Studien zum Differenzierungspotenzial des Planungsgrades in Abhängigkeit von Person- bzw. »Persönlichkeits-« Eigenschaften haben bspw. das FBI mit seinem »Criminal Personality Research Project« sowie Müller (1998) mit dem »IMAGO-300«-Projekt durchgeführt. Auch in den Untersuchungen von Busch & Scholz (2001), Steck & Pauer (1992) sowie Dern et al. (2004 [*Geographisches Verhalten*]) findet das Planungsverhalten bei der Tatbegehung Berücksichtigung.

##### 3.1.1.1.1 Criminal Personality Research Project (CPRP)

1979 begannen Ressler und Douglas die Durchführung des »Criminal Personality Research Project (CPRP)« mit der Zielsetzung, mehr über die Persönlichkeit von Gewaltdelinquenten zu erfahren. Wichtige Anhaltspunkte für eine Beschreibung des Täters bietet die Klassifizierung hinsichtlich des Planungsverhaltens. Nach Ansicht des FBI gibt es Indikatoren für eine Unterscheidung zwischen dem planenden und dem nicht-planenden Tätertypus, welche sich in bestimmten Tatort- und Tathergangsmerkmalen widerspiegeln: »...the degree of organization is seen as reflective of the criminal's personality...« (Homant & Kennedy, 1998, p. 333). Beabsichtigt war das Herausarbeiten von Zusammenhängen zwischen dem Täterverhalten, wie es sich in den Spuren am Tatort niederschlägt, und den individuellen Charakteristika der Delinquenten. Die

Resultate des CPRP dienen bis heute als Grundlage für die vom FBI praktizierten Profiling-Verfahren (vgl. Douglas et al., 1992; Ressler et al., 1988).

Im Rahmen dieser Untersuchung wurden Gespräche mit überführten, verurteilten und in amerikanischen Gefängnissen inhaftierten Gewaltverbrechern geführt (36 ‚Sexualmörder', 29 von ihnen Serientäter). Mit Hilfe von halbstrukturierten Interviews wurden unter Einbeziehung weiterer Datenquellen wie Polizei- und Gerichtsakten sowie psychiatrischen und psychologischen Gutachten, Verhaltensmuster und Tatmerkmale erfasst, die den empirischen Ausbau einer zuvor ermittelten typologischen Differenzierung in planende und nicht-planende Täter erlaubten. Dieses Klassifikationsschema basiert auf der Annahme, die Charakteristika des Tathergangs ließen sich entsprechend dem Grad organisierter Kontrolle einordnen, den ein Täter über das Opfer ausübt. Demzufolge ist zur Bestimmung, welcher der beiden Kategorien die Tat und damit auch der Täter zuzuordnen ist, eine Analyse der Tathergangsmerkmale (THA) vonnöten.

> »The term organized, ..., is based on an assessment of the criminal act itself, or a comprehensive analysis of the victim(s) and the crime scene(s)..., and on an evaluation of forensic reports. [...] The term disorganized, ..., based on the same factors that defined organized sexual homicide: victim and crime scene analysis, forensic evaluation and assessment of the act itself.«
>
> (Douglas et al., 1992, p. 123; 128)

Die Täter, die sich freiwillig zur Teilnahme an der Studie bereit erklärt hatten, wurden von den Beamten der BSU ausgesucht und den Kategorien ‚organized' (planender Typus; N = 24) und ‚disorganized' (nicht-planender Typus; N = 12) zugeordnet. Es fanden ausschließlich Taten Berücksichtigung, deren sexuelle Natur durch Indizien oder Beobachtungen am Opfer oder am Tatort nachweisbar waren (z.B. fehlende Bekleidung, Entblößung von Geschlechtsteilen, Positionierung des Opfers, Einführung fremder Objekte in Körperöffnungen, Indizien für – oralen, vaginalen oder analen – Geschlechtsverkehr oder für sexuelle Ersatzhandlungen, Interessen oder sadistische Phantasien; vgl. Ressler et al., 1988, p. xiii). Insgesamt wurden 357 Variablen, die Hintergrundinformationen über den Täter (Biographie, Lebensstil,

Persönlichkeit, Tatverhalten) sowie Angaben zum Opfer und zum Tatort beinhalten, erhoben und auf statistisch vergleichsweise oberflächlichem Niveau (Häufigkeitsauszählungen) ausgewertet (Douglas et al., 1992; Ressler et al., 1988). Mit der Dichotomisierung des Täterverhaltens als organisiert vs. desorganisiert wurde im Rahmen dieses richtungweisenden Forschungsprojektes eine Typologie herausgebildet, deren Täterkategorien diesem Modell zufolge unterschiedliche Tatorte ‚produzieren'. Auf Basis dieser Merkmalscluster sollte die Möglichkeit erarbeitet werden, der spezifischen Situation am Tatort einen ‚psychologischen Verhaltensabdruck' des Täters zu entnehmen (vgl. Füllgrabe, 1990; Hoffmann, 2002a; Jackson & Bekerian, 2000).

*a) Tathergangsmerkmale (»Crime Scene Characteristics«)*

Grundlegend für die Verwendung der FBI-Typologie von ‚Sexualmördern' zur Täterprofilerstellung ist die Beurteilung so genannter »Crime Scene Characteristics« (charakteristische Merkmale des Tatortes und des Tathergangs), welche im Rahmen einer THA Hinweise darauf liefern, welcher Tätertyp für die Tat verantwortlich ist (vgl. Tab. *A*-1).

> »Crime scene characteristics are the general, distinguishing features of a crime scene as evidenced by an offender's behavioural decisions regarding the victim and the offence location, and their subsequent meaning of the offender.«
>
> (Turvey, 2002, p. 189)

Gemäß der FBI-Typologie begehen planende Sexualmörder einen Übergriff gut präpariert. Das Erscheinungsbild des Tatortes hinterlässt den Eindruck, dass der unbekannte Täter vor, während und nach der Tat planend und kontrolliert vorgegangen ist (»Compared to disorganized offenders, organized offenders are [...] more likely to show care, planning and control in the criminal act« [Homant & Kennedy, 1998, p. 331/2]).

Bei den Opfern handelt es sich zumeist um dem Täter fremde Personen, die jedoch aufgrund bestimmter Kriterien (Alter, Erscheinung, Beruf) ausgewählt werden, um den Vorstellungen des Täters hinsichtlich eines bestimmten ‚Typs' zu entsprechen (»targeted strangers«). Oft verbringt der Täter vor der Tatbegehung beträchtliche Zeit damit, ein solches – seinem Schema entsprechendes – Opfer zu suchen (vgl. Ressler et al., 1988). Zur

Kontaktaufnahme wird bevorzugt die Taktik des »Betrügerischen Überfalls« (Con Approach) gewählt, d.h., der Täter nähert sich seinem Opfer unter einem plausiblen Vorwand (z.B. der Behauptung, Polizist zu sein), so dass der Erstkontakt in der Regel durch verbale und nicht von Gewalt geprägte Interaktionen gekennzeichnet ist. Auf diese Art gewinnt er zunächst das Vertrauen des Opfers und die Kontrolle über die Situation. Zur Durchsetzung seiner Ziele gebraucht der Täter bereits mitgeführte Utensilien bzw. Zwangsmittel wie Fesseln, Knebel, Augenbinden oder ähnliches. Neben dem Ort der Kontaktaufnahme sind häufig weitere Tatorte involviert, wobei der planende Täter stets bemüht ist, keine Spuren zu hinterlassen. Verwendete Waffen oder waffenähnliche Gegenstände werden vom Täter mitgebracht und auch wieder mitgenommen.

Der nicht-planende Sexualmörder begeht laut prototypischer Klassifikation des FBI sein Verbrechen spontan und impulsiv (»The crime scene shows great disarray; it has a spontaneous, symbolic, unplanned quality« [Ressler et al., 1988, p. 131]).

Möglicherweise hat bereits vor der Tat eine Bekanntschaft mit dem Opfer vorgelegen, und auch die Umgebung bzw. der Tatort sind selten fremd. Die Opferauswahl geschieht ungezielt, ohne bestimmte Selektionskriterien bzgl. Alter oder Aussehen, und auch die Kontaktaufnahme zeichnet sich weniger durch den kommunikativen Austausch aus, als vielmehr die Taktik eines »Überraschenden Überfalls«, z.B. nach vorherigem Auflauern im Hinterhalt, bevorzugt angewendet wird. In das gesamte Tatgeschehen ist meist nur ein Tatort involviert, d.h., der Fundort des Opfers ist auch der Tatort vorangegangener Überwältigung und Misshandlung bzw. der Tötung desselben. Während es selten Indizien für die Verwendung von Zwangsmitteln (z.B. Fesseln) gibt, sind am Tatort viele tatrelevante Spuren feststellbar. So bleiben nach Beendigung der Tathandlung verwendete Tatwerkzeuge, darunter oft zufällig vorhandene Gegenstände (z.B. Steine, Stöcke) zurück; des Weiteren gibt es keine Anzeichen für Spurenbeseitigung oder für Versuche, den Tatort aus manipulativen Absichten heraus zu verändern.

*b) Persönlichkeitsmerkmale (»Profile Characteristics«)*
Ausgehend von dieser Klassifizierung sollen so genannte »Profile Characteristics« (typische Eigenschaften der Persönlichkeit und des Lebensstils) zu fahndungsrelevanten Hinweisen auf den unbekannten Täter führen. In Bezug auf die »Persönlichkeit« werden Rückschlüsse von den Tathergangsmerkmalen u.a. auf Intelligenz, soziale Kompetenz, Partnerschaft, sexuelle Aktivität, Berufstätigkeit, Alkoholkonsum sowie auf evtl. vorgenommene Veränderungen des alltäglichen Lebens (z.B. Wechsel des Wohnortes oder des Arbeitsplatzes) nach Tatbegehung gezogen (vgl. Tab. *A*-2).

Nicht alle Sexualmorde, so das FBI, können in dieses Schema sich gegenseitig ausschließender Verhaltens- und Persönlichkeitskategorien eingeordnet werden. Unter dem Terminus »*Mixed Sexual Homicide*« wurde daher, subsumiert unter eine ‚Zwischenkategorie', eine Liste möglicher Gründe dargelegt, weshalb ein Tatort sowohl Indizien für ein geplantes als auch für ein ungeplantes Verbrechen aufweisen kann.

> »Generally, an *organized* murderer is one who appears to plan his murder in a conscious manner and who displays control of the victim at the crime scene. The *disorganized* murderer is less consciously aware of a plan, and his crime scenes display haphazard behavior. Sometimes an offender has elements from both categories and can be called *mixed.*«
> (Ressler et al., 1988, p. ix ; Hervorhebung im Original)

Als Ursachen für dieses aus Sicht der Tätertypologie irreguläre Tatverhalten werden v.a. situative Einflüsse, z.B. eine Eskalation einer zuvor geplanten Tat durch unvorhersehbare Ereignisse, Stressfaktoren durch zunehmenden Druck aufgrund polizeilicher Fahndung oder unerwartet heftiger Widerstand des Opfers, oder auch die Tatsache, dass mehrere Täter beteiligt waren, Jugendlichkeit der Delinquenten oder Alkohol- bzw. Drogenkonsum, vermutet (vgl. Douglas et al., 1992).

Neben die Zweiteilung in einen planenden und einen nicht-planenden Täter entwickelte das FBI das Konzept des *sadistischen Sexualmörders*, das relativ unverbunden neben der Serienmörder-Typologie Bestand hat, da – obwohl vom FBI inhaltlich eine deutliche Verwandtschaft bzgl. Tat- und Tätereigenschaften zwischen dem sadistischen und dem planend vorgehenden Täter festgestellt – eine theoretische Integration in besagtes Modell nicht vollzogen wurde (Hoffmann, 2002a).

#### 3.1.1.1.2 Forschungsprojekt: IMAGO-300

Das Forschungsprojekt »IMAGO-300«, initiiert und durchgeführt von dem Wiener Polizeipsychologen und Begründer des Kriminalpsychologischen Dienstes Thomas Müller (Müller, 1998), umfasst eine umfangreiche Replikationsstudie. Unter der Zielsetzung, die Ergebnisse aus den USA für den europäischen Raum zu adaptieren, wurden sämtliche Tötungsdelikte mit sexuellem Bezug in Österreich zwischen 1975 und 1994 untersucht und statistisch ausgewertet.

1994 wurde an die Sicherheits- und Bundespolizeidirektionen ein Fragebogen zugeschickt, welcher diverse Einzelheiten (z.B. zu Tatort, Tatzeit, Todesursache und Art der Verletzungen) zu allen (gelösten und ungelösten) Sexualmorden des Zeitraums 1975 bis 1994 erfragte. Auf diese Weise wurden 169 Fälle u.a. hinsichtlich der Hintergrundinformationen über den Täter (z.B. [sexuelle] Verhaltensmuster, kriminelle Vorgeschichte als Jugendlicher und als Erwachsener, die psychiatrische Vorgeschichte etc.) und bzgl. der Annäherungs- und Kontrollmethodik, des Modus Operandi und Nachtatverhalten sowie Informationen über das Opfer u.ä. bewertet. Es fanden sich große Übereinstimmungen mit den Ergebnissen des FBI.

#### 3.1.1.1.3 Tötung des Intimpartners: Busch & Scholz (2001)

Busch und Scholz von der Universität Bonn konstruierten im Rahmen ihres »regelgeleitete(n) wissenschaftlich-induktive(n) Vorgehen(s)« (2001, S. 549) zur Generierung empirischer Täterprofile ein Kategoriensystem für die inhaltsanalytische Erfassung von Täterprofilen bei Tötungsdelikten. Ziel war die Identifikation psychologischer Merkmale und ihrer Kombinationen, welche für Täter dieser Deliktart ‚typisch' sind.

> »Das empirische Täterprofil ist ein Raster. Gewonnen wurde es aus statistischen Erhebungen über bestimmte Delikte, wie sie sich über einen definierten Erhebungszeitraum in einem bestimmten Gebiet ereignet haben.

> Aus diesen Daten werden im Hinblick auf jedes zur Debatte stehende Delikt die typischen Merkmale des durchschnittlichen Täters herausgearbeitet.«
> (von Lüpke, 1999, S. 818)

Bestandteil dieses Systems sind 45 erlebens- und verhaltensbezogene Merkmale, die auf der Basis von 47 polizeilichen Erstaussagen zu Tötungsdelikten erhoben wurden und die als in direktem oder indirektem Bezug zur Tathandlung stehend beschrieben werden. Es folgte eine Zusammenfassung dieser Einzelvariablen in sieben Kategorien (vgl. Tab. *A*-3), deren Ausprägung als Kriterium für eine post-hoc Klassifikation der Täter in deliktspezifische Täterprofile verwendet wurde. Herausgearbeitet wurden zwei Tätergruppen, die als spezifisch für diejenigen Tötungsdelinquenten angesehen wurden, deren Opfer der Intimpartner war (»Beziehungstäter«), wobei statistisch bedeutsame Unterschiede für die Kategorien »Aggressivität in der Vorgeschichte«, »Verhalten in Konfliktsituationen«, »Planungsniveau der Tat« und »Kontrolle bei der Tatausführung« festgestellt werden konnten. Durch die Ergebnisse dieser Studie erfährt die Annahme des FBI bzgl. der Differenzierung zwischen planenden und nicht-planenden Tätern insofern eine indirekte Bestätigung, als der Kategorie »Planungsniveau der Tat« die größte diskriminatorische Bedeutung zugeschrieben werden konnte.

Gemäß diesem Profil steht ein geringes Planungsniveau u.a. in engem Zusammenhang zu einer geringeren Kontrolle während und nach der Tatausführung, wobei die Abfolge der einzelnen Handlungsabschnitte der Tat nicht antizipiert wird. Die Tötungswaffe wird nicht vom Täter, sondern vom Opfer mitgebracht oder befindet sich laut polizeilicher Aussage zufällig am Tatort. Nur wenige dieser Täter versuchen, ihre Tathandlung zu verdecken, um sich der Strafverfolgung zu entziehen. In alltäglichen Konfliktsituationen verhalten sie sich eher angemessen; als ebenso unauffällig werden sie hinsichtlich aggressiver Handlungen in der Vorgeschichte beurteilt.

Täter, denen laut Profil ein hohes Planungsniveau unterstellt wird, zeigen sich bei der eigentlichen Tathandlung stark kontrolliert, beinahe die Hälfte von ihnen hatte gemäß Vernehmungsprotokoll die Tat antizipiert. Wurde eine Waffe verwendet, ist diese in allen Fällen als vom Täter mitgebracht protokolliert. Ein hohes Ausmaß an Kontrolle zeigt sich auch nach der Tat, da die Mehrzahl der Täter mit hohem Planungsgrad in der Lage war, Schutz- und / oder Verdeckungshandlungen am Tatort und / oder an der Leiche vorzunehmen. In der Vorgeschichte zeigten diese Täter sowohl bzgl. auftretender Konflikte als auch im Hinblick auf (auto- und fremd-) aggressive, nichttödliche Akte auffälliges und dysfunktionales Verhalten.

#### 3.1.1.1.4 Vergewaltigungen: Steck & Pauer (1992)

Steck und Pauer (1992) untersuchten auf der Datenbasis von 115 Gerichtsurteilen Verhaltensmuster bei Vergewaltigungen in Abhängigkeit von Täter- und Situationsmerkmalen. Um die Beziehungen von Täterverfassung zur Tatzeit und dem Tatablauf beim Verbrechen der Vergewaltigung herauszustellen, wurden je 17 dichotomisierte Tat- und Tätermerkmale korrelationsstatistisch analysiert. Bei der Prüfung der Zusammenhänge wurden die Täter- (Person- und Handlungs-) Merkmale, denen ein Einfluss auf die psychische Verfassung des Täters zugeschrieben wurde, zu vier Prädiktorgruppen zusammengefasst: a) demographische Merkmale (z.B. abgeschlossene Berufsausbildung, religiös-kultureller Hintergrund), b) längerfristig wirksame Faktoren (z.B. feste Partnerschaft, Broken-Home-Erfahrung, heterotrope / homotrope kriminelle Vorbelastung), c) aktuell wirksame Faktoren (z.B. Alkoholisierung, Gruppentat) und d) Opferverhalten (z.B. tätliche Gegenwehr, Passivität). Als Tatmerkmale waren u.a. Tatzeit, Waffengebrauch, Verletzungen des Opfers und sadistische Quälerei Gegenstand der Untersuchung.

Die logistischen Regressionsanalysen ergaben statistisch signifikante Beziehungen zwischen den Prädiktoren (Tätermerkmale) und denjenigen beeinflussten Kriterien (Tatmerkmale), welche überwiegend die Person des Opfers, den Tatort und das Nachtatverhalten betrafen, weniger den Tatverlauf. Signifikante Zusammenhänge zum Tathergang waren für Merkmale des Opferverhaltens nachweisbar (z.B. korrelierte das Auftreten von Verletzungen negativ mit Passivität) sowie für die Bedingung einer gemeinschaftlichen Tatbegehung (z.B. erhöhte die Anwesenheit mehrerer Täter die Wahrscheinlichkeit sadistischer Handlungen). Die Autoren stellen daher zusammenfassend fest, dass sich Tätermerkmale auf die Auswahl des

Opfers und des Tatortes sowie auf das Nachtatverhalten (z.B. Entschuldigungen, Drohungen) auswirken, der eigentliche Tatablauf jedoch keine Verbindungen zu den Person- und Handlungsmerkmalen des Täters erkennen lasse.

Einzeln mit den Tatmerkmalen korreliert wurde die Variable »Entschluss zur Tat vor Konfrontation mit dem Opfer in der Gefährdungssituation«. Dieses Merkmal einer längerfristig geplanten Tat wies als einzige signifikante Korrelation mit den Kriterien eine positive Beziehung zur Wahl eines fremden Opfers auf.

##### 3.1.1.1.5 Geographisches Verhalten bei sexuellen Gewaltdelikten: Dern et al. (2004)

Dem Projekt »Geographisches Verhalten fremder Täter bei sexuellen Gewaltdelikten« von Dern, Frönd, Straub, Vick und Witt (2004) »zur Optimierung der Einschätzung des geographischen Tatverhaltens im Rahmen der Erstellung eines Täterprofils bei operativen Fallanalysen« lag die Intention zugrunde, Zusammenhänge zwischen dem Lebensraum eines Täters und seinem tatbezogenen Handlungsraum aufzuzeigen. Auf der Datenbasis von 348 Vergewaltigungsfällen und 99 ‚Sexualmorden' wurde u.a. der Zusammenhang von Planungsniveau (spontaner Tatentschluss vs. vorgefasster Tatentschluss) und regionalen Unterschieden (geringer vs. größerer Aktionsradius) im Bereich der Sexualdelikte untersucht.

Während sich bei den ‚Sexualmördern' hinsichtlich des geographischen Tatverhaltens keine signifikanten Unterschiede zwischen Taten mit und ohne vorgefasstem Tatentschluss feststellen ließen, unterschieden sich diese beiden Gruppen bei den Vergewaltigungsfällen signifikant. Täter mit vorgefasstem Tatentschluss, d.h. Täter geplanter Vergewaltigungen (92 der 348 Taten, 26.4%), legten größere Distanzen zwischen ihrem Lebensmittelpunkt und dem Ort der Kontaktaufnahme zurück als Täter ‚spontaner' Taten (vgl. Tab. A-4).

Entgegen der nahe liegenden Vermutung, dass planende Täter zur Minimierung des Identifikations- bzw. Entdeckungsrisikos grundsätzlich ihre Taten sehr weit entfernt von ihrem Wohn-/ Arbeitsort begehen, stellten Dern et al. fest, dass in beinahe 80% der geplanten Vergewaltigungen der Täter einen Ort zur Kontaktaufnahme innerhalb eines Umkreises von weniger als 20 Kilometern auswählte. Andererseits zeigte sich in deutlicher Abgrenzung zu den ‚spontan' agierenden Tätern wesentlich seltener ein Initialkontakt innerhalb des unmittelbaren Nahbereichs (bis 1 Kilometer), woraus die Autoren folgerichtig schließen, dass Vergewaltiger mit vorgefasstem Tatentschluss mehrheitlich eine »Sicherheitszone« um ihren Lebensmittelpunkt legen.

#### 3.1.1.2 Kritische Bewertung

Das CPRP des FBI hat vielfältige Kritik erfahren, sowohl die methodische Vorgehensweise als auch die theoretische Genauigkeit der Typologiesysteme betreffend (vgl. Harbort, 1999a; 1999b; 2003; Hoffmann, 2002a; Hoffmann & Musolff, 2000; Holmes & Holmes, 1996; Homant & Kennedy, 1998; Salfati & Canter, 1999; Turvey, 2002).

Einer der Hauptkritikpunkte an der Vorgehensweise des FBI betrifft die kategoriale Typologisierung. So herrscht Einigkeit darüber, dass dem dichotomen Modell des planenden und nicht-planenden Täters das Problem der Vereinfachung innewohne. Es handele sich um zwei Prototypen, d.h., die beiden separaten Kategorien mit sich ausschließenden Verhaltens- und »Persönlichkeits-« Mustern stellten die Extremformen einzelner Tätertypen im Sinne von ‚Idealfällen' dar, die in der Realität in ihrer Reinform so nicht zu finden seien. Während sich also die Tat bzw. die Mehrheit der Tatorte auf einem Kontinuum zwischen diesen beiden Polen manifestiert, werden die Täter und Tatorte in eine der beiden Kategorien gepresst (Turvey, 2002) – dimensionale Systeme entsprächen jedoch mehr der Realität.

Beispielhaft sei auf Harbort (1999a; 1999b) verwiesen, der zur Überprüfung der Vorhersagegenauigkeit dieser dichotomen ‚Sexualmörder'-Typologie des FBI die Einzeltaten von 22 in Serie vorgehenden ‚Sexualmördern' überprüfte. Anhand der FBI-Kriterien (Douglas et al., 1992; Ressler et al., 1988) erfolgte zunächst eine Zuordnung zum planenden bzw. nicht-planenden Typ, bevor untersucht wurde, inwiefern die tatsächlichen Tätereigenschaften mit den laut Schema zu erwartenden übereinstimmten. Eine solche Korrespondenz konnte Harbort nur für 44,1% der Merkmale feststellen, so dass die meisten Täter Mischformen der beiden Prototypen darstellten.

Die praktische Anwendbarkeit der FBI-Erkenntnisse ist daher als begrenzt anzusehen. Die zweipolige Kategorisierung sollte nicht grundlegend genutzt werden, um von der Tatsituation (Tatort- und Tathergang) auf eine ganze Palette von Tätereigenschaften zu extrapolieren (Harbort, 1999b). Jedoch sind die Ergebnisse hinsichtlich der postulierten Zusammenhänge insofern von heuristischem Wert, als sie durchaus richtungweisende Vorschläge liefern können. So orientiert sich die vorliegende Studie in Bezug auf die Operationalisierung des Planungsniveaus primär an den Annahmen des FBI. Gegenüber der dichotomen Klassifizierung (planend vs. nicht-planend) wurde jedoch einer dimensionalen Systematisierung der Vorrang eingeräumt, um den benannten Problemen entgegenzuwirken.

Studien wie die von Busch & Scholz (2001), Steck & Pauer (1992) sowie Dern et al. (2004) verdeutlichen die Relevanz des Planungsverhaltens bei der Tatrekonstruktion; Zusammenhänge zu *Persönlichkeits*eigenschaften werden jedoch nicht untersucht. Auch im Rahmen des CPRP (sowie der auf diesen Ergebnissen basierenden Replikationsstudie des »IMAGO-300«-Projektes) findet eine Auseinandersetzung mit Persönlichkeitseigenschaften als »Dispositionen für bestimmtes Verhalten, d.h. als Tendenz, in bestimmten Situationen mit bestimmten Verhaltensweisen zu reagieren« (Scheurer, 1993, S. 7) mit wenigen Ausnahmen (z.B. Intelligenz) nicht statt. Als Persönlichkeitsmerkmale (»Profile Characteristics«) werden vielmehr Faktoren des Lebensstils (z.B. Berufstätigkeit, Erleben von Stress und Alkoholkonsum vor der Tat, Wohnortwechsel nach der Tat) deklariert und den Planungskategorien zugeordnet.

### 3.1.2 Kontaktaufnahme

Ein Schwerpunkt bei der Beschreibung und differenzierten Untersuchung von Gewalt- und Sexualstraftätern lag bisher meist auf dem Planungsverhalten des Täters. Andere Merkmale (z.B. Kontaktaufnahme, Täter-Opfer-Beziehung) werden diesen häufig als deskriptive Bestandteile untergeordnet, um zwischen dem planenden und dem nicht-planenden Täter zu unterscheiden. Sowohl die kritische Bewertung eben dieser simplifizierenden Vorgehensweise bei der zweipoligen Kategorisierung als auch der Verweis auf empirische Arbeiten, die neben diesem Konstrukt weitere tathergangsanalytische Parameter in ihre Untersuchungen einbezogen haben (z.B. Busch & Scholz, 2001; Steck & Pauer, 1992), hat in der vorliegenden Studie dazu geführt, weitere Dimensionen des Täterverhaltens genauer hinsichtlich möglicher Zusammenhänge mit Persönlichkeitseigenschaften zu untersuchen.

Ein wesentliches Merkmal bezieht sich auf die Art der Annäherung des Täters an das Opfer unmittelbar vor dem (sexuellen) Übergriff. Das FBI (vgl. Douglas et al., 1992; Ressler et al., 1988) unterscheidet zwischen drei verschiedenen Strategien des Täters, sich dem Opfer anzunähern bzw. dieses zu überwältigen:

- **Blitz Attack**: Der Täter überwältigt das Opfer sofort und ohne Vorwarnung unter Ausübung (starker) physischer Gewalt (*Blitzartiger Überfall*). Beispielhaft zu nennen ist die sofortige Gewaltanwendung durch Schläge, Tritte oder unter Verwendung einer Waffe bzw. eines anderen gefährlichen Werkzeuges.

- **Surprise Attack**: Der Überraschungsangriff beruht auf einer Strategie, bei welcher der Täter zunächst in ‚Wartestellung' verbleibt. Dem Opfer auflauernd wartet er auf den richtigen Moment, wenn dieses besonders wehrlos und vulnerabel erscheint (*Hinterhältiger Überfall*). Das Warten im oder in der Nähe des Opferfahrzeuges, hinter Gebäudemauern etc. oder auch das Heranschleichen aus dem Hinterhalt können hier als Beispiele genannt werden.

- **Con Approach**: Bei dieser Methode nutzt der Täter einen Vorwand in Form einer List (con), um sich dem Opfer zu nähern und so zunächst das Vertrauen des Opfers und die Kontrolle über die Situation zu gewinnen (*Betrügerischer Überfall*). Beispiele für einen ‚Con Approach' sind das Ausgeben als Autoritätsinstanz (z.B. Polizei), das In-Aussicht-Stellen von Arbeit, Geld oder sonstiger Vorteile sowie das Vortäuschen eines Unfalls oder von Krankheit.

#### 3.1.2.1 Empirische Befunde

Diese unterschiedlichen Formen eines Initialkontakts werden nicht nur in der Studie des CPRP (s.o.) beschrieben, sondern sind darüber hinaus als beschreibendes Element des Tathergangs Gegenstand einer weiteren, speziell für das Profiling angelegten, FBI-Studie. In dieser Untersuchung, durchgeführt vom »National Center for the Analysis of Violent Crime«, wurde eine Typologie von Vergewaltigungstätern entwickelt (Hazelwood & Warren, 1990; vgl. auch Douglas et al., 1992). Berücksichtigung fand das Annäherungsverhalten des Täters darüber hinaus in den empirischen Arbeiten der »Investigative Psychology Unit« (u.a. Canter, 1995) sowie im Rahmen der Täterprofilerstellung von Harbort (1997; 1998; 1999).

Wie bereits für das Planungsverhalten beschrieben, so ist auch für das Kontakt- und Kontrollverhalten des Täters festzustellen, dass aus einer THA wichtige Erkenntnisse für später zu erfolgende Therapie- oder Prognoseentscheidungen abzuleiten sind: prognoserelevant sind v.a. die kommunikativen und manipulativen Fähigkeiten, die während der Tatbegehung zum Ausdruck kommen. Gemäß der Einschätzung Rehders (2001) ist eine geringe soziale Kompetenz aussagekräftiges Kriterium für eine erhöhte Rückfallwahrscheinlichkeit bei Sexualstraftätern.

##### 3.1.2.1.1 FBI-Studie des National Center for the Analysis of Violent Crime (NCAVC)

Das »National Center for the Analysis of Violent Crime« führte im Zeitraum von 1984 bis 1986 Interviews mit 41 inhaftierten Sexualstraftätern durch (und bezog deren behördliche Akten in die Bewertung ein), die insgesamt 837 vollendete und mehr als 400 versuchte Vergewaltigungen zu verantworten hatten. Zielsetzung dieses Projektes zur Erforschung des Kriminalitätsphänomens ‚Serienvergewaltigung' war wiederum die Analyse der Täterverhaltensweisen zugunsten polizeilicher Aufklärungstätigkeiten. Im Gegensatz zum »Criminal Personality Research Project« stand nicht das Planungsniveau (organisiert vs. desorganisiert) im Vordergrund, sondern die Erwartung, aus dem verbalen, physischen und sexuellen Verhalten ermittlungstaktische Hinweise erschließen zu können.

Weiterer grundlegender Unterschied zur Vorgehensweise des CPRP bei der Untersuchung der ‚Sexualmörder' war bei dieser Studie die Tatsache, dass bei einem Vergewaltigungsdelikt die Möglichkeit einer Opferbefragung genutzt werden konnte. Infolgedessen wurde die Analyse des Täterverhaltens neben den Interviewangaben, Polizei- und Gerichtsakten sowie medizinischen und psychiatrischen Untersuchungsergebnissen durch Informationen von Seiten der Betroffenen ergänzt. Einem selbst entwickelten Fragenkatalog folgend wurden insbesondere Elemente der Annäherungs- und Kontaktaufnahme und der Kontrollausübung sowie interaktive Faktoren (Widerstand oder Gegenwehr des Opfers, Reaktionen des Täters) und der genaue Ablauf der sexuellen Handlungssequenzen (inklusive sexueller Störungen) erfragt. Aufgrund verbaler (Kommunikationsstil) und sexueller Handlungsbausteine wurde unter Einbeziehung und Abstufung der erfolgten Gewaltanwendung eine Klassifizierung nach dem Tatmotiv vorgenommen, um nachfolgend Rückschlüsse vom Verhalten auf die persönlichen Eigenschaften des Täters ziehen zu können.
Aufbauend auf vergangene Modelle der Persönlichkeit und des Verhaltens von Vergewaltigern wurde auf diese Weise eine prototypische vierstufige Klassifizierung auf der Grundlage unterschiedlicher Motivstrukturen erstellt. Diese Zuordnung basiert auf der klassischen empirischen Arbeit von Groth, Burgess und Holmstrom aus dem Jahre 1977, in der 133 anlässlich eines Vergewaltigungsdeliktes verurteilte Täter sowie 92 Frauen, die Opfer einer Vergewaltigung geworden waren, befragt wurden. Als fundamentale Bestandteile für jede Vergewaltigung postulierten die Autoren (Groth et al., 1977; vgl. auch Homant & Kennedy, 1998) als primäre Komponenten Macht (power) und Zorn (anger) sowie – von sekundärer Bedeutung – Sexualität:

> »Rape, then, rather than being an expression of sexual desire, in fact is the use of sexuality to express issues of power and anger. In every case of rape all three factors coexist, but their relative intensities and interrelationships vary.«
>
> (Groth et al., 1977, p. 1242)

Unterschieden werden zum einen zwei Klassen von machtmotivierten Vergewaltigern (»power rapists«) und zum anderen zwei Kategorien wutmotivierter Vergewaltiger (»anger rapists«), wobei Mischformen dieser Vergewaltigertypen als Regel angenommen werden:

1. »Power Reassurance« - Tätertyp (Typ Machtbestätigung):
   Vergewaltigung als Kompensationsversuch mangelnden Selbstbewusstseins
   Kontaktaufnahme: *Surprise Attack*

2. »Power Assertive« - Tätertyp (Typ Machtbehauptung):
   Vergewaltigung als ‚Beweis' männlicher Potenz und Dominanz
   Kontaktaufnahme: *Con Approach*

3. »Anger Retaliatory« - Tätertyp (Typ Vergeltung aus Zorn):
   Vergewaltigung als ‚Racheakt' an Frauen im Allgemeinen
   Kontaktaufnahme: *Blitz Attack*

4. »Anger Excitation« - Tätertyp (Typ Sadismus):
   Vergewaltigung zur sexuellen Erregung durch Angst und Schmerz des Opfers
   Kontaktaufnahme: *Con Approach*

Den einzelnen Subtypen werden bestimmte Tatort- und Persönlichkeitscharakteristika zugeschrieben. In Anlehnung an Groth et al. wird die Vergewaltigung als pseudosexueller Akt behandelt, deren Begehung letztlich die Befriedigung der dominierenden Motive Macht oder Wut zum Ziel habe, während eine sexuelle Motivation zwar stets präsent, aber nicht vordergründiger Zweck der Tatdurchführung sei:

> »Rape, then, is a pseudo-sexual act, a pattern of sexual behavior that is concerned much more with status, aggression, control, and dominance than with sensual pleasure or sexual satisfaction. It is sexual behavior in the service of nonsexual needs and, in this sense, is clearly a sexual deviation.«
> (Groth et al., 1977, p. 1240)

Auf eine weiterführende Erläuterung wird verzichtet, da diese Typologie für die vorliegende Untersuchung von nachrangiger Bedeutung ist; eine ausführlichere Beschreibung kann jedoch z.B. bei Douglas et al. (1992), Hoffmann (2002a), Hoffmann & Musolff (2000) oder Robak (2004) nachgelesen werden. Einen Überblick über die jeweiligen Subtypen in Bezug auf Motivation, Verhaltensweisen und persönliche Charakteristika liefert Tabelle *A*-5.

Während einige Verhaltensweisen über die in Serie begangenen Delikte stabil blieben, änderte sich z.B. die Kontaktaufnahme mit dem Opfer über die Zeit dahingehend, dass – vermutlich bedingt durch Lerneffekte – eine Steigerung der betrügerischen Überfälle von 24 auf 41% festgestellt wurde

(Hazelwood & Warren, 1990, p. 15). Bei zehn der 41 Täter hatte darüber hinaus die Brutalität ihrer Vorgehensweise von Übergriff zu Übergriff zugenommen.

#### 3.1.2.1.2 Investigative Psychology

David Canter und seine Forschungsgruppe (vgl. Alison & Salfati, 1998; Canter & Alison, 2000; Canter & Heritage 1990) untersuchten auf der Datenbasis von 66 einbezogenen Vergewaltigungsfällen (begangen durch 27 Delinquenten, die mindestens zwei Vergewaltigungen ohne vorherige Beziehung zum Opfer begangen hatten) den Zusammenhang verschiedener Tathergangscharakteristika. Auf diese Weise sollten Merkmalsets definiert werden, die zwischen verschiedenen Tätertypen von Serienvergewaltigern differenzieren. Die 33 Aspekte des Tathergangs (Verhaltens- und Tätervariablen), die besonders häufig vorkamen, wurden zu acht Verhaltenskategorien (»Facetten«) zusammengeschlossen, deren Bedeutsamkeit auch in den FBI-Studien herausgearbeitet worden war. Wie auch in der Studie des NCAVC wurden neben der Methode zur Kontrollausübung und interaktiven Faktoren (Täterreaktionen auf Opferverhalten, Kommunikationsstil) Elemente der Annäherungs- und Kontaktaufnahme erfasst (vgl. Hoffmann & Musolff, 2000, S. 108ff.):

1. die Annäherung an das Opfer
2. die Methode, das Opfer zu kontrollieren
3. die Reaktion des Täters auf das Verhalten des Opfers
4. die Art der Kommunikation mit dem Opfer
5. Formen der Gewalt
6. die angestrebte Beziehung zum Opfer
7. das Sexualverhalten
8. die dem Angriff nachfolgenden Handlungen des Täters

In der graphischen Darstellung dieser »Facettentheorie« waren die räumlichen Abstände zwischen den einzelnen Variablen zu beachten: Je enger zwei Verhaltensvariablen im Diagramm beieinander lagen, umso häufiger wurden sie bei denselben Taten bzw. Vergewaltigungstätern festgestellt (und vice versa). Der »hinterhältige Überfall« (in der Terminologie des FBI ‚surprise attack') befand sich gemäß dieser Heuristik in unmittelbarer Nähe zum »unpersönlichen Umgang mit dem Opfer« und »vaginalem Geschlechtsverkehr«; die »Blitz-Attacke« stand in enger räumlicher Beziehung zu »zerreißt Kleidung«, und das »Erschleichen von Vertrauen« (,Con Approach') zeigte Beziehungen zu kommunikativen Verhaltensweisen (»Fragen an Opfer«; »Opfer soll reden«).

#### 3.1.2.1.3 Täterprofile und serielle Tötungsdelinquenten: Stephan Harbort (1997; 1998; 1999)

In kritischer Auseinandersetzung mit den Arbeiten des FBI hat Stephan Harbort, Kriminaloberkommissar beim Polizeipräsidium Düsseldorf, im Rahmen seiner Forschungen zur Erstellung empirischer Täterprofile mit Hilfe deskriptiver statistischer Verfahren typische Merkmalsraster von Tätern aufgestellt (Harbort, 1997; 1998; 1999a; 1999b).

Datenbasis waren 33 sexuell motivierte Mehrfach- und 22 Serienmörder, die in der Bundesrepublik im Zeitraum von 1945 bis 1995 ermittelt werden konnten. Diese 55 Täter hatten insgesamt 187 versuchte oder vollendete Tötungsdelikte zu verantworten. Auf der Grundlage von Anklage- und Urteilsschriften, Tatortbefunden, Vernehmungsprotokollen sowie ggf. den psychologischen bzw. psychiatrischen Gutachten wurden ca. 4900 täter- und tatspezifische Daten erhoben und in 56 Kategorien klassifiziert und ausgewertet. Nachfolgend filterte Harbort (1997) 18 Indikatoren heraus, die besonders häufig (in mehr als 75% der Fälle) auftraten. Als relevantes Tatmerkmal wurde u.a. auch das Annäherungsverhalten des Täters aufgelistet, wobei für die Kontaktaufnahme zwischen »Täuschung des Opfers bei Erstkontakt« und »sofortiger Gewaltanwendung« (1999b, S. 714) unterschieden worden ist.

### 3.1.2.2 Kritische Bewertung

Sowohl die Studie des NCAVC als auch Harborts Forschungsansatz sind vielfach auf Skepsis und Kritik gestoßen. Beispielsweise birgt die Vorgehensweise des FBI, mittels Interviews objektive Daten zu gewinnen und diese als Ausgangspunkt für eine THA nutzbar zu machen, Probleme:

Gespräche mit überführten Kriminellen können stets nur retrospektive Angaben vermitteln, d.h. »Ex-post-Deutungen des eigenen Handelns und dessen Bewertung unter In-Rechnung-Stellung der aktuellen Situation, der antizipierten Zuhörererwartungen und dem Wunsch, sich und sein Leben in der eigenen Deutung vorzustellen und plausibel zu machen« (Reichertz, 2002, S. 56). Auch das prototypische Modell selbst erscheint so nicht haltbar, da annähernd 80% der Täter dem Typus des machtmotivierten, selbstunsicheren Vergewaltigers zugerechnet wurden, so dass die differenzielle Aussagekraft hinsichtlich der Unterscheidbarkeit zwischen Vergewaltigertypen der hier beschriebenen Art in Frage zu stellen ist.

Die Anwendbarkeit der FBI-Typologie für Vergewaltigungstäter wird daher kontrovers diskutiert. Während einige Autoren sie als veraltet betrachten und neueren Konzeptionen ob einer angemesseneren Differenzierung in diesem speziellen Deliktbereich den Vorrang einräumen (vgl. Hoffmann, 2002a), wurden die genannten Tätertypen auch in anderen Studien als charakteristisch eingestuft. Befürwortend äußern sich z.B. Ronald Holmes, Brent Turvey und Robert Keppel, die diese Kategorisierung gegenüber der Dichotomie der organized-vs.-disorganized-Einteilung bevorzugen (vgl. Holmes & Holmes, 1996; Keppel & Walter, 1999; Turvey, 2002).

Von zweifelhaftem praktischen Nutzen ist auch die grob vereinfachende Schlussfolgerung Harborts, dass allein die Klassifikation eines Deliktes als Seriensexual- oder -raubmord ausreiche, um das Vorhandensein von 70 bis 100% der aufgezählten Merkmale beim Täter vorherzusagen (Harbort, 1997). Fragwürdig ist hierbei insbesondere die Gewichtung der einzelnen Variablen hinsichtlich ihrer angenommenen Aussagekraft und ihres Differenzierungspotenzials, die – in Ermangelung jedweder inferenzstatistischer Analysen – methodische Zweifel aufkommen lässt (vgl. Wieczorek, 2002).

Eine Strukturierung von Handlungsmustern mit Hilfe statistischer (non-metrischer, multidimensionaler Skalierungs-) Verfahren hingegen, wie von Canter und seinen Kollegen im Rahmen der Ermittlungsabteilung »Investigative Psychology Unit (IPU)« durchgeführt, kann durchaus hilfreich sein, um große Mengen von Einzelinformationen zu verarbeiten und bestimmte Zusammenhänge des Täterverhaltens aufzuzeigen (vgl. Hoffmann & Musolff, 2000). Jedoch muss stets herausgestellt werden, dass sich der Tathergang eines konkreten Einzelfalls diesen Wahrscheinlichkeitsaussagen zuwider ereignet haben kann, damit eine vorschnelle Kategorisierung nicht den Blick auf alternative Schlussfolgerungen versperrt.

Keine der diskutierten Studien untersucht den Zusammenhang von Merkmalen des Tatablaufs und Persönlichkeitseigenschaften der Täter. So mag die Klassifizierung anhand des Tatmotivs unter Berücksichtigung verbaler, physischer und sexueller Handlungsbausteine, wie vom NCAVC vorgenommen, durchaus Annahmen über die Persönlichkeit dieser Vergewaltigertypen zulassen – jedoch basierten solche Einschätzungen wiederum auf unbestätigten Hypothesen. Werden Aussagen über die Persönlichkeit aus empirisch unzureichend geprüften Typologien abgeleitet, potenzieren sich die Unsicherheiten und damit das Risiko, tautologische Schlussfolgerungen zu ziehen. Auch die Untersuchungsergebnisse der »Investigative Psychology Unit (IPU)« stellen die Persönlichkeit des Täters nicht in den Vordergrund, sondern fokussieren auf die Zusammenhänge zwischen verschiedenen Tatbegehungsmerkmalen. Die Variablen, die Harbort unter der Rubrik »Tätermerkmale« beschreibt, umfassen – ähnlich wie die »Persönlichkeitsmerkmale« des CPRP's – sozio-demographische Angaben (z.B. Alter, Schulbildung) und Aussagen zum Lebensstil (z.B. Arbeitsplatz- / Wohnortwechsel).

Trotz dieser Kritikpunkte orientiert sich die vorliegende Arbeit v.a. hinsichtlich der Operationalisierung der Variable ‚Kontaktaufnahme zum Opfer' auch an den hier vorgestellten Untersuchungen. So wird die vom FBI vorgenommene Differenzierung in »Blitz Attack«, »Surprise Attack« und »Con Approach« übernommen, nicht zuletzt, da verschiedene Studien wie die der IPU gezeigt haben, dass eine Unterscheidung zwischen Tätertypen anhand der Art der Kontaktaufnahme zum Opfer möglich und sinnvoll ist.

### 3.1.3 Weitere tathergangsanalytische Parameter

Neben Planungs- und Kontaktverhalten des Täters werden bei der THA u.a. auch die prädeliktische Beziehung zwischen Täter und Opfer sowie Angaben zu den vom Opfer und vom Täter eingegangenen Risiken in die Rekonstruktion des Tathergangs einbezogen. Weiter wird der Tatverlauf auf Anzeichen von Spurenbeseitigung oder für das Vorliegen einer Tatortinszenierung überprüft, und es werden spezifische Verhaltensmuster des Täters (z.B. Personifizierungsformen) analysiert.

#### 3.1.3.1 Täter-Opfer-Beziehung

Die Entwicklung tathergangsanalytischer Verfahren ist u.a. vor dem kriminalpolitischen Hintergrund einer radikalen Verschlechterung der Aufklärungsquote bei Gewaltverbrechen zu betrachten, die auch auf die Veränderungen in der Täter-Opfer-Beziehung zurückgeführt wird (Hoffmann & Musolff, 2000; Meyer, 2002). Legt bereits dieser Aspekt die Einbeziehung des Bekanntschaftsgrades nahe, so ist darüber hinaus zu erwähnen, dass die Bestimmung des Verhältnisses, das zwischen dem Täter und seinem(n) Opfer(n) vorgelegen hat, eine wichtige Rolle bei Prognosefragen spielt. So erfasst Rehder (2001) bei der Beurteilung des Rückfallrisikos von Sexualstraftätern in seinem Fragebogen (RRS) u.a. die Bekanntheit des Opfers. Als einer der Hauptrisikofaktoren bei der Bestimmung von Rückfällen steige, so Rehder, die Wahrscheinlichkeit eines erneuten Sexualdeliktes nach der Haftentlassung bei Vorliegen eines geringen Bekanntheitsgrads zwischen Täter und Opfer. In einigen Deliktbereichen – insbesondere bei den ‚Beziehungsdelikten' – ist das Verhältnis zwischen Täter und Opfer für die Psychodynamik der kriminellen Handlung (z.B. im Hinblick auf Personifizierungsformen) von besonderem Interesse (vgl. auch Simons, 1988).

> »If we can understand how and why an offender has selected known victims, then we may also be able to establish a relational link of some kind between the victim(s) and that offender.«
>
> (Turvey, 2002, p. 138/9)

Beispielsweise fand Salfati (2000) in ihrer Studie zur Unterscheidung von instrumentellen und expressiven Tathandlungen im Verlauf von Tötungsdelikten (N = 247), dass die Täter-Opfer-Beziehung u.a. bei expressiver Gewaltanwendung von Bedeutung war: Handelte es sich bei den Opfern um (ehemalige) Lebenspartner oder biologische Verwandte, so bestanden Zusammenhänge zu früheren (sexuellen oder körperlichen) Übergriffen auf diese Personen.

Die Beziehung zwischen Täter und Opfer zum Tatzeitpunkt wird in empirischen Arbeiten unterschiedlich differenziert. Beispielsweise unterscheidet Elz (2002b) grundsätzlich zwischen bekannten und fremden Tätern, grenzt jedoch für die Untersuchung von Zusammenhängen zwischen Täter-Opfer-Beziehung und Tatcharakteristika die »Beziehungstaten«, begangen von mit dem Opfer verwandten oder eng bekannten Täter, von den »Kontakttaten« ab, bei denen eine weitläufige Bekanntschaft vorgelegen hat oder ein Kennen lernen erst am Tattag erfolgte. Taten durch dem Opfer völlig Fremde unterscheidet sie weiter als »Anblickstaten«. Für ihre Stichprobe von 201 Tätern aggressiver Sexualdelikte (gemäß §§ 177, 178 StGB) konstatiert Elz beispielsweise, dass bei fremden Opfern die Intensität sexueller Handlungen (operationalisiert u.a. über Geschlechtsverkehr, Oralverkehr des Opfers am Täter und Analverkehr) geringer war. Mehrere Opfer wurden am häufigsten bei denjenigen Tätern mit fremden Opfern festgestellt; weiter war hier die stärkste Gegenwehr zu verzeichnen. Darüber hinaus konnte herausgearbeitet werden, dass die Wahl eines fremden Opfers mit der höchsten Rückfallquote einherging.

Zur Überprüfung der Fragestellung, ob Delikte mit sexuellem Bezug eher die Tat des unbekannten Fremden seien, oder ob der Täter aus dem näheren Umfeld des Opfers stamme, greift Schröer (2004) in ihrer Arbeit über »Tötungsdelikte mit sexuellem Bezug in Hamburg zwischen 1974 und 1998« auf eine detailliertere Kategorisierung zurück (Partner / Ehepartner; Familienmitglieder; Bekannte / Freunde; Nachbarn; flüchtige Bekannte; Prostituierte / Freier / Strichjungen; ohne Vorbeziehung). Eine ähnlich differenzierte Einteilung findet sich beispielsweise auch in den Auflistungen der Polizeilichen Kriminalstatistik (PKS), die zwischen ‚Verwandtschaft', ‚Bekanntschaft', ‚Landsmann', ‚flüchtige Vorbeziehung' und ‚keine Vorbeziehung' unterscheidet (BKA, 2003).

Straub & Witt (2003) gruppierten in ihrer Studie über »Polizeiliche Vorerkenntnisse von Vergewaltigern«, in der sie 367 Vergewaltigungstaten analysierten, zunächst wie auch Elz (2002b) ‚fremde' vs. ‚bekannte' Opfer, um die Hypothese zu überprüfen, »dass sich die Vergewaltiger, die ein ihnen fremdes Opfer angreifen, in wesentlichen Punkten von den Vergewaltigern unterscheiden, die ein ihnen bekanntes Opfer vergewaltigen« (S. 19). Die Kategorie ‚bekannt' wurde in einem weiteren Schritt in neun Untergruppen genauer beschrieben, eine Zuordnung zu ‚fremd' auch in jenen Fällen vorgenommen, in denen eine flüchtige Vorbeziehung vorgelegen hat. Es wurde herausgearbeitet, dass Vergewaltiger, die sich ein fremdes Opfer wählten, signifikant häufiger mit polizeilichen Vorerkenntnissen belastet waren als Täter, die ein ihnen bekanntes Opfer vergewaltigten – ein Ergebnis, dass v.a. auf die höhere (einschlägige) Vorbelastung im Bereich der ‚Straftaten gegen die sexuelle Selbstbestimmung' zurückgeführt wurde.

In den beschriebenen Studien wird der Bekanntschaftsgrad zwischen Täter und Opfer zum einen deliktspezifisch im Hinblick auf Tötungsverbrechen mit sexuellem Bezug analysiert (Schröer, 2004) und zum anderen zu unterschiedlichen Merkmalen des Tathergangs bzw. des Täterverhaltens (Elz, 2002b) bzw. zur Vorstrafenbelastung des Täters (Straub & Witt, 2003) in Beziehung gesetzt. Eine Verknüpfung mit *Persönlichkeit*seigenschaften in Bezug auf Zusammenhänge oder Unterschiede zwischen den Tätern wird nicht überprüft. Für die vorliegende Studie sind daher auch weniger die den Untersuchungen zugrunde liegenden Fragestellungen von Bedeutung; interessant sind vielmehr die unterschiedlichen Abstufungen im Bekanntheitsgrad, die teilweise für die Operationalisierung der Täter-Opfer-Beziehung dieser Arbeit übernommen bzw. modifiziert wurden (vgl. 4.1.2.1.3).

### 3.1.3.2 Täterrisiko

Weiterer Bestandteil der THA ist die Einschätzung des Risikos, das ein Täter auf sich nimmt, wenn er sein Verbrechen begeht. Die Gefahr, identifiziert, entdeckt und gefasst zu werden, ist abhängig von verschiedenen Faktoren. Zum Beispiel steht ein Großteil des Risikos, bei bzw. nach der Tatbegehung entdeckt zu werden, in enger Beziehung zur jeweiligen Situation sowie zu den Erfahrungen und Fähigkeiten des Täters

(Föhl, 2001). Von besonderer Bedeutung für die Analyse des Tathergangs ist hier auch die Person des Opfers bzw. die Bewertung des Risikos für die betroffene Person, Opfer eines Gewaltverbrechens zu werden. Opfer- und Täterrisiko verhalten sich laut Aussage des FBI komplementär zueinander, d.h., je höher das Opferrisiko einzuschätzen ist, als desto geringer kann das Täterrisiko eingestuft werden und umgekehrt. Anhand des Opferrisikos könne daher, so Ressler et al. (1988), beurteilt werden, welches Entdeckungsrisiko der Täter einging, als er sich speziell diesem Opfer näherte. Fink (2001) fasst dieses antiproportionale Verhältnis mit der Faustregel zusammen, dass diejenigen Faktoren, die das Opferrisiko erhöhten, das Täterrisiko verringerten. Wie auch das Planungs- und Kontaktverhalten des Täters, ist das zum Tatzeitpunkt in Kauf genommene Entdeckungsrisiko Bestandteil in Begutachtungssituationen zur Beurteilung von Therapie- und Prognosefragen.

Bei der Risikowahrscheinlichkeit, Opfer einer Straftat zu werden, werden in der Literatur drei Abstufungen unterschieden: gering, mittel und hoch gefährdete Gruppen. Eine Zuordnung zu einer dieser Kategorien erfolgt unter Berücksichtigung sowohl der situativen Risikofaktoren wie Tatzeit und Ort des Geschehens als auch der Einschätzung, inwiefern das Opfer z.B. durch seinen Beruf oder seinen Lebensstil einer besonders gefährdeten Gruppe angehört (Turvey, 2002; vgl. auch Douglas et al., 1986; Müller, 1998; Ressler et al., 1988):

> »Killers seek high-risk victims at locations where people may be vulnerable, such as bus depots or isolated areas. Low-risk types include those whose occupations and daily lifestyles do not lead them to being targeted as victims.«
>
> (Ressler et al., 1988, p. 141)

Die verschiedenen Faktoren, die das Opferrisiko – und damit mittelbar das Täterrisiko – beeinflussen, werden im Rahmen einer THA stets im Gesamtkontext bewertet.

- **Zeitfaktoren**: Bei der Rekonstruktion des Tathergangs werden als relevante Zeitfaktoren zum einen die Tages- bzw. Nachtzeit der Tatbegehung einbezogen, da bestimmte Tatzeiten (z.B. Deliktbegehung in der Nacht) – abhängig vom Aufenthaltsort des Opfers – das Opferrisiko erhöhen. Aufschlussreich sind auch Indizien oder

Opferaussagen, die Einschätzungen über den Zeitraum zulassen, den der Täter am Tatort verbracht hat. Verbleibt ein Täter bspw. am helllichten Tage sehr lange am Tatort, so geht er ein vergleichsweise hohes Risiko ein.

- **Ortsfaktoren**: Weiterer wichtiger Bestandteil bei der Beurteilung des Opfer- und Täterrisikos ist der Ort bzw. die Orte des Geschehens, da bestimmte Ortsfaktoren das Risiko der Opferwerdung wesentlich erhöhen können. Ein hohes Risiko liegt z.B. bei jenen Örtlichkeiten vor, an denen die Betroffenen wehrloser sind, da durch die einsame, isolierte Lage nicht die Chance besteht, Hilfe herbeizuholen. Der spezifische Tatort lässt entsprechende Vermutungen darüber zu, welches Risiko der Täter einzugehen bereit war.

- **Faktoren der Opferperson**: Die Auswahl des Opfers kann zufällig erfolgen, z.B. weil Aufenthaltsort und Zeitpunkt mit Verfügbarkeit und Wehrlosigkeit der betroffenen Person einhergehen. Ein besonders hohes Risiko tragen Personen, deren Berufstätigkeit und Lebensstil ihr Verhalten für den Täter vorhersagbar machen (z.B. durch regelmäßige Nachtschichten) oder per se mit einem gewissen Gefährdungspotenzial verknüpft sind:

> »So gehen beispielsweise Prostituierte, die auf der Straße oder am Waldrand arbeiten, Tramper oder Ausreißer Tätigkeiten mit hohem Risiko nach. Für eine Hausfrau und Mutter, die in einem ruhigen Wohnviertel lebt, ist das Risiko, Opfer eines Verbrechens zu werden, hingegen sehr gering, außer ihr Lebensstil bringt sie in eine Lage, die ein hohes Risiko darstellt, zum Beispiel, wenn sie in eine Kneipe für Singles geht, um sich kurz vor der Schließung von einem Unbekannten ansprechen zu lassen, oder wenn sie nachts um drei Uhr ihr Auto in einer Tiefgarage abstellt.«
>
> (Bourgoin, 1995, S. 52)

Die Abstufungen des Opfer- und Täterrisikos haben im Kontext der FBI-Studien sowie in den Darstellungen anderer Autoren primär deskriptiven Charakter: anhand der Zeit- und Ortsfaktoren sowie den Informationen, die über die Person und den Lebensstil des Opfers vorliegen, werden Rückschlüsse darauf gezogen, welches Risiko der Täter einzugehen bereit war. Hingegen werden keine Annahmen darüber formuliert, welche *Persönlichkeit*sstruktur mit diesen beschriebenen Risikoeinschätzungen der Täter in Beziehung stehen könnte. Darüber hinaus wird nicht in Frage gestellt, ob die Behauptung einer komplementären Beziehung zwischen Täter- und Opferrisiko nicht wesentliche Tathergangsmerkmale vernachlässigt. Infolgedessen erfolgt die Einschätzung des Opferrisikos in der vorliegenden Studie in Anlehnung an die Vorgaben des FBI und anderer übereinstimmender Konzeptionen (z.B. Turvey, 2002), während jedoch bei der Risikobeurteilung des Täters von dieser Vorgehensweise abgewichen wird und weitere – über die antiproportionale Zuordnung zum Opferrisiko hinausgehende – Kriterien einbezogen werden (vgl. 4.1.2.1.4).

#### 3.1.3.3 Spezifisches Täterverhalten / Personifizierung

Die Grundannahme der THA, von bestimmten Handlungen eines Straftäters auf dessen Bedürfnisstruktur und Persönlichkeit rückschließen zu können, verdeutlicht die Bedeutung individueller Verhaltensweisen, durch die Tat und Täter auf spezifische Weise miteinander verbunden sind. Die Bedürfnisse und Motive, tatauslösenden und -gestaltenden Phantasien, kommen in konkreten Handlungsweisen – z.B. den Personifizierungen (vgl. Kap. 2.4.) – zum Ausdruck. Bestandteil der Täterhandschrift sind unterschiedliche physische, verbale und sexuelle Verhaltensweisen, von denen an dieser Stelle diejenigen Handlungen präzisiert werden, für die in dieser Studie konkrete Annahmen hinsichtlich ihrer Beziehung zu Persönlichkeitseigenschaften überprüft werden. Dies sind zum einen ‚Spurenbeseitigung' und ‚Tatortinszenierung' (»staging«), zum anderen die sehr spezifische Verhaltensweise ‚Versuch oder Vollendung einer analen Vergewaltigung'.

Das Tathergangsmerkmal ‚Spurenbeseitigung' wird vom FBI (Douglas et al., 1992; Ressler et al., 1988) bei der Beurteilung eines Tatgeschehens als Indiz für ein geplantes Vorgehen bewertet: »If the offender has time, evidence such as fingerprints and footprints will be removed« (Douglas et al., 1992; p. 124, zum »organized sexual homicide«). Eine ähnliche Zuordnung findet sich auch bei Turvey (2002), der Vorkehrungsmaßnahmen (»precautionary acts«) – inklusive der Spurenbeseitigung –, als Indikatoren für einen geplanten Tathergang von den »opportunistic elements«, welche eine ungeplante Deliktbegehung kennzeichneten, abgrenzt. Diese Subsumierung der Spurenbeseitigung unter die präventiven Maßnahmen verdeutlicht nicht nur das Vorliegen von Planung. Darüber hinaus ist eine solche Zuordnung sinnvoll, da bestimmte Verhaltensweisen des Vortatgeschehens (z.B. das Mitführen von

Kondomen oder Handschuhen) durchaus als antizipatorischer Bestandteil der Spuren-beseitigung zu interpretieren sind.

Ebenfalls als Indiz für Planung bewerten sowohl das FBI als auch Turvey das Vorliegen einer *Inszenierung*, wenn also der Tatort Anzeichen dafür aufweist, dass dieser absichtlich und unabhängig von den (aus Tätersicht) notwendigen Tathandlungen verändert wurde (vgl. 2.4.2.1). Des Weiteren wird angenommen, dass eine Inszenierung häufig in jenen Fällen vorgenommen werde, in denen eine prädeliktische Beziehung zwischen Opfer und Täter bestanden habe (Ressler et al., 1988).

Im Rahmen der Tatrekonstruktion wird der Verhaltensanalyse in Bezug auf die individuelle »Handschrift« des Täters besondere Bedeutung beigemessen. Dies gilt insbesondere für sehr spezifische Tathandlungen, die als Ausdruck der Bedürfnisse, Motive und Phantasien Täter und Tat auf individuelle Weise miteinander verbinden. Das Tatmerkmal ‚Versuch oder Vollendung einer analen Vergewaltigung' wurde aus dem breiten Spektrum möglicher (sexueller) Verhaltensweisen ausgewählt, da zu diesem Thema mit der Untersuchung von Neuwirth & Eher (2003) eine der wenigen Studien vorliegt, die explizit Tathergangscharakteristika mit der Persönlichkeit der Täter in Beziehung setzt.

Unter Vergewaltigung (§ 177 Abs. 2 StGB) versteht der Gesetzgeber alle sexuellen Handlungen, die mit einem Eindringen in den Körper verbunden sind. Strafrechtsdogmatisch ist mit der Formulierung »... den Beischlaf vollzieht oder ähnliche sexuelle Handlungen an dem Opfer vornimmt ...« der Grundtatbestand eines erzwungenen Koitus qualifiziert. Gleichsam umfasst diese Norm sowohl den erzwungenen Vaginal-, Oral- und Analverkehr als auch die manuelle Penetration sowie das Benutzen von Gegenständen (vgl. Lackner & Kühl, 2001, § 177 Rdn. 11). Dies mag verdeutlichen, was zahlreiche Autoren stets zu Bedenken geben (u.a. Baurmann, 1996; Beier, 2002; 2003; Beier et al., 2001; Bullens & van Wijk, 2002), und was letztlich auch essentielle Grundlage für eine THA im Bereich der Sexualdelinquenz darstellt: Vergewaltiger bilden keine homogene Gruppe; unterschiedliche Bedürfnisse, Motive und

Persönlichkeitseigenschaften manifestieren sich in unterschiedlichen Tathandlungen:

> »One of the most basic observations one can make about rapists is that they are not all alike. Similar acts are performed for different reasons or different acts serve similar purposes.«
>
> (Groth et al., 1977, p. 1240)

Die bekanntesten Klassifizierungen aggressiver Sexualstraftäter setzen hierbei überwiegend bei motivationalen Aspekten an (z.B. Groth et al., 1977; Hazelwood & Warren, 1990; Keppel & Walter, 1999; Knight & Prentky, 1987; Rehder, 1993; 1996) und differenzieren nicht bzgl. der Form sexueller – oraler, vaginaler oder analer – Penetration. Neuwirth und Eher (2003) untersuchten daher eine Stichprobe von 62 inhaftierten Vergewaltigern unter der Fragestellung, inwiefern sich »anal rapists« von »vaginal rapists« unterscheiden. Sie stellten fest, dass von den Tätern einer analen Vergewaltigung mehr Gewalt angewendet wurde (d.h. die Opfer signifikant häufiger geschlagen wurden) als im Verlauf einer vaginalen Vergewaltigung. In Bezug auf das Vorliegen einer Persönlichkeitsstörung sowie hinsichtlich der Ausprägung in ‚Psychopathy' fanden sich jedoch keine signifikanten Unterschiede, wenngleich »anal rapists« hypothesenkonform häufiger eine Cluster-B-Persönlichkeitsstörung aufwiesen.

## 3.2. Persönlichkeitsvariablen

> »Das Heranziehen von Persönlichkeitseigenschaften zur Erklärung von Straftaten [...] kann alleinig der Komplexität der Sache sicherlich nicht gerecht werden. Dennoch kommt der Analyse der Persönlichkeitsstruktur von Straftätern eine große Bedeutung zu. Schließlich bedingt diese in gegebenen situativen und sozialen Kontexten bestimmte Verhaltensweisen, so auch normabweichendes und -verletzendes Handeln.«
> (Ullrich & Marneros, 2002, S. 260 )

Wie bereits beschrieben, liegen vergleichsweise wenige Studien vor, die die Beziehung von spezifischen Verhaltensweisen und Persönlichkeitseigenschaften der Täter untersuchen. Bei denjenigen Arbeiten, die überprüfen, inwiefern tathergangsanalytische Parameter mit Tätervariablen korrespondieren, gilt es zu unterscheiden, ob jene vordergründig über sozio-demographische Merkmale oder aber – für den vorliegenden Kontext von größerer Bedeutung – anhand psychologischer Persönlichkeitskonstrukte definiert werden. In seiner Arbeit über die »Facetten des Verbrechens« referiert Mokros (2002) sowohl empirische Befunde zu Beziehungen zwischen Täterverhalten und soziodemographischen Kriterien als auch zwischen Verhalten und Persönlichkeitsmerkmalen bei Sexualstraftätern. Während sich kaum Verbindungen zwischen Tathandlungen und Tätercharakteristika im Sinne sozio-demographischer Angaben feststellen ließen, zeigten sich »durchaus Anzeichen für eine Korrespondenz von Verhalten und Eigenschaften von Personen« (ebd., S. 199). Möglicherweise, so auch die Argumentation Mokros', weisen klar definierte psychologische Konstrukte (u.a. auch Persönlichkeitsstörungen) konzeptuell eine größere Affinität zum Tatverhalten auf als personenbezogene Variablen wie Alter, Lebens- und Wohnsituation oder Schulbildung.

Spezifische Formen der Tatverarbeitung, -durchführung und -vertuschung, d.h. am Tatort vorgefundene Spuren mit Informationsgehalt und daraus rekonstruiertes Täterverhalten, sind -so die Grundannahme der THA- Ergebnis und Ausdruck der Täterpersönlichkeit. Nachfolgend werden die Persönlichkeitskonstrukte vorgestellt, die in der vorliegenden Studie hinsichtlich postulierter Zusammenhänge zu tat-/ deliktspezifischen Variablen untersucht werden. Diese Verbindungen zwischen Tat und Täter werden hier für die Konstrukte ‚Psychopathy' (3.2.1), die dimensionalen Persönlichkeitsmodelle (3.2.2) sowie hinsichtlich des Vorliegens einer Persönlichkeitsstörung (3.2.3) überprüft. Einbezogen wird eine Auswahl derjenigen Arbeiten, die diese Konstrukte hinsichtlich ihrer Beziehungen zu delinquentem Verhalten untersucht haben. Analog zu den Ausführungen über die tathergangsanalytischen Parameter wird insbesondere überprüft, ob Zusammenhänge zu bestimmten Tatortvariablen postuliert werden bzw. ob solche Beziehungen sich haben bestätigen lassen.

### 3.2.1 Psychopathy-Persönlichkeit nach Hare (2003)

Die Kurzdarstellungen der Persönlichkeitseigenschaften und Persönlichkeitsstörungen beginnen mit einer etwas ausführlicheren Erläuterung des ‚Psychopathy'-Konstruktes, da diesem bereits bei der Einordnung in eine dieser beiden Kategorien eine Sonderstellung zukommt. Die Frage, inwiefern sich die ‚psychopathische Persönlichkeit' als unangepasste (Extrem-) Variante einem Kontinuum ‚normaler' Persönlichkeitseigenschaften zuordnen lässt, oder ob es sich um eine der Nomenklatur (z.B. DSM) entsprechende Störungsentität handelt, kann hier nicht abschließend erörtert werden (vgl. hierzu z.B. Miller et al., 2001; Widiger, 1998). Ohne sich festzulegen, ob ‚Psychopathy' Persönlichkeitszüge beschreibt, die so »unflexibel und unangepasst sind und in bedeutsamer Weise zu Funktionsbeeinträchtigungen oder subjektiven Leiden führen« (DSM-IV; Saß et al., 1996, S. 712), dass dies die Diagnose einer Persönlichkeitsstörung rechtfertigt, wird den empirischen Befunden eine Begriffssetzung vorangestellt, um zu verdeutlichen, was im vorliegenden Kontext unter ‚Psychopathy' verstanden wird.

#### 3.2.1.1 Begriffssetzung

Der hier thematisierte ‚Psychopathy'-Begriff definiert ein Persönlichkeitskonstrukt zur Beschreibung einer komplexen Störung des Beziehungserlebens und Sozialversagens, den es einleitend zunächst von der Wortbedeutung in der Tradition deutschsprachiger Psychiatrie abzugrenzen gilt. Aus der Verwendung des Begriffs ‚Psychopathie' zur Beschreibung von »psychopathischen Minderheiten« (Koch, 1891 zitiert nach Rauchfleisch, 1999) bzw. »psychopathischen Persönlichkeiten« (Kraepelin, 1896; Birnbaum, 1909; Schneider, 1923; vgl. Rauchfleisch, 1999) resultierte unter dem Einfluss der Degenerationslehre – wenngleich von den Autoren nicht unbedingt pejorativ gemeint – eine Negativkonnotation bis hin zur moralischen Verurteilung Betroffener, die sogar zur politischen Verfolgung von Personen mit einer »degenerativ-psychopathischen Gesinnung« (Fiedler 2001, S. 16) führte (weiterführend zur historischen Entwicklung von ‚Psychopathie' vgl. Arrigo & Shipley, 2001; Fiedler, 2001; Frei, 1999; Prins, 2001; Rauchfleisch, 1999; Saß, 1987; Venzlaff & Pfäfflin, 2004).

Zur Vermeidung dieser wertenden und moralisierenden Verbindung von ‚psychopathic disorder' – zunächst auf das Gesamt psychischer Störungen bezogen, später als psychiatrischer Oberbegriff für Persönlichkeitsstörungen verstanden – mit ‚minderwertigen', ‚abnormen' und ‚gesellschaftsfeindlichen' Persönlichkeiten werden in der vorliegenden Arbeit durchgehend die Anglizismen ‚psychopathy' bzw. ‚psychopath' verwandt. Mit dieser terminologischen Abgrenzung geht eine inhaltliche Zuordnung von ‚Psychopathy' im Wortverständnis von Hare und seiner Arbeitsgruppe einher (z.B. Hare, 1991; 1993; Harpur et al., 2002; Hart et al., 1996): Robert D. Hare formulierte sein ‚Psychopathy'-Konstrukt in Abgrenzung zu den Konzeptionen, die die ‚psychopathic personality' primär auf die Klassifizierung norm- und regelverletzenden Verhaltens reduzierten. Die insbesondere im angelsächsischen Raum gebräuchliche, z.T. synonyme Verwendung der Termini ‚psychopathy' und ‚sociopathy' zur Beschreibung gesellschaftlich inakzeptabler, dissozialer Handlungsformen (z.B. Rauchfleisch 1997; 1999; Saß, 1987), hatte dazu geführt, dass diese »theoriediffusen Sammelbegriffe« (Fiedler, 2001, S.

209) für die Klassifizierung gewohnheitsmäßiger Delinquenz und Kriminalität genutzt wurden.

Hare kritisierte die inhaltliche Gleichsetzung mit der Antisozialen Persönlichkeitsstörung, deren Diagnose gemäß den Eingangskriterien des DSM zu sehr auf kriminelles Verhalten fokussiere. Dieses Übergewicht persönlichkeitsunabhängiger dissozialer Verhaltensweisen in der DSM-Diagnostik vernachlässige wesentliche Symptome und stehe damit einer deutlichen Trennung von Kriminalität und dissozialen Persönlichkeitseigenarten entgegen:

> »[...] only the concept of psychopathy reflects both the affective and interpersonal characteristics that have traditionally been considered central to this disorder. [...] the concepts of sociopathy and antisocial personality disorder, although popular, rely almost exclusively on easily measured behavioral criteria, particularly delinquent and criminal behaviors, and disregard critical personality characteristics.«
>
> (Forth & Burke, 1998, p. 206)

Das Konstrukt ‚Psychopathy' nach dem Verständnis von Hare umfasst sowohl sozial deviante Verhaltensweisen als auch spezifische Wesenszüge, die das affektive Erleben und Schwierigkeiten im zwischenmenschlichen Umgang beschreiben:

> »Psychopathy is a socially devastating personality disorder defined by a constellation of affective, interperonal, and behavioral characteristics, including egocentricity, manipulativeness, deceitfulness, lack of empathy, guilt or remorse, and a propenity to violate social and legal expectations and norms.«
>
> (Hare, 1998, p. 105)

Die klinische Basis zur Einschätzung von ‚psychopaths' im Sinne dieser komplexen ‚Psychopathy'-Konzeption bildeten die nach Auffassung Cleckleys (1941 ‚The mask of sanity') typischen Charakteristika zur Unterscheidung psychopathischen Handelns von ‚normalen Gesetzesbrechern' (Dolan & Goid, 1993; Hartmann et al., 2001). Als Ausgangspunkt für die verschiedenen Varianten der »Psychopathy Checklist (PCL)« haben diese das gegenwärtige ‚Psychopathy'-Konstrukt entscheidend beeinflusst. Damit nimmt die PCL (Hart et al., 1996) erneut Bezug auf die eher eigenschafts- (trait-) bezogenen Kriterien zur Erfassung von ‚Psychopathy'.

Im Rahmen von Studien zur Kriterienverbesserung und Konstruktvalidierung der Merkmale einer Antisozialen Persönlichkeitsstörung entwickelte die Arbeitsgruppe um Hare (1991) damit ein Modell, das einerseits auf teilweise ähnlichen Kriterien wie das der Antisozialen Persönlichkeitsstörung beruht und diagnostische Zusammenhänge zwischen beiden nahe legt (vgl. Tab. *A*-6), das aber andererseits auch Parallelen zu den Diagnosekriterien der narzisstischen und der Borderline-Persönlichkeitsstörung aufweist (vgl. Nedopil et al., 1998). Infolgedessen, so Hare (2000), erlaube der eher dimensionale Ansatz der ‚Psychopathy' differenziertere Aussagen zur Dissozialität als die kategorialen Konzepte der antisozialen und dissozialen Persönlichkeitsstörungen.

Die Annahme einer Ko-Existenz von narzisstischen und antisozialen Persönlichkeitsanteilen findet in der Auffassung Kernbergs (1997) Bestätigung, wenn er eine bestimmte Patientengruppe, »die irgendwo zwischen der narzisstischen und der antisozialen Persönlichkeitsstörung einzuordnen« (S. 90) sei, hinsichtlich ihrer Beziehungen zu aggressivem Verhalten und »sexuellen Perversionen« hervorhebt:

> »Ich habe festgestellt, dass klinisch gesehen das erste Anzeichen für das mögliche Vorhandensein einer antisozialen Persönlichkeitsstörung – unabhängig davon, wie stark das delinquente Verhalten ausgeprägt ist oder ob es sogar ganz fehlt – darin besteht, dass eine narzisstische Persönlichkeitsstörung vorliegt.«
>
> (Kernberg, 1997, S. 95)

Diese Zuordnung, die Kernberg als »Syndrom des malignen Narzissmus« beschreibt, kann als Korrelat zum ‚Psychopathy'-Konstrukt interpretiert werden: Als zugrunde liegende Struktur postulieren Hare und Kollegen ein Zwei-Faktoren-Modell (vgl. 4.1.2.2.1), wobei die Faktor-I-Merkmale mit der klassischen Beschreibung der ‚psychopathischen Persönlichkeit' korrelieren, während die Merkmale des Faktor-II ‚social deviance' in Form von antisozialem Verhalten abbilden. Verschiedene Studien konnten belegen, dass nicht nur deutliche Zusammenhänge der antisozialen (und der dissozialen Persönlichkeitsstörung) zum Gesamtscore der Psychopathy-Checklist nachweisbar sind (z.B. Hare, 1996), sondern dass darüber hinaus der Faktor-I der PCL stärker mit der narzisstischen Persönlichkeitsstörung und der Faktor-II stärker mit der antisozialen Persönlichkeitsstörung positiv korreliert (z.B. Harpur et al., 2002; im deutschsprachigen Raum z.B. Huchzermeier et al., 2003; Köhler, 2004; Kraus et al., 1999; vgl. auch Dolan & Goid, 1993 sowie Shipley & Arrigo, 2001).

#### 3.2.1.2 Empirische Befunde

Angesichts dieser komplexen Beziehungen zu anderen Störungen des Erlebens und Verhaltens verwundert es nicht, wenn Studien zum Zusammenhang von ‚Psychopathy' und Delinquenz häufig weitere Konstrukte wie das der Antisozialen oder Narzisstischen Persönlichkeitsstörung zeitgleich überprüfen bzw. die Beziehung zwischen diesen an Stichproben inhaftierter oder untergebrachter Straftäter untersuchen (z.B. Hare, 1996; Selekin et al., 2001). Insbesondere zur Antisozialen Persönlichkeitsstörung, als deren Hauptmerkmal ein »tief greifendes Muster von Missachtung und Verletzung der Rechte anderer« benannt wird (DSM-IV, 301.7; vgl. 3.2.3) weist ‚Psychopathy' einen engen Zusammenhang bzw. Überschneidungsbereich auf. So findet sich in der Literatur eine unscharfe Abgrenzung bei zugleich oft unkritischer Gleichsetzung im klinisch-forensischen Sprachgebrauch dahingehend, dass im DSM-IV ‚Psychopathie' (und ‚Soziopathie') als Synonyme für die Antisoziale Persönlichkeitsstörung angegeben werden (Saß et al., 1996).

‚Psychopathy' ist – als Persönlichkeitskonstrukt bzw. Persönlichkeitsstörung – vielfach in Verbindung mit straffälligem Verhalten diskutiert worden (u.a. Gonçalves, 1999; Kröber, 1997); dies insbesondere vor dem Hintergrund, dass ‚Psychopathy' – per definitionem – als ein wesentlicher Prädiktor kriminellen Handelns, v.a. auch rezidivierender Gewaltkriminalität, gilt (vgl. Hart, 1998; Hemphill et al., 1998; Sandoval et al., 2000; Serin et al., 2001; Seto & Barbaree, 1999; Ullrich et al., 2003). Weiter wird eine enge Beziehung zu Bewährungsversagen und schlechterem Behandlungserfolg angenommen (vgl. Hartmann et al., 2001; Möller & Hell, 2001).

Studien, die explizit den Zusammenhang von ‚Psychopathy' und objektiven Tatbestandsmerkmalen (Tatort, Tathergang) untersuchen, liegen nicht vor.

Häufiger sind Untersuchungen zum Grad der Gewaltanwendung im Verlauf gewalttätiger Delikte (z.B. Knight et al., 1998; Proulx et al., 1994), in denen dann u.a. auch Persönlichkeitskonstrukte erfasst werden. Beispielhaft sei auf die Untersuchungsergebnisse von Langevin et al. (1985) verwiesen, die in ihrer Studie Täter aggressiver Sexualstraftaten (Vergewaltiger) mit nicht-aggressiven Sexualtätern (z.B. Exhibitionisten) und Tätern aggressiver Gewaltstraftaten ohne sexuelle Komponente (‚nonsexual assaultive offenders') verglichen. Es wurden unterschiedliche Parameter – so auch bestimmte Störungsentitäten bzw. Persönlichkeitskonstrukte – erhoben und herausgearbeitet, dass die beiden Subgruppen aggressiver Straftäter höhere Werte auf der Skala ‚Psychopathic deviation' des MMPI erzielten. Diese Skala erfasst jedoch ein der ‚Psychopathy' lediglich sinnverwandtes, nicht aber gleichzustellendes Konzept. Darüber hinaus konnte für die Gruppe der Vergewaltiger (N = 40) ein positiver Zusammenhang (Korrelation von .48) zwischen dem Grad der Gewaltanwendung und der ‚Psychopathic deviation' festgestellt werden.

### 3.2.2 Dimensionale Persönlichkeitsmodelle

#### 3.2.2.1 Das Fünf-Faktoren-Modell

Das Fünf-Faktoren-Modell (FFM) der Persönlichkeit ist Ausdruck einer eigenschaftszentrierten Persönlichkeitstheorie. Dieser zufolge können die wichtigsten Persönlichkeitseigenschaften geeignet, d.h. robust und mit großer Präzision, mit Hilfe von fünf orthogonalen Faktoren erfasst und beschrieben werden (vgl. Abb. 5). Als »gedanklich miteinander verbundene Sachverhalte und konstruierte Zusammenhänge« (Amelang & Bartussek, 2001, S. 49) finden diese Konstrukte mittlerweile in verschiedenen psychologischen Fachdisziplinen (u.a. in der Klinischen, der Sozial- und Persönlichkeitspsychologie) Eingang und Anerkennung, so dass »dieses Modell heute den ‚bestseller approach' unter den Eigenschaftsmodellen darstellt« (Laux, 2003, S. 171).

Es liegt mit der deutschsprachigen Übersetzung und Adaptation des ‚NEO Five-Factor Inventory NEO-FFI' (Costa & McCrae [1992]) von Borkenau & Ostendorf (1993) ein multidimensionales Persönlichkeitsinventar vor, in dessen Konzeption die Dimensionen ‚Neurotizismus', ‚Extraversion', ‚Offenheit für Erfahrungen', ‚Verträglichkeit' und ‚Gewissenhaftigkeit' eingehen:

**Fünf-Faktoren-Modell der Persönlichkeit (FFM)**

| **Neurotizismus** [neuroticism] | **Extraversion** [extraversion] | **Verträglichkeit** [agreeableness] | **Gewissenhaftigkeit** [conscientiousness] | **Offenheit für Erfahrungen** [openness] |
|---|---|---|---|---|
| Ängstlichkeit | Herzlichkeit | Vertrauen | Kompetenz | Offenheit für Phantasie |
| Reizbarkeit | Geselligkeit | Freimütigkeit | Ordentlichkeit | Offenheit für Ästhetik |
| Depression | Durchsetzungs-fähigkeit | Altruismus | Pflichtbewusstsein | Offenheit für Gefühle |
| Soziale Befangenheit | Aktivität | Entgegen-kommen | Leistungsstreben | Offenheit für Handlungen |
| Impulsivität | Erlebnishunger | Bescheidenheit | Selbstdisziplin | Offenheit für Ideen |
| Verletzlichkeit | Frohsinn | Gutherzigkeit | Besonnenheit | Offenheit des Normen- und Wertesystems |

Abb. 5: Fünf-Faktoren-Modell; Dimensionen mit den jeweils dazugehörigen Facetten, zur Zuordnung vgl. Costa & McCrae (1992); Ostendorf & Angleiter (2004)

### 3.2.2.2 Das Drei-Faktoren-Modell nach Eysenck

Die Persönlichkeitskonstrukte, die durch dimensionale Persönlichkeitsmodelle repräsentiert werden, sind für verschiedene Delinquenzkonzepte von Bedeutung. Insbesondere Eysencks faktorenanalytisches Persönlichkeitsmodell und dessen neurophysiologische und lerntheoretische Begründungen gelten als richtungweisender Ansatz, demzufolge Delinquente durch jeweils hohe Ausprägungen auf den von ihm postulierten Temperamentsdimensionen Extraversion, Neurotizismus und Psychotizismus gekennzeichnet seien (z.B. Eysenck, 1987; Eysenck & Eysenck, 1971). Diese drei grundlegenden Persönlichkeitsvariablen werden mit kortikaler Erregbarkeit, Triebstärke und Konditionierbarkeit verknüpft (vgl. Scheurer, 1993).

Die höhere Ausprägung auf der Dimension **Extraversion** (vs. Introversion) stehe, so Eysenck (1987), in enger Verbindung zu einer erhöhten Schwelle für retikuläre Aktivierung und bedinge damit ein geringeres Ausmaß an kortikaler Erregung (arousal). Das niedrigere kortikale Erregungsniveau verursache eine geringere Konditionierbarkeit und sei daher für eine defizitäre Gewissensbildung bzw. mangelnde Kontrolle antisozialen Verhaltens verantwortlich, da diese auf Lernprozessen – aversiven Konditionierungsvorgängen – beruhten. Weiter wird erwartet, dass extravertierte Personen ein höheres Bedürfnis nach Stimulation haben. Dieses äußere sich in reizsuchendem Verhalten (‚Sensation Seeking') zur Steigerung der kortikalen Erregung und manifestiere sich »in leichterer Verführbarkeit, riskantem und abenteuerartigem Verhalten« (Lösel, 1983, S. 31) und erhöhe daher die Anfälligkeit für abweichendes und kriminelles Verhalten.

Das neurophysiologische Korrelat für **Neurotizismus** wird nach Eysenck im limbisch-thalamischen System vermutet (Eysenck, 1987). Als Antriebsvariable mit verstärkender Qualität zeige sich bei Personen mit hohen Neurotizismuswerten eine schnelle und starke Reaktion des autonomen Nervensystems auf externe Reize in Verbindung mit einem – bedingt durch das höhere vegetative Arousal – hohen habituellen Angstniveau. Die bei Extravertierten intensivere Tendenz zu antisozialem Verhalten führe dazu, dass das Verhaltensrepertoire weniger akzeptierte, normkonforme Handlungsformen umfasse als vielmehr illegale Verhaltensweisen. Diese würden bei gleichzeitig hohem Neurotizismus zusätzlich verstärkt und im Verhalten manifestiert, d.h. mit größerer Wahrscheinlichkeit ausgeführt (Eysenck, 1987; Lösel, 1983; Scheurer, 1993).

Die **Psychotizismus**-Dimension benennt Eysenck als im hormonalen Haushalt verankert und formuliert geschlechtsbezogene physiologische Korrelate, denen zufolge Aggressivität, Empathieunfähigkeit und

Impulsivität durch androgene Hormonausschüttung mitbedingt und deshalb besonders bei Männern vorhanden seien (Lösel, 1983). Attribute wie Gleichgültigkeit, fehlende Anpassungsbereitschaft und mangelnde Empathie bei Personen mit hohen Psychotizismus-Scores verdeutlichen die inhaltliche Verwandtschaft mit dem ‚Psychopathy'-Begriff von Hare (vgl. Harpur et al., 2002).

Antisoziales Verhalten sei v.a. bei den »primären Psychopathen« mit niedrigerem Angstniveau und geringerer Reagibilität auf Bestrafungen wahrscheinlich; anzunehmen seien darüber hinaus niedrigere Werte auf der Neurotizismus- und hohe Werte auf der Extraversions-Dimension (Eysenck, 1977; Eysenck & Eysenck, 1977). Der »sekundäre Psychopath« zeichne sich hingegen durch hohe Neurotizismus- und Extraversionswerte aus:

> »... a general descriptive model according to which 'primary' psychopathy is associated with P, and 'secondary' psychopathy with E and N.«
>
> (Eysenck & Eysenck, 1977, p. 213)

Gegen diesen Ansatz Eysencks zur persönlichkeitspsychologischen Delinquenzerklärung wurden zahlreiche Einwände vorgebracht, auf deren detaillierte Erörterung hier verzichtet werden muss. Die umfangreiche Kritik richtet sich bspw. gegen die Erblichkeitsannahme, die Konditionierbarkeitsthese, das faktorenanalytische Vorgehen und theorieimmanente Probleme des allgemeinen Persönlichkeitsmodells. Als durchaus positiv wird hingegen die Bezugnahme auf neurophysiologische und -psychologische Kenntnisse bewertet, die in einer bio-psycho-sozialen Kausalanalyse straffälligen Verhaltens nicht ausgeklammert werden sollten (weiterführende Literatur: Amelang & Bartussek, 2001; Lösel, 1983; 1993; Scheurer, 1993).

### 3.2.2.3 Risikobereitschaft

In Anlehnung an Andresen (2002; 2003) werden die etablierten Dimensionen des FFM in der vorliegenden Studie um den Merkmalsbereich der Reiz- und Erlebnissuche einschließlich verschiedener Aspekte der **Risikobereitschaft** ergänzt. Ein solcher sechster, breit definierter, Basisfaktor konnte durch die faktorenanalytischen Studien Andresens (ebd.) gesichert werden und wurde neben die – leicht modifizierten – FFM-Dimensionen im Hamburger Persönlichkeits-Inventar (HPI) in das ‚NEOCAR-Modell' integriert (vgl. 4.1.2.2.3).

Der Testkonstruktion auf Basis eines Sechs-Faktoren-Modells war die Überlegung vorangegangen, das FFM um einen ‚Thrill and Adventure Seeking'-Faktor zu erweitern (vgl. Laux, 2003). Andresen nimmt damit direkten Bezug auf das Konstrukt »**Sensation Seeking**«, dessen Ausarbeitung auf Zuckerman (1979) zurückzuführen ist. Zuckerman (ebd., p. 10) beschreibt dieses Konstrukt als »a trait defined by the need for varied, novel, and complex sensations and experiences and the willingness to take physical and social risks for the sake of such experience« und entwickelte zur Operationalisierung ein eigenes Testinstrument (Sensation Seeking Scale), dessen vier Subskalen u.a. die »Neigung, Spannung und Abenteuer durch riskante, aufregende Tätigkeiten zu erleben» sowie »Empfindlichkeit gegen Langeweile« erfassen.

Verschiedene Untersuchungen haben herausstellen können, dass die Suche nach Stimulation als Subkomponente von Extraversion in engem Zusammenhang zu antisozialem, delinquentem Verhalten steht (z.B. Heaven, 1996). Darüber hinaus gilt »need for excitement« bzw. »Reizhunger / Neigung zu Langeweile« (Hart et al., 1996) als typisches Merkmal der ‚Psychopathy' (»Many psychopaths describe ‚doing crime' for excitement or thrills«; Hare, 1993, p. 73), so dass Möller & Huber (2003) annehmen, der Mangel an Empathie und Gewissensbildung des ‚Psychopathen' sei die Erlebnisgrundlage, die ihn nach immer neuen Stimuli suchen lasse.

Diese Auffassung einer negativen Valenz von monotonen, reizarmen Situationen bei Personen mit hoher Risikobereitschaft, die – einhergehend mit der Neigung, negative Konsequenzen zu akzeptieren – eine Art Aufforderungscharakter für kriminelles Verhalten biete, findet in einer Vielzahl weiterer Arbeiten Bestätigung (vgl. Amelang & Bartussek, 2001; Scheurer, 1993). Eindrucksvoll formuliert wird dieser Zusammenhang von Falardeau (2001):

> »Auf der suchthaften Suche nach Stimulanz und Reizen sind Menschen, die den Kontakt zu ihren Gefühlen verloren haben, sich in ihrer Entwicklung gehemmt und erstarrt fühlen und deren inneres Gleichgewicht gefährdet ist. Zur Kompensation und Stabilisierung versuchen sie, sich Situationen zu schaffen, die ihnen das Gefühl von Spannung, Erregung und Lebendigsein vermitteln.«
>
> (Falardeau, 2001, S. 188)

#### 3.2.2.4 Persönlichkeitskorrelate straffälligen Verhaltens

Untersuchungen, die explizit die verschiedenen Dimensionen des Fünf-Faktoren-Modells mit Kriminalität in Verbindung bringen und Zusammenhänge empirisch überprüfen, liegen kaum vor. Die im Folgenden skizzierten Studien zum Zusammenhang von Delinquenz und einzelnen Persönlichkeitskonstrukten beziehen sich daher primär auf das Drei-Faktoren-Modell von Eysenck sowie auf Arbeiten, die Extraversion und Neurotizismus (emotionale Labilität / Stabilität) über psychometrische Testverfahren wie das Freiburger Persönlichkeitsinventar (FPI-R; Fahrenberg et al., 1989) erfassen.

Wenngleich empirische Befunde dafür sprechen, dass **Extraversion** bzw. Introversion oder Zurückgezogenheit z.B. bei einer Untergruppe von Sexualstraftätern von Bedeutung ist (vgl. Hoyer et al., 2001) und auch in einigen Trainingsprogrammen zur Entwicklung sozialer Fähigkeiten einbezogen wird (Marshall & Barbaree, 1990), ist der Vorhersagewert für Straffälligkeit als gering zu beurteilen. Die Ausprägungen dieses Persönlichkeitsmerkmals ermöglichen keine trennscharfe Unterscheidung zwischen der Gruppe der Straffälligen und der Nicht-Straffälligen. Beispielsweise fanden Steller & Hunze (1984) in einer Sekundäranalyse von 23 Untersuchungen, in denen Extraversion bei Delinquenten erhoben wurde, in elf Fällen erhöhte Werte im Vergleich zu der nichtstraffälligen

Kontrollgruppe. In den übrigen zwölf Studien waren im Gruppenvergleich keine Unterschiede in Bezug auf dieses Merkmal festzustellen.

Auch Eysenck & Eysenck (1987) zufolge korreliert Extraversion im Vergleich zu den Dimensionen Neurotizismus und Psychotizismus am wenigsten deutlich mit Kriminalität. Der gering positive Zusammenhang sei dabei v.a auf die ‚Impulsivitäts'-Komponente (welche neben der ‚Soziabilität' als Faktor der Extraversions-Dimension angenommen wird) zurückzuführen. So behauptet auch Schalling (1977), »... that the impulsivity component of extraversion is more related to psychopathy than is the sociability component [...] extraversion should be treated as a ‚unitary' factor« (p. 91).

Am stabilsten erwies sich die Beziehung zwischen straffälligem Verhalten und **Neurotizismus** (Eysenck & Eysenck, 1987). Dieser Befund ließ sich durch die schon erwähnte Meta-Analyse von Steller & Hunze (1984) nur bedingt bestätigen, da in acht der 23 einbezogenen Straffälligenstichproben keine deutlich erhöhten Werte auf der Skala Neurotizismus festgestellt wurden. Gierowski (1992) jedoch arbeitete in seiner Untersuchung zur Motivation bei Tötungsdelikten heraus, dass der Großteil der 105 Tötungsdelinquenten seiner Stichprobe ein auffallend hohes Neurotizismus-Niveau aufwies. Warmuth (1995) konnte darüber hinaus nachweisen, dass Neurotizismus bzw. Erregbarkeit als Indikator für spätere Rückfälligkeit zu interpretieren sei.

Zum Zusammenhang von **Psychotizismus** und Kriminalität liegen kaum Untersuchungen vor. Die wenigen, die durchgeführt wurden, zeigten für die Gruppe der Straffälligen erhöhte Werte auf der Psychotizismusdimension (Eysenck & Eysenck, 1987; vgl. Scheurer, 1993).

Während Extraversion und Neurotizismus Bestandteil sowohl des Drei-Faktoren-Modells von Eysenck als auch des FFM sind, lassen sich **Verträglichkeit** und **Gewissenhaftigkeit** als zwei positive Aspekte des Eysenck'schen Psychotizismusfaktors auffassen (»Psychotizismus wird durch ‚Agreeableness' und ‚Conscientiousness' abgebildet«; Bartussek,

1996, S. 65/6). Diese Einschätzung spiegelt sich letztlich auch in der Auffassung verschiedener Autoren wieder, dass diese Eigenschaften in der Behandlung dissozialen Verhaltens besonderer Förderung bedürften (z.B. Ross et al., 1988).

Abschließend sei auf die Studie von Heaven (1996) verwiesen, der an einer Stichprobe von 216 Studenten den Zusammenhang der in den ‚Big Five' postulierten Eigenschaften und selbstberichteter, d.h. nicht offiziell registrierter, Delinquenz überprüfte. Eine Beziehung zum Merkmal Extraversion konnte ebenso wenig herausgestellt werden wie ein Zusammenhang zwischen **Offenheit** und Kriminalität (gemäß der zugrunde liegenden Operationalisierung aus dem ‚Hellfeld'). Die gefundenen Beziehungen zu Neurotizismus, Gewissenhaftigkeit und Verträglichkeit (z.B. korrelierte Verträglichkeit negativ mit der Anzahl begangener Gewaltdelikte) differierten deutlich im Hinblick auf Deliktart und Geschlecht der rekrutierten Untersuchungsteilnehmer. Zu ähnlichen Ergebnissen führte eine Replikationsstudie an 90 Studenten: auch hier zeigten sich keine Zusammenhänge zwischen der Dimension Extraversion und selbstberichteter Delinquenz, jedoch ließ sich eine signifikante Korrelation mit der untergeordneten Facette ‚*excitement*-seeking' feststellen. Dieses Ergebnis bestätigt die Annahme Lösels (1993, S. 536), der die »Risikoeinstellung« und »Variationsmotivation (sensation seeking)« als für delinquentes Verhalten bedeutsame Konstrukte einschätzt.

Obwohl insbesondere die Persönlichkeitskonstrukte Extraversion und Neurotizismus, aber auch Verträglichkeit, Gewissenhaftigkeit und Risikobereitschaft (Sensation Seeking), Gegenstand einer Vielzahl von Studien waren, stehen empirisch fundierte Nachweise zum Zusammenhang mit spezifischen Variablen des Tatortes und Tathergangs noch aus.

### 3.2.3 Persönlichkeitsstörungen

Epidemiologische Studien haben herausarbeiten können, dass die Prävalenzrate für Persönlichkeitsstörungen in der Population inhaftierter oder untergebrachter Straftäter deutlich höher liegt als in der Allgemeinbevölkerung (Frädrich & Pfäfflin, 2000). Der Zusammenhang zu delinquentem Verhalten findet sowohl national als auch international in zahlreichen Studien Bestätigung (vgl. 2.5.2.3), wobei die Vielfalt der unterschiedlichen Störungsbilder u.a. auch mit konkreten Gefährdungsfaktoren für kriminelle Verhaltensweisen bzw. mit bestimmten Deliktarten in Verbindung gebracht wird. Die nachfolgende Darstellung der Zusammenhänge zwischen Persönlichkeitsstörungen und Straffälligkeit orientiert sich an den diagnostischen Kriterien des DSM-IV (APA, 1994; Saß et al., 1996, S. 711-760), da sich die vorliegende Untersuchung eines Fragebogens bedient, der zur Erfassung der DSM-III-R- bzw. DSM-IV-Persönlichkeitsstörungen konzipiert wurde.

Die heterogene Gruppe der Persönlichkeitsstörungen – im multiaxialen Klassifikationssystem des DSM auf der Achse II kodiert – ist auf Basis deskriptiver Ähnlichkeiten der vorherrschenden Persönlichkeitseigenschaften in drei Hauptgruppen (Cluster A, B und C) geordnet. Da im vorliegenden Kontext weniger die differenzierte Betrachtung einzelner, definierter Persönlichkeitsstörungen interessiert, als vielmehr das Konstrukt ‚Persönlichkeitsstörung' im Allgemeinen, werden die jeweiligen Subtypen nur unter Einbeziehung der Kurzbeschreibung gemäß DSM-IV vorgestellt. Detailliertere Ausführungen, z.B. zur Ätiologie und Epidemiologie, können z.B. bei Fiedler (2001), Nedopil (2000) oder Venzlaff & Pfäfflin (2004) nachgelesen werden (vgl. auch Tab. *A*-7).

#### 3.2.3.1 Persönlichkeitsstörungen und Straffälligkeit

Die dem **Cluster A** zugeordneten Personen mit einer paranoiden, schizoiden oder schizotypischen Persönlichkeitsstörung werden häufig als ‚sonderbar' oder ‚exzentrisch' beschrieben. Unterstellt wird eine konzeptuelle Nähe zu den schizophrenen und den wahnhaften Störungen. Hinsichtlich ihrer forensischen Relevanz werden insbesondere die paranoiden Persönlichkeiten hervorgehoben. Querulanz, pathologische Eifersucht und aggressive Gegenwehr gegen vermeintliche Feinde können, so Nedopil (2000), zu Gewalttätigkeiten führen. Ähnlich benennt auch Saß (1987) aggressive Delikte, die den Tatbestand einer Beleidigung bis hin zur Tötung erfüllen, als ‚typisch' für diese Störung. Auch unter den Straftaten schizoider Personen – die jedoch laut Nedopil (2000) in der forensischen Psychiatrie relativ selten vorkommen – findet sich nach Saß (1987) eine erhebliche Bandbreite von Eigentumsdelikten, Vergewaltigungen, Raubhandlungen und Tötungsdelikten (zur schizoiden Persönlichkeitsstörung als Risikofaktor für sexuell motivierte Tötungsdelikte vgl. auch Hill, 2005).

Eine forensisch besonders bedeutsame Rolle wird den **Cluster-B**-Persönlichkeitsstörungen zugesprochen (z.B. Nedopil, 2000; Saß, 1987), unter die gemäß DSM-IV die antisoziale, die Borderline-, die histrionische und die narzisstische Persönlichkeitsstörung subsumiert werden. Dominierend sind dramatisierende, impulsive und emotional instabile Persönlichkeitszüge, so dass eine konzeptuelle Nähe in Bezug auf depressive Störungen der Stimmung und der Affektivität angenommen wird. Darüber hinaus ist die Suche nach intensiver bzw. neuartiger Stimulation auf der Verhaltensebene sämtlichen Persönlichkeitsstörungen des Cluster B zu eigen (Hammelstein & Pietrowsky, 2003). Der Zusammenhang dieses reizsuchenden Verhaltens mit delinquenten Handlungsformen wurde bereits an anderer Stelle beschrieben (3.2.2.3; 2.2.4).

Als am engsten mit Kriminalität assoziiert gilt die antisoziale bzw. dissoziale Persönlichkeits-störung, die laut Saß (1987) bei 50 bis 90% der Gefangenenpopulationen diagnostiziert wird. Diese hohe Prävalenzrate ist wenig verwunderlich, werden doch im DSM-IV in erster Linie dissoziale und kriminelle Verhaltensweisen als Kriterien herangezogen. Damit birgt diese Konzeption (sechs der sieben Kriterien stehen eindeutig mit straffälligem Verhalten in Verbindung) die Gefahr zirkulärer Rückschlüsse von antisozialen Verhaltensweisen auf die Persönlichkeitseigenschaften, aus denen dann wiederum das antisoziale Verhalten erklärt wird. Während Saß (1987) die Betroffenen der Gruppe chronisch Krimineller zuordnet, spezifizieren Venzlaff & Pfäfflin (2004, S. 258), dass die deliktische Bandbreite »Kfz-Diebstähle [...], Automatenaufbrüche, gezielte Kaufhausdiebstähle ebenso wie Sexualdelikte zur augenblicklichen Triebbefriedigung« umfasse. Gelten Persönlichkeitsstörungen allgemein als wesentlicher negativer Prädiktor bei der Prognose rezidivierenden straffälligen Verhaltens (Ullrich et al., 2003), so ist dies insbesondere für Personen mit einer antisozialen Persönlichkeitsstörung zu befürchten: Das mangelnde Schuld- bzw. Reueempfinden sowie die geringe Strafempfänglichkeit in Verbindung mit schnell erfolgter Übernahme subkultureller Verhaltensstile während der Inhaftierung (‚Prisonisierung') führen zu einer ungünstigen Entwicklung (vgl. Venzlaff & Pfäfflin, 2004).

Übermäßige Kränkbarkeit und impulsive Aggressivität als Merkmale der Borderline-Persönlichkeitsstörung legen nahe, dass es bei zusätzlichem Bestehen spezifischer situationaler Faktoren (z.B. nach Zurückweisungen) zu Gewalttätigkeiten gegenüber anderen Personen kommen kann. Gehäuft finden sich bei diesen Persönlichkeiten, so Saß (1987), Sexual- und Suchtdelikte.

Eine besondere Gefährdung nehmen Venzlaff & Pfäfflin (2004) bei den histrionischen Personen an, deren Geltungsbedürfnis und hohe Egozentrizität unter bestimmten sozialen und situativen Bedingungen dazu führen könne, Anerkennung und Bewunderung durch Betrugskriminalität oder Hochstapelei und falsche Titelführung zu erlangen. Auch Saß (1987) und Nedopil (2000) benennen in diesem Zusammenhang Delikte im Eigentumsbereich sowie das betrügerische Ausnutzen oberflächlicher Beziehungen. Ihre Abhängigkeit und Verführbarkeit mache Menschen mit einer histrionischen Persönlichkeitsstörung darüber hinaus anfällig für Gruppendelikte.

Narzisstischen Personen ordnet Saß (1987) v.a. Vergewaltigungs- und Eigentumsdelikte zu, und Kröber & Lau (2000) beschreiben das Vorliegen von »narzisstischen traits« als zentrales Problem bei vielen Straftätern – dies ungeachtet der Frage, ob die Kriterien der narzisstischen Persönlichkeitsstörung erfüllt seien. Diese Angaben korrespondieren mit der Auffassung Kernbergs (1977) zum »Syndrom des malignen Narzissmus«, welchem er enge Beziehungen zu aggressiven Verhaltensweisen und sexuell abweichendem Verhalten zuschreibt (vgl. 3.2.1.1).

Dem **Cluster C** werden die vermeidend-selbstunsichere, die dependente und die zwanghafte Persönlichkeitsstörung zugeordnet. Personen mit diesen Störungsbildern zeigen sich üblicherweise ängstlich und furchtsam, so dass konzeptuell eine gewisse Nähe zu den Angststörungen und den Phobien beschrieben wird. Den Cluster-C-Persönlichkeitsstörungen wird im Hinblick auf normverletzendes Verhalten aufgrund der ausgeprägten Gewissen-haftigkeit bzw. Verzagtheit und Schwäche ein eher kriminalitätsprotektiver Einfluss zugesprochen. Bei Vorliegen einer Komorbidität mit narzisstischen Persönlichkeitsmustern und emotionaler Instabilität hingegen, so führen Venzlaff & Pfäfflin (2004) einschränkend an, erfülle die Vermischung mit anankastischen Zügen (z.B. Rigidität, mangelnde Kompromissbereitschaft und Pedanterie) das Bild einer »fanatischen Persönlichkeit« als »typologische Sondergruppe« (S. 257) aggressiver Personen.

#### 3.2.3.2 Persönlichkeitsstörungen und Tatort-/ Tathergangsmerkmale

Bei der Vielzahl von Studien zum Zusammenhang von Persönlichkeitsstörungen und Straffälligkeit finden sich kaum differenzierte Analysen einzelner Tätergruppen in Bezug auf die spezifischen Verhaltensweisen während der Tatbegehung, aus denen sich präzise Aussagen über die Beziehung zwischen der Täterpersönlichkeit und den ‚produzierten Tatorten' ableiten ließen. Auch die beschriebene deliktspezifische Klassifizierung von Autoren wie Nedopil (2000), Saß (1987) und Venzlaff & Pfäfflin (2004) hat für die vorliegende Studie primär richtungsweisenden Charakter. Ein Vergleich verschiedener Tätergruppen bzw. unterschiedlicher Tathergangsmerkmale hinsichtlich der Persönlichkeitspsychopathologie steht jedoch weitestgehend noch aus (vgl. hierzu auch Ullrich, 1999).

Als eine der wenigen Ausnahmen wurde bereits die Studie von Neuwirth & Eher (2003) angeführt, in der durch die Untersuchung von Beziehungen zwischen Vergewaltigungstypen und psychopathologischen Charakteristika ein Zusammenhang von »anal rapists« und dem Vorliegen einer Cluster-B-Persönlichkeitsstörung herausgearbeitet werden konnte. Proulx et al. (1994) überprüften an einer Stichprobe von 49 Vergewaltigern die Beziehungen zwischen Persönlichkeitsstörungen (erfasst über das ‚Millon Clinical Multiaxial Inventory Questionnaire) und dem Grad der Gewaltanwendung im Tatverlauf. Bei den 31 Tätern, die als »less physically violent«

klassifiziert wurden, dominierten die vermeidend-selbstunsichere, die dependente, die passiv-aggressive sowie die schizoide Persönlichkeitsstörung. Bei den übrigen 18 Vergewaltigern, deren Tatdurchführung durch ein höheres Ausmaß an Gewalt gekennzeichnet war, stand v.a. die antisoziale Persönlichkeitsstörung im Vordergrund.

## 3.3. Ableitung der Fragestellungen

Die Grundannahme der THA besagt, dass bestimmte Verhaltensweisen des Täters vor, während und nach der Tatbegehung Rückschlüsse auf dessen Persönlichkeit zulassen. Es stellt sich daher die Frage, *ob* sich regelhafte Beziehungen zwischen tat- bzw. deliktspezifischen Parametern und Persönlichkeitsvariablen finden lassen und *welche* dem Tatort immanenten *Verhaltensweisen* in Beziehung zur Persönlichkeit des Täters stehen bzw. auf *welche Eigenschaften* des Täters aus dem Vorliegen bestimmter Tatspezifika Rückschlüsse hinsichtlich eines statistisch signifikanten Zusammenhangs gezogen werden können. Zur Überprüfung werden zunächst konkrete Aussagen über Zusammenhänge formuliert, um dann

a) bestehende tathergangsanalytische Hypothesen (vgl. Kap. 3.1.) auf empirischer Basis zu untersuchen,
b) empirische Forschungsergebnisse zum Zusammenhang von Persönlichkeit und Delinquenz (vgl. Kap. 3.2.) hypothesengeleitet für die THA nutzbar zu machen sowie
c) neue – auf Grundlage der einschlägigen Literatur generalisierte – Hypothesen zu testen.

### 3.3.1 Ausblick auf die Fragestellungen – empirische Befunde

#### 3.3.1.1 Planungsverhalten

Zum positiven Zusammenhang von ‚Psychopathy' und Planungsniveau, der in dieser Studie postuliert wird, liegen noch keine empirischen Belege vor. Jedoch findet diese Annahme Bestätigung durch Formulierungen in der Literatur, z.B. in der synonymen Verwendung von »psychopathischer« und »planender« Täterschaft (Fink, 2001) oder in der Anmerkung, dass

Tatplanung insbesondere ein Indiz des »Psycho- bzw. Soziopathen« sei (Robak, 2004). Auch Herpertz (2001, S. 8) stellt fest, dass sich Straftäter mit einer »psychopathic disorder« durch geplante Gewalttaten auszeichneten.

Angenommen wird weiter ein Zusammenhang zwischen einem hohen Planungsniveau und einer niedrigen Ausprägung auf der Neurotizismus-Dimension. Als das »persönlichkeitsspezifische Ausmaß an emotionaler Stabilität und Kontrolle über emotionale Reaktionen« (Frey & Maass, 1985) beschreibt Neurotizismus die Art und Weise, wie Emotionen – v.a. jene negativer Qualität – erlebt werden. Die Planung der Tat setzt ein gewisses Maß an Bedürfniskontrolle voraus, welchem die Tendenz zu Reizbarkeit und Impulsivität (als Facetten des Neurotizismuskonstruktes) entgegensteht. Infolgedessen scheint die Schlussfolgerung gerechtfertigt, dass Täter, deren Deliktbegehung Indizien für eine längerfristig antizipierte, geplante Tat aufweist, eher in der Lage sind, den eigenen Impulsen und Versuchungen zu widerstehen und auf Stresssituationen adäquat zu reagieren.

Die hier hypothetisch formulierte Beziehung könnte auf den ersten Blick den Eindruck erwecken, im Widerspruch zum angenommenen positiven Zusammenhang zwischen einem hohen Planungsgrad und ‚Psychopathy' zu stehen, da sich ‚psychopathische Persönlichkeiten' u.a. auch durch ‚Impulsivität' und ‚geringe Verhaltenskontrolle' auszeichnen. Dieser Einspruch ist nur bedingt gerechtfertigt, da impulsives Verhalten nur *eine* untergeordnete Facette von Neurotizismus darstellt. So fanden z.B. Miller et al. (2001) in ihrer Untersuchung keine signifikanten Beziehungen zwischen Neurotizismus und ‚Psychopathy', während jedoch einzelne Facetten – abgesehen von »Angry Hostility« und »Impulsiveness« - negativ mit ‚Psychopathy' korrelierten.

#### 3.3.1.2 Kontaktaufnahme

Untersucht wird auch die Beziehung zwischen der Variable ‚Kontaktaufnahme zum Opfer' und Risikobereitschaft sowie zwischen ‚Kontaktaufnahme' und Extraversion. Ein manipulatives Vorgehen (‚Con Approach') verlangt dem Täter nicht nur das größere Risiko der

Identifizierung ab (im Gegensatz zu einem – maskierten – Angriff aus dem Hinterhalt), sondern kann auch die Bedeutung eines zusätzlichen ‚Nervenkitzel' erlangen. Die inhaltliche Verwandtschaft des risikobereiten Vorgehens zum ‚Sensation Seeking' als der »Tendenz, neue, verschiedenartige, komplexe und intensive Eindrücke zu bekommen oder Erfahrungen zu machen und dafür auch Risiken in Kauf zu nehmen« (Amelang & Bartussek, 2001, S. 386) führt zu der Annahme, dass Risikobereitschaft und die Kontaktaufnahme über einen ‚Con-Approach' positiv zusammenhängen.
Die Argumentation zum Zusammenhang zwischen Extraversion und ‚Con Approach' erfolgt analog: Die Differenzierung des FBI legt nahe, dass ‚Blitz Attack' und ‚Surprise Attack' als Indizien für einen wenig kommunikativen Täter, dem geringe verbale Manipulationsstrategien zur Verfügung stehen, Geltung beanspruchen (Douglas et al., 1992; Ressler et al., 1988). Eine betrügerische Art der Kontaktaufnahme, die auch komplexe Schemata beinhalten kann (z.B. eine komplizierte, detailreiche Geschichte), gilt hingegen als deutliches Merkmal für kommunikative bzw. soziale Kompetenz und weist auf Selbstvertrauen im Umgang mit anderen Personen hin. Das Extraversionskonstrukt beschreibt u.a. Eigenschaften wie Geselligkeit, Erlebnishunger und Kontaktfreude (vgl. Borkenau & Ostendorf, 1993; Ostendorf & Angleiter, 2004). Eine Schwerpunktsetzung zugunsten dieser Bestandteile des ‚Soziabilitäts'-Faktors (Eysenck & Eysenck, 1987) gibt Anlass zu der Schlussfolgerung, dass ein manipulativer, unter Zuhilfenahme verbal kommunikativer Mittel durchgeführter, Übergriff eher von einer extravertierten Person unternommen wird.

Die Annahmen zur Beziehung von Risikobereitschaft bzw. Extraversion zum ‚Con Approach' sind insofern nicht unabhängig, als Extravertierten ein größeres Bedürfnis nach Sensation Seeking unterstellt wird (s.o.). Diese Behauptung geht konform mit der Theorie Eysencks, der zufolge extravertierte Personen ihr geringeres Ausmaß an kortikaler Erregung durch reizsuchendes Verhalten anzuheben versuchen (Eysenck 1987).

#### 3.3.1.3 Täter-Opfer-Beziehung

Hinsichtlich der Relation zwischen der Täter-Opfer-Beziehung und ‚Psychopathy' wird postuliert, dass Täter, die ein ihnen zum Tatzeitpunkt fremdes Opfer angreifen, eine höhere ‚Psychopathy'-Ausprägung aufweisen, als Täter, bei denen prädeliktisch eine Verbindung (z.B. berufliche oder private Bekanntschaft, Verwandtschaft) zum Opfer vorgelegen hat. In Ermangelung empirischer Belege, die explizit den Zusammenhang von Bekanntschaftsgrad und Persönlichkeitsvariablen überprüfen, erfolgt die Herleitung dieser Annahme logisch-induktiv.

Berücksichtigung finden hierbei Forschungsergebnisse, denen zufolge sowohl ‚Psychopathy' als auch die Wahl eines fremden Opfers gleichermaßen mit einer erhöhten Rückfallwahrscheinlichkeit einhergehen: So konnten z.B. Hart (1998), Hemphill et al. (1998) sowie Sandoval et al. (2000) empirisch nachweisen, dass ‚Psychopathy' als wesentlicher Prädiktor rezidivierender Gewaltkriminalität anzusehen ist (vgl. 3.2.1.2). Eine höhere Rückfallquote bei Übergriffen auf prädeliktisch fremde Opfer konstatieren z.B. Elz (2002b) und Rehder (2001). Straub & Witt (2003) arbeiten in ihrer Studie heraus, dass Täter, deren Opfer ihnen vor der Tatbegehung unbekannt waren, signifikant häufiger strafrechtlich vorbelastet waren (vgl. 3.1.3.1).

Das ‚Psychopathy'-Konstrukt nach Hare subsumiert als deskriptive Variablen das Vorliegen eines »betrügerisch-manipulativen Verhaltens« (»Lying, deceiving, and manipulation are natural talents for psychopaths« [Hare, 1993, p. 55]) und eines »glatten, oberflächlichen Charmes« (Hart et al., 1996). Diese Attribute können insbesondere dann Geltung beanspruchen, wenn der Täter das Vertrauen einer ihm fremden Person erlangen möchte (z.B. durch das Ersuchen oder Anbieten von Hilfestellungen bzw. Auskünften oder durch das Anwerben für vermeintliche Fototermine).

#### 3.3.1.4 Täterrisiko

In Bezug auf das Risiko, das ein Täter bei seiner Tatdurchführung eingeht (Täterrisiko), werden Zusammenhänge zu den Persönlichkeitskonstrukten

Offenheit und Verträglichkeit überprüft. Hinsichtlich der FFM-Dimension ‚Offenheit für Erfahrungen' liegen kaum empirische Befunde vor, die Beziehungen zu delinquentem Verhalten im Allgemeinen bzw. tatspezifischen Kriterien im Besonderen untersuchen. Auch in der vorliegenden Studie wird nicht überprüft, ob sich Straffällige von Nicht-Straffälligen im Hinblick auf dieses Konstrukt unterscheiden. Vielmehr wird angenommen, dass Täter, deren Tatbegehung mit einem hohen Entdeckungsrisiko verbunden ist, höhere Werte auf dieser Skala erzielen.

So basiert ein hohes Täterrisiko – gemäß der in dieser Studie verwendeten Operationalisierung (vgl. 4.1.2.1.4) – u.a. darauf, dass sowohl das ausgewählte Opfer als auch der (ggf. erste) Tatort dem Täter vor der Tat nicht bekannt waren. Ein solches Vorgehen kann als Anzeichen für die Bereitschaft, sich auf Unbekanntes einzulassen, bewertet werden. Diese Aufgeschlossenheit gegenüber Abwechslung und neuen Erfahrungen kennzeichnet Personen mit einer hohen Ausprägung auf der Skala ‚Offenheit für Erfahrungen', während »Personen mit niedrigen Punktwerten [...] Bekanntes und Bewährtes dem Neuen [vorziehen]« (Borkenau & Ostendorf, 1993, S. 28).

Die Herleitung eines Zusammenhangs zwischen einem (hohen) Täterrisiko und dem Persönlichkeitskonstrukt Verträglichkeit basiert ebenfalls auf den dieser Eigenschaft zuzuordnenden Merkmalen (Borkenau & Ostendorf, 1993; Ostendorf & Angleiter, 2004). Angenommen wird, dass sich Personen, deren Tatbegehung gekennzeichnet ist durch die Bereitschaft, ein vergleichsweise hohes Risiko einzugehen, im interpersonellen Verhalten weniger verträglich zeigen. Geringe Verträglichkeit ist gekennzeichnet durch eine wenig altruistische bzw. empathische Grundhaltung und fehlendes Mitgefühl bis hin zur Gleichgültigkeit. Diese Eigenschaften ermöglichen es diesen Tätern, bei ihren Übergriffen gerade diejenigen Personen auszuwählen, die aufgrund der Tatumstände (z.B. am helllichten Tag in einer belebten Umgebung oder aber der eigenen Wohnung) ein geringes Risiko eingehen, Opfer eines Verbrechens zu werden und sich infolgedessen besonders kooperativ, hilfsbereit und vertrauensvoll verhalten.

Gemäß der Operationalisierung in dieser Studie ist ein solch geringes Opferrisiko ebenso als Kriterium für ein hohes Täterrisiko zu bewerten wie auch die Tatsache, dass der Täter länger am Tatort verbleibt, als dies für die ‚erfolgreiche Tatdurchführung' erforderlich wäre. Dies korrespondiert mit der Auffassung, es handle sich um einen wenig mitfühlenden und unnachgiebigen Täter: weder ängstigt ihn die Entdeckungsgefahr, noch treibt ihn ein plötzliches Schuld- bzw. Reuebewusstsein fort vom Ort des Geschehens.

Sowohl die fehlende Empathie als auch der Mangel an Gewissen und Schuldgefühl, der hier zum Ausdruck kommt, werden typischerweise den ‚psychopaths' zugeschrieben (»Psychopaths [...] have no sense of guilt, are not sorry for the pain and destruction they have caused...« [Hare, 1993, p. 48]). Zwischen ‚Psychopathy' und Verträglichkeit wiederum wird ein negativer Zusammenhang angenommen, der sich auch durch empirische Studien hat bestätigen lassen (vgl. Miller et al., 2001). Ein weiterer Hinweis auf den Zusammenhang zwischen hohen Täterrisiko und einer niedrigen Ausprägung auf der Verträglichkeitsskala ist darin zu sehen, dass Verträglichkeit als positiver Pol der dem ‚Psychopathy'-Konstrukt inhaltlich verwandten Eysenck'schen Psychotizismusdimension zu interpretieren sei (Bartussek, 1996) und für »primäre Psychopathen« (Eysenck, 1977; Eysenck & Eysenck, 1977) ein geringeres Angstniveau postuliert werde.

#### 3.3.1.5 Spezifisches Täterverhalten / Personifizierung

Aus der Vielfalt spezifischer Verhaltensweisen des Täters werden zum einen die ‚Tatortinszenierung' (»staging«) und ‚Spurenbeseitigung' sowie zum anderen ‚der Versuch oder die Vollendung einer analen Vergewaltigung' im Hinblick auf Beziehungen zur Täterpersönlichkeit überprüft.

Es wird angenommen, dass sowohl Versuche einer <u>Spurenbeseitigung</u> am Tatort (z.B. das Tragen von Handschuhen) als auch die Durchführung einer <u>Inszenierung</u> (vgl. 2.4.2.1) als Verhaltensausdruck einer eher gewissenhaften Persönlichkeit zu interpretieren sind. <u>Gewissenhaftigkeit</u> als FFM-Dimension basiert auf jener Art von Selbstkontrolle, welche sich auf den aktiven Prozess von Planung, Organisation und Durchführung von Aufgaben bezieht (Borkenau & Ostendorf, 1993; Ostendorf & Angleiter, 2004). Gemäß der Terminologie des FBI zeichnen sich planende, organisierte Täter u.a. gerade durch eine solch systematische Vorgehensweise aus, so dass das Bemühen, keine Spuren zu hinterlassen, wie auch Versuche, durch Inszenierung des Tatorts von der eigenen Täterschaft bzw. der zugrunde liegenden handlungsrelevanten Motivation abzulenken, als typische Merkmale angegeben werden (Douglas et al., 1992; Ressler et al., 1988; vgl. 2.1.1.1.1).

In Anlehnung an die bereits beschriebene Studie von Neuwirth & Eher (2003) wird darüber hinaus ein Zusammenhang zwischen psychopathologischen Auffälligkeiten der Persönlichkeit beim Täter und dem Versuch oder der Vollendung einer analen Vergewaltigung angenommen.

### 3.3.2 Fragestellungen der Untersuchung – eine Zusammenfassung

Folgende Fragestellungen lassen sich aus der Referenzliteratur für die Untersuchung ableiten:

(1) Besteht ein Zusammenhang zwischen dem Planungsgrad vor, während und nach der Tatbegehung und der Persönlichkeit von Gewalt- und Sexualstraftätern (Kap. 2.3.1; Kap. 3.1.1 & 3.3.1)?

(2) Unterscheiden sich Täter, deren Vorgehensweisen bei der Kontaktaufnahme zum Opfer differieren, in ihrer Persönlichkeit (Kap.2. 4.1; Kap. 3.1.2 & 3.3.1)?

(3) Lassen sich Persönlichkeitsunterschiede nachweisen zwischen Tätern, die eine ihnen prädeliktisch fremde Person angreifen, und solchen, denen das Opfer vor der Tat bekannt war (Kap. 2.3.1; Kap. 3.1.3 & 3.3.1)?

(4) Gibt es Zusammenhänge zwischen dem Risiko, das ein Täter bei seiner Tatdurchführung einzugehen bereit ist, und den Persönlichkeitseigenschaften dieses Täters (Kap. 2.3.1; Kap. 3.1.3 & 3.3.1)?

(5) Hinsichtlich möglicher Unterschiede in der Persönlichkeit von Tätern, deren Vorgehen durch bestimmte Verhaltensweisen gekennzeichnet ist, sind folgende Tathandlungen zentraler Bestandteil dieser Fragestellung:

- Unterscheiden sich Täter, deren Tatorte Indizien für eine Spurenbeseitigung aufweisen, in ihrer Persönlichkeit von Tätern, die bei ihrer Deliktbegehung keine Versuche unternommen haben, ihre Spuren zu verwischen (Kap. 3.1.3 & 3.3.1)?

- Lassen sich Persönlichkeitsunterschiede nachweisen zwischen Tätern, deren Tatorte Indizien für eine Inszenierung erkennen lassen, und Tätern, die ein solches »staging« nicht durchführen (Kap. 2.3.1. & 2.4.2; Kap. 3.1.3 & 3.3.1)?

- Bestehen Unterschiede in der Persönlichkeit von Straftätern, deren Taten den Versuch oder die Vollendung einer analen Vergewaltigung beinhalten, und jenen, bei deren Tathergangsanalyse das Vorliegen oder der Versuch einer vaginalen Penetration rekonstruiert wurde (Kap. 3.1.3 & 3.3.1)?

# 4. Methodisches Vorgehen

Der folgende Abschnitt zur methodischen Vorgehensweise dient der Erläuterung einzelner Arbeitsschritte zur empirischen Überprüfung der genannten Fragestellungen. Im Kapitel über ‚Material und Methode' wird einleitend das Untersuchungsdesign unter Einbeziehung der erforderlichen vorbereitenden Maßnahmen, der Forschungsstrategie und der Untersuchungsinstrumente vorgestellt. Weiter erfolgt eine detaillierte Beschreibung der Merkmalsoperationalisierungen, der angewendeten statistischen Analyseverfahren und der möglichen Störeinflüsse (**Kap. 4.1**). Hinsichtlich der Zusammensetzung der Stichprobe werden zunächst die Einschluss- und Ausschlusskriterien benannt, wobei insbesondere auf die juristische Qualifikation der vorliegenden Bezugsdelikte abgestellt wird. Die nachfolgenden Anmerkungen zur Durchführung beinhalten Informationen über den Ablauf des Forschungsprojektes, wobei u.a. die dieser Untersuchung vorangestellte Pilotstudie beschrieben wird (**Kap. 4.2.**).

## 4.1 Material und Methode

### 4.1.1 Untersuchungsdesign

#### 4.1.1.1 Vorarbeit

Grundlegende Voraussetzung der vorliegenden Untersuchung, durchgeführt als Forschungsprojekt der Klinik für Kinder- und Jugendpsychiatrie und Psychotherapie des Zentrums für Integrative Psychiatrie (ZIP) im Universitätsklinikum Schleswig Holstein/ Campus Kiel, war die wissenschaftliche Zusammenarbeit mit der Klinik für Forensische Psychiatrie und Psychotherapie des Psychiatriums Neustadt und der Sozialtherapeutischen Abteilung (SothA) der Justizvollzugsanstalt Lübeck. Darüber hinaus konnten jugendliche und heranwachsende Straftäter weiterer Justizvollzugsanstalten Schleswig-Holsteins als Untersuchungsteilnehmer rekrutiert werden. Bei der Entwicklung des Untersuchungsdesigns waren aufgrund dieser speziellen Klientel entsprechende methodische Anforderungen zu berücksichtigen:

Insbesondere mussten verschiedene Instanzen ihre Zustimmung zu dem Forschungsvorhaben geben, so das Landesjustizministerium, die Ethik-Kommission der Christian-Albrechts-Universität zu Kiel sowie die jeweils zuständige Leitung der kooperierenden Institutionen.

Im Vorfeld der Untersuchung wurden zunächst informative Vorgespräche geführt, um sowohl über die Inhalte und Ziele sowie die zur Anwendung kommenden methodischen Verfahren aufzuklären als auch Absprachen darüber zu treffen, wie man den Datenschutzauflagen gerecht werden könne. Im Verlauf dieser Kontakte wurden des Weiteren die Eingangskriterien besprochen, nach denen innerhalb der Vollzugsanstalten die Teilnehmer ausgewählt werden sollten. Vor Beginn der Datenerhebung wurden schriftliche Erklärungen der Teilnehmer eingeholt, in denen diese sowohl für die testdiagnostischen Untersuchungen als auch für die – unter Wahrung der Anonymität – Einsichtnahme in die Gefangenen- bzw. Krankenpersonalakten und nachfolgende Erhebungen, Dokumentations- und Auswertungsmaßnahmen ihr Einverständnis gaben. Es wurde zugesichert, dass die (Nicht-) Teilnahme keinen Einfluss auf Vollzugsentscheidungen haben werde.

#### 4.1.1.2 Forschungsstrategie

Die Datenerhebung erfolgte in einem Untersuchungszeitraum von sechs Monaten, wobei die Durchführung einem standardisieren Schema folgte (präzisiert in den Unterkapiteln 4.1.2; 4.2.1):

1. Im Rahmen von Gruppenuntersuchungen wurden die psychometrischen Testverfahren zur Persönlichkeitsdiagnostik unter Einhaltung der in den Manualen vorgesehenen Instruktionen vorgegeben und in codierter Form ausgewertet. In Absprache mit den vor Ort therapeutisch tätigen forensischen Psychologen bzw. Psychiatern wurden von diesen die halbstrukturierten Interviews zur Erfassung des ‚Psychopathy'-Persönlichkeits-konstruktes durchgeführt und – ebenfalls in codierter Form – den Fragebogen zugefügt.
2. Nachfolgend fand eine Auswertung der Gefangenen- bzw. Krankenpersonalakten unter Datenschutzbedingungen in den Räumen der kooperierenden Institutionen statt. Neben psychiatrisch relevanten Daten sind primär deliktspezifische Variablen zur Erfassung der tathergangsanalytischen Parameter erhoben worden.

Die Fragestellungen dieser Untersuchung beziehen sich auf das Verhältnis von Persönlichkeitseigenschaften und Tathergangsmerkmalen bei (sexuell motivierten) Gewaltdelikten. Betrachtet werden demnach Zusammenhänge zwischen bereits eingetretenen Phänomenen (»Ex-post-facto-Forschung«, Scheurer, 1993). Eine gezielte Manipulation der zu untersuchenden Variablen (wie bei experimentellen Designs) ist bei der Betrachtung von Zusammenhängen bereits eingetretener Phänomene weder technisch möglich noch – im Hinblick auf die hier interessierenden Variablen – ethisch zu verantworten.

#### 4.1.1.3 Untersuchungsinstrumente

Zur dimensionalen Erfassung der Persönlichkeit kamen als psychologische Testverfahren das *NEO-Fünf-Faktoren-Inventar* (NEO-FFI; Borkenau & Ostendorf, 1993) und die Subskala ‚*Risiko- und Kampfbereitschaft, Suche* nach Wettbewerb' des Hamburger Persönlichkeitsinventars (HPI; Andresen, 2002) zur Anwendung. Als weiteres Selbstbeurteilungsverfahren wurde zur kategorialen psychiatrischen Persönlichkeitsdiagnostik in Bezug auf das Vorliegen einer Persönlichkeitsstörung der zugehörige Fragebogen des *Strukturierten Klinischen Interviews für DSM-IV; Achse II: Persönlichkeitsstörungen* (SKID-II; Fydrich et al., 1997) eingesetzt. Diese Selbstbeschreibungsinstrumente wurden ergänzt durch die *Psychopathy Checklist-Screening Version* (PCL-SV; Freese, 1999), welche das ‚Psychopathy'-Persönlichkeitskonstrukt erfasst. Die tat- bzw. deliktspezifischen Variablen sind anhand der ***Ch**eckliste zur **E**rfassung von **T**äterverhalten* (Akronym: ChET; Müller, Köhler & Hinrichs, 2004) erhoben worden. Demographische Daten wurden darüber hinaus über einen kurzen Fragebogen erfasst, wobei die Angaben durch die Aktenanalyse (ChET) validiert werden konnten. Eine detaillierte Beschreibung der einzelnen psychometrischen Verfahren und Instrumente erfolgt unmittel anschließend.

### 4.1.2 Operationalisierung

#### 4.1.2.1 Tathergangsanalytische Parameter

Die in dieser Studie maßgeblich interessierenden Variablen wurden anhand einer – in Anlehnung an bereits evaluierte Erhebungsbogen und computerunterstützte Verfahren (z.B. den Fragenkatalog des IMAGO-300-Projektes [Müller, 1998]; das Datenbanksystem ViCLAS [Douglas et al., 1992]; RRS [Rehder, 2001]) sowie in der Referenzliteratur benannte relevante Parameter (Canter, 1994; 1995; Dern et al., 2003) – konzipierten strukturierten Checkliste zur Erfassung von Täterverhalten (ChET) erhoben. Diese wurde im Rahmen einer Pilotstudie in Form einer Prozessevaluation erprobt und modifiziert (vgl. Kap. 4.2.2). Auf der Grundlage der Gefangenen- und Krankenpersonalakten der Untersuchungsteilnehmer werden mit der ChET fünf inhaltlich divergierende Kategorien zur systematischen Erfassung soziodemographischer, kriminologischer und tathergangsanalytischer Kennwerte abgefragt (vgl. Tab. 1).

In einer sechsten Kategorie **F** werden die Scores für Planungsniveau (PN), Täterrisiko (TR) und Opferrisiko (OR) bestimmt.

Tab. 1: Kategorien der ChET mit Beispielvariablen

| | Kategorie | Inhalte (u.a.) | Itemanzahl |
|---|---|---|---|
| **A** | Tätervariablen / Soziodemographische Angaben | Alter, Familienstand, höchster Ausbildungsgrad, psychiatrische Vorgeschichte, frühere Inhaftierungen | 12 |
| **B** | Angaben zum Indexdelikt | Tateinheit, Tatmehrheit, Täterschaft, Strafmaß, Anwendung §§ 20, 21 StGB | 10 |
| **C** | Vorstrafenbelastung | Deliktische Bandbreite, Einschlägigkeit | 6 |
| **D** | Deliktspezifische Variablen | Tatzeit, Verbleib am Tatort, Kontaktaufnahme, Täterverhalten, Gewaltanwendung, Personifizierung | 46 |
| **E** | Opfervariablen | Geschlecht, Alter in Relation zum Täter, Beruf, Bekanntschaftsgrad, Verletzungsart, -lokalisation | 11 |

4.1.2.1.1 Planungsverhalten

Mit Dern et al. (2004 [*Geographisches Verhalten*]) impliziert ‚Planung' als Gegenstand dieser Untersuchung nicht die Antizipation aller weiterer Tatphasen innerhalb des Gesamtgeschehens (bspw. die Auswahl des Ortes sexueller / personenbezogener Gewaltanwendung) schon im Vorfeld der Tat, sondern besagt lediglich, dass ein Tatentschluss bereits vor der Kontaktaufnahme zum Opfer vorgelegen hat. Das Planungsniveau wird über folgende Indikatoren operationalisiert, die als dichotome oder dichotomisierte Variablen mit der ChET erfasst werden:

Tab. 2: Operationalisierung des Planungsniveaus

| Merkmal | ja (1) | nein (0) | Studien |
|---|---|---|---|
| Kontaktaufnahme | Con Approach | Blitz / Surprise Attack | FBI |
| Anzahl Tatorte | wechselnde (mind. zwei) Tatorte | ein Tatort | FBI |
| Opferauswahl | gezielt | zufällig | FBI |
| Zwangsmittel zur Kontrolle | verwendet | nicht verwendet | FBI |
| Waffengebrauch, Waffe ... | gezielt zum Tatort mitgebracht | zufällig am Tatort oder vom Opfer mitgebracht | FBI; Elz, 2002b; Busch & Scholz, 2001; v.Bismarck, 2000 |
| Waffengebrauch, Waffe ... | nach der Tat vom Tatort entfernt | nach der Tat am Tatort belassen | FBI; Elz, 2002b; Busch & Scholz, 2001; v.Bismarck, 2000 |
| Versuche der Spurenbeseitigung | vorhanden | nicht vorhanden | FBI; Busch & Scholz, 2001* |
| Inszenierung | vorhanden | nicht vorhanden | FBI; Busch & Scholz, 2001* |
| Opferrisiko** | hoch | gering oder durchschnittlich hoch | FBI |

Anmerkung: 2. Spalte: Ausprägung, deren Vorliegen für einen hohen Planungsgrad spricht; 4. Spalte: Verweis auf andere Studien, die das Planungsniveau des Täters vor, während und nach der Tatbegehung ähnlich operationalisieren (FBI: Douglas et al., 1992; Ressler et al., 1988; *. subsumiert unter ‚Kontrolle bei der Tatausführung'); **. zum Opferrisiko siehe Kap. 4.1.2.1.4

Die Einteilung des Planungsniveaus erfolgt dimensional, fünffach gestuft. Anhand der ‚erreichten Punkte' wird eine Klassifizierung in *sehr geringes*

(0), *geringes* (1), *durchschnittlich hohes* (2), *hohes* (3) und *sehr hohes* PN (4) vorgenommen (vgl. Tab. *A*-8).

4.1.2.1.2 Kontaktaufnahme

Bei der Operationalisierung der Variable ‚Kontaktaufnahme zum Opfer' wird in Anlehnung an das FBI zwischen »Blitz Attack«, »Surprise Attack« und »Con Approach« differenziert. Da sich bei der Auswertung die beiden erstgenannten Modalitäten kaum unterscheiden ließen, wurden sie bei der Ergebnisdarstellung in eine Kategorie zusammengefasst.

4.1.2.1.3 Täter-Opfer-Beziehung

Der Bekanntheitsgrad beschreibt die Intensität bzw. Nähe der sozialen Beziehung zwischen Täter und Opfer vor der Tatbegehung. Angelehnt an die Definition von Baurmann (1996) fällt soziale Nähe, die vom Täter initiiert wird, um die betroffene Person viktimisieren zu können, »nicht unter den Bekanntheitsgrad, sondern bereits unter die vorbereitenden Handlungen« (S. 143). Unterschieden wird zunächst zwischen ‚fremd' und ‚bekannt'. Eine Zuordnung zur Kategorie ‚fremd' betrifft als Regelfall die Konstellation, bei der im Vorfeld der Tat keine Begegnung stattgefunden hat. Sie wird aber auch vorgenommen, wenn sich Opfer und Täter erst kurz (maximal sechs Stunden) vor der Tat kennen gelernt haben (vgl. Straub & Witt, 2003), ohne dass zuvor durch gegenseitige Kontakte oder gemeinsame Freunde eine Verbindung vorgelegen hat (vgl. Dern et al., 2004 [*Geographisches Verhalten*]). Bei prädeliktischen Vorbeziehungen (‚bekannt') wird in Anlehnung an die PKS (BKA, 2003) sowie unter Berücksichtigung der Differenzierungen in anderen Studien (Schröer 2004; Straub & Witt, 2003) detaillierter differenziert (vgl. Tab. *A*-9).

4.1.2.1.4 Opfer- und Täterrisiko

In die Operationalisierung des Täterrisikos geht das Opferrisiko ein, so dass zunächst dieses expliziert wird. Die Beurteilung des Opferrisikos erfolgt in Anlehnung an die beschriebenen Vorgaben des FBI und anderer darin übereinstimmender Konzeptionen (z.B. Turvey, 2002; vgl. 3.1.3.2). Ins Kalkül gezogen wird somit als *Ortsfaktor* die Einschätzung der öffentlichen

Zugänglichkeit, als *Zeitfaktor* die Tatzeit und in Bezug auf *Opferdispositionen* der Beruf bzw. die tatrelevante Tätigkeit der betroffenen Person (vgl. Tab. 3).

Da bspw. die Gefahr einer Viktimisierung am Tage, bei Aufenthalt in belebter Umgebung (z.B. einem Einkaufszentrum) oder der eigenen Wohnung als deutlich geringer zu beurteilen ist als nächtliche Partybesuche in eher abgelegenen Regionen (z.B. Aussiedlungen), wird das Entdeckungsrisiko für den Täter entsprechend größer. Die Risikowahrscheinlichkeit bei der Zuordnung der Opfervariable ‚Beruf / tatrelevante Tätigkeit' ergibt sich durch die Arbeitszeiten sowie die tätigkeitsimmanenten Risiken (z.B. Kalkulierbarkeit durch den Täter, Fehlen potenzieller Zeugen), so dass der Beruf (z.B. Friseurin) hinter dem tatrelevanten Opferverhalten (z.B. ‚Trampen') zurücksteht.

Tab. 3: Operationalisierung des Opferrisikos

| Variable | Ausprägung | Codierung |
|---|---|---|
| Tatort (ggf. erster) | belebt / Opferwohnung | 0 |
| | öffentlich zugänglich, aber unbelebt | 1 |
| | abgelegen / Täterwohnung | 2 |
| Tatzeit | tagsüber (nach 6 Uhr) | 0 |
| | nachts / früher Morgen (nach 21 Uhr) | 1 |
| Beruf / tatrelevante Tätigkeit des Opfers | gering risikoreicher Beruf | 0 |
| | durchschnittlich risikoreicher Beruf | 1 |
| | hoch risikoreicher Beruf | 2 |

Während das FBI in seiner Beurteilung den Opfereigenschaften ein besonderes Gewicht beimisst (vgl. Ressler et al., 1988), wird in dieser Arbeit eine Gleichwertigkeit dieser drei Faktoren vorausgesetzt. Anhand der ‚erreichten Punkte' wird eine Klassifikation in *geringes* (0), *durchschnittlich hohes* (1) und *hohes* Risiko (2) vorgenommen (vgl. Tab. *A*-10).

Bei der Einschätzung des Täterrisikos wird in dieser Studie insofern von der Vorgehensweise des FBI abgewichen, als es nicht nur als Komplement zum Opferrisiko interpretiert wird, sondern darüber hinaus weitere Tatort- und Zeitfaktoren sowie die Art des Initialkontaktes und das prädeliktische Bekanntschaftsverhältnis zwischen Täter und Opfer einbezogen werden:

Tab. 4: Operationalisierung des Täterrisikos

| Variable | Ausprägung | Codierung |
|---|---|---|
| Opferrisiko | hoch | 0 |
| | durchschnittlich | 1 |
| | gering | 2 |
| Tatort (ggf. erster) | dem Täter bekannt | 0 |
| | dem Täter fremd | 1 |
| Verbleib am Tatort (Zeitspanne) | Dauer der Tatdurchführung | 0 |
| | Dauer der Tatdurchführung + 50% | 1 |
| | Dauer der Tatdurchführung + 100% | 2 |
| Kontaktaufnahme | Blitz Attack | 0 |
| | Surprise Attack | 1 |
| | Con Approach | 2 |
| Bekanntschaftsgrad | bekannt | 0 |
| | fremd | 1 |

Ein vergleichsweise geringes Täterrisiko wird angenommen, wenn dem Täter der Tatort vor Tatbegehung nachweislich bekannt war, da es ihm dann bereits im Vorwege möglich gewesen ist, potenzielle ‚Gefahrenquellen' zu erkennen und ggf. zu umgehen. Auf diese Weise sinkt das vom Täter antizipierte Risiko, weil er davon ausgehen kann, Störungen bzw. eine Entdeckung weitestgehend auszuschließen. Für den Bekanntschaftsgrad zwischen Täter und Opfer wird – dieser Argumentation entsprechend – unterstellt, dass der Täter sein Risiko als vermeintlich besser kalkulierbar und damit geringer beurteilt, wenn ihm die Person des Opfers (Gewohnheiten, Eigenschaften, Reaktionsweisen) bekannt ist. Auskunft über ein bewusst eingegangenes (zusätzliches) Risiko gibt die Zeitdauer, die der Täter am Tatort verbracht hat. Im Rahmen der THA wird daher rekonstruiert, welche Handlungen vollzogen wurden, und es werden Rückschlüsse darauf gezogen, wie lange die Tat maximal gedauert hat bzw. wie viel Zeit zusätzlich am Tatort zugebracht wurde: je länger der Verbleib am Tatort, desto höher das Entdeckungsrisiko.

Anhand der ‚erreichten Punkte' wird – analog zu der Einteilung des Opferrisikos – eine Klassifizierung in *geringes* (0), *durchschnittlich hohes* (1) und *hohes* Risiko (2) vorgenommen (vgl. Tab. *A*-11). Durch diese Darstellungsform werden Täter- und Opferrisiko trotz der unterschiedlichen Anzahl einbezogener Variablen vergleichbar; darüber hinaus bietet sich eine Reduktion möglicher Ausprägungen aus Gründen der Übersichtlichkeit an.

#### 4.1.2.1.5 Spezifisches Täterverhalten / Personifizierung

Im Rahmen der Aktenanalyse wurden mit der ChET unterschiedliche Verhaltensweisen des Täters unter die Oberkategorien »Täterverhalten« bzw. »Personifizierung« subsumiert. Erfasst wurden das ‚Zufügen von Stich-/ Schnitt-, Brand- und Biss-/ Saugwunden' sowie ‚Schläge mit Gegenständen / Fußtritte / Faustschläge' (stumpfe Gewalt), ‚Würgen / Drosseln' und ‚Folter' (z.B. Einflößen toxischer Substanzen, Anwenden von Strom, Auspeitschen). Erhoben wurden weiter die Variablen ‚Samenerguss' und ‚Masturbation am Tatort' sowie ‚verbale Gewalt' (Drohung, Beleidigung) und ‚Nötigung'. Lag als Indexdelikt ein *sexuelles Gewaltdelikt* vor, wurden zusätzlich die Verhaltensweisen ‚Oralverkehr am Täter' (Handlung wider Willen), ‚Oralverkehr am Opfer' (Duldung wider Willen), ‚manuelle Penetration' sowie ‚Einführen fremder Objekte' klassifiziert. Für die gesamte Stichprobe, d.h. inklusive derjenigen mit *personenbezogenen Gewaltdelikten*, unter die auch die ‚Sexualmörder' gefasst werden (zur Begründung vgl. 4.1.5.1), erfolgte eine Differenzierung zwischen ‚vaginalem' und ‚analem Geschlechtsverkehr'. Einbezogen wurde jeweils auch der Versuch, da weniger die – aus Sicht des Täters – erfolgreiche Tatbegehung als vielmehr die zugrunde liegende Motivation bzw. Bedürfnislage zur Durchführung (z.B. Befriedigung von Machtbedürfnissen, zusätzliche Erniedrigung des Opfers) Zuordnungskriterium war.

Unter der Rubrik »Personifizierung« wurde für das Vorliegen eines sexuellen Gewaltdeliktes das Ausmaß der Gewaltanwendung durch den Täter unter Bezugnahme auf die vermeintlich notwendige Intensität zur Aufrechterhaltung von Kontrolle über das Opfer als ‚mittelmäßig / übertrieben' (vs. ‚minimal') beschrieben. Gewalt definiert sich in diesem Zusammenhang über den Einsatz physischer Kraft zur Beseitigung eines wirklichen oder vermuteten Widerstandes (vgl. Lackner & Kühl, 2001, § 240 Rdn. 5). Eine entsprechende Einordnung der personenbezogenen

Gewaltdelikte entfällt hier, da diese sich per definitionem gegen das Leben resp. gegen die körperliche Unversehrtheit der Opfer richten.

Ausschließlich für das Bezugsdelikt *personenbezogenes Gewaltdelikt* wurden die Personifizierungsformen ‚Übertöten' (definiert in Kap. 2.4.2.4) und ‚Zufügen postmortaler Verletzungen' (Verletzungen, die rechtsmedizinischen Befunden zufolge durch Gewalteinwirkung nach Stillstand des Kreislaufsystems entstanden sind) als Verhaltensoptionen angegeben. Für die Gesamtheit der vorliegenden Fälle wurden die Variablen ‚Inszenierung', ‚Emotionale Wiedergutmachung' und ‚Depersonalisierung' (vgl. 2.4.2) und der ‚Versuch, Intimität herzustellen' erfasst sowie weitere – sexuelle und nicht-sexuelle – Personifizierungsformen erhoben.

#### 4.1.2.2 Persönlichkeitsvariablen

Als Standardmethode zur Operationalisierung im Rahmen persönlichkeitsorientierter Delinquenzforschung gilt die Anwendung von Fragebogenverfahren. Zur Erfassung von (psychopathologischen) Persönlichkeitsmerkmalen und Verhaltensmustern eignen sich darüber hinaus klinische Interviews, die ebenfalls in der forensischen Forschung eingesetzt werden (vgl. Amelang & Zielinski, 2002; Scheurer, 1993).

##### 4.1.2.2.1 ‚Psychopathy'

Zur Anwendung kommt die *Psychopathy Checklist-Screening Version* (PCL-SV; Hart et al. 1996; dt. Version Freese, 1999), eine Rating-Skala, die als Beurteilungsinstrument zur quantitativen Erfassung derjenigen spezifischen Persönlichkeitseigenschaften und Verhaltensauffälligkeiten gilt, die unter dem Konstrukt ‚Psychopathy' zusammengefasst werden (vgl. 3.2.1.1). Auf der Grundlage eines semistrukturierten Interviews findet eine Einschätzung bzgl. dieser auffälligen Persönlichkeitsvariante mit antisozialem Lebensstil statt; neben der Orientierung an biographischen Daten und dem persönlichen Eindruck finden zusätzlich Akteninformationen und ggf. Angaben von Bezugspersonen Berücksichtigung.

Hinsichtlich der zugrunde liegenden Struktur dieses Konstruktes wird in der Regel ein Zwei-Faktoren-Modell postuliert; unterschieden wird zwischen einer interpersonellen / affektiven Symptomatik (Faktor-I) und einem chronisch instabilen und antisozialen Lebensstil (Faktor-II). Dieser Systematik folgend beziehen sich die sechs Items des ersten Faktors vornehmlich auf Persönlichkeitscharakteristika (‚oberflächlich'; ‚grandios'; ‚betrügerisch'; ‚Fehlen von Reue'; ‚Fehlen von Empathie'; ‚übernimmt keine Verantwortung'), während die sechs Items des Faktor-II (‚impulsiv'; ‚schlechte Verhaltenssteuerung'; ‚fehlende Lebensziele'; ‚verantwortungslos'; ‚antisoziales Verhalten in der Adoleszenz'; *‚antisoziales Verhalten im* Erwachsenenalter') den Lebensstil und soziale Merkmale des Probanden erfassen (zur Deskription der Items und inhaltlichen Zuordnung der PCL-R-Items vgl. Tab. *A*-12). Die Bewertung der einzelnen Items erfolgt nach ausführlichen Richtlinien auf einer Drei-Punkte-Skala (Eigenschaft nicht vorhanden – mittelgradig ausgeprägt – stark ausgeprägt); die Einschätzung basiert auf der Grundlage eines zeitlich überdauernden Funktionsniveaus (Freese, 1999). Bei der Auswertung werden die zwölf Scores zu einem Gesamtscore sowie zwei Faktorenwerten verrechnet. Der PCL-SV-Gesamtscore gilt als dimensionales Maß für den Grad, in dem eine Person den prototypischen ‚Psychopath' trifft, wobei laut Manual ein Wert von größer/gleich 18 Punkte als deutlicher Indikator für ‚Psychopathy' gilt, und bei diesen Probanden zur Validierung der Diagnose die Langform (PCL-R) durchgeführt werden sollte. Liegen Werte unter 18 Punkten vor, wird weiter differenziert in ‚non-psychopaths' bzw. ‚low-scorer' ($\leq$ 12 Punkte) und ‚moderate-scorer' (13 bis 17 Punkte).

#### 4.1.2.2.2 Dimensionen des Fünf-Faktoren-Modells

Als deutschsprachige Übersetzung und Adaptation des »NEO Five-Factor Inventory NEO-FFI« von Costa und McCrae (1992) liegt mit dem *NEO-Fünf-Faktoren-Inventar* (Borkenau & Ostendorf, 1993) ein multidimensionales Persönlichkeitsinventar vor, in dessen Konzeption all jene internationalen und in der jüngeren Vergangenheit besonders intensiv betriebenen Forschungen zur Bestimmung und Überprüfung der Grunddimensionen bzw. Faktoren höherer Ordnung der Persönlichkeit konvergieren. Mit Hilfe von faktorenanalytischen Variablenreduktionen wurden fünf varianzstarke Faktoren eruiert und als breite Merkmalsbereiche (»domains«) auf relativ hohem Abstraktionsniveau umschrieben, so dass das NEO-FFI für sich in Anspruch nimmt, mit seinen 60 Items die wichtigsten Bereiche individueller Unterschiede – konstituiert über die fünf übergeordneten Faktoren Neurotizismus (emotionale Stabilität / Labilität), Extraversion / Introversion, Offenheit für Erfahrungen, Verträglichkeit und Gewissenhaftigkeit – zu erfassen (zur Präzisierung der einzelnen Konstrukte vgl. Tab. *A*-13).

#### 4.1.2.2.3 Risikobereitschaft

Für die Erhebung des Persönlichkeitskonstruktes Risikobereitschaft wird die Subskala ‚*Risiko- und Kampfbereitschaft, Suche nach* Wettbewerb' (Skala R) des Hamburger Persönlichkeitsinventars (HPI; Andresen, 2002) angewendet. Das HPI basiert konzeptuell auf einem dimensionsanalytischen Ansatz in der Tradition des Fünf-Faktoren-Modells. Der Konstruktion liegt die Intention zugrunde, eine wissenschaftlich überlegene Alternative zu den gängigen ‚Big-Five'-Instrumenten darzustellen. Insbesondere sollte das FFM ergänzt werden um eine Dimension, welche den Merkmalsbereich der so genannten Reiz- und Erlebnissuche einschließlich verschiedener Aspekte der Risikobereitschaft beschreibt.

Die Skala R umschreibt im Rahmen des kämpferischen, sportiven und wettbewerbsorientierten Verhaltensspektrums Abenteuerlust, technische Interessen mit Risikoakzent sowie physische Aktivitätsbedürfnisse. Darüber hinaus bestimmt dieser Basisfaktor neben Experimentierfreude und explorativen Neigungen einen v.a. konkurrierenden Handlungsstil sowie zentrale Aspekte wie »potentiell heldenhaftes Verhalten, Übernahme von Verantwortung, hohe Einsatzbereitschaft und persönlichen Mut« (Andresen, 2002, S. 76). In Grenzsituationen wird das Spektrum durch Härte und Kaltblütigkeit im Sinne eines unbedingten Durchsetzungs- und Überlebenswillens ergänzt.

Aus dem Gesamt-Itempool des HPI werden die der Skala R in einem autonomen Fragebogen vorgelegt. Die 14 Items in Form kurz gehaltener Aussagesätze (Bsp. »Ich liebe den harten aber fairen Wettbewerb«) sind zur leichteren Aufnahme der Inhalte ausschließlich positiv gepolt.

#### 4.1.2.2.4 Persönlichkeitsstörungen

Das (tendenzielle) Vorliegen einer Persönlichkeitsstörung wird mit Hilfe des angehörigen Fragebogens zum *Strukturierten Klinischen Interview für DSM-IV; Achse II: Persönlichkeitsstörungen* (SKID-II; Fydrich et al., 1997) erfasst. Das SKID-II-Instrument ist ein zweistufiges Verfahren, dessen diagnostisches Vorgehen zunächst auf der Vorgabe eines Fragebogens basiert. Die 117 zweipoligen Items repräsentieren die Kriterien der Persönlichkeitsstörungen nach DSM-IV. Als Screening-Verfahren dient dieser Fragebogen dazu, diejenigen Merkmale herauszufiltern, die auf das Vorliegen einer Persönlichkeitsstörung schließen lassen. Vorgesehen ist laut Manual weiter die Durchführung eines strukturierten Interviews, das gezielt die als zutreffend markierten Inhalte hinsichtlich ihrer quantitativen und qualitativen klinischen Bedeutsamkeit exploriert. Auf diesen Interviewteil wird in dieser Untersuchung zugunsten von Ökonomie und Effizienz verzichtet; dieses Vorgehen rechtfertigt sich insofern, als der Fragebogeneinsatz tendenziellen Aussagen im Sinne der Fragestellung genügt.

### 4.1.3 Mögliche Störvariablen und Kontrollmaßnahmen

Als mögliche Störvariablen müssen Faktoren in Betracht gezogen werden, die zur Verzerrung der Ergebnisse führen können. Denkbare Störeinflüsse ergeben sich sowohl durch die Zusammensetzung der Stichprobe und die möglicherweise eingeschränkte Anwendbarkeit der methodischen Verfahren als auch aufgrund situativer Umstände. Diese gilt es soweit als möglich zu kontrollieren, um das Risiko einer nicht intendierten Beeinflussung der Ergebnisse weitgehend zu reduzieren bzw. auszuschließen. Ist eine Kontrolle nur schwer möglich (z.B. bei methodischen Problemen der Fragebogenanwendung), müssen entsprechende Verzerrungen bei der Bewertung der Ergebnisse berücksichtigt werden.

### 4.1.3.1 Stichprobenspezifische Faktoren

#### 4.1.3.1.1 Mangelnde Repräsentativität

Da keine der untersuchten Variablen manipuliert wird, weil die interessierenden Phänomene Tathergang und Persönlichkeitsmerkmale bereits vorliegen und retrospektiv Bedingungen bzw. Zusammenhänge untersucht werden, kann die wichtigste Kontrolltechnik für Störvariablen – die randomisierte Zuteilung der Teilnehmer zur Untersuchungsgruppe – nicht eingesetzt werden. Vielmehr bedient sich diese Studie einer anfallenden (Gelegenheits-) Stichprobe, da – unter Einbeziehung definierter Einschluss- und Ausschlusskriterien – diejenigen Teilnehmer rekrutiert wurden, die im Untersuchungszeitraum zur Verfügung standen und sich freiwillig zur Teilnahme bereit erklärten (vgl. Kap. 4.1.5). Diese fehlenden Randomisierungs- und Manipulationsoptionen können zu einer Verringerung der internen Validität führen.

Aus den Selektionsprozessen auf unterschiedlichen Ebenen (Genehmigungen des Justizministeriums und der Anstaltsleitungen, Freiwilligkeit der Teilnahme) resultiert eine stark reglementierte Stichprobenauswahl, deren mangelnde Repräsentativität Fehlerquellen nicht gänzlich ausschließen lässt. Wie eine Vielzahl anderer Untersuchungen – insbesondere aus dem Bereich persönlichkeitsorientierter Delinquenzforschung – muss sich die vorliegende Studie daher der Kritik stellen, dass die Ergebnisse nicht als repräsentativ für die ganze interessierende Grundgesamtheit inhaftierter bzw. untergebrachter Gewalt- und Sexualstraftäter betrachtet werden können.

#### 4.1.3.1.2 Freiwilligkeit der Teilnahme

Die Straftäter wurden im Vorfeld darauf hingewiesen, dass die Teilnahme freiwillig sei. Dies ist insofern bei der Generalisierbarkeit der Ergebnisse dieser Untersuchungsstichprobe auf die Gesamtpopulation zu berücksichtigen, als zum einen vermutet werden kann, dass diejenigen, die einer Teilnahme nicht zustimmten, evtl. extremere Ausprägungen auf einigen Skalen des NEO-FFI und der PCL-SV aufweisen. Andererseits ist anzunehmen, dass der Bereitschaft zur Teilnahme bestimmte Persönlichkeitseigenschaften zugrunde liegen (z.B. Offenheit für Erfahrungen, Extraversion), die hier ebenfalls in stärkeren Ausprägungen auf den jeweiligen Dimensionen zum Ausdruck kommen. Auch besteht die Möglichkeit, dass sich Personen mit bestimmten Persönlichkeitsstörungen eher einer Teilnahme verweigern (z.B. bei Vorliegen einer paranoiden Persönlichkeitsstörung), andere sich jedoch freiwillig bereit erklären (z.B. bei Vorliegen einer narzisstischen Persönlichkeitsstörung). Darüber hinaus werden freiwilligen Teilnehmern bestimmte Merkmale zugesprochen, in denen sie sich von ‚Verweigerern' unterscheiden. Beispielsweise verfügten sie, so Scheurer (1993), über eine bessere schulische Ausbildung, benötigten mehr soziale Anerkennung und zeigten ein größeres Interesse daran, etwas über die eigene Person zu erfahren.

#### 4.1.3.1.3 Kognitive Fähigkeiten und Motivation

Für die Bearbeitung der psychometrischen Verfahren zur Persönlichkeitsdiagnostik sind hinreichende kognitive Fähigkeiten und deutsche Sprachkenntnisse erforderlich. Infolgedessen erfolgte die Teilnehmerauswahl durch die zuständigen forensischen Psychologen und Psychiater unter Berücksichtigung dieser Kriterien. Gleichwohl eklatante Sprachprobleme ebenso wie eine erhebliche Intelligenzminderung damit bereits im Vorwege einer Rekrutierung entgegenstanden, können Verständnisprobleme oder mangelnde Lesefertigkeiten als mögliche Störeinflüsse nicht ausgeschlossen werden. Zeigten sich im Verlauf der Untersuchung unzureichende Kenntnisse der deutschen Sprache oder erhebliche Einschränkungen der kognitiven Leistungsfähigkeit, die eine

Teilnahme ausschließen, konnten die Probanden auch nachträglich aus der Stichprobe herausgenommen werden.

Zu berücksichtigen ist weiter die Konzentrations- bzw. Aufmerksamkeitsspanne, die für die Fragebogenuntersuchung (sowie für das PCL-SV-Interview) notwendig ist. Um Ermüdungserscheinungen vorzubeugen, wurden die Teilnehmer im Vorwege darauf hingewiesen, dass kein Zeitdruck vorliege und sie zwischen den einzelnen Inventaren eine kurze Pause einlegen könnten. Dieses Vorgehen ist auch unter motivationalen Gesichtspunkten als sinnvoll zu bewerten, da insbesondere das verhältnismäßig umfangreiche SKID-II-Inventar eines gewissen Zeitaufwandes bedarf. Obwohl von intrinsischer Motivation ausgegangen werden kann, da weder eine Vergütung noch sonstige Vorteile in Bezug auf Vollzugsentscheidungen in Aussicht gestellt worden waren, besteht die Möglichkeit, dass die rekrutierten Personen im Verlauf einer länger andauernden Testung an Motivation und Interesse verlieren. Die Teilnehmer wurden daher bereits im Vorfeld der Untersuchung über Art, Umfang und voraussichtliche Dauer sowie über die Option, jederzeit ohne Angabe von Gründen abbrechen zu können, informiert. Auf zusätzliche diagnostische Instrumente, deren Anwendung an sich wünschenswert gewesen wäre, wurde daher im Interesse einer möglichst hohen Compliance verzichtet.

#### 4.1.3.2 Methodenimmanente Probleme

##### 4.1.3.2.1 Inhaftierungs- und Stigmatisierungseffekte

Ein weiteres Problem ergibt sich aus dem Querschnittsdesign dieser Untersuchung: So können Persönlichkeitseigenschaften nicht als zeitlich frühere Variablen gegenüber den interessierenden Tatverhaltensweisen betrachtet werden, da sich letztere bzw. die damit verbundenen strafrechtlichen Konsequenzen auf die Persönlichkeit des Täters ausgewirkt haben können. Nicht nur können Prisonisierungseffekte aufgrund des institutionellen Kontextes (die bestehenden Haftbedingungen bzw. die lange Dauer der Inhaftierung / Unterbringung) das Persönlichkeitsbild entscheidend verändern; darüber hinaus kann die Selbstdefinition des

‚Kriminell-Seins' Fremd- und Selbstwahrnehmung stigmatisierend beeinflussen. Die zunehmende Identifizierung mit den Normen, Gewohnheiten und Einstellungen der Insassenkultur kann sich auf die Persönlichkeit bzw. das Testbild der Persönlichkeit auswirken. Während bei Beginn oder bei Aussicht auf Beendigung der Inhaftierung / Unterbringung eher ein Vergleich mit der ‚Außenwelt' stattfindet, da noch bzw. wieder engere Kontakte zum sozialen Umfeld Familie und Freunde bestehen, kommt es nach einer gewissen Aufenthaltsdauer zu einem Wechsel der Bezugsgruppe. Beim Vergleich in der Selbsteinschätzung werden dann vermehrt die Mitinsassen bzw. die anderen forensisch-psychiatrischen Patienten herangezogen. Hier spielen sowohl die jeweiligen Vorerfahrungen, die Vollzugsart als auch zeitliche Verläufe von Frustrations- und Adaptionsprozessen eine Rolle (vgl. Lösel, 1983). Entsprechend unterschiedlich können dann die selbstbeschreibenden Beurteilungen in den einzelnen Fragen bzw. Items der psychometrischen Testverfahren ausfallen. Ferner können sich auch Therapieeffekte auf die Wahrnehmung und vergleichende Einschätzung der eigenen Person auswirken. Ein entsprechend verändertes Selbstbild kommt v.a. bei psychometrischen Verfahren zum Ausdruck, die auf Selbsteinschätzungen beruhen.

#### 4.1.3.2.2 Probleme von Fragebogenverfahren

Selbstbeurteilungsverfahren sind stets mit der Schwierigkeit behaftet, dass die dargebotenen und erhobenen Informationen subjektiven Selektionsprozessen unterliegen. Möglicherweise liegen diese im kriminologischen und forensischen Bereich akzentuiert vor, da hier neben den allgemeinen Problemen beim Einsatz von Fragebogenverfahren (z.B. Introspektionsfähigkeit als erforderliche Kompetenz zur Selbstbeschreibung in Bezug auf affektive, kognitive und behaviorale Aspekte; unterschiedliche Interpretationsmöglichkeiten der Frageninhalte; Antworttendenzen) weitere Probleme zum Tragen kommen: Beispielsweise verändern sich in Abhängigkeit von der Dauer der Inhaftierung / Unterbringung die Bezugsgruppen, mit denen sich die Straftäter vergleichen (‚Außenwelt' vs. Mitgefangene), und auch die Items sind hinsichtlich Inhalt und Sprachstil nicht immer inhaftierungsadäquat

(Scheurer, 1993; Scheurer & Richter, 2000). Diese Störeinflüsse sind nur schwer zu kontrollieren, da inhaltlich vergleichbare Fragebogenverfahren, die für Stichproben inhaftierter / untergebrachter Straftäter normiert sind, bzw. deren Itemzusammenstellung die aktuelle Lebenssituation der Probanden berücksichtigt, nicht vorliegen. Insbesondere kann erwartet werden, dass insofern Verzerrungen auftreten, als die Teilnehmer versuchen, ein günstiges Bild von sich darzubieten. Dies betrifft v.a. die PCL-SV-Interviews, die ein Störungsbild erfassen, dessen Symptomatik durch Merkmale wie Manipulation, Lug und Betrug gekennzeichnet ist.

Um der Tendenz zu sozial erwünschten Antworten entgegenzuwirken, wurden den Teilnehmern hinsichtlich der Fragebogenuntersuchung und Aktenauswertung zugesichert, dass eine Anonymisierung der Erhebungsdaten erfolge. In Bezug auf die PCL-SV können Falschaussagen durch die konzeptuell vorgesehene Einbeziehung von Fremdbeurteilungen und Akteninhalten aufgezeigt und relativiert werden.

#### 4.1.3.2.3 Probleme von Aktenanalysen

Während die Probleme der Fragebogenverfahren primär darin begründet sind, dass subjektive Bewertungsprozesse durch die Probanden und entsprechende Verzerrungen vorliegen können, bestehen die Schwierigkeiten der Aktenauswertungen insbesondere darin, dass der jeweilige Erkenntnisgewinn im Einzelfall in Abhängigkeit von Vollständigkeit und Informationsgehalt stark variieren kann. Neben den obligatorischen Schriftstücken (Anklageschrift, Hauptverhandlungsprotokoll und Urteil) unterscheiden sich die Strafakten hinsichtlich Art, Umfang und Inhalt: Beispielsweise sind Angaben zur staatsanwaltschaftlichen Ermittlungstätigkeit, der gerichtlichen Beweiserhebung und prozessrelevanten Verhaltensweisen des Beschuldigten sowie Protokolle von Zeugenvernehmungen oder Gutachten von psychiatrischen oder weiteren Sachverständigen lediglich fakultativer Bestandteil und infolgedessen nur in einigen Akten (vorzugsweise in denen, die zur Anordnung einer Maßregel führten) vorzufinden.

Aus den unterschiedlichen Aktenbestandteilen folgt eine grundsätzliche Problematik, die insbesondere bei der Untersuchung von tat- und täterbezogenen Merkmalen Geltung beansprucht und bei der Interpretation der erhobenen Daten berücksichtigt werden muss. Liegen nur Anklageschrift und Gerichtsurteil vor, können bei der Rekonstruktion des Tatablaufs ausschließlich die am Ende der Hauptverhandlung festgestellten Sachverhalte einbezogen werden (vgl. Elz, 2002a; 2002b). Ob der Täter bspw. tatsächlich keinen Versuch eines sexuellen Übergriffs unternommen hat oder dies nur nicht beweisbar war, oder ob es diesbezüglich – nicht dokumentierte – Vereinbarungen zwischen den Prozessbeteiligten gegeben hat, kann infolgedessen nicht mit Sicherheit beurteilt werden.

#### 4.1.3.2.4 Versuchsleitereffekte

Versuchsleitereffekte können für die Fragebogenuntersuchungen annähernd ausgeschlossen werden, da der Durchführung im Team stets eine Absprache über den Ablauf vorausging. Die Instruktionen zu den Testverfahren werden sowohl in schriftlicher Ausführung auf den Deckblättern der Verfahren als auch verbal in standardisierter Form vorgegeben, so dass verzerrende Ergebnisse aufgrund abweichender Anweisungen nicht zu erwarten sind. Hilfestellungen bei Verständnisschwierigkeiten (z.B. Erklärungen zu einzelnen Itemformulierungen) sind entsprechend der Testmanuale legitim und angesichts eines z.T. defizitären Sprachschatzes der Teilnehmer notwendig. Hierbei wurde zur Gewährleistung der Durchführungsobjektivität streng darauf geachtet, eine Beeinflussung der Antwortinhalte zu vermeiden. Darüber hinaus wurde die Reihenfolge der Fragebogen vorab festgelegt, um für alle Probanden vergleichbare Bedingungen herzustellen. Die Auswertung der Daten erfolgt rechnergestützt, auch hier ist daher hinreichende Objektivität gewährleistet. In Bezug auf die PCL-SV-Interviews können Interratereffekte vorliegen, da in den jeweiligen Institutionen unterschiedliche Personen diese Interviews durchführten. Es liegen daher uneinheitliche Interviewstile und Trainings zugrunde, die sich auf die Ergebnisse bei der Bewertung einzelner Items des ‚Psychopathy'-Konstruktes ausgewirkt haben können.

#### 4.1.3.3 Situative Bedingungen

Sowohl räumlich als auch zeitlich wurde versucht, die situativen Bedingungen der Untersuchung möglichst konstant zu halten. So wurde die Testung stets als Gruppensitzung in den Räumen der kooperierenden Institutionen vorgenommen. Trotzdem muss in Betracht gezogen werden, dass die Anwesenheit anderer Teilnehmer z.T. als störend empfunden wurde, gleichwohl darauf hingewiesen wurde, leise zu arbeiten und nicht miteinander zu kommunizieren. Darüber hinaus konnte keine konstante Sitzordnung eingehalten werden, da zum einen die Räumlichkeiten je nach Abteilung bzw. Sicherungsstatus variierten, und sich darüber hinaus die Gruppengrößen unterschieden – wiederum in Abhängigkeit von der jeweiligen Abteilung, in der die Teilnehmer inhaftiert / untergebracht waren. Weiter konnte nicht kontrolliert werden, welche situativen Einflüsse vor der Untersuchung vorgelegen haben bzw. von den Teilnehmern in Bezug auf nachfolgende Ereignisse antizipiert wurden (z.B. Besuche von Angehörigen, therapeutische Gespräche).

### 4.1.4 Statistische Analyseverfahren

Die statistischen Analysen werden mit Hilfe des computergestützten Windows-Programm Statistical Packages for Social Sciences (SPSS [Version 11.5]) anhand speziell erstellter Eingabemasken durchgeführt. In Abhängigkeit von der Fragestellung und der vorgenommenen Operationalisierung, die über das Skalenniveau der Variablen entscheidet, werden unterschiedliche statistische Verfahren herangezogen:

Auf der Basis deskriptiver Auswerteverfahren werden verschiedene beschreibende Kennwerte (z.B. absolute Häufigkeiten, Mittelwerte, prozentuale Verteilungen) dargestellt. Die Berechnung von Mittelwertsvergleichen mit Kennwerten von Referenzstichproben (Normierungsangaben verstanden als Schätzwerte für die Bezugspopulation) erfolgt über Einstichproben-t-Tests. Hinsichtlich der Gütekriterien der verwendeten Testverfahren wird zur Bestimmung der internen Konsistenzen als Reliabilitätsmaß Cronbach's Alpha berechnet; in Bezug auf das Interviewverfahren erfolgt des Weiteren eine

Hauptkomponentenanalyse zur Überprüfung der vorliegenden Faktorenstruktur.

Während zur Überprüfung von (bivariaten) Zusammenhangshypothesen bzw. zur Quantifizierung postulierter Beziehungen zwischen zwei Variablen Korrelationsanalysen (Spearman) vorgenommen werden, erfolgt die Testung von Unterschiedshypothesen unter Anwendung des U-Tests nach Mann-Whitney. Es wurde ein non-parametrisches Verfahren gewählt, da aufgrund der z.T. extrem unterschiedlichen miteinander zu vergleichenden Substichprobengrößen und inhomogener Varianzen die Voraussetzungen für die Anwendbarkeit eines t-Tests nicht erfüllt waren. Auch konnte nicht das Vorliegen einer Normalverteilung für die untersuchungsrelevanten Variablen vorausgesetzt werden. Der Mann-Whitney-U-Test ermöglicht es (analog zum t-Test für unverbundene Stichproben), zwei unabhängige Stichproben hinsichtlich ihrer zentralen Tendenz zu vergleichen (einen differenzierten Überblick zur Anwendbarkeit und den Voraussetzungen der jeweiligen Verfahren liefern Backhaus [2003], Bortz [1999] sowie Bortz & Lienert [1998]).

### 4.1.5 Untersuchungsstichprobe

Insgesamt wurden in die statistischen Analysen 54 männliche Gewalt- und Sexualstraftäter einbezogen; rekrutiert wurden Strafgefangene aus unterschiedlichen Justizvollzugsanstalten Schleswig-Holsteins (Sozialtherapeutische Anstalt; Jugendstrafvollzug) sowie forensisch-psychiatrische Patienten des Maßregelvollzugs Neustadt (Unterbringung gemäß § 63 StGB). Als ‚ad-hoc'-Stichprobe umfasste die Rekrutierung diejenigen Täter, die im Messzeitraum inhaftiert bzw. untergebracht waren und sich freiwillig zur Teilnahme bereit erklärten. Eingangskriterien waren die Zustimmung im Sinne des ‚informed consent' sowie ausreichende deutsche Sprachkenntnisse und die mentalen Voraussetzungen, um den Anforderungen der psychometrischen Testverfahren folgen und diese umsetzen zu können. Um die – durch die stark reglementierte Stichprobenauswahl bereits eingeschränkte – Repräsentativität nicht zusätzlich zu vermindern, wurden nur männliche Teilnehmer in die Untersuchung einbezogen, da der Frauenanteil im (Maßregel-) Vollzug im

Allgemeinen gering ist, und speziell in Bezug auf Sexualdelikte zumeist als Mittäterschaft (Beihilfe) abgeurteilt wird. Als Ausschlusskriterien sind das Vorliegen einer akuten psychotischen Symptomatik und deutliche Minderbegabung (Oligophrenie), eklatante Sprachdefizite sowie das Fehlen eines ‚informed consent' festgelegt worden.

Als primäres Selektionsmerkmal galt die Norm, nach der in der vorangegangenen Hauptverhandlung abgeurteilt worden war: Differenziert wurde zwischen *personenbezogenen* Gewaltdelikten, die nicht als Straftat gegen die sexuelle Selbstbestimmung vor Gericht verhandelt wurden (normiert im 16. und 17. Abschnitt des StGB, Besonderer Teil; §§ 211f. bzw. §§ 223ff.), und *sexuellen* Gewaltdelikten (Sexuelle Nötigung / Vergewaltigung; normiert im 13. Abschnitt des StGB, Besonderer Teil; § 177). Aburteilungen gemäß §§ 176b und 178 wurden gleichermaßen einbezogen und unter die personenbezogenen Gewaltdelikte subsumiert (s.u.). Diese Unterscheidung hat zunächst ausschließlich deskriptiven Charakter, um die Zusammensetzung der Gesamtstichprobe zu verdeutlichen. Ein Vergleich zwischen den Gruppen ist nicht vorgesehen, da die Fragestellungen sich entweder auf die Population von Gewalt- und Sexualstraftätern in ihrer Gesamtheit oder aber auf einen Vergleich bzgl. spezifischer Tatbegehungsmerkmale beziehen. Zudem war die Stichprobengröße zu berücksichtigen. Der Terminus ‚Gewaltstraftat' ist damit als den personenbezogenen und sexuellen Gewaltstraftaten übergeordnet zu verstehen. Die Subsumierung der angegebenen Normen unter den Straftatbestand ‚Gewaltkriminalität' korrespondiert mit der Zuordnung durch die PKS (BKA, 2003).

#### 4.1.5.1 Gewaltstraftäter

Unter die Gruppe der (personenbezogenen) Gewaltstraftäter im engeren Sinne werden diejenigen Delinquenten gefasst, die aufgrund einer Straftat gegen die körperliche Unversehrtheit (17. Abschnitt StGB) oder gegen das Leben (16. Abschnitt StGB) abgeurteilt wurden. Namentlich betrifft dies die Körperverletzung (§ 223), die gefährliche Körperverletzung (§ 224) und die schwere Körperverletzung (§ 226), die Körperverletzung mit Todesfolge (§ 227) sowie Mord (§ 211) und Totschlag (§ 212).

Zunächst problematisch im Hinblick auf die Einordnung in bzw. Abgrenzung von aggressiven Sexualstraftaten waren Fälle, in denen im Zusammenhang mit einem Tötungsdelikt sexuell relevante Zonen des Opfers attackiert wurden. Der sexuelle Kindesmissbrauch mit Todesfolge (§ 176b) sowie die sexuelle Nötigung und Vergewaltigung mit Todesfolge (§ 178), die per definitionem den aggressiven Sexualdelikten zuzurechnen sind, werden in Anlehnung an die juristische Qualifikation insofern unter die personenbezogenen Gewaltdelikte subsumiert, als gemäß § 211 ein »Mörder ist, wer [...] zur Befriedigung des Geschlechtstriebes [...] einen Menschen tötet« (§ 211 Abs. 2), namentlich derjenige, der »in der Tötungshandlung selbst sexuelle Befriedigung sucht« (Lackner & Kühl, 2001, § 211 Rdn. 4). Anhand der Aktenlage – gesetzt den Fall, dass nicht tateinheitlich mit den vorsätzlichen Tötungsdelikten (§§ 211, 212) abgeurteilt wurde – war nicht ersichtlich, ob die Tötung des Opfers »zur Befriedigung des Geschlechtstriebes« vollzogen worden war, oder ob die Todesfolge auf die spezifische Gefährlichkeit der vorgenommen sexuellen oder sonstigen Handlungen (der Tatmittel oder Tathandlungen) zurückzuführen und nicht als solche intendiert war. Der so genannte ‚Lustmord', dessen Tatbestand sowohl durch § 176b als auch durch § 178 StGB erfüllt sein kann, wird in conclusio als personenbezogene Gewaltstraftat klassifiziert. Dies steht im Einklang mit der PKS (BKA, 2003), die seit 1999 den Begriff ‚Sexualmord' durch die treffendere Bezeichnung »Mord in Zusammenhang mit einem Sexualdelikt« ersetzt hat. Diese Rubrik beinhaltet als Motivlagen sowohl die vorsätzliche Tötung zur Befriedigung des Geschlechtstriebs als auch eine sich einem Sexualdelikt anschließende Tötung zum Zwecke der Verdeckung dieser Straftat.

#### 4.1.5.2 Sexualstraftäter

Die Klassifikation als Sexualdelikt impliziert weder, dass dem konkreten Fall eine primär sexuelle Motivation zugrunde liegt, noch erfasst sie all jene Straftaten, bei deren Begehung zwar ein solcher Beweggrund vorliegt, deren Erscheinungsbild (Phänomenologie) jedoch einen anderen Tatbestand indiziert. Hinsichtlich der im 13. Abschnitt des StGB genannten Straftatbestände findet in dieser Studie vorrangig eine Definition der

»Sexualstraftäter« über die Anwendung der Norm § 177 (Sexuelle Nötigung, Vergewaltigung) statt, in welcher die Implikation einer Gewaltanwendung expliziert (§ 177 Abs. 1 »mit Gewalt«) wird.

## 4.2. Untersuchungsdurchführung

### 4.2.1 Ablauf der Untersuchung

Die folgende schematische Darstellung (Abb. 6) verdeutlicht zusammenfassend den Gesamtablauf der Untersuchung:

<u>November 2003</u>
Beginn der Literaturrecherche, Planung der Untersuchung, erste Vorgespräche mit den zuständigen Betreuern dieses Forschungsprojektes

<u>Dezember 2003 bis März 2004</u>
Vorläufige Konzeption des Untersuchungsdesigns, Hypothesengenerierung, Entwicklung des Untersuchungsinstruments zur Erfassung des Täterverhaltens (ChET), Zusammenstellung der psychometrischen Testverfahren

<u>März bis Mai 2004</u>
Durchführung der Pilotstudie (Gutachtenanalyse) im ZIP: Prozessevaluation der ChET; Anträge auf Genehmigung bei den zuständigen Instanzen

<u>April bis Mai 2004</u>
Vorgespräche mit dem MRV sowie der SothA / Teilnehmerrekrutierung; Aufklärung über Inhalte und Ziele der Untersuchung, Freiwilligkeit der Teilnahme und Anonymisierung der personenbezogenen Daten

<u>Mai bis Oktober 2004</u>
Persönlichkeitspsychologische Diagnostik (NEO-FFI, SKID-II-Fragebogen, Skala R des HPI) im Rahmen von Gruppenuntersuchungen; Auswertung der Gefangenen- bzw. Krankenpersonalakten; Durchführung der PCL-SV-Interviews durch die zuständigen Mitarbeiter der kooperierenden Institutionen

<u>Juni bis Dezember 2004</u>
Dateneingabe und Datenauswertung

<u>Abb. 6</u>: Schematische Darstellung der Arbeitsschritte bei der Untersuchungsdurchführung; MRV = Maßregelvollzug; SothA = Sozialtherapeutische Anstalt; ZIP = Zentrum für Integrative Psychiatrie

#### 4.2.1.1 Persönlichkeitspsychologische Diagnostik

Die Beantwortung der psychometrischen Testverfahren (NEO-FFI, Skala R des HPI, SKID-II-Fragebogen) fand in Form von Gruppensitzungen unterschiedlicher Größe (drei bis zwölf Teilnehmer) intramural in den jeweils zur Verfügung gestellten Räumen statt. Zu Beginn jeder Sitzung wurden Inhalt und Zielsetzung des Projektes erläutert und erneut die Anonymisierung der erhobenen Daten zugesichert. Weiter erhielten die Teilnehmer die Gelegenheit, ihrerseits offene Fragen zu der Studie zu klären. Je nach Gruppenzusammensetzung variierte der Zeitaufwand pro Sitzung zwischen 45 und 70 Minuten. Zur Durchführung der Interviews anhand der PCL-SV können leider keine Angaben getroffen werden, da hierzu nur die Auswertungsergebnisse vorliegen.

#### 4.2.1.2 Aktenanalyse

Für die sich der Persönlichkeitsdiagnostik anschließende Auswertung der Gefangenen- (JVA, SothA) und Krankenpersonalakten (MRV) wurde die Checkliste zur Erfassung von Täterverhalten (ChET) angewendet. Erhoben wurden soziodemographische Merkmale des Täters sowie Angaben zum Indexdelikt und zur Vorstrafenbelastung, deliktspezifische Variablen zum Tathergang und Merkmale des Opfers (vgl. 4.1.2.1). Die jeweilige Bearbeitungsdauer schwankte aufgrund des sehr unterschiedlichen Umfangs in Abhängigkeit von der Informationsdichte erheblich. Besonders zeitintensiv war die Analyse der Verfahren und Gerichtsurteile, die zur Anordnung einer Maßregel der Besserung und Sicherung geführt hatten. Die einzelnen Auswertungsvorgänge nahmen somit zwischen 30 Minuten und drei Stunden in Anspruch.

### 4.2.2 Pilotstudie: Gutachtenanalyse

Zur Überprüfung des gewählten Forschungsdesigns sowie zur Evaluation der Checkliste zur Erfassung von Täterverhalten (ChET) – insbesondere zur Operationalisierung von Opfer- und Täterrisiko sowie des Planungsniveaus – wurde bereits eine Pilotstudie durchgeführt (vgl. Köhler et al., 2005). Im Rahmen dieser Untersuchung wurden jugendpsychiatrische Gutachten analysiert, für deren Erstellung die Universitätsklinik für Kinder- und Jugendpsychiatrie Kiel des Zentrums für Integrative Psychiatrie (ZIP) in den Jahren 1993 bis 2003 beauftragt worden war. Es sind diejenigen forensischen Gutachten ausgewählt worden, deren Stellungnahmen sich auf Fragen zur Anwendbarkeit des Jugendstrafrechts (Reifebeurteilung gem. § 105 JGG), zur

Verantwortlichkeit (§ 3 JGG; Schuldfähigkeit gem. §§ 20, 21 StGB), zur Prognose (z.B. im Hinblick auf Unterbringung im offenen Vollzug oder eine mögliche Strafaussetzung zur Bewährung) und zur Haftfähigkeit bezogen, nachdem wegen eines personenbezogenen (§§ 211f.; 223ff. StGB [25.8%]) oder sexuell motivierten Gewaltdeliktes (§ 177 StGB [74.2%]) eine Verurteilung bzw. Inhaftierung erfolgt worden war (N = 31). Den Akten wurden zum einen unter Anwendung der *ChET* tathergangsanalytische Variablen entnommen. Zum anderen umfasste die Datenerhebung testpsychologische Befunde zur Persönlichkeit und Intelligenz der jugendlichen Straftäter – erhoben durch das Freiburger Persönlichkeitsinventar (FPI-R; Fahrenberg et al., 1989), den Fragenbogen zur Erfassung von Aggressivitätsfaktoren (FAF; Hampel & Selg, 1975) und die Standard Progressive Matrices (SPM; Heller et al., 1998). Zur hypothesengeleiteten Überprüfung tathergangsanalytischer Annahmen sowie unter der Zielsetzung einer Hypothesengenerierung wurden inferenzstatistisch Zusammenhänge zwischen Variablen des Tatverlaufs und Persönlichkeitseigenschaften bzw. Persönlichkeitsdifferenzen untersucht.

Bei den Probanden handelte es sich um 31 männliche Straftäter mit einem Durchschnittsalter von 18.33 Jahren (SD= 1.7; Range 14 bis 23). 91% von ihnen hatten eine deutsche Staatsangehörigkeit. Bezüglich der deliktspezifischen Parameter ergab sich, dass knapp 26% aufgrund eines personenbezogenen Gewaltdelikts und 74% wegen eines sexuellen Gewaltverbrechens angeklagt waren. Knapp 90% hatten ihre Delikte als Einzeltäter begangen. Betrachtet man die Örtlichkeit der Tatbegehung, so zeigte sich, dass 42% der Taten innerhalb einer Räumlichkeit („Indoor-Attacks") und entsprechend 58% außerhalb von Räumlichkeiten (z.B. offene Plätze) durchgeführt wurden. Aus der *Chet* ließ sich ermitteln, dass bei 58% der Indexdelikte eine gezielte Opferauswahl vorlag und es handelte sich dabei bei 42% um fremde und bei 29% um flüchtig-bekannte Opfer. Die jungen Täter verletzten ihre Opfer physisch zum Teil erheblich (körperlich schwer verletzt: 16%; tödlich verletzt: 16%) und nur 35% erlitten keine körperliche Schädigung. Eine Analyse der psychischen Folgen konnte nicht stattfinden.

Es wurden drei Bereiche untersucht: Tatplanung, Kontakt-/ Kontrollaufnahme, spezifische Tatbegehungsmerkmale und Persönlichkeit.

In den Ergebnissen zur ersten Fragestellung zeigte sich, dass keine statistische Beziehung zwischen der Tatplanung und Persönlichkeitsmerkmalen gefunden werden konnte. Möglicher Weise ist dieser Befund durch die Verteilung der Tatplanung beeinflusst, so ergab sich nämlich bei den Probanden eine linksschiefe Verteilung und damit eine insgesamt eher sehr geringe Tatplanung. Diese eingeschränkte Varianz könnte die statistische Auswertung beeinflussen und zu dem nicht signifikanten Ergebnis geführt haben. Um dieser Überlegung nachgehen zu können, benötigt man allerdings eine wesentlich größere Stichprobe mit entsprechender Verteilung der Variable Tatplanung.

In der Untersuchung der zweiten Fragestellung ergaben sich hingegen interessante Zusammenhänge. So waren Täter mit einem betrügerisch-manipulativen Kontaktverhalten (sog. Con-Approach) signifikant lebenszufriedener, leistungsorientierter, weniger gehemmt, weniger erregbar, weniger beansprucht, hatten mehr Gesundheitssorgen und waren extravertierter als Personen mit einem Blitz-/ oder Überraschungsangriff.

Hinsichtlich der Beziehung zwischen spezifischen Tatbegehungsmerkmalen und der Persönlichkeit zeigte sich, dass Täter, die ihr Opfer zufällig auswählten, signifikant gehemmter, erregbarer, beanspruchter, introvertierter, emotional instabiler und weniger intelligent waren als Personen, die eine gezielte Opferauswahl trafen. Personen, die bei der Tatbegehung verbale Gewalt einsetzten, waren weniger sozial orientiert, weniger gehemmt, erregbarer und weniger intelligent. Als letzte Variable wurde in der Untersuchung der Beziehung zwischen Täter-Opfer-Bekanntschaft und Persönlichkeit nachgegangen. Dabei zeigte sich, dass Täter, die ein ihnen fremdes Opfer angriffen, signifikant gehemmter, erregbarer, introvertierter und weniger intelligent waren.

Es ergaben sich also in dieser Pilotstudie zahlreiche Anhaltspunkte für eine Beziehung zwischen Tatbegehungsmerkmalen und Persönlichkeitseigenschaften. Die Befunde dieser Gutachtenanalyse konnten die Validität der theoretischen Grundannahmen zum Zusammenhang von Täterverhalten und Persönlichkeit insofern belegen, als dass sich entsprechende empirische, statistisch relevante Beziehungen bzw. Divergenzen z.T. haben feststellen lassen.

# 5. Ergebnisse

Die Ergebnispräsentation wird aus Gründen der Übersichtlichkeit durch eine ausführliche Beschreibung der Stichprobe eingeleitet (**Kap. 5.1.**). Neben soziodemographischen und kriminologischen Merkmalen wird u.a. die Verteilung derjenigen tathergangsanalytischen Kennwerte aufgezeigt, die im Rahmen der Fragestellungen behandelt werden. Da diese eine Differenzierung zwischen personenbezogenen und sexuellen Gewaltdelikten nicht explizit vorsehen, wird eine solche Gegenüberstellung nur in gesonderten Fällen vorgenommen. Nachfolgend werden teststatistische Kennwerte der verwendeten Instrumente vorgestellt und ggf. mit den laut Testmanual entsprechenden Angaben verglichen. Weiter werden zur Überprüfung der Anwendbarkeit dieser Verfahren in der vorliegenden Stichprobe inhaftierter bzw. untergebrachter Straftäter u.a. Reliabilitätsanalysen durchgeführt (**Kap. 5.2.**).

Die anschließenden Ausführungen zu den Ergebnissen sind in Anlehnung an die spezifischen Fragestellungen gegliedert (**Kap. 5.3.**). Mittels einer explorativen Datenanalyse zur Untersuchung von Abhängigkeitsstrukturen der tathergangsanalytischen Parameter untereinander konnten für das Gesamtkollektiv eine Vielzahl an Assoziationen festgestellt werden. Auf eine dezidierte Darstellung muss aufgrund der Datenmenge verzichtet werden. Vorgestellt werden daher lediglich die Beziehungen, für welche ein hypothesenkonträrer oder -bestätigender (inhaltstheoretischer) Zusammenhang zu den vorliegenden Befunden als möglicherweise vorhanden beurteilt wird. Insbesondere betrifft dies die Fragestellungen zu den Verhaltensweisen Spurenbeseitigung und Inszenierung.

## 5.1. Beschreibung der Stichprobe

Von den 68 Gewalt- und Sexualstraftätern, die sich zur Teilnahme bereit erklärt hatten, traten zwei Personen zu Beginn der Testung ohne Angabe von Gründen zurück. Weitere zwölf Teilnehmer sind trotz erfolgter Persönlichkeitsdiagnostik nicht in die Untersuchungsstichprobe einbezogen worden, nachdem die Aktenauswertung ergeben hatte, dass die Anlassdelikte für die Inhaftierung bzw. Unterbringung nicht den vorgegebenen Eingangskriterien entsprachen (drei Fälle von Brandstiftung [§ 306], fünf Fälle Sexuellen Kindesmissbrauchs [§§ 176, 176a], ein Fall von Räuberischer Erpressung [§ 255], zwei Fälle von Raub in Tateinheit mit gefährlicher Körperverletzung [§§ 224, 249], ein Fall von Geiselnahme [§ 239b]). Ob wirklich alle für die Studie in Frage kommenden Teilnehmer auch angesprochen wurden, kann aufgrund der unterschiedlichen organisatorischen Bedingungen innerhalb der verschiedenen kooperierenden Institutionen nicht mit letzter Sicherheit gesagt werden.

Die Gesamtstichprobe (N = 54) wird zunächst hinsichtlich soziodemographischer (5.1.1), kriminologischer (5.1.2), psychopathologischer (5.1.3), tat- bzw. deliktspezifischer (5.1.4) und viktimologischer (5.1.5) Merkmale beschrieben.

### 5.1.1 Soziodemographische Merkmale

*Täteralter zum Erhebungszeitpunkt*

Zum Zeitpunkt der Datenerhebung waren die untersuchten Teilnehmer zwischen 18;01 und 68;01 Jahre alt (durchschnittliches Alter = 33;08 / SD = 11.51). Die Altersverteilung stellt sich wie folgt dar: 14;0 bis 20;11 = 14.7% (N = 8), 21;0 bis 27;11 = 18.5% (N = 10), 28;0 bis 34;11 = 20.4% (N = 11), 35;0 bis 41;11 = 20.4% (N = 11), 42;0 bis 48;11 = 16.7% (N = 9), 49;0 bis 55;11 = 5.6% (N = 3) und 56;0 oder älter = 3.7% (N = 2).

*Nationalität*

94.4% (N = 51) der Teilnehmer besitzen die deutsche, 5.6% eine andere (algerische [N = 1], türkische [N = 2]) Staatsbürgerschaft.

*Lebenssituation vor der Inhaftierung / Unterbringung*

29.6% (N = 16) gaben an, zum Zeitpunkt der Tat bei den Eltern oder Verwandten gelebt zu haben, 27.8% (N = 15) führten vor der Inhaftierung / Unterbringung einen Haushalt gemeinsam mit der Ehe-/ Lebenspartnerin, und lediglich 9.3% (N = 5) berichten von einem Zusammenleben in einer Wohngemeinschaft. Weitere 22.2% (N = 12) waren alleinlebend, und

11.1% (N = 6) trafen die Aussage, zum Tatzeitpunkt über keine regelmäßige Unterkunft verfügt zu haben.

*Schulbildung und intellektuelle Leistungsfähigkeit*

Während ca. die Hälfte der Probanden (N = 28 / 51.9%) die Hauptschule erfolgreich hat abschließen können, hatten lediglich sechs Teilnehmer (11.1%) den Realschul-, acht (14.8%) den Förderschulabschluss erreicht. Die übrigen zwölf Teilnehmer (22.2%) hatten die Schule vorzeitig abgebrochen oder ohne Abschluss verlassen. Angaben zur intellektuellen Leistungsfähigkeit konnten nur für die 81.5% (N = 44) der Untersuchungsstichprobe erhoben werden, deren Akten Leistungstests bzw. entsprechende Testergebnisse beinhalteten. Zur Vereinheitlichung der unterschiedlichen angewendeten Testverfahren (HAWIE, HAWIE-R, SPM, CFT-20, MWT-B) wurden die Werte z.T. nachträglich den Klassifikationen »unterdurchschnittlich« (IQ < 90: N = 13 / 24.1%), »durchschnittlich« (IQ 90-110: N = 25 / 46.3%) und »überdurchschnittlich« (IQ > 110: N = 6 / 11.1%) zugeordnet.

*Berufstätigkeit vor der Inhaftierung / Unterbringung*

Während annähernd ein Drittel (N = 17 / 31.5%) der Teilnehmer eigenen Angaben zufolge zur Tatzeit arbeitslos war, gaben 44.4% (N = 24) an, vor ihrer Inhaftierung / Unterbringung berufstätig gewesen zu sein. Vier Probanden (7.4%) entfielen auf die Kategorie ‚Hausmann', sechs (11.1%) bzw. drei (5.6%) Untersuchungsteilnehmer waren zum Tatzeitpunkt Schüler bzw. befanden sich in einer Berufsausbildung.

### 5.1.2 Kriminologische Merkmale

*Indexdelikt und Inhaftierung-/ Unterbringungsort*

Zum Zeitpunkt der Datenerhebung waren die Probanden aufgrund von personenbezogenen oder sexuellen Gewaltdelikten (vgl. Tab. 5) in der Forensischen Psychiatrie untergebracht oder in der Sozialtherapeutischen Anstalt bzw. der Justizvollzugsanstalt inhaftiert (vgl. Abb. 7). Hinsichtlich der Straftatbestände, die als Indexdelikt vorliegen (zur Subsumierung der einzelnen Normen vgl. 4.1.5), besteht annähernd eine Gleichverteilung, wobei die als Sexualstraftäter klassifizierten Teilnehmer mit 51.9% geringfügig überwiegen. Der Großteil der Probanden (N = 30) konnte aus der Forensischen Psychiatrie (abgeurteilt gemäß § 63 StGB) rekrutiert werden, ein weiteres Drittel (N = 17) war zum Untersuchungszeitpunkt in der Justizvollzugsanstalt und sieben Personen in der Sozialtherapeutischen Anstalt inhaftiert.

Tab. 5: Indexdelikt

| **Indexdelikt (Haupttatbestand / Bezugsentscheidung)** | Häufigkeit (N) | Prozent (%) |
|---|---|---|
| Personenbezogenes Gewaltdelikt | 26 | 48.1 |
| Sexuelles Gewaltdelikt | 28 | 51.9 |
| **gesamt** | **54** | **100.0** |

Anmerkung: Personenbezogene Gewaltdelikte normiert durch §§ 211f.; 223ff. sowie §§ 174b und 178; sexuelle Gewaltdelikte normiert durch § 177 StGB

*Täteralter zum Tatzeitpunkt und Dauer der Inhaftierung / Unterbringung*

Die Kennwerte zur Verteilung des *Tatzeitalters* werden in Tabelle 6 aufgezeigt. Über ein Drittel der Täter war zum Tatzeitpunkt unter 21 Jahre alt (Min. 15 Jahre), d.h. nach dem Gesetz Jugendlicher bzw. Heranwachsender, und nur bei 14.8% (N = 8) der Taten war der Täter älter als 35 Jahre (Max. 47 Jahre). Somit zeigt sich bei der Altersverteilung eine Spitze in der dritten Lebensdekade.

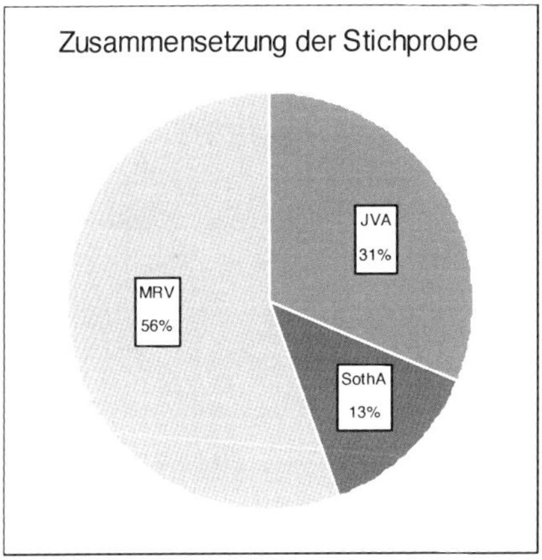


Abb. 7: JVA: Justizvollzugsanstalt (N = 17), SothA: Sozialtherapeutische Anstalt (N = 7), MRV: Maßregelvollzug / Forensische Psychiatrie (N = 30)

Tab. 6: Täteralter zum Tatzeitpunkt

| **Täteralter zum Tatzeitpunkt** | Häufigkeit (N) | Prozent (%) |
|---|---|---|
| 14;0 bis 20;11 | 19 | 35.2 |
| 21;0 bis 27;11 | 14 | 25.9 |
| 28;0 bis 34;11 | 13 | 24.1 |
| 35;0 bis 41;11 | 4 | 7.4 |
| 42;0 bis 48;11 | 4 | 7.4 |
| **gesamt** | **54** | **100.0** |

Anmerkung: Mittelwert (M) = 25;09; Standardabweichung (SD) = 8.36

Die Zeitspanne der *Inhaftierungs-/ Unterbringungsdauer* bis zum Zeitpunkt der Untersuchung, die sich auch aus mehreren Sanktionen ergeben haben konnte, variierte von drei Monaten bis zu 28 Jahren und 10 Monaten (durchschnittliche Dauer = sechs Jahre und sechs Monate; SD = 7 Jahre und 5 Monate; vgl. Tab. *B*-1).

*Täterschaft*

In der Mehrzahl der Fälle (N = 46 / 85.2%) wurden die Delikte von einem Einzeltäter begangen. Bei Vorliegen einer gemeinschaftlichen Tatbegehung (N = 8 / 14.8%) waren es meist (N = 6) zwei Personen, die als Täter abgeurteilt wurden, in zwei Fällen handelte es sich um eine Tat, die von drei Tätern gemeinschaftlich begangen wurde (§ 25 StGB, vgl. Tab. *B*-2).

*De-/ Exkulpation gemäß §§ 20, 21 StGB*

Strafe setzt Schuld, d.h. Schuldfähigkeit, des Täters voraus. Liegt, wie bei zwei Drittel der Untersuchungsstichprobe (N = 36 / 66.7%), eine Einschränkung oder Negation dieser – generell als gegeben unterstellten – Schuldfähigkeit vor, erfolgt eine De- bzw. Exkulpation gemäß §§ 20, 21 StGB. Hinsichtlich der Eingangsmerkmale, die eine solche De-/ Exkulpierung aufgrund kognitiver Handlungsfaktoren (mangelnde Einsichtsfähigkeit) sowie voluntativer Komponenten (mangelnde Steuerungsfähigkeit) normieren, wurde mehrheitlich die »Schwere andere seelische Abartigkeit« benannt (vgl. Tab. 7). Hingegen wurde bei keinem Probanden, dessen Deliktbegehung gemäß § 21 (N = 35) oder § 20 (N = 1) abgeurteilt wurde, das Merkmal »Schwachsinn« aufgeführt – dies ist vermutlich primär darauf zurückzuführen, dass Minderbegabung (Oligophrenie) bereits im Vorwege als Ausschlusskriterium für die Teilnahme gesetzt worden war.

Tab. 7: Eingangskriterien bei der Anwendung von §§ 20, 21 StGB

| **Eingangskriterien (§§ 20, 21 StGB)** | Häufigkeit (N) | Prozent (%) |
|---|---|---|
| Krankhafte seelische Störung | 7 | 19.4 |
| Tiefgreifende Bewusstseinsstörung | 5 | 13.9 |
| Schwachsinn | 0 | 0.0 |
| Schwere andere seelische Abartigkeit | 24 | 66.7 |
| **gesamt** | **36** | **100.0** |

Anmerkung: N = 36; zur Beschreibung der De-/ Exkulpierungskriterien vgl. Tab. *B*-3

*Frühere Haftstrafen und Vorstrafen*

Interessant sind weiter die Zahlen bezüglich früherer Inhaftierungen im Vergleich zur Vorstrafenbelastung der Teilnehmer: 42.6% (N = 23) der Probanden waren zu einem *früheren* Zeitpunkt bereits mindestens einmal im Straf- bzw. Maßregelvollzug *inhaftiert / untergebracht* gewesen. Auffällig ist die hohe *Vorstrafenbelastung* der Täter, bei deren Erhebung jene Handlungen erfasst sind, aufgrund welcher der Täter strafrechtlich in Erscheinung getreten und im Bundeszentral- bzw. Erziehungsregister registriert wurde (ausgenommen waren Verfahrenseinstellungen gemäß der Vorschrift § 170 StPO, vgl. hierzu die Anmerkungen zu Tab. *B*-4): Lediglich 24.1% (N = 13) wiesen keine Eintragung auf, 75.9% (N = 41) waren unter Berücksichtigung dieser Zuordnungskriterien als ‚vorbestraft' zu klassifizieren (durchschnittliche Anzahl an Vorstrafen = 6.93; SD =

5.56; Range = 1 bis 21; vgl. Tab. *B*-4). Hier gilt es zu berücksichtigen, dass das Dunkelfeld nicht bekannt gewordener Straftaten vermutlich erheblich ist. Infolgedessen ist insofern von einer Unterschätzung der Zahlen auszugehen, als evtl. weitaus mehr Täter noch weitere Straftaten begangen haben, diese Delikte jedoch ohne strafrechtliche Konsequenzen blieben.

Hinsichtlich der ‚deliktischen Bandbreite' (vgl. Tab. 8) wurden sowohl die Auskünfte des Bundeszentralregisters einbezogen als auch tatmehrheitlich mit dem Bezugsdelikt (gemäß § 53 StGB), d.h. gleichzeitig als weitere selbstständige Handlungen, abgeurteilte Taten (N = 44; vgl. hierzu Tab. *B*-5). Es imponieren die sehr häufigen Vorstrafen für die Eigentumsdelikte (Diebstahl / Unterschlagung, §§ 242ff.) und die Straftaten gegen die körperliche Unversehrtheit (§§ 223ff.), während v.a. Verstöße gegen das Betäubungsmittelgesetz den Akten vergleichsweise selten zu entnehmen waren. Möglicherweise spielt hier die Rekrutierung der Untersuchungsteilnehmer eine Rolle (keine Probanden, die gemäß § 64 StGB untergebracht waren).

Tab. 8: Deliktische Bandbreite

| **Deliktische Bandbreite** | Häufigkeit (N) | Gültige Prozente (%) |
|---|---|---|
| Diebstahl / Unterschlagung | 31 | 70.5 |
| Straftaten gegen die körperliche Unversehrtheit | 26 | 59.1 |
| Sonstige Straftaten* | 23 | 52.3 |
| Straftaten gegen die sexuelle Selbstbestimmung | 21 | 47.7 |
| Straftaten gegen die persönliche Freiheit | 15 | 34.1 |
| Raub / Erpressung | 15 | 34.1 |
| Sachbeschädigung | 13 | 29.5 |
| Betrug / Untreue | 12 | 27.3 |
| Beleidigung | 9 | 20.5 |
| Gemeingefährliche Straftaten | 8 | 18.2 |
| Straftaten gegen das Leben | 6 | 13.6 |
| Begünstigung / Hehlerei | 4 | 9.1 |
| Straftaten gegen das BtMG | 3 | 6.8 |

Anmerkung: Klassifikation gemäß StGB (Vorstrafen und als tatmehrheitlich begangene Straftaten abgeurteilte Delikte; N = 44); präsentiert nach der Häufigkeit; Mehrfachnennungen möglich; BtMG: Betäubungsmittelgesetz; *. zur Subsumierung unter ‚Sonstige Straftaten' vgl. Tab. *B*-6

### 5.1.3 Psychopathologische Merkmale

*Psychische Störungen*

Zur Erhebung psychopathologischer Merkmale wurden den Gefangenen- bzw. Krankenpersonalakten Angaben bzgl. psychischer Störungen entnommen, welche entweder prädeliktisch bekannt und dokumentiert waren (z.B. anhand von Gutachten über frühere stationäre oder ambulante psychiatrische Behandlungen; ältere Epikrisen), im Verlauf der deliktbezogenen Begutachtung (v.a. hinsichtlich Fragestellungen zur Schuldfähigkeit gemäß §§ 20, 21 StGB oder zur Anwendbarkeit des Jugendstrafrechts [Reifebeurteilung gemäß § 105 JGG]) festgestellt oder im Rahmen diagnostisch-therapeutischer Settings intramural erkannt wurden. Da nicht für alle Probanden ein Gutachten angefordert worden war, und Informationen über vorangegangene therapeutische Behandlungen bzw. stationäre Aufenthalte lediglich fakultativer Bestandteil der Akten waren, ist – insbesondere für die Teilnehmer aus der Justizvollzugsanstalt – mit einer Unterschätzung der Angaben zu psychischen Störungen zu rechnen.

Bei 72.2% (N = 39) der Probanden wurde eine psychische Störung nach ICD-10 (Dilling et al., 2000) festgestellt. Dieser hohe Anteil ist insofern wenig verwunderlich, als über die Hälfte der Untersuchungsstichprobe aufgrund ihrer Taten in der Forensischen Psychiatrie untergebracht war. Am häufigsten wurde auf das Vorliegen einer Störung der Persönlichkeit bzw. – für diejenigen Täter, die zum Zeitpunkt der Diagnosestellung Jugendliche waren – der Persönlichkeitsentwicklung (N = 34) erkannt (vgl. Tab. 9). 43.6% (N = 17) der Teilnehmer mit einer psychischen Störung hatten die Diagnose aus der Kategorie ‚Psychische und Verhaltensstörungen durch psychotrope Substanzen' erhalten, bei 20.5% (N = 8) war eine Störung der Sexualpräferenz festgestellt worden.

Tab. 9: Psychische Störungen

| **Psychische Störungen** | N | % |
|---|---|---|
| Persönlichkeitsstörungen / Störungen der Persönlichkeitsentwicklung (*F60/F61*) | 34 | 87.2 |
| Psychische und Verhaltensstörungen durch psychotrope Substanzen (*F10-F19*) | 18 | 43.6 |
| Störungen der Sexualpräferenz (*F65*) | 8 | 20.5 |
| Intelligenzminderung (*F70-F79*) | 7 | 17.9 |
| Verhaltens- und emotionale Störungen mit Beginn in der Kindheit und Jugend (*F90-F98*) | 7 | 17.9 |
| Abnorme Gewohnheiten und Störungen der Impulskontrolle (*F63*) | 3 | 7.7 |
| Affektive Störungen (*F30-F39*) | 2 | 5.1 |
| Schizophrenie, schizotype und wahnhafte Störungen (*F20-F29*) | 1 | 2.6 |
| Neurotische, Belastungs- und Somatoforme Störungen (*F40-F48*) | 1 | 2.6 |
| Verhaltensauffälligkeiten mit körperlichen Störungen und Faktoren (*F50-F59*) | 1 | 2.6 |
| Psychische Verhaltensstörungen i.V.m. der sexuellen Entwicklung und Orientierung (*F66*) | 1 | 2.6 |
| Entwicklungsstörungen (*F80-F89*) | 1 | 2.6 |

Anmerkung: N = 39; % gültige Prozente; Störung prädeliktisch, während Begutachtung oder intramural erkannt; präsentiert nach der Häufigkeit; Mehrfachnennungen möglich

### 5.1.4 Tat- bzw. deliktbezogene Merkmale

*Tatort (e) / Tatzeit*

Zur Beurteilung des Opfer- und Täterrisikos sowie des Planungsverhaltens der Täter (vgl. 4.1.2.1) wurden verschiedene Merkmale des Tatortes und der Tatzeit bzw. Dauer der Tatdurchführung erhoben. Die Tabellen 10 bis 14 geben die Verteilung derjenigen Kennwerte wieder, die für entsprechende Einschätzungen einbezogen wurden. Wie in Tabelle 10 dokumentiert, fanden viele Taten (46.3%) an Orten statt, die für das Opfer zunächst als gering risikoreich antizipiert wurden, da sie entweder in der eigenen Wohnung oder an belebten Örtlichkeiten mit potenziellen Zeugen geschehen sind.

Tab. 10: Ort der Tatbegehung

| **Tatort** | Häufigkeit (N) | Prozent (%) |
|---|---|---|
| belebt resp. Wohnung des Opfers | 25 | 46.3 |
| öffentlich zugänglich, aber unbelebt | 13 | 24.1 |
| abgelegen resp. Wohnung des Täters | 16 | 29.6 |
| **gesamt** | **54** | **100.0** |

Anmerkung: relevant für die Beurteilung des Opferrisikos

Auffallend ist darüber hinaus, dass häufig ein Tatort ausgewählt wurde, der dem Täter prädeliktisch bereits bekannt war (N = 37 / 68.5%), so dass er möglicherweise sein Risiko, bei der Tatdurchführung gestört zu werden, vermeintlich hat besser beurteilen können als bei jenen Orten, die ihm vor der Tatbegehung fremd waren (vgl. Tab. 11).

Tab. 11: Prädeliktische Kenntnis des Tatortes

| **Prädeliktische Kenntnis des Tatortes** | Häufigkeit (N) | Prozent (%) |
|---|---|---|
| dem Täter bekannt | 37 | 68.5 |
| dem Täter fremd | 17 | 31.5 |
| **gesamt** | **54** | **100.0** |

Anmerkung: relevant für die Beurteilung des Täterrisikos

In Bezug auf die Anzahl tatrelevanter involvierter Orte (vgl. Tab. 12) ist hervorzuheben, dass beinahe 50% der Taten an mehr als einem Ort stattgefunden haben, wobei drei oder mehr Tatorte in lediglich drei Fällen (5.6%) einbezogen worden sind. In zwei Drittel der Fälle (N = 36 / 66.7%) war der Täter darüber hinaus länger am Tatort (bzw. an den Tatorten) verblieben, als dies für die rekonstruierte Dauer der Tatdurchführung erforderlich gewesen wäre (vgl. Tab. 13).

Tab. 12: Anzahl involvierter Tatorte

| **Anzahl involvierter Tatorte** | Häufigkeit (N) | Prozent (%) |
|---|---|---|
| ein Tatort | 29 | 53.7 |
| zwei Tatorte | 22 | 40.7 |
| drei oder mehr Tatorte | 3 | 5.6 |
| **gesamt** | **54** | **100.0** |

Anmerkung: relevant für die Beurteilung des Planungsniveaus

Tab. 13: Zeitspanne, die der Täter am Tatort verbracht hat

| **Verbleib am Tatort** | Häufigkeit (N) | Prozent (%) |
|---|---|---|
| Dauer der Tatdurchführung | 18 | 33.3 |
| Dauer der Tatdurchführung + 50% | 19 | 35.2 |
| Dauer der Tatdurchführung + 100% | 17 | 31.5 |
| **gesamt** | **54** | **100.0** |

Anmerkung: relevant für die Beurteilung des Täterrisikos

Zwei Drittel der Taten wurden erwartungsgemäß ,im Schutze der Dunkelheit' begangen (vgl. Tab. 14), d.h. entweder am späten Abend (nach 21 Uhr) oder in der Nacht bzw. am frühen Morgen (vor 6 Uhr).

Tab. 14: Tatzeit der Tatbegehung

| **Tatzeit** | Häufigkeit (N) | Prozent (%) |
|---|---|---|
| tagsüber – nach 6 Uhr | 18 | 33.3 |
| nachts / früher Morgen – nach 21 Uhr | 36 | 66.7 |
| **gesamt** | **54** | **100.0** |

Anmerkung: relevant für die Beurteilung des Opferrisikos

*Alkoholisierung zum Tatzeitpunkt*

In 50% der Fälle (N = 27) lag laut Aktenlage zum Tatzeitpunkt eine Alkoholisierung des Täters vor. Weitere neun Probanden hatten vor Gericht ausgesagt, zum Zeitpunkt der Tatbegehung unter Alkoholeinfluss gestanden zu haben. Da diese Aussagen jedoch nicht anhand objektiver Kriterien validiert werden konnten, wurde eine Zuordnung zu ,alkoholisiert' nicht vorgenommen, so dass hier vermutlich eine Unterschätzung der tatsächlichen Zahlen vorliegt. Die Blutalkoholkonzentration (BAK, vgl. Tab. 15) war nur z.T. aktenkundig, ggf. erfolgte eine Rückrechnung der den Akten zu entnehmenden Angaben über die BAK zum Zeitpunkt der Blutprobe (vgl. hierzu Tab. *B*-7). In 13 Fällen konnte jedoch der Schweregrad der Alkoholisierung nicht mehr nachvollzogen werden.

Tab. 15: Blutalkoholkonzentration (BAK) laut Aktenlage bzw. nach Rückrechnung

| **BAK zum Tatzeitpunkt** | Häufigkeit (N) | Prozent (%) |
|---|---|---|
| < 1.0 ‰ | 7 | 25.9 |
| 1.0 bis 1.5 ‰ [»leichter Rausch«] | 1 | 3.7 |
| 1.5 bis 2.5 ‰ [»mittelgradiger Rausch«] | 5 | 18.5 |
| > 2.5 ‰ [»schwerer Rausch«] | 1 | 3.7 |
| unbekannt | 13 | 48.2 |
| **gesamt** | **27** | **100.0** |

Anmerkung: N = 27; verbale Klassifizierung in Anlehnung an Feuerlein et al., 1998

*Täterverhalten*

In Bezug auf spezifische Verhaltensweisen des Täters während der Tatdurchführung (vgl. Tab. 16) ist hervorzuheben, dass zum einen Nötigungen und die Anwendung verbaler Gewalt (Drohungen, Beleidigungen) häufig das Verhalten des Täters kennzeichneten (zur Definition vgl. Tab. *B*-8), und zum anderen sowohl Formen von »stumpfer Gewalt« (Schläge mit Gegenständen; Faustschläge; Fußtritte; N = 28) als auch »scharfe Gewalt« (Zufügen von Stich-/ Schnittwunden; N = 19) angewendet wurden. Hinsichtlich der Handlungsformen bei den personenbezogenen Gewaltdelikten fällt auf, dass ‚vaginaler' und ‚analer Geschlechtsverkehr' sowie ‚Samenerguss', ‚manuelle Penetration' und ‚Einführen fremder Objekte' bei jenen Tätern vorlagen, die ihr Opfer im Verlauf der Tatbegehung töteten. Eine oder mehrere dieser Verhaltensweisen waren insgesamt sieben Tätern zuzuordnen, so dass es sich bei 12.9% der Untersuchungsstichprobe (bzw. 26.9% der personenbezogenen Gewaltdelikte) um einen ‚Mord in Zusammenhang mit einem Sexualdelikt' (»Sexualmord«) handelte.

Tab. 16: Verhaltensweisen des Täters

| **Spezifisches Täterverhalten** | personenbez. (N) | sexuell (N) | **gesamt** N | **gesamt** % |
|---|---|---|---|---|
| Nötigung | 12 | 25 | **37** | **68.5** |
| Verbale Gewalt (Drohungen, Beleidigungen) | 9 | 23 | **32** | **59.3** |
| Schläge mit Gegenständen / Faustschläge / Fußtritte | 17 | 11 | **28** | **51.9** |
| Vaginaler Geschlechtsverkehr | 6 | 19 | **25** | **46.3** |
| Zufügen von Stich-/ Schnittwunden | 16 | 3 | **19** | **35.2** |
| Würgen / Drosseln | 10 | 5 | **15** | **27.8** |
| Samenerguss | 1 | 13 | **14** | **25.9** |
| Analer Geschlechtsverkehr | 3 | 9 | **12** | **22.2** |
| Oralverkehr am Täter | 0 | 8 | **8** | **14.8** |
| Masturbation am Tatort | 0 | 5 | **5** | **9.3** |
| Oralverkehr am Opfer | 0 | 5 | **5** | **9.3** |
| Manuelle Penetration | 1 | 4 | **5** | **9.3** |
| Zufügen von Biss-/ Saugwunden | 2 | 1 | **3** | **5.6** |
| Zufügen von Brandwunden | 2 | 0 | **2** | **3.7** |
| Einführen fremder Objekte | 1 | 0 | **1** | **1.9** |
| Zufügen von Schusswunden | 0 | 0 | **0** | **0.0** |
| Folter | 0 | 0 | **0** | **0.0** |

Anmerkung: N = 54; Mehrfachnennungen möglich; Häufigkeiten spezifiziert nach personenbezogenen (N = 26) und sexuellen (N = 28) Gewaltdelikten

*Verwendung von Waffen und Zwangsmitteln*

Erhoben wurde zunächst, ob im Tatverlauf von Seiten des Täters eine *Waffe* oder ein anderes gefährliches Werkzeug zum Einsatz gekommen war, wobei gleichsam die Art der Waffe eruiert wurde (vgl. Tab. 17). Von den 53.7% der Täter (N = 29), die eine Waffe verwendeten, waren es in 75.9% der Fälle Messer o.ä. scharfe Werkzeuge (z.B. auch Brieföffner). Der Gebrauch einer Schusswaffe bzw. eines Schlaggegenstandes hingegen wurde lediglich in je sechs Fällen benannt. Diesen Kennziffern ist zu entnehmen, dass bei einigen Taten mehr als eine Waffe in das Tatgeschehen involviert war.

Tab. 17: Art der Waffen, die von den Tätern verwendet wurden

| **Waffengebrauch** | Häufigkeit (N) | Gültige Prozente (%) |
|---|---|---|
| Messer o.ä. | 22 | 75.9 |
| Schusswaffe | 6 | 20.7 |
| Schlaggegenstand | 6 | 20.7 |

Anmerkung: N = 29

Für die Beurteilung des Planungsverhaltens wurde hinsichtlich des Waffengebrauchs insbesondere rekonstruiert, inwieweit diese vom Täter *mitgebracht* und / oder von diesem vom Tatort *entfernt* wurde (vgl. Tab. 18). Von den 29 Probanden, bei deren Tatverlauf eine Waffe eingesetzt worden war, hatten 23 (79.3%) die Waffe zum Tatort mitgebracht, 21 Probanden (72.4%) hatten die Waffe nach der Tatbegehung mitgenommen. Bei den Tätern, welche nach der Tat die Waffen mitnahmen, handelt es sich nicht zwangsläufig um die gleichen Täter, die diese zum Tatort mitgebracht hatten: In insgesamt fünf Fällen war die Waffe mitgebracht, aber nicht wieder mitgenommen wurden, in weiteren drei Fällen wurde eine Waffe, die am Tatort oder beim Opfer vorgefunden worden war, nach der Tat entfernt.

Tab. 18: Waffe zum Tatort mitgebracht / vom Tatort mitgenommen

| **Waffe** | Häufigkeit (N) | Gültige Prozente (%) |
|---|---|---|
| Zum Tatort mitgebracht | 23 | 79.3 |
| vom Tatort mitgenommen | 21 | 72.4 |

Anmerkung: N = 29

Auch die Anwendung von *Zwangsmitteln zur Kontrolle* des Opfers (z.B. Fesseln, Handschellen, Mundknebel) wurde für die Beurteilung des Planungsniveaus erhoben. Von lediglich 13% der Untersuchungsteilnehmer (N = 7) wurden entsprechende Kontrollmaßnahmen eingesetzt.

*Personifizierung*
Analysiert und klassifiziert wurden des Weiteren Handlungsweisen des Täters, die für eine effektive und zielgerichtete Tatdurchführung nicht zwingend erforderlich waren, sondern darüber hinausgingen. Bei 61.1% (N = 33) der Probanden ergab die Tatrekonstruktion entsprechende Personifizierungsformen (vgl. Tab. 19). Hervorzuheben ist für die personen-bezogenen Gewaltdelikte, dass es sich bei Vorliegen ‚weiterer (sexueller) Personifizierungsformen' um einen »Sexualmord« gehandelt hatte. Auch die beiden Fälle einer ‚emotionalen Wiedergutmachung' und ‚Depersonalisation' standen in Zusammenhang mit einem Tötungsdelikt.

Auffallend häufig (N = 11 / 20.4%) wurden Versuche unternommen, *Intimität* zum Opfer *herzustellen* (z.B. Streicheln, Küssen; Aussagen oder Handlungsweisen, die sich auf zukünftige gemeinsame Aktivitäten beziehen; Versuche, sich für weitere – vom Täter als einvernehmlich antizipierte – Treffen zu verabreden). Bei diesen Versuchen, eine Art ‚Pseudobeziehung' mit dem Opfer einzugehen, lag stets ein Sexualdelikt zugrunde.
Besonders hervorzuheben sind auch das Vorliegen eines ‚overkill' (N = 4) und das ‚*Zufügen postmortaler* Verletzungen' (N = 7), da diese per definitionem ausschließlich für jene Taten erhoben werden konnten, in denen das Opfer getötet worden war (N = 17). Somit haben über 40% der Täter, die ihr Opfer töteten, diesem Verletzungen beigebracht, die rechtsmedizinischen Befunden zufolge durch Gewalteinwirkung nach Stillstand des Kreislaufsystems entstanden waren. Bei 25.0% der Tötungsdelikte war die Vorgehensweise des Täters durch Handlungen gekennzeichnet, die weit über das zur Tötung eines Menschen erforderliche Maß hinausreichten.

Nennenswert ist darüber hinaus das Vorliegen von Verhaltensweisen, die unter die Restkategorien weiterer – im Vorwege nicht explizit definierter – Personifizierungsformen subsumiert wurden (vgl. Tab. 20). Unterschieden wird zwischen *sexuellen* Formen (N = 9) und solchen, denen auf den ersten Blick *keine sexuell relevante Komponente* beizumessen war (N = 12).

Tab. 19: Personifizierungsformen im Tatverlauf

| **Personifizierungsformen** | personenbez. (N) | sexuell (N) | **gesamt N** | **%** |
|---|---|---|---|---|
| weitere (nicht-sexuelle) Personifizierungsformen* | 7 | 5 | **12** | **22.2** |
| Intimität herstellen | 0 | 11 | **11** | **20.4** |
| weitere (sexuelle) Personifizierungsformen* | 3 | 6 | **9** | **16.7** |
| Zufügen postmortaler Verletzungen | 7 | --- | **7** | **13.0** |
| Inszenierung (»Staging«) | 6 | 0 | **6** | **11.1** |
| Übertöten (»Overkill«) | 4 | --- | **4** | **7.4** |
| Übertriebene Gewaltanwendung | --- | 3 | **3** | **5.6** |
| Mitnahme von »Souvenirs« / »Trophäen« | 2 | 0 | **2** | **3.7** |
| Emotionale Wiedergutmachung (»Undoing«) | 1 | 0 | **1** | **1.9** |
| Depersonalisation (»Depersonalization«) | 1 | 0 | **1** | **1.9** |

Anmerkung: N = 33, Mehrfachnennungen möglich; Häufigkeiten spezifiziert nach personenbezogenen (N = 26) und sexuellen (N = 28) Gewaltdelikten; * vgl. Tab. 20; --- Formen, die für das jeweilige Indexdelikt nicht erhoben wurden (Ausmaß der Gewalt wird unter Bezugnahme auf die vermeintlich notwendige Intensität zur Aufrechterhaltung der Kontrolle über das Opfer klassifiziert, eine entsprechende Einordnung entfällt bei den personenbezogenen Delikten, da sich diese gemäß der angewendeten Strafrechtsnormen gegen das Leben bzw. gegen die körperliche Unversehrtheit richten; Taten, die für das Opfer tödlich endeten, sind immer den personenbezogenen Delikten zugeordnet, so dass ‚overkill' und ‚postmortale Verletzungen' bei den sexuellen Gewaltdelikten nicht vorkommen können)

Tab. 20: Beispiele für sexuelle und nicht-sexuelle Personifizierungsformen

| **Weitere (sexuelle) Personifizierungen** | **Weitere (nicht-sexuelle) Personifizierungen** |
|---|---|
| versuchter vaginaler / analer Geschlechtsverkehr postmortal; gemeinsames Anschauen und Nachspielen von Filmen pornographischen Inhaltes; Lecken / Beißen der Brüste des Opfers; Abschneiden der Schamhaare; Ablecken des Gesichtes | nach Tötung Seil locker um den Hals des Opfers gelegt; Bespucken des Opfers; Beibringen verschiedener (Probier-) Schnitte; Einsperren des Opfers in einen Müllcontainer; Beten für Täter während Bedrohung unter Waffengewalt |

### 5.1.5 Viktimologische Merkmale

*Geschlecht*

Die Opfer waren in 77.8% der Fälle (N = 42) weiblichen Geschlechts. Von den zwölf männlichen Opfern wurden lediglich zwei durch die als Sexualstraftäter klassifizierten Probanden viktimisiert.

*Alter*

Die Kennwerte zur Altersverteilung der Opfer werden in Tabelle 21 aufgezeigt. Besonders häufig betroffen war die Altersgruppe der 14-21jährigen (N = 14), von denen 50% Opfer einer Sexualstraftat geworden waren. Es imponiert die erhebliche Alterspannbreite: das jüngste Opfer war zwei Jahre, das älteste 75 Jahre alt.

Tab. 21: Opferalter

| **Opferalter** | Häufigkeit (N) | Prozent (%) |
|---|---|---|
| < 14;0 | 8 | 14.8 |
| 14;0 bis 20;11 | 14 | 25.8 |
| 21;0 bis 27;11 | 5 | 9.3 |
| 28;0 bis 34;11 | 7 | 13.0 |
| 35;0 bis 41;11 | 3 | 5.6 |
| 42;0 bis 48;11 | 4 | 7.4 |
| 49;0 bis 55;11 | 7 | 13.0 |
| ≥ 56;0 | 6 | 11.1 |
| **gesamt** | **54** | **100.0** |

Anmerkung: Mittelwert (M) = 31.52; Standardabweichung (SD) = 18.49

In 46.3% (N = 25) der Straftaten waren Opfer und Täter annähernd gleich alt (± 5 Jahre). 18 Delikte (33.3%) wurden von Tätern begangen, die mehr als fünf Jahre jünger, weitere elf Delikte (20.4%) von Tätern, die über fünf Jahre älter waren als ihr Opfer. Während bei Vorliegen einer Sexualstraftat der Täter lediglich in drei Fällen jünger war als das Opfer, war eine solche Konstellation bei über der Hälfte (N = 15) der personenbezogenen Gewaltdelikte zu verzeichnen.

*Beruf / tatrelevante Tätigkeit*

Zur Beurteilung des Opferrisikos – und damit mittelbar auch des Risikos für den Täter – wurde der Beruf bzw. die Tätigkeit des Opfers zum Tatzeitpunkt erfasst und klassifiziert (vgl. Tab. 22). In der Mehrzahl erfolgte eine Einschätzung als ‚gering risikoreich' (68.5%).

Tab. 22: Einschätzungen des Berufs bzw. der tatrelevanten Tätigkeit des Opfers

| **Beruf / tatrelevante Tätigkeit** | Häufigkeit (N) | Prozent (%) |
|---|---|---|
| gering risikoreich | 37 | 68.5 |
| durchschnittlich risikoreich | 11 | 20.4 |
| hoch risikoreich | 6 | 11.1 |
| **gesamt** | **54** | **100.0** |

Anmerkung: relevant für die Beurteilung des Opferrisikos

*Täter-Opfer-Beziehung*

Ein Drittel der Opfer war dem Täter bis zur Tatbegehung völlig unbekannt oder hatte diesen erst kurz (maximal sechs Stunden) vor der Tat kennen gelernt (vgl. Abb. 8). Waren Täter und Opfer einander prädeliktisch bekannt (N = 36), handelte es sich häufig um eine nur flüchtige Bekanntschaft (N = 13). In 14.8% der untersuchten Fälle war als betroffenes – in allen Fällen weibliches – Opfer die (ehemalige) Lebensgefährtin benannt. Bei diesen »Beziehungsdelikten« handelte es sich in drei Fällen um ein personenbezogenes Gewaltdelikt, bei den übrigen fünf Fällen lag eine Sexualstraftat zugrunde.

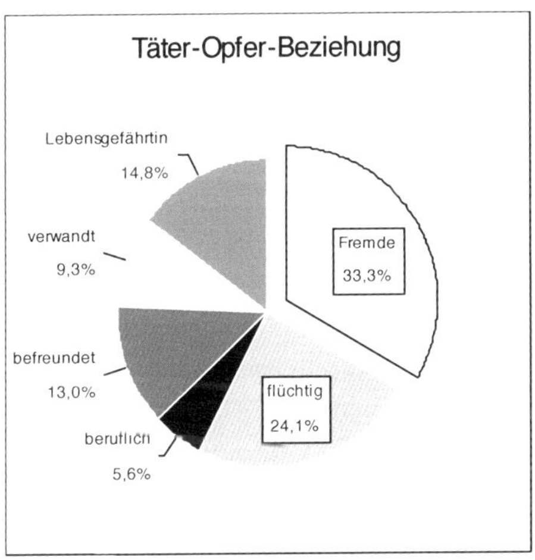


Abb. 8: Täter-Opfer-Beziehung; N = 54; Prozentangaben gerundet (Fremde 33.33%; flüchtige Bekanntschaft 24.07%; berufliche Bekanntschaft 5.56%; Freundschaft / lange Bekanntschaft 12.96%; Verwandtschaft 9.26%; [ehem.] Lebensgefährtin 14.82%)

*Opferauswahl*
In der Mehrzahl der Fälle (N = 37 / 68.5%) wählte der Täter sein Opfer gezielt aus, wobei entweder eine prädeliktische Beziehung bestanden hatte (N = 32) oder bestimmte Kriterien wie z.B. das Alter oder das äußere Erscheinungsbild als Auswahlmerkmale eine Rolle spielten (»targeted stranger«, N = 5 [vgl. 3.1.1]). Bei den 17 Taten (31.5%), in denen die betroffene Person gemäß der Tatrekonstruktion ‚zufällig' als Opfer ausgewählt worden war, handelte es sich mehrheitlich um dem Täter vollkommen Fremde (N = 13).

*Verletzungen des Opfers*
Ausmaß, Lokalisation und Art der Verletzungen, die dem Opfer zugefügt wurden, sind in den Tabellen 23 bis 25 dargestellt. Lediglich elf Betroffene (20.4%) blieben physisch unverletzt, 17 Opfer erlagen ihren tödlichen Verletzungen.

Tab. 23: Verletzungsausmaß

| **Verletzungsgrad** | Häufigkeit (N) | Prozent (%) |
|---|---|---|
| keine Verletzung | 11 | 20.4 |
| leicht verletzt (ärztliche Versorgung nicht notwendig) | 10 | 18.5 |
| mittelmäßig verletzt (ärztliche Versorgung notwendig) | 8 | 14.8 |
| schwer verletzt (Krankenhausaufenthalt notwendig) | 8 | 14.8 |
| tödlich verletzt | 17 | 31.5 |
| **gesamt** | **54** | **100.0** |

Die Variable ‚*Verl*etzungslokalisation' erlaubt eine präzise topographische Einteilung der Körperregionen, in denen Verletzungen festgestellt wurden (N = 43). Die Gewalteinwirkung richtete sich gegen Kopf, Hals, Brustkorb, Unterleib, Rücken, Gesäß, Arme und Beine sowie den Genitalbereich. Am häufigsten betroffen waren Kopf und Hals (z.B. Gesichtsverletzungen, Hämatome im Augenbereich, Nasenbeinfrakturen, Exkorationen, Kehlkopf- oder Zungenbeinverletzungen), Arme und Beine sowie der Brustkorb. Genitale Verletzungsbefunde (z.B. Unterblutungen der Schleimhäute, Scheiden-, Dammrisse, Analverletzungen) wurden in 21% der Fälle festgestellt.

Tab. 24: Verletzungslokalisation

| **Verletzungslokalisation** | Häufigkeit (N) | Gültige Prozente (%) |
|---|---|---|
| Kopf | 30 | 69.8 |
| Brustkorb (Brüste) | 24 | 46.3 |
| Arme / Beine | 24 | 55.8 |
| Hals | 22 | 51.2 |
| Rücken | 13 | 30.2 |
| Genitalbereich | 9 | 21.0 |
| Unterleib | 6 | 14.0 |
| Gesäß | 4 | 9.3 |

Anmerkung: N = 43; präsentiert nach der Häufigkeit; Mehrfachnennungen möglich

In Bezug auf die *Art der Verletzungen* stehen die Folgen ‚stumpfer' Gewalteinwirkung in Form von Hämatomen, Prellungen, Platzwunden etc. (Erläuterungen in Tab. *B*-9) mit 62.8% an erster Stelle. Es folgen an zweiter Position Parier- und Abwehrverletzungen. Dies korrespondiert mit den häufigen Verletzungen an den Armen der Opfer, da sich diese Verletzungsformen rechtsmedizinischen Kenntnissen zufolge am häufigsten im Bereich der Streck- bzw. Ellenseite der Unterarme sowie auf den Handrücken befinden. In Übereinstimmung mit den erhobenen Angaben zur Art der von den Tätern verwendeten Waffen, waren Stich- und Schnittwunden durch ‚scharfe' Gewalteinwirkung mit 44.2% auffallend häufig, während keines der Opfer eine Schussverletzung aufwies. Insbesondere das Zufügen postmortaler Verletzungen (u.a. auch beim »Übertöten«) geschah unter Anwendung ‚scharfer' Werkzeuge.

Tab. 25: Art der Verletzungen

| **Art der Verletzungen** | Häufigkeit (N) | Gültige Prozente (%) |
|---|---|---|
| Verletzungen durch ‚stumpfe Gewalt' | 27 | 62.8 |
| Parier-/ Abwehrverletzungen | 23 | 53.5 |
| Stich-/ Schnittverletzungen | 19 | 44.2 |
| Genitale Verletzungen | 9 | 21.0 |
| Widerlagerverletzungen | 8 | 18.6 |
| Strangulationsverletzungen | 8 | 18.6 |
| Fixierverletzungen | 6 | 14.0 |
| Biss-/ Saugverletzungen | 3 | 7.0 |
| Thermische Läsionen | 2 | 4.7 |
| Fesselungsverletzungen | 1 | 2.3 |
| Entkleideverletzungen | 0 | 0.0 |
| Schussverletzungen | 0 | 0.0 |

Anmerkung: N = 43; präsentiert nach der Häufigkeit; Mehrfachnennungen möglich

## 5.2. Persönlichkeitsdiagnostische Kennwerte

Als persönlichkeitsdiagnostische Verfahren wurden das NEO-FFI, die Skala R des HPI und der SKID-II-Fragebogen vorgegeben. Da es sich hierbei um Instrumente handelt, für die keine Normierung an Stichproben inhaftierter Straftäter oder forensischer Patienten vorliegt, erfolgt zunächst eine Darstellung der teststatistischen Kennwerte und ggf. ein Vergleich mit den entsprechenden Angaben laut Testmanual der verschiedenen Diagnostika (5.2.1.). Zur Überprüfung der Gütekriterien und damit mittelbar der Anwendbarkeit dieser Verfahren in der vorliegenden Stichprobe werden Reliabilitätsanalysen durchgeführt sowie ggf. die Skaleninterkorrelationen berechnet. Für das Interviewverfahren PCL-SV wird zusätzlich die von Hare (1991; Freese, 1999) postulierte Faktorenstruktur überprüft (5.2.2.).

### 5.2.1 Fragebogenverfahren

#### 5.2.1.1 Dimensionale Diagnostik: NEO-FFI, Skala R

Normalpsychologische Persönlichkeitsakzentuierungen wurden mit dem NEO-FFI und der Skala ‚Risikobereitschaft (R)' des HPI erfasst. Bei der Überprüfung der Merkmalsbereiche werden zum Vergleich

Referenzstichproben der Fragebogen (Borkenau & Ostendorf [1993], Ullrich [1999] für das NEO-FFI; Andresen [2002] für die Skala R) herangezogen. Erkennbare Unterschiede unter Bezugnahme auf die Mittelwerte (vgl. Tab. 26 und 27) zeigen sich insofern, als sich die Teilnehmer der Untersuchungsstichprobe als neurotischer, gewissenhafter, weniger extravertiert, weniger offen für Erfahrungen, geringer verträglich und weniger risikobereit als die allgemeine Bevölkerung beschreiben. Eine statistische Überprüfung dieser Differenzen führte zu signifikanten Unterschieden auf den Skalen Neurotizismus, Offenheit und Verträglichkeit. Dies gilt es bei der Bewertung derjenigen Fragestellungen, für welche diese Konstrukte von Relevanz sind (Neurotizismus hinsichtlich der Beziehung zum Planungsniveau [Hypothese 2] sowie Offenheit und Verträglichkeit in Bezug auf Unterschiede beim Täterrisiko [Hypothesen 6 und 7]) zu berücksichtigen.

Tab. 26: Mittelwerte des NEO-FFI im Vergleich zu einer Referenzstichprobe

| | **Untersuchungsstichprobe** | | **Referenzstichprobe** | | |
|---|---|---|---|---|---|
| | **M** | **SD** | **M** | **SD** | **p** |
| **Neurotizismus** | 24.00 | 7.11 | 19.98 | 8.02 | **0.00**** |
| **Extraversion** | 25.98 | 4.63 | 28.09 | 6.71 | 0.39 |
| **Offenheit** | 26.44 | 6.12 | 31.84 | 6.38 | **0.00**** |
| **Verträglichkeit** | 26.69 | 5.34 | 28.14 | 6.21 | **0.00**** |
| **Gewissenhaftigkeit** | 31.50 | 5.96 | 30.75 | 7.46 | 0.06 |

Anmerkung: Mittelwert (M); Standardabweichung (SD); Irrtumswahrscheinlichkeit (p), Einstichproben-t-Test für Mittelwertsdifferenzen; **. signifikant auf dem 0.01%-Niveau (2-seitig); Referenzstichprobe: Ullrich, 1999; Untersuchungsstichprobe N = 54; Analysen basieren auf den Rohwerten

Ein Vergleich der beiden Subkollektive ‚Justizvollzugsanstalt vs. Maßregelvollzug' im Hinblick auf diejenigen Persönlichkeitsdimensionen des NEO-FFI, für die sich signifikante Differenzen haben aufzeigen lassen, zeigt, dass sich die Inhaftierten (JVA) als signifikant ($p = 0.024$) weniger offen beschreiben als die untergebrachten Patienten (MRV). Die im Vergleich zur Referenzgruppe durchschnittlich geringere Verträglichkeit korrespondiert hingegen v.a. mit der Teilstichprobe aus dem Maßregelvollzug: Wenngleich nicht statistisch relevant ($p = 0.176$), beschreiben sich die dort untergebrachten Patienten im Mittel als weniger verträglich als die aus den Justizvollzugsanstalten rekrutierten Probanden.

Die Unterschiede für die Skala Neurotizismus sind nur gering und entsprechend vernachlässigbar (vgl. Tab. *B*-10a, *B*-10b).

Tab. 27: Mittelwert der Skala R im Vergleich zu einer Referenzstichprobe

| | **Untersuchungsstichprobe** | | **Referenzstichprobe** | | |
|---|---|---|---|---|---|
| **Risikobereitschaft** | **M** | **SD** | **M** | **SD** | **p** |
| | 32.31 | 9.57 | 34.20 | 7.40 | 0.19 |

Anmerkung: Mittelwert (M); Standardabweichung (SD); Irrtumswahrscheinlichkeit (p), Einstichproben-t-Test für Mittelwertsdifferenzen; Referenzstichprobe: Andresen, 2002; Untersuchungsstichprobe N = 54; Analysen basieren auf den Rohwerten

Die Reliabilität der Skalen wurde durch Cronbach's Alpha ermittelt. Ein Vergleich der Alpha-Koeffizienten (vgl. Tab. 28) zeigt, dass die internen Konsistenzen für alle NEO-FFI-Skalen unter den von Borkenau & Ostendorf (1993) angegebenen Werten liegen. Einzig für die Skala Risikobereitschaft des HPI ergibt sich eine sehr gute Reliabilität, die auch über dem von Andresen (2002) angegebenen Wert liegt. Während die interne Konsistenz für die Skalen Gewissenhaftigkeit und Neurotizismus als gut bzw. befriedigend zu bewerten sind, können die Reliabilitäten für die Dimensionen Offenheit und Verträglichkeit nur als ausreichend beurteilt werden. Auffallend niedrig stellt sich die interne Konsistenz für die Extraversionsdimension dar, die so nicht den testtheoretischen Anforderungen für persönlichkeitspsychologische Aussagen genügt. Durch eine Eliminierung zweier Items (»Ich habe oft das Gefühl, vor Energie überzuschäumen« (Item 32) und »Ich führe ein hektisches Leben« (Item 47), deren Trennschärfekoeffizienten diese als besonders untauglich auswiesen, und eine erneute Itemanalyse mit den verbleibenden zehn Items, konnte eine geringfügige Verbesserung erzielt werden (Konsistenzkoeffizient: r =.60).

Insbesondere für die Fragestellungen, in denen verschiedene Persönlichkeitskonstrukte zu dem gleichen Tathergangsmerkmal in Beziehung gesetzt werden, kann es für interpretative Bewertungen von Bedeutung sein, inwieweit die entsprechenden Eigenschaften untereinander zusammenhängen, so dass zum einen die Korrelate zwischen den Skalen des NEO-FFI, zum anderen die Korrelationen mit der Skala R berechnet werden.

Tab. 28: Interne Konsistenz (Cronbach's Alpha) des NEO-FFI und der Skala R

| | Cronbach's α Manual | Cronbach's α Stichprobe |
|---|---|---|
| **Neurotizismus** | 0.85 | 0.75 |
| **Extraversion** | 0.79 | 0.56 [0.60] |
| **Offenheit** | 0.72 | 0.65 |
| **Verträglichkeit** | 0.74 | 0.64 |
| **Gewissenhaftigkeit** | 0.85 | 0.82 |
| **Risikobereitschaft** | 0.85 | 0.91 |

Anmerkung: Manual NEO-FFI: Borkenau & Ostendorf, 1993; Manual Skala R: Andresen, 2002); in Klammern Alpha-Koeffizient nach Eliminierung der Items 32, 47; Untersuchungsstichprobe N = 54

Für die Überprüfung der Skalenhomogenität werden die Interkorrelationen zwischen den Dimensionen berechnet. Da die NEO-FFI-Skalen mit dem Ziel weitgehender Orthogonalität konstruiert wurden, sollten die in der Normstichprobe gefundenen Korrelationen (-.33 bis .16) nicht überschritten werden. Weiter erfolgt eine Analyse der Korrelationen zwischen den NEO-FFI-Skalen und der Skala Risikobereitschaft des HPI (vgl. Tab. 29). Die Interkorrelationen zwischen den NEO-FFI-Skalen weichen mehrheitlich nur geringfügig von denen ab, die Borkenau & Ostendorf (1993) in ihrem Manual vorstellen. Dies entspricht der Forderung nach weitgehender Unabhängigkeit der Faktoren. Auffallend ist einzig die signifikante (negative) Korrelation zwischen Verträglichkeit und Neurotizismus, deren Koeffizient (r = -.60) nur gering unter der für die Skala Verträglichkeit berechneten internen Konsistenz (r = .64) liegt.

Hinsichtlich der Korrelationen mit der Skala Risikobereitschaft liegen die bivariaten Koeffizienten in der Spanne von -.19 und +.22. In Übereinstimmung mit den Interkorrelationen, die laut Manual zum NEO-FFI vorliegen (Andresen, 2002), ist die Korrelation zwischen Extraversion und Risikobereitschaft vergleichsweise hoch (sehr ähnlich auch laut Manual mit r = .21), wenngleich dieser Zusammenhang statistisch nicht signifikant ist.

Tab. 29: Interkorrelationen der Skalen (NEO-FFI) und Korrelationen mit der Skala R

| | N | E | O | G | V | R |
|---|---|---|---|---|---|---|
| N | | | | | | |
| E | -.16 | | | | | |
| O | .08 | .24 | | | | |
| G | -.21 | .17 | -.01 | | | |
| V | -.60** | .02 | -.02 | .22 | | |
| R | .17 | .22 | -.06 | .15 | -.19 | |

Anmerkung: N = 54; **. signifikante Korrelation auf dem Niveau 0.01% (Pearson; 2-seitig)

### 5.2.1.2 Kategoriale Diagnostik: SKID-II-Fragebogen

Analog zu den dimensionalen Fragebogenverfahren werden die Konsistenzkoeffizienten bestimmt, um diese ggf. bei der Ergebnisbewertung berücksichtigen zu können. Da im Manual (Fydrich et al., 1997) keine teststatistischen Angaben zu Mittelwerten und internen Konsistenzen angegeben werden, kann ein diesbezüglicher Vergleich zur allgemeinen Bevölkerung nicht erfolgen. Hinsichtlich der Reliabilitätsanalysen werden daher Zahlen von Köhler (2004) aus dem Jugendstrafvollzug aufgeführt (vgl. Tab. 30).

Insbesondere für die unter Cluster B subsumierten Skalen zeigen sich gute oder befriedigende interne Konsistenzen, und auch für die Skalen des Cluster C sind die Reliabilitäten mehrheitlich als ausreichend zu bewerten. Während aber die paranoide und die schizotypische Persönlichkeitsstörung des Cluster A Alpha-Koeffizienten von mindestens r = .77 aufweisen, ist die interne Konsistenz der schizoiden Persönlichkeitsstörung (r = .40) als ungenügend zu beurteilen. Im Vergleich zur Reliabilitätsanalyse von Köhler (2004) ist dies die einzige SKID-II-Skala, deren interne Konsistenz unter den dort gefundenen Reliabilitäten liegt.

Berechnungen zu Interkorrelationen zwischen den 12 Skalen sowie in Bezug auf Korrelationen mit den NEO-FFI-Dimensionen und der Skala Risikobereitschaft des HPI befinden sich im Anhang (vgl. Tab. *B*-11 und Tab. *B*-12).

Tab. 30: Mittelwerte und interne Konsistenzen der Skalen des SKID-II-Fragebogen

| | Untersuchungsstichprobe | | Cronbach's | Cronbach's |
|---|---|---|---|---|
| | **M** | **SD** | α **Stichprobe** | α **Köhler (2004)** |
| Paranoide PD | 3.37 | 2.96 | 0.77 | 0.62 |
| Schizoide PD | 2.02 | 1.42 | 0.40 | 0.72 |
| Schizotypische PD | 1.91 | 2.19 | 0.81 | 0.37 |
| **Cluster A** | 7.30 | 5.03 | | |
| Histrionische PD | 2.19 | 2.00 | 0.74 | 0.58 |
| Borderline PD | 5.07 | 3.73 | 0.84 | 0.74 |
| Narzisstische PD | 4.54 | 3.45 | 0.76 | 0.66 |
| Antisoziale PD [(+)] | 6.02 | 4.04 | 0.85 | 0.83 |
| **Cluster B** | 17.81 | 9.83 | | |
| Selbstunsichere PD | 2.43 | 1.77 | 0.63 | 0.58 |
| Dependente PD | 2.50 | 1.89 | 0.62 | 0.54 |
| Zwanghafte PD | 3.67 | 1.90 | 0.52 | 0.29 |
| **Cluster C** | 13.83 | 7.65 | | |
| Negativistische PD | 2.35 | 1.93 | 0.66 | 0.60 |
| Depressive PD | 2.89 | 2.09 | 0.68 | 0.65 |

Anmerkung: N = 54; PD: Persönlichkeitsstörung; [(+)] Störung des Sozialverhaltens

Berechnungen zu Interkorrelationen zwischen den 12 Skalen sowie in Bezug auf Korrelationen mit den NEO-FFI-Dimensionen und der Skala Risikobereitschaft des HPI befinden sich im Anhang (vgl. Tab. *B*-11 und Tab. *B*-12).

### 5.2.2 Interviewverfahren: PCL-SV

Eingesetzt wurde weiter das Interviewverfahren PCL-SV (Freese, 1999), um Fragestellungen zum Zusammenhang von Tathergangsmerkmalen und ‚Psychopathy' zu untersuchen. Zur Überprüfung der Gütekriterien wird auch hier eine Reliabilitätsanalyse durchgeführt, dies letztlich auch vor dem Hintergrund, dass aus dem deutschsprachigen Raum bisher nur wenige Evaluationsstudien für dieses Leitfadeninterview vorliegen. Zur Bestimmung der Konstruktvalidität werden die Interkorrelationen zwischen den Items (Skalen) berechnet. Weiter erfolgt eine Überprüfung der faktoriellen Validität, da verschiedene Studien Anlass zu der Vermutung geben, dass statt des von Hare (1991; Freese, 1999) postulierten Zwei-Faktoren-Modells (vgl. 3.2.1.1) eine andere Faktorenstruktur zugrunde liegt (vgl. Cooke & Michie, 2001; Köhler, 2004; Otto, 2003; Ullrich et al., 2003). Die interne Konsistenz der PCL-SV ist unter Einbeziehung aller zwölf Skalen sowie der theoretisch angenommenen Faktoren (Hare, 1991; dt. Freese, 1999) mit einem Alpha-Koeffizienten von r = .84 als recht hoch einzustufen. Auch das Entfernen einzelner Skalen würde keine Erhöhung der Reliabilität bewirken (vgl. Tab. 31, »alpha if item deleted«). Diese Einschätzung spiegelt sich in den Trennschärfekoeffizienten wider, die alle zwischen $r_{Trennschärfe}$ = .315 (»*antisozial im Erwachsenenalter*«) und $r_{Trennschärfe}$ = .719 (»*betrügerisch-manipulativ*«) liegen.

Tab. 31: Übersicht über die wichtigsten Kennwerte der PCL-SV auf Itemebene

| **PCL-SV Cronbach's Alpha = 0.8412** | **M** | **SD** | **Trennschärfe** | **Alpha if item deleted** |
|---|---|---|---|---|
| Oberflächlicher Charme | 0.87 | 0.78 | 0.581 | 0.834 |
| Grandios | 0.83 | 0.82 | 0.590 | 0.833 |
| Betrügerisch-Manipulativ | 0.83 | 0.70 | 0.719 | 0.832 |
| Fehlen von Reue | 1.00 | 0.64 | 0.502 | 0.837 |
| Fehlen von Empathie | 1.20 | 0.68 | 0.426 | 0.839 |
| Keine Verantw.-Übernahme | 0.93 | 0.64 | 0.531 | 0.837 |
| Impulsivität | 1.15 | 0.76 | 0.540 | 0.835 |
| Schlechte Verhaltenssteuer. | 1.07 | 0.75 | 0.568 | 0.835 |
| Fehlende Lebensziele | 1.04 | 0.80 | 0.573 | 0.834 |
| Verantwortungslosigkeit | 1.00 | 0.70 | 0.648 | 0.835 |
| Antisozial Adoleszenz | 1.13 | 0.89 | 0.617 | 0.832 |
| Antisozial Erwachsenenalter | 1.02 | 0.94 | 0.315 | 0.839 |
| Faktor-I | 5.67 | 2.98 | | |
| Faktor-II | 6.41 | 3.20 | | |
| Gesamt-Score | 12.07 | 5.28 | | |

Anmerkung: Interne Konsistenz (Cronbach's Alpha) der PCL-SV; Mittelwert (M), Standardabweichung (SD); Trennschärfe: korrigierte Item-Total-Korrelation; N = 54

Bei der Überprüfung der Interkorrelationen auf Itemebene (vgl. Anhang B, Tab. *B*-13) ergeben sich 35 signifikante Beziehungen zwischen den Items. Dies gilt sowohl für Items mit derselben Faktorzuordnung (Hare, 1991) als auch für jene mit unterschiedlicher Faktorenlokalisation. Die Koeffizienten liegen im Bereich von r = -.182 (»*Fehlen von Empathie*« & »*antisozial im Erwachsenenalter*«) und r = .676 (»*oberflächlicher Charme*« & »*grandios*«). Sowohl Faktor-I als auch Faktor-II korrelieren hoch signifikant mit dem Gesamtscore, doch auch die Beziehung zwischen den beiden Faktoren untereinander ist mit r = .465 als hoch zu bewerten (vgl. Tab. 32).

Tab. 32: Interkorrelationen der PCL-SV

| | Faktor-I | Faktor-II | Gesamtscore |
|---|---|---|---|
| **Faktor-I** | | | |
| **Faktor-II** | .465** | | |
| **Gesamtscore** | .845** | .867** | |

Anmerkung: N = 54, **. signifikante Korrelation auf dem Niveau 0.01% (Pearson; 2-seitig)

Aufgrund dieser signifikanten Interkorrelationen – und da entgegen der Ergebnisse anderer Studien (z.B. Köhler, 2004; vgl. auch Fiedler, 2001) kaum signifikante Korrelationen zu den Skalen des NEO-FFI und des SKID-II-Fragebogens vorliegen (vgl. Tab. *B*-14, Tab. *B*-15) – wird zur Überprüfung der faktoriellen Validität eine Hauptkomponentenanalyse mit Varimax-Rotation (Kaiser-Kriterium: Eigenwert > 1.0) durchgeführt. Diese soll Aufschluss darüber geben, ob die gefundenen Daten möglicherweise durch eine andere Faktorenstruktur besser darzustellen sind. Es lassen sich drei Faktoren extrahieren, die 63.37% der Gesamtvarianz aufklären (vgl. Tab. *B*-16), so dass die von Hare (1991; Freese, 1999) postulierte Faktorenstruktur des ‚Psychopathy'-Konstruktes nicht verifiziert wird. Die rotierte Faktorenmatrix mit den jeweils höchsten Ladungen in der Zeile ist im Anhang (Tab. *B*-17) dargestellt.

Die Zuordnung der Items zu den Faktoren korrespondiert zum Großteil mit der Faktorenstruktur von Cooke & Michie (2001), so dass in weiteren Analysen, in denen ‚Psychopathy' Bestandteil der Fragestellung ist, ergänzend auch die Drei-Faktoren-Lösung einbezogen wird (vgl. hierzu auch Ullrich et al., 2003). Da in folgenden Ausführungen auf die unterschiedlichen Faktorenstrukturen Bezug genommen wird, erfolgt in Tabelle 33 aus Gründen der Übersichtlichkeit eine Gegenüberstellung der jeweiligen Itemzuordnungen.

Tab. 33: Itemzuordnungen entsprechend unterschiedlicher Faktorenlösungen

| Hare (1991) | | Cooke & Michie (2001) | | | Untersuchungsergebnisse | | |
|---|---|---|---|---|---|---|---|
| Faktor-I | Faktor-II | F 1 | F 2 | F 3 | Faktor-1 | Faktor-2 | Faktor-3 |
| 1;2;3;4;5;6 | 7;8;9;10;11;12 | 1;2;3 | 4;5;6 | 7;9;10 | 4;5;6;9;10 | 7;8;11;12 | 1;2;3 |

Anmerkung: eine Zuordnung der Items 8, 11 und 12 ist bei Cooke & Michie (2001) nicht erfolgt; zu beachten ist die unterschiedliche Schreibweise der Faktorbenennungen zur Diskriminierung zwischen den unterschiedlichen Faktorlösungen in den nachfolgenden Ausführungen

Die einzelnen Items lassen sich anhand der hohen Ladungen (vgl. Tab. *B*-17) sehr gut (d.h. substanziell [Ladungen >|.3|] und eindeutig [Differenz zu anderen Faktorladungen > |.12|]) den einzelnen Faktoren, welche für sie die Hintergrundvariablen darstellen, zuordnen. In Anlehnung an Cooke & Michie (2001) werden die Komponenten der 3-Faktoren-Struktur in dieser Untersuchung hinsichtlich der Iteminhalte als ‚affektiv' (Faktor-1), ‚behavioral' (Faktor-2) und ‚interpersonal' (Faktor-3) bezeichnet. Beispielsweise laden die Items »*oberflächlich*« (1), »*grandios*« (2) und »*betrügerisch-manipulativ*« (3), deren homogene Bedeutung durch Attribute des interpersonalen Umgang gegeben ist, hoch auf den Faktor-3, während gleichzeitig die Ladungen der anderen Items auf diesem Faktor vergleichsweise gering sind.

## 5.3. Beantwortung der Fragestellungen

Die nachfolgend präsentierten Ergebnisse beziehen sich auf die konkreten Hypothesen zu den Beziehungen zwischen tat- bzw. deliktspezifischen Variablen und Persönlichkeitsvariablen. Untersucht wurden Zusammenhänge mit Persönlichkeitseigenschaften in Bezug auf das Planungsverhalten (5.3.1) und das Täterrisiko (5.3.4) sowie Unterschiede in der Persönlichkeit hinsichtlich der Kontaktaufnahme (5.3.2), der prädeliktischen Täter-Opfer-Beziehung (5.3.3) und spezifischer Tatbegehungsmerkmale (5.3.5). Erwartet werden Differenzen in bzw. Beziehungen zu Persönlichkeitskonstrukten wie z.B. ‚Psychopathy', Extraversion und Gewissenhaftigkeit.

### 5.3.1 Planungsgrad und Persönlichkeit

Postuliert wird ein Zusammenhang zwischen dem Planungsgrad und der Persönlichkeit im Hinblick auf höhere Werte beim ‚Psychopathy'-Konstrukt und niedrigere Ausprägungen auf der Skala Neurotizismus. Hinsichtlich des Planungsverhaltens vor, während und nach der Tatdurchführung ist festzustellen, dass in beinahe 60% der Taten das Planungsniveau als ‚sehr gering' (24.1%) oder ‚gering' (35.2%) beurteilt wurde. Ein ‚sehr hoher' Planungsgrad lag nur bei einem Täter, eine Klassifizierung als ‚hoch' lediglich bei fünf Tätern vor (vgl. Tab. 34).

Tab. 34: Kennziffern für das Planungsniveau

| **Planungsniveau** | N | % | RW | H |
|---|---|---|---|---|
| sehr gering | 13 | 24.1 | 0<br>1 | 5<br>8 |
| gering | 19 | 35.2 | 2<br>3 | 11<br>8 |
| durchschnittlich | 16 | 29.6 | 4<br>5 | 13<br>3 |
| hoch | 5 | 9.3 | 6<br>7 | 3<br>2 |
| sehr hoch | 1 | 1.9 | 8<br>9 | 1<br>0 |
| **gesamt** | **54** | **100.0** | | |

Anmerkung: Angegeben sind dimensionale Werte (N / %) und subsumierte Rohwerte (RW) mit absoluten Häufigkeiten (H)

Eine graphische Darstellung unter Einbeziehung der transformierten Zahlen verdeutlicht die linksschiefe Verteilung der Kennwerte (vgl. Abb. 9).

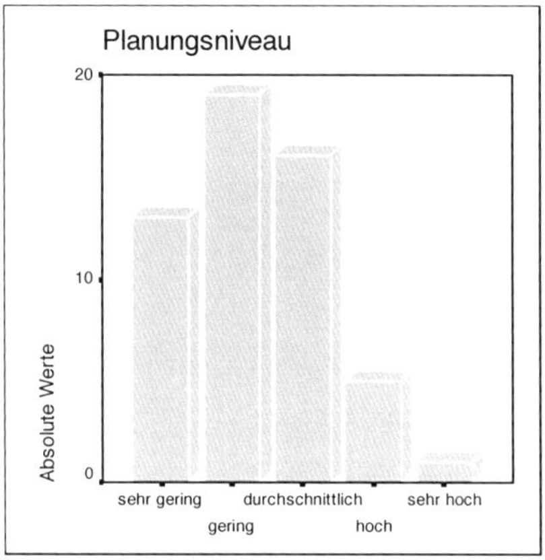


Abb. 9: Verteilung der Planungsniveaukennwerte

### 5.3.1.1 Planungsgrad und ‚Psychopathy'

Deskriptive statistische Verfahren zeigen, dass 55.6% der Teilnehmer beim Interviewverfahren PCL-SV einen Gesamtwert unter 13 Punkten erreichten und somit als »low-scorer« bezeichnet werden. Weitere 29.6% waren den »moderate-scorern« (PCL-SV-Gesamtscore 13-17) zuzuordnen, und lediglich 14.8% sind aufgrund eines Gesamtscores größer/gleich 18 als »high-scorer« (»psychopaths«) zu charakterisieren, so dass eine linksschiefe Verteilung erkennbar ist (vgl. Abb. 10).

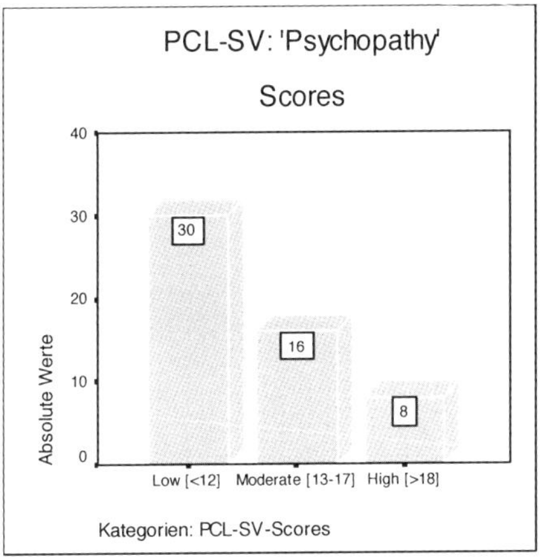


Abb. 10: Kategoriale Zuordnung: »Low-Scorer«, »Moderate-Scorer«, »High-Scorer«; N = 54; Kennwerte: $M_{Gesamtscore}$ = 12.07 (SD = 5.28); $M_{Faktor-I}$ = 5.67 (SD = 2.98); $M_{Faktor-II}$ = 6.41 (SD = 3.20); Range: 3 bis 24

| | |
|---|---|
| $H_1$: | Zwischen dem Planungsgrad und dem Persönlichkeitskonstrukt ‚Psychopathy' *besteht ein positiver Zusammenhang.* |

Zur Überprüfung dieser Annahme wird der Korrelationskoeffizient für non-parametrische Korrelationen (Spearman-Rho) berechnet, wobei das Planungsniveau auf Basis der Rohwerte wie auch unter Bezugnahme auf die codierte – dimensionale – Transformation dieser Zahlen erfasst wird. Sowohl das Zugrundelegen des Zwei-Faktoren-Modells von Hare (1991; Freese, 1999) als auch die Überprüfung anhand der Drei-Faktoren-Struktur dieser Studie sowie der von Cooke & Michie (2001) angegebenen Faktorenlösung ergeben keine signifikanten Zusammenhänge (vgl. Tab. 35). Vielmehr liegen bei den Faktoren, welche die ‚affektiv-interpersonale' (F-1, Hare [1991] bzw. die ‚affektive' Komponente (F2, Cooke & Michie, 2001; F-1 der Stichprobe) beschreiben, geringe – *negative* – Korrelationen vor.

Tab. 35: Korrelationen Planungsniveau und PCL-SV

| | Hare (1991); Freese (1999) | | | Cooke & Michie (2001) | | | Untersuchungsstichprobe | | |
|---|---|---|---|---|---|---|---|---|---|
| | ges. | F-I | F-II | F1 | F2 | F3 | F-1 | F-2 | F-3 |
| **RW** | .026 | -.026 | .043 | .086 | -.120 | -.005 | -.097 | .083 | .086 |
| **Code** | .031 | -.032 | .054 | .069 | -.117 | -.009 | -.102 | .113 | .069 |

Anmerkung: RW: Rohwerte Planungsniveau; Code: dimensionale Erfassung Planungsniveau; ges.: Gesamtscore; non-parametrische Korrelation (Spearman-Rho, 1-seitig); Stichprobe: N = 54

Für einen Vergleich der Extremgruppen, d.h. unter Ausschluss derjenigen 16 Probanden mit einem ‚durchschnittlich hohen' Planungsniveau, werden analoge Berechnungen durchgeführt. Werden lediglich Taten mit einem ‚sehr geringen', ‚geringen', ‚hohen' und ‚sehr hohen' Planungsgrad hinsichtlich ihrer Beziehungen zum ‚Psychopathy'-Konstrukt überprüft, ergeben sich ausschließlich hypothesenbestätigende positive Koeffizienten (vgl. Tab. 36) Diese Zusammenhänge sind für die ‚interpersonale' Komponente des dreifaktoriellen Beschreibungsmodells (F1, Cooke & Michie [2001], F-3 der Untersuchungsstichprobe) sowie für die ‚affektiv-interpersonale' Komponente der Zwei-Faktoren-Lösung (Hare, 1991) statistisch signifikant.

Tab. 36: Korrelationen ‚Psychopathy' und Planungsniveau (Extremgruppen)

| | | Planungsniveau (RW) | | Planungsniveau (Code) | |
|---|---|---|---|---|---|
| | | r | p | r | p |
| **Hare, 1991** | Faktor-I | **.289*** | 0.039 | **.267*** | 0.050 |
| | Faktor-II | .083 | 0.309 | .087 | 0.302 |
| | Gesamtscore | .219 | 0.094 | .216 | 0.097 |
| **Cooke & Michie (2001)** | Faktor 1 | **.294*** | 0.036 | **.278*** | 0.045 |
| | Faktor 2 | .194 | 0.121 | .188 | 0.129 |
| | Faktor 3 | .152 | 0.181 | .132 | 0.215 |
| **Untersuchungs-stichprobe** | Faktor-1 | .219 | 0.093 | .193 | 0.122 |
| | Faktor-2 | .011 | 0.475 | .063 | 0.354 |
| | Faktor-3 | **.294*** | 0.036 | **.278*** | 0.045 |

Anmerkung: N = 38; Planungsniveau ohne Ausprägung ‚durchschnittlich'; *. Signifikanz $p \leq 0.05$ (Spearman-Rho, 1-seitig)

### 5.3.1.2 Planungsgrad und Neurotizismus

| $H_2$: | *Zwischen dem Planungsgrad und der Persönlichkeitseigenschaft Neurotizismus besteht ein negativer Zusammenhang.* |
|---|---|

Die Überprüfung des Zusammenhangs zwischen Neurotizismus und dem Planungsgrad des Täters erfolgte ebenfalls über non-parametrische korrelationsstatistische Verfahren (Rangkorrelation nach Spearman). Die Annahme, dass sich Täter, deren Tatdurchführung durch ein hohes Niveau an Planung gekennzeichnet ist, als weniger emotional stabil beschreiben, konnte anhand der Daten nicht bestätigt werden. Auch hier veranschaulichen – entgegen der Hypothese – vielmehr *positive* Koeffizienten den Zusammenhang zwischen Neurotizismus und Planung (basierend auf den Rohwerten: r = .060; bezugnehmend auf die dimensionale Operationalisierung: r = .156). Die niedrigen Koeffizienten zeigen jedoch, dass der Zusammenhang zwischen den beiden Variablen eher schwach ist; entsprechend erweisen sich die Beziehungen als statistisch nicht signifikant (vgl. Tab. 37).

Tab. 37: Korrelationsmatrix Neurotizismus und Planungsniveau

| | **Planungsgrad RW** | **Planungsgrad Code** | **Neurotizismus** |
|---|---|---|---|
| **Planungsgrad RW** | | | |
| **Planungsgrad Code** | 0.972** | | |
| **Neurotizismus** | 0.060 | 0.156 | |

Anmerkung: RW: Rohwerte Planungsniveau, Code: dimensionale Erfassung Planungsniveau; **, die Korrelation ist auf dem 0.01-Niveau signifikant (Spearman-Rho, 1-seitig); N = 54

Ein Extremgruppenvergleich (Ausschluss der Probanden mit einem ‚durchschnittlich hohen' Planungsniveau, N = 16) für die Berechnungen mit den nicht transformierten Planungs-kennwerten (Rohwerte) dokumentiert hingegen eine negative Beziehung (vgl. Tab. 38). Auch hier korrespondiert jedoch ein nur sehr niedriger Zusammenhangskoeffizient (r = -.044) mit der Tatsache, dass diese Korrelation nicht statistisch relevant ist.

Tab. 38: Korrelationsmatrix Neurotizismus und Planungsniveau (Extremgruppen)

| | Planungsgrad RW | Planungsgrad Code | Neurotizismus |
|---|---|---|---|
| **Planungsgrad RW** | | | |
| **Planungsgrad Code** | 0.934** | | |
| **Neurotizismus** | -0.044 | 0.119 | |

Anmerkung: RW: Rohwerte Planungsniveau, Code: dimensionale Erfassung Planungsniveau; **. die Korrelation ist auf dem 0.01-Niveau signifikant (Spearman-Rho, 1-seitig); N = 38

Aufgrund der für die vorliegende Stichprobe beschriebenen fehlenden Unabhängigkeit zwischen dem Neurotizismus- und dem Verträglichkeitskonstrukt (vgl. Tab. 29) sowie der Mittelwertsdifferenzen im Vergleich zur Referenzstichprobe (vgl. Tab. 26), werden zusätzliche (post hoc) Berechnungen durchgeführt: Wie in Tabelle 39 dokumentiert, lassen sich auch für weitere Skalen des FFM ebenso wie für das Persönlichkeitskonstrukt Risikobereitschaft keine statistisch signifikanten Zusammenhänge zum Planungsverhalten des Täters feststellen.

Tab. 39: Korrelationen NEO-FFI, Skala R und Planungsniveau

| | Planungsgrad RW | Planungsgrad Code |
|---|---|---|
| **Neurotizismus** | 0.060 | 0.156 |
| **Extraversion** | -0.040 | -0.068 |
| **Offenheit** | -0.044 | -0.050 |
| **Gewissenhaftigkeit** | 0.143 | 0.125 |
| **Verträglichkeit** | -0.089 | -0.162 |
| **Risikobereitschaft** | 0.030 | 0.020 |

Anmerkung: RW: Rohwerte Planungsniveau, Code: dimensionale Erfassung Planungsniveau; Berechnungen: Spearman-Rho-Korrelation, 2-seitig; N = 54

Auch der Ausschluss derjenigen Probanden mit einem ‚durchschnittlich hohen' Planungsniveau (N = 16) führt zu weitgehend ähnlichen Befunden (vgl. Tab. 40). Werden lediglich die sehr gering geplanten Taten (N = 13) mit den hoch und sehr hoch geplanten Taten (N = 6) hinsichtlich ihrer Beziehungen zu den FFM-Dimensionen sowie zur Skala Risikobereitschaft überprüft (vgl. Tab. 40; Angaben in Klammern), beschreiben mehrheitlich höhere Koeffizienten die Zusammenhänge. Jedoch erweisen sich alle Korrelationen als statistisch nicht signifikant.

Tab. 40: Korrelationen NEO-FFI, Skala R und Planungsniveau (Extremgruppen)

| | Planungsgrad RW | Planungsgrad Code |
|---|---|---|
| **Neurotizismus** | -0.044 [ 0.280] | 0.145 [ 0.152] |
| **Extraversion** | 0.143 [ 0.119] | 0.119 [ 0.247] |
| **Offenheit** | -0.102 [-0.072] | 0.085 [-0.078] |
| **Gewissenhaftigkeit** | 0.110 [-0.248] | -0.034 [-0.157] |
| **Verträglichkeit** | -0.009 [ 0.171] | 0.068 [ 0.191] |
| **Risikobereitschaft** | 0.155 [-0.267] | -0.144 [-0.374] |

Anmerkung: RW: Rohwerte Planungsniveau, Code: dimensionale Erfassung Planungsniveau; Berechnungen: Spearman-Rho-Korrelation, 2-seitig; N = 38; Koeffizienten in Klammern für Vergleich unter Einbeziehung der sehr gering, hoch und sehr hoch geplanten Taten; N = 19

### 5.3.2 Kontaktaufnahme und Persönlichkeit

Die Verteilung der Kennwerte zur Art der Kontaktaufnahme zum Opfer zeigt, dass der »Blitzartige Überfall« mit sofortiger Ausübung physischer Gewalt (N = 16), der »Überraschungsangriff« aus dem Hinterhalt (N = 19) und der »Betrügerische Überfall« unter Anwendung einer Täuschung (N = 19) annähernd gleich häufig als Angriffsstrategie genutzt wurden (Abb. 11).

Persönlichkeitsunterschiede werden dahingehend vermutet, dass die Täter, die bei der Kontaktaufnahme die Annäherungsstrategie des »Con Approach« wählen, extravertierter und risikobereiter sind als Täter, die per »Blitz Attack« oder »Surprise Attack« vorgehen. Zur Überprüfung dieser Annahmen wird die Hypothese getestet, die beiden Stichproben (»Con« vs. »Blitz/Surprise«) würden der gleichen Grundgesamtheit entstammen (Mann-Whitney-U-Test). Der Dichotomisierung der Variablenausprägungen zur Kontaktaufnahme liegt die Auffassung zugrunde, die Vorgehensweisen »Blitz Attack« und »Surprise Attack« ähnelten sich in wesentlichen Faktoren so sehr, dass die Differenzierungsfähigkeit bzgl. einzelner Persönlichkeitskonstrukte als eingeschränkt zu bewerten ist.

Abb. 11: Art der Kontaktaufnahme zum Opfer

#### 5.3.2.1 Kontaktaufnahme und Extraversion

| | |
|---|---|
| $H_3$: | *Täter, die sich über einen »Con Approach« annähern, sind extravertierter als Täter, die einen »Blitz Attack« oder »Surprise Attack« begehen.* |

Hypothesenkonform beschreiben sich die Täter, die den Kontakt zu ihrem Opfer mit Hilfe einer List bzw. Täuschung (»con«) aufgenommen hatten, als extravertierter, wenngleich die Differenz zwischen den mittleren Rängen nicht statistisch signifikant ist (vgl. Tab. 41).

Tab. 41: Mann-Whitney-U-Test für die Kontaktaufnahme und Extraversion

| **Kontaktaufnahme** | **Deskriptive Statistik** | | **Mann-Whitney-U-Test** | | |
|---|---|---|---|---|---|
| | **N** | **MR** | **RS** | **U-Wert** | **Sign.** |
| Blitz / Surprise Attack | 35 | 26.56 | 929.50 | 299.500 | 0.275 |
| Con Approach | 19 | 29.24 | 555.50 | | |

Anmerkung: MR: mittlerer Rang; RS: Rangsumme; Signifikanz (1-seitig)

#### 5.3.2.2 Kontaktaufnahme und Risikobereitschaft

H4: *Täter, die sich über einen »Con Approach« annähern, sind risikobereiter als Täter, die einen »Blitz Attack« oder »Surprise Attack« begehen.*

Täter, die sich ihrem Opfer über einen »Con Approach« annäherten, beschreiben sich als risikobereiter als diejenigen, deren Übergriff durch eine blitzartige Attacke oder einen Überraschungsangriff gekennzeichnet war. Ein Vergleich der entsprechenden mittleren Ränge zeigt, dass diese Differenz statistisch signifikant ist. Der durchschnittliche Rang für den »Con Approach« liegt mit 32.95 deutlich über dem mittleren Rang von 24.54 für die Gruppe der Täter, die per »Blitz Attack« oder »Surprise Attack« agierten (vgl. Tab. 42).

Tab. 42: Mann-Whitney-U-Test für die Kontaktaufnahme und Risikobereitschaft

| **Kontaktaufnahme** | **Deskriptive Statistik** | | **Mann-Whitney-U-Test** | | |
|---|---|---|---|---|---|
| | **N** | **MR** | **RS** | **U-Wert** | **Sign.** |
| Blitz / Surprise Attack | 35 | 24.54 | 859.00 | 229.000 | **0.030*** |
| Con Approach | 19 | 32.95 | 626.00 | | |

Anmerkung: MR: mittlerer Rang; RS: Rangsumme; *. signifikant 0.05%-Niveau, 1-seitig

### 5.3.3 Täter-Opfer-Beziehung und Persönlichkeit (‚Psychopathy')

Wie bereits beschrieben (vgl. 5.1.5) waren zwei Drittel der Opfer dem Täter prädeliktisch bekannt, zu einem Drittel hatte zuvor kein Kontakt bestanden oder der Täter hatte das Opfer erst kurz (maximal sechs Stunden) vor der Tat kennen gelernt (vgl. Tab. 43).

Tab. 43: Bekanntschaftsgrad zwischen Täter und Opfer

| **Bekanntschaftsgrad** | Häufigkeit (N) | Prozent (%) |
|---|---|---|
| fremd | 18 | 33.3 |
| bekannt | 36 | 66.7 |
| **gesamt** | **54** | **100.0** |

Angenommen werden Unterschiede in der ‚Psychopathy'-Ausprägung zwischen Tätern, die ein ihnen fremdes Opfer attackieren, im Vergleich zu Tätern, die eine ihnen vor der Tat bekannte Person angreifen.

| $H_5$: | *Täter, die eine ihnen prädeliktische fremde Person angreifen, sind* ,psychopathischer' als Täter, denen ihr Opfer vor der Tat bekannt war. |
|---|---|

Zur Überprüfung dieser postulierten Unterschiede werden sowohl das Zwei-Faktoren-Modell von Hare (1991; Freese, 1999) als auch das Drei-Faktoren-Modell von Cooke & Michie (2001) sowie die Drei-Faktoren-Lösung der Untersuchungsstichprobe in die Berechnungen einbezogen. Hypothesenkonform wird den Tätern, die eine ihnen prädeliktisch fremde Person angreifen, in den PCL-SV-Interviews ein höherer ,Psychopathy'-Gesamtscore zugeordnet als jenen Tätern, denen ihr Opfer vor der Tat bekannt war (vgl. Tab. 44a). Diese Differenz zwischen den mittleren Rängen ist jedoch nicht statistisch signifikant (vgl. Tab. 44b). Eine faktorenspezifische Analyse zeigt aber, dass die Differenz der durchschnittlichen Ränge bei Faktor-II, der in der Darstellung nach Hare (1991) und Freese (1999) die Komponenten sozialen Fehlverhaltens der ,Psychopathy' beschreibt (Eigenschaften, die mit einem impulsiven, antisozialen und instabilen Lebenswandel sowie sozialer Devianz in Zusammenhang stehen), auch statistisch relevant ist.

Tab. 44a: Täter-Opfer-Beziehung und ,Psychopathy': Ränge (Hare, 1991; Freese, 1999)

| | **Mittlerer Rang** | | | | **Rangsumme** | | |
|---|---|---|---|---|---|---|---|
| | N | Gesamt-score | Faktor-I | Faktor-II | Gesamt-score | Faktor-I | Faktor-II |
| bekannt | 36 | 26.06 | 27.75 | 25.13 | 938.00 | 999.00 | 904.50 |
| fremd | 18 | 30.39 | 27.00 | 32.25 | 547.00 | 486.00 | 580.50 |

Anmerkung: Zwei-Faktoren-Modell nach Hare, 1991 (Freese, 1999)

Tab. 44b: Täter-Opfer-Beziehung und ,Psychopathy' (Hare, 1991):
Mann-Whitney-U-Test

| | **U-Wert** | | | **Signifikanz** | | |
|---|---|---|---|---|---|---|
| | Gesamt-score | Faktor-I | Faktor-II | Gesamt-score | Faktor-I | Faktor-II |
| bekannt fremd | 272.000 | 315.000 | 238.500 | 0.170 | 0.434 | **0.050*** |

Anmerkung: Zwei-Faktoren-Modell nach Hare, 1991 (Freese, 1999);
*. signifikant 0.05%-Niveau (1-seitig)

Die Berechnungen auf der Basis der Faktorenstruktur von Cooke & Michie (2001) führen insofern zu äquivalenten Ergebnissen, als der mittlere Rang von Faktor 3 bei den ‚fremden' Tätern deutlich über dem für ‚bekannte' Täter liegt (vgl. Tab. 45a). Eine Gegenüberstellung der Itemzuordnungen zu den jeweiligen Faktoren (vgl. Tab. 33) zeigt, dass die Items des Faktor 3 von Cooke & Michie (2001), welcher die verhaltensbezogene Komponente des ‚Psychopathy'-Konstrukts beschreibt, eine Untergruppe der Items darstellen, die Hare (1991) unter Faktor-II subsumiert. Eine inferenzstatistische Überprüfung der Rangunterschiede unter Zugrundelegen einer Irrtumswahrscheinlichkeit von 5% führt wiederum nicht zu signifikanten Ergebnissen (vgl. Tab. 45b).

Tab. 45a: Täter-Opfer-Beziehung und ‚Psychopathy': Ränge (Cooke & Michie, 2001)

| | Mittlerer Rang | | | | Rangsumme | | |
|---|---|---|---|---|---|---|---|
| | N | Faktor 1 | Faktor 2 | Faktor 3 | Faktor 1 | Faktor 2 | Faktor 3 |
| bekannt | 36 | 26.11 | 29.44 | 25.24 | 940.00 | 1060.00 | 908.50 |
| fremd | 18 | 30.28 | 23.61 | 32.03 | 545.00 | 425.00 | 576.50 |

Anmerkung: Drei-Faktoren-Modell nach Cooke & Michie, 2001

Tab. 45b: Täter-Opfer-Beziehung und ‚Psychopathy' (Cooke & Michie, 2001): Mann-Whitney-U-Test

| | U-Wert | | | Signifikanz | | |
|---|---|---|---|---|---|---|
| | Faktor 1 | Faktor 2 | Faktor 3 | Faktor 1 | Faktor 2 | Faktor 3 |
| bekannt fremd | 274.000 | 254.000 | 242.500 | 0.176 | 0.093 | 0.064 |

Anmerkung: Drei-Faktoren-Modell nach Cooke & Michie, 2001; Signifikanz basiert auf 1-seitiger Testung

Für die Faktorenlösung der Untersuchungsstichprobe dokumentiert Tabelle 46a Differenzen zwischen den mittleren Rängen, denen zufolge die Täter, die eine ihnen vor der Tat fremde Person attackierten, in den PCL-SV-Interviews auf jedem der drei Faktoren höhere Scores erzielen, als Täter, denen ihr Opfer vor der Tat bekannt war. Diese hypothesenkonformen Unterschiede korrespondieren darüber hinaus in Bezugnahme auf die ‚behaviorale' Komponente (Faktor-2) mit den Analysen bezüglich der Faktorenstrukturen von Hare (1991) und Cooke & Michie (2001): die zugeordneten Items (7, 8, 11, 12) sind Bestandteil des Faktor-II von Hare

(1991); Item 7 (»impulsiv«) ist auch dem Faktor 3 der Faktorlösung von Cooke & Michie (2001) unterstellt (wie bereits beschrieben hat diese Autorengruppe auf eine Zuordnung der Items 8, 11 und 12 verzichtet). Auch für die Faktorenlösung der untersuchten Stichprobe sind die Differenzen zwischen den durchschnittlichen Rängen jedoch nicht statistisch signifikant (vgl. Tab. 46b).

Tab. 46a: Täter-Opfer-Beziehung und ‚Psychopathy': Ränge (Untersuchungsstichprobe)

| | Mittlerer Rang | | | | Rangsumme | | |
|---|---|---|---|---|---|---|---|
| | N | Faktor-1 | Faktor-2 | Faktor-3 | Faktor-1 | Faktor-2 | Faktor-3 |
| bekannt | 36 | 27.47 | 26.15 | 26.11 | 989.00 | 941.00 | 940.00 |
| fremd | 18 | 27.56 | 30.19 | 30.28 | 496.00 | 543.50 | 545.00 |

Anmerkung: Drei-Faktoren-Modell der Untersuchungsstichprobe

Tab. 46b: Täter-Opfer-Beziehung und ‚Psychopathy' (Untersuchungsstichprobe): Mann-Whitney-U-Test

| | U-Wert | | | Signifikanz | | |
|---|---|---|---|---|---|---|
| | Faktor-1 | Faktor-2 | Faktor-3 | Faktor-1 | Faktor-2 | Faktor-3 |
| bekannt<br>fremd | 323.000 | 275.500 | 274.000 | 0.493 | 0.184 | 0.176 |

Anmerkung: Drei-Faktoren-Modell der Untersuchungsstichprobe; Signifikanz basiert auf 1-seitiger Testung

Aufgrund des inhaltstheoretischen Zusammenhangs zwischen ‚Psychopathy' und dem Eysenck'schen Psychotizismusfaktor (vgl. Lynam, 2002), als deren positive Pole Gewissenhaftigkeit und Verträglichkeit aufgefasst werden (vgl. Bartussek, 1996), sind zusätzliche Berechnungen bzgl. dieser FFM-Dimensionen durchgeführt worden. Die negativen Beziehungen zwischen ‚Psychopathy' (Gesamtscore; Hare, 1991) und Gewissenhaftigkeit sowie Verträglichkeit haben sich auch für die vorliegende Stichprobe bestätigen lassen (vgl. Tab. *B*-14). Angelehnt an die formulierte Hypothese ($H_5$) und die beschriebenen Beziehungen zur ‚Psychopathy' wird daher angenommen, dass *Täter, die eine ihnen prädeliktisch bekannte Person angreifen*, sowohl *gewissenhafter* als auch *verträglicher sind als Täter, bei denen zum Tatzeitpunkt keine Vorbeziehung zum Opfer vorgelegen hat.*

Erwartungsgemäß belegen die entsprechenden post hoc durchgeführten Berechnungen die diesbezügliche Differenzierungsfähigkeit der Täter-Opfer-Beziehung (fremd vs. bekannt). Die Täter, die laut Aktenlage zum Tatzeitpunkt keine Vorbeziehung zu ihrem Opfer aufwiesen, beschreiben sich als weniger gewissenhaft und weniger verträglich als die Täter, denen ihre Opfer prädeliktisch bekannt waren. Für beide Skalen, Gewissenhaftigkeit und Verträglichkeit, ist dieser Unterschied zwischen den mittleren Rängen statistisch signifikant (vgl. Tab. 47, Tab. 48).

Tab. 47: Mann-Whitney-U-Test für die Täter-Opfer-Beziehung und Gewissenhaftigkeit

| **Täter-Opfer-Beziehung** | **Deskriptive Statistik** | | **Mann-Whitney-U-Test** | | |
|---|---|---|---|---|---|
| | **N** | **MR** | **RS** | **U-Wert** | **Signifikanz** |
| bekannt | 36 | 30.38 | 1093.50 | 220.500 | **0.029*** |
| fremd | 18 | 21.75 | 391.50 | | |

Anmerkung: MR: mittlerer Rang; RS: Rangsumme; *. signifikant 0.05%-Niveau (1-seitig)

Tab. 48: Mann-Whitney-U-Test für die Täter-Opfer-Beziehung und Verträglichkeit

| **Täter-Opfer-Beziehung** | **Deskriptive Statistik** | | **Mann-Whitney-U-Test** | | |
|---|---|---|---|---|---|
| | **N** | **MR** | **RS** | **U-Wert** | **Signifikanz** |
| bekannt | 36 | 29.90 | 1076.50 | 237.500 | **0.050*** |
| fremd | 18 | 22.69 | 408.50 | | |

Anmerkung: MR: mittlerer Rang; RS: Rangsumme; *. signifikant 0.05%-Niveau, 1-seitig

### 5.3.4 Täterrisiko und Persönlichkeit

Es wird postuliert, dass insofern Zusammenhänge zwischen einem hohen vom Täter eingegangenen Entdeckungs- und Identifizierungsrisiko und seiner Persönlichkeit vorliegen, als diese Täter offener und weniger verträglich sind.

Für die Beurteilung des Opfer- und Täterrisikos sind verschiedene tathergangsanalytische Parameter herangezogen worden. Die entsprechenden auf diesen Kennwerten basierenden Verteilungen sind der Tabelle 49 zu entnehmen. Während für lediglich 16.7% der Betroffenen das Risiko, Opfer einer Gewaltstraftat zu werden als ‚hoch' klassifiziert wurde, haben sich mehr als 85% der Täter einem Entdeckungsrisiko ausgesetzt, das als mindestens ‚durchschnittlich' (N = 39) oder sogar als ‚hoch' (N = 7) eingeschätzt wurde.

Tab. 49: Kennziffern für Opfer- und Täterrisiko

| | Opferrisiko | | | | Täterrisiko | | | |
|---|---|---|---|---|---|---|---|---|
| | **N** | **%** | **RW** | **H** | **N** | **%** | **RW** | **H** |
| gering | 23 | 42.6 | 0<br>1 | 7<br>16 | 8 | 14.8 | 0<br>1<br>2 | 0<br>4<br>4 |
| durchschnittlich | 22 | 40.7 | 2<br>3 | 13<br>9 | 39 | 72.2 | 3<br>4<br>5 | 13<br>14<br>12 |
| hoch | 9 | 16.7 | 4<br>5 | 8<br>1 | 7 | 13.0 | 6<br>7<br>8 | 5<br>2<br>0 |
| **gesamt** | **54** | **100.0** | | | **54** | **100.0** | | |

Anmerkung: N = 54; angegeben sind dimensionale Werte (N / %) und subsumierte Rohwerte (RW) mit absoluten Häufigkeiten (H)

### 5.3.4.1 Täterrisiko und Offenheit

| | |
|---|---|
| $H_6$: | *Täter, die ein hohes Risiko eingehen, sind offener für Erfahrungen als Täter, die ein geringeres Entdeckungsrisiko eingehen.* |

Für die Überprüfung des Zusammenhangs zwischen Offenheit für Erfahrungen und dem vom Täter eingegangenen Entdeckungsrisiko wird der Korrelationskoeffizient für non-parametrische Korrelationen (Spearman-Rho) berechnet, wobei das Täterrisiko auf Basis der Rohwerte wie auch unter Bezugnahme auf die codierte – dimensionale – Transformation dieser Zahlen erfasst wird. Die Annahme, dass sich Täter, deren Tatdurchführung durch ein höheres Risiko gekennzeichnet ist, als offener für Erfahrungen beschreiben, lässt sich bestätigen. Es ergibt sich hypothesenkonform eine statistisch signifikante Korrelation bei Zugrundelegen der Rohwerte, die für das Täterrisiko berechnet wurden (vgl. Tab. 50). Unter Einbeziehung der transformierten Werte (Täterrisiko Code) werden erwartungsgetreu ebenfalls positive Beziehungen dokumentiert, welche sich jedoch inferenzstatistisch nicht als signifikant erweisen.

Tab. 50: Korrelationsmatrix Täterrisiko und Offenheit für Erfahrungen

| | Täterrisiko RW | Täterrisiko Code | Offenheit |
|---|---|---|---|
| **Täterrisiko RW** | | | |
| **Täterrisiko Code** | 0.804** | | |
| **Offenheit** | **0.308*** | 0.170 | |

Anmerkung: RW: Rohwerte Täterrisiko, Code: dimensionale Erfassung Täterrisiko;
**. die Korrelation ist auf dem 0.01%-Niveau signifikant (Spearman-Rho, 1-seitig);
*. die Korrelation ist auf dem 0.05%-Niveau signifikant (Spearman-Rho, 1-seitig); N = 54

5.3.4.2 Täterrisiko und Verträglichkeit

| | |
|---|---|
| $H_7$: | *Täter, die ein hohes Risiko eingehen, sind weniger verträglich als Täter, die ein geringeres Entdeckungsrisiko eingehen.* |

Zur Überprüfung dieser Annahme wird ebenfalls der Korrelationskoeffizient für non-parametrische Korrelationen (Spearman-Rho) berechnet, wobei auch hier das Täterrisiko sowohl auf Basis der Rohwerte als auch unter Bezugnahme auf die codierte – dimensionale – Transformation dieser Zahlen erfasst wird. Hypothesenkonform beschreiben sich diejenigen Täter, die ein höheres Risiko eingehen, als weniger verträglich (vgl. Tab. 51). Diese negative Beziehung ist unter Bezugnahme auf die Rohwerte wie auch die transformierten Zahlen auf dem Niveau von $p \leq .05$ statistisch signifikant (Spearman-Rho -.278 bzw. -.236).

Tab. 51: Korrelationsmatrix Täterrisiko und Verträglichkeit

| | Täterrisiko RW | Täterrisiko Code | Verträglichkeit |
|---|---|---|---|
| **Täterrisiko RW** | | | |
| **Täterrisiko Code** | 0.804** | | |
| **Verträglichkeit** | **-0.278*** | **-0.236*** | |

Anmerkung: RW: Rohwerte Täterrisiko, Code: dimensionale Erfassung Täterrisiko;
**. Die Korrelation ist auf dem 0.01%-Niveau signifikant (Spearman-Rho, 1-seitig);
*. Die Korrelation ist auf dem 0.05%-Niveau signifikant (Spearman-Rho, 1-seitig); N = 54

Der bereits beschriebene negative Zusammenhang von Verträglichkeit und ‚Psychopathy' legt zusätzliche Berechnungen bzgl. möglicher positiver Beziehungen zwischen dem Täterrisiko und der ‚Psychopathy'-Ausprägung nahe. Angelehnt an die formulierte Hypothese ($H_7$) und die beschriebenen Beziehungen zur Skala Verträglichkeit wird daher angenommen, dass Täter, die ein hohes Risiko eingehen, ‚psychopathischer' sind als Täter, die *ein geringeres Entdeckungsrisiko eingehen.*

Wenngleich die Beziehungen zwischen dem Täterrisiko und dem Persönlichkeitskonstrukt ‚Psychopathy' erwartungskonform durch positive Koeffizienten beschrieben werden, zeigt sich sowohl unter Bezugnahme auf die Rohwerte als auch für die transformierten Werte ein lediglich sehr schwacher Zusammenhang (vgl. Tab. 52). Diese geringen Korrelationen zeigen sich sowohl für die ‚interpersonale', die ‚affektive' und die ‚behaviorale' Komponente. Entsprechend ist festzustellen, dass sich weder für die Zwei-Faktoren-Struktur (Hare, 1991) noch für das dreifaktorielle Beschreibungsmodell (Cooke & Michie [2001]; Untersuchungsstichprobe) statistisch signifikante Beziehungen zum Täterrisiko feststellen lassen.

Tab. 52: Korrelationen ‚Psychopathy' und Täterrisiko

| | | **Täterrisiko (RW)** | | **Täterrisiko (Code)** | |
|---|---|---|---|---|---|
| | | **r** | **p** | **r** | **p** |
| **Hare, 1991** | Faktor-I | .114 | 0.207 | .041 | 0.384 |
| | Faktor-II | .140 | 0.157 | .016 | 0.454 |
| | Gesamtscore | .159 | 0.125 | .010 | 0.470 |
| **Cooke & Michie (2001)** | Faktor 1 | .175 | 0.103 | .083 | 0.275 |
| | Faktor 2 | .013 | 0.463 | .019 | 0.447 |
| | Faktor 3 | .092 | 0.253 | .014 | 0.461 |
| **Untersuchungs -stichprobe** | Faktor-1 | .095 | 0.248 | .037 | 0.395 |
| | Faktor-2 | .046 | 0.371 | .040 | 0.387 |
| | Faktor-3 | .175 | 0.103 | .083 | 0.275 |

Anmerkung: RW: Rohwerte Täterrisiko, Code: dimensionale Erfassung Täterrisiko; Berechnungen 1-seitig (Spearman-Rho); N = 54

## 5.3.5 Spezifisches Täterverhalten und Persönlichkeit

Angenommen werden Persönlichkeitsunterschiede zwischen Tätern, deren Vorgehen durch bestimmte Verhaltensweisen gekennzeichnet ist. Die Tathandlungen ‚Spurenbeseitigung' und ‚Tatortinszenierung' werden hierbei als korrespondierende Verhaltensweisen gewissenhafter Personen betrachtet. Hinsichtlich der Unterschiede zwischen Vergewaltigungstätern wird in Anlehnung an Neuwirth & Eher (2003) postuliert, dass bei »anal rapists« im Vergleich zu »vaginal rapists« eine größere Persönlichkeitspathologie vorliegt.

### 5.3.5.1 Spurenbeseitigung und Gewissenhaftigkeit

In Bezug auf die unterschiedlichen Tathandlungen des Täters wurde aus der Vielzahl möglicher Verhaltensweisen u.a. rekonstruiert, ob Versuche einer Spurenbeseitigung am Tatort vorzufinden waren. Bei der deskriptiven Analyse zum Vorliegen derartiger Versuche (‚mit Spurenbeseitigung') fand sich eine Vielzahl von Abhängigkeitsstrukturen zu weiteren tathergangsanalytischen Parametern. Da nicht auszuschließen ist, dass einige dieser Verknüpfungen einen modulierenden Effekt auf die inferenzstatistischen Ergebnisse (s.u.) ausgeübt haben, werden nachfolgend einige entsprechende Kennwerte dokumentiert. Auf einen Vergleich der Täter ‚mit vs. ohne Spurenbeseitigung' (z.B. mittels eines U-Tests) wird verzichtet, da weniger diesbezügliche Unterschiede interessieren, als vielmehr die Beziehungen der Taten ‚mit Spurenbeseitigung' zu anderen Tatmerkmalen im Vordergrund stehen.

Indizien für den Versuch einer Spurenbeseitigung konnten bei zwölf Taten (22.2%) festgestellt werden, von denen neun den personenbezogenen Gewaltdelikten zuzuordnen waren (vgl. Tab. 53). Bei jeder dieser neun Taten war das Opfer tödlich verletzt worden (vgl. Tab. 54).

Tab. 53: Spurenbeseitigung: Indexdelikt

| **Indexdelikt** | Häufigkeit (N) | Prozent (%) |
|---|---|---|
| Personenbezogenes Gewaltdelikt | 9* | 75.0 |
| Sexuelles Gewaltdelikt | 3 | 25.0 |
| **gesamt** | **12** | **100.0** |

Anmerkung: einbezogen nur Täter ‚mit Spurenbeseitigung' (N = 12); *. Straftaten gemäß §§ 211, 212 StGB, in drei Fällen ‚Mord in Zusammenhang mit einem Sexualdelikt'

Tab. 54: Spurenbeseitigung: Indexdelikt und Verletzungsgrad des Opfers

| Indexdelikt | Verletzungsgrad des Opfers | | | | |
|---|---|---|---|---|---|
| | keine V. | leichte V. | mittelgradige V. | tödliche V. | ges. |
| Personenbez. Gewaltdelikt | 0 | 0 | 0 | 9 | 9 |
| Sexuelles Gewaltdelikt | 1 | 1 | 1 | 0 | 3 |
| **gesamt** | **1** | **1** | **1** | **9** | **12** |

Anmerkung: V: Verletzung; ges.: gesamt; einbezogen nur Täter ‚mit Spurenbeseitigung' (N = 12)

Eine Überprüfung im Hinblick auf die Vorstrafenbelastung zeigt, dass zwei Drittel der Täter, deren Tatorte Indizien für eine Spurenbeseitigung aufwiesen, vorbestraft waren. Drei der Täter ‚mit Spurenbeseitigung' sind vor Begehen der Bezugsstraftat bereits (mindestens) einmal inhaftiert oder untergebracht gewesen (vgl. Tab. 55).

Tab. 55: Spurenbeseitigung: Vorstrafen und frühere Inhaftierung / Unterbringung

| **Vorstrafen** | Häufigkeit (N) | Prozent (%) |
|---|---|---|
| ja | 8 | 66.7 |
| nein | 4 | 33.3 |
| **Frühere Inhaftierung / Unterbringung** | | |
| ja | 3 | 25.0 |
| nein | 9 | 75.0 |

Anmerkung: ges.: gesamt; einbezogen nur Täter ‚mit Spurenbeseitigung' (N = 12)

Hervorzuheben ist weiter, dass bei 83.3% (N = 10) der Taten, bei welchen laut Aktenlage Versuche unternommen wurden, Spuren zu beseitigen, zwischen dem Täter und seinem Opfer eine – häufig enge – prädeliktische Beziehung vorgelegen hat (vgl. Tab. 56). Bei jeder dieser zehn Taten erfolgte die Opferauswahl gezielt, d.h., die Tat war entweder gegen eine bestimmte Person gerichtet oder das Opfer war aufgrund definierter Kriterien ausgewählt worden (vgl. Tab. 57).

Tab. 56: Spurenbeseitigung: Täter-Opfer-Beziehung

| **Täter-Opfer-Beziehung** | Häufigkeit (N) | | Prozent % | |
|---|---|---|---|---|
| fremd | | 2 | | 16.7 |
| bekannt | | 10 | | 83.3 |
| flüchtige Bekanntschaft | 2 | | 16.7 | |
| berufliche Bekanntschaft | 1 | | 8.3 | |
| lange Bekanntschaft / Freundschaft | 5 | | 41.7 | |
| Verwandtschaft | 1 | | 8.3 | |
| (ehem.) Lebensgefährtin | 1 | | 8.3 | |
| **gesamt** | | **12** | | **100.0** |

Anmerkung: einbezogen nur Täter ‚mit Spurenbeseitigung' (N = 12)

Tab. 57: Spurenbeseitigung: Täter-Opfer-Beziehung und Opferauswahl

| **Täter-Opfer-Beziehung** | **Opferauswahl** | | |
|---|---|---|---|
| | zufällig | gezielt | gesamt |
| fremd | 2 | 0 | 2 |
| bekannt | 0 | 10 | 10 |
| **gesamt** | **2** | **10** | **12** |

Anmerkung: einbezogen nur Täter ‚mit Spurenbeseitigung' (N = 12)

Überprüft wird die Annahme, dass Täter ‚mit Spurenbeseitigung' gewissenhafter sind als Täter ‚ohne Spurenbeseitigung'.

| | |
|---|---|
| $H_8$: | *Täter, deren Tatorte Indizien für eine Spurenbeseitigung aufweisen, sind gewissenhafter als Täter, die bei ihrer Deliktbegehung keine Versuche unternommen haben, ihre Spuren zu verwischen bzw. zu beseitigen.* |

Hypothesenkonform beschreiben sich Täter, deren Tathergangsrekonstruktion Indizien dafür aufweist, dass Versuche einer Spurenbeseitigung unternommen worden sind, als gewissenhafter als Täter, die bei ihrer Tatdurchführung keine derartigen Versuche unternommen haben. Ein Vergleich der entsprechenden mittleren Ränge zeigt, dass diese Differenz statistisch signifikant ist. Der durchschnittliche Rang für »Spurenbeseitigung« liegt mit 33.92 deutlich über dem mittleren Rang von 25.67 für »keine Spurenbeseitigung« (vgl. Tab. 58).

Tab. 58: Mann-Whitney-U-Test für Spurenbeseitigung und Gewissenhaftigkeit

| Spurenbeseitigung | Deskriptive Statistik | | Mann-Whitney-U-Test | | |
|---|---|---|---|---|---|
| | N | MR | RS | U-Wert | Signifikanz |
| ja | 12 | 33.92 | 407.00 | 175.000 | **0.050*** |
| nein | 42 | 25.67 | 1078.00 | | |

Anmerkung: MR: mittlerer Rang; RS: Rangsumme; *. signifikant 0.05%-Niveau (1-seitig)

### 5.3.5.2 Tatortinszenierung und Gewissenhaftigkeit

Als spezifisches Tatbegehungsmerkmal ist weiter erhoben worden, inwieweit der Täter eine Tatortinszenierung vorgenommen hat. Rekonstruiert wurden diesbezüglich Anzeichen am Tatort, die dafür sprechen, dass der Täter Handlungen begangen bzw. Vorkehrungen getroffen hat, um tatinitiierende Motive zu verdecken oder zu verschleiern. Ein solches »Staging« wurde lediglich in sechs Fällen (11.1%) vom Täter vorgenommen. Wie auch für das Tathergangsmerkmal Spurenbeseitigung beschrieben, deckte eine explorative Datenanalyse verschiedene Abhängigkeitsstrukturen zwischen der Tatortinszenierung und weiteren Parametern des Tatverlaufs auf. Aufgrund möglicher modulierender Effekte auf die inferenzstatistischen Ergebnisse werden zunächst einige dieser Kennwerte dargestellt. Bei jedem der sechs Untersuchungsfälle, bei denen laut Aktenlage eine Inszenierung vorgelegen hat, handelte es sich um ein personenbezogenes Gewaltdelikt gemäß §§ 211, 212 StGB – Straftaten, bei denen das Opfer tödlich verletzt worden ist (vgl. Tab. 59).

Tab. 59: Tatortinszenierung: Indexdelikt

| Indexdelikt | Häufigkeit (N) | Prozent (%) |
|---|---|---|
| Personenbezogenes Gewaltdelikt | 6* | 100.0 |
| Sexuelles Gewaltdelikt | 0 | 0.0 |
| **gesamt** | **6** | **100.0** |

Anmerkung: einbezogen nur Täter ‚mit Tatortinszenierung' (N = 6); *. Straftaten gemäß §§ 211, 212 StGB, in zwei Fällen ‚Mord in Zusammenhang mit einem Sexualdelikt'

Jeder dieser Übergriffe hatte innerhalb eines Gebäudes (»indoor«) stattgefunden, wobei stets eine prädeliktische (flüchtige oder enge) Beziehung zwischen dem Täter und dessen Opfer vorgelegen hat (vgl. Tab. 60, Tab. 61).

Tab. 60: Tatortinszenierung: Täter-Opfer-Beziehung

| **Täter-Opfer-Beziehung** | Häufigkeit (N) | Prozent % |
|---|---|---|
| fremd | 0 | 0.0 |
| bekannt | 6 | 100.0 |
| flüchtige Bekanntschaft | 2 | 33.3 |
| berufliche Bekanntschaft | 1 | 16.7 |
| lange Bekanntschaft / Freundschaft | 1 | 16.7 |
| Verwandtschaft | 2 | 33.3 |
| **gesamt** | **6** | **100.0** |

Anmerkung: einbezogen nur Täter ‚mit Tatortinszenierung' (N = 6)

Tab. 61: Tatortinszenierung: Täter-Opfer-Beziehung und Ort des Übergriffs

| **Täter-Opfer-Beziehung** | **Ort des Übergriffs** | | |
|---|---|---|---|
| | »indoor« | »outdoor« | gesamt |
| fremd | 0 | 0 | 0 |
| bekannt | 6 | 0 | 6 |
| **gesamt** | **6** | **0** | **6** |

Anmerkung: einbezogen nur Täter ‚mit Tatortinszenierung' (N = 6)

Diese Befunde spiegeln die Beziehung wider, die auch für das Gesamtkollektiv hinsichtlich einer – inhaltstheoretisch plausiblen – Verknüpfung des Übergriffsortes und der Täter-Opfer-Beziehung (fremd vs. bekannt) festzustellen war: So zeigte die deskriptive Auswertung, dass bei 93.3% der Straftaten, die »indoor« begangen wurden, Täter und Opfer einander kannten. 76.2% der »outdoor«-Taten waren entsprechend von ‚fremden' Tätern durchgeführt worden (vgl. Tab. *B*-18). Eine aufgrund dieser Zusammenhänge durchgeführte inferenzstatistische Überprüfung der Rangunterschiede (Mann-Whitney-U-Test) bestätigt, dass der Ort des Übergriffs (»indoor« vs. »outdoor«) hochsignifikant zwischen Tätern mit ihnen prädeliktisch bekannten Opfern und ‚fremden' Tätern trennt (vgl. Tab. *B*-19).

Die enge Beziehung zwischen der Tatortinszenierung und der Viktimisierung einer dem Täter bekannten – eventuell emotional verbundenen – Person führte weiter zu einer Analyse möglicher Zusammenhänge zu der Täterverhaltensweise »overkill«. Tabelle 62 dokumentiert, dass bei drei der vier »overkill«-Taten (vgl. hierzu auch Tab. 19) ein »staging« des Tatortes stattgefunden hat.

Tab. 62: Tatortinszenierung: Personifizierungsform »overkill«

| **»overkill«** | Häufigkeit (N) | Prozent (%) |
|---|---|---|
| ja | 3 | 50.0 |
| nein | 3 | 50.0 |
| **gesamt** | **6** | **100.0** |

Anmerkung: einbezogen nur Täter ‚mit Tatortinszenierung' (N = 6)

Der eindeutige Zusammenhang zwischen der Täter-Opfer-Beziehung (‚bekannt') und einer gezielten Opferauswahl, der bereits für das Tathergangsmerkmal einer Spurenbeseitigung beschrieben wurde (vgl. Tab. 57), findet sich auch für die Personifizierungsform der Tatortinszenierung: bei allen sechs Taten, deren Tatorte durch Indizien für Handlungen bzw. Vorkehrungen zur Verdeckung tatinitiierender Motive gekennzeichnet waren, war das Opfer gezielt ausgewählt worden. Hierbei ist jedoch zu berücksichtigen, dass die Gemeinsamkeiten von Spurenbeseitigung und Inszenierung, die hinsichtlich der Abhängigkeitsstrukturen zu weiteren Parametern des Tatverlaufs vorliegen, auch auf die fehlende Unabhängigkeit zwischen diesen beiden Täterverhaltensweisen zurückzuführen sein können: bei fünf Taten, die Versuche einer Spurenbeseitigung aufwiesen, waren den Akten auch Indizien für ein »staging« zu entnehmen.
Angenommen wird, dass Täter ‚mit Tatortinszenierung' gewissenhafter sind als Täter ‚ohne Tatortinszenierung'.

| | |
|---|---|
| $H_9$: | *Täter, deren Tatorte Indizien für eine Inszenierung erkennen lassen, sind gewissenhafter als Täter, die ein solches »staging« nicht durchführen.* |

Zur Überprüfung dieser Annahme wurde als non-parametrisches Verfahren zur Berechnung von Unterschieden der Mann-Whitney-U-Test durchgeführt (vgl. Tab. 63). Da sich jedoch die beiden zu vergleichenden Subgruppen (Inszenierung vs. keine Inszenierung) hinsichtlich der jeweiligen absoluten Häufigkeiten stark unterscheiden, erfolgte zuvor eine explorative Datenanalyse. Aufgrund der Tatsache, dass diese den Eindruck zu großer Häufigkeitsunterschiede bestätigte, als dass die Möglichkeit bestände, die Rangbindungen zu korrigieren (diese sollten zufällig zwischen den beiden Stichproben gemischt werden), wurde die Signifikanz auf der Grundlage des ‚Monte-Carlo-Tests' berechnet (zum Verfahren vgl. Bortz, 1999).

Tab. 63: Mann-Whitney-U-Test für Tatortinszenierung und Gewissenhaftigkeit

| **Tatortinszenierung** | **Deskriptive Statistik** | | **Mann-Whitney-U-Test** | | |
|---|---|---|---|---|---|
| | **N** | **MR** | **RS** | **U-Wert** | **Signifikanz** |
| ja | 6 | 38.33 | 230.00 | 79.000 | **0.036*** |
| nein | 48 | 26.15 | 1255.00 | | |

Anmerkung: MR: mittlerer Rang; RS: Rangsumme; *. signifikant 0.05%-Niveau, 1-seitig [Monte-Carlo-Signifikanz: basiert auf 10000 Stichprobentabellen mit einem Startwert von 1585587178]

### 5.3.5.3 Anale vs. vaginale Vergewaltigung und Persönlichkeitspathologie

Bei der Analyse von Unterschieden zwischen Tätern, deren Taten den Versuch oder die Vollendung einer analen Vergewaltigung beinhalten, und jenen, die ihr Opfer vaginal penetrieren (oder dieses versuchen), werden ausschließlich diejenigen Probanden in die Untersuchung einbezogen, deren Tatverlauf laut Tathergangsrekonstruktion durch eine Vergewaltigung gekennzeichnet war. Unter der Annahme, dass nicht die Ausübung der Tat, sondern auch die beabsichtigte, nicht aber vollzogene Tat eine inhaltliche Gleichsetzung nahe legt, wird die versuchte Vergewaltigung in die jeweilige (vaginale vs. anale) Deliktgruppe aufgenommen. Darüber hinaus wurde eine Selektion dahingehend vorgenommen, dass nur Täter, deren Opfer weiblichen Geschlechts waren, Eingang fanden. Anderenfalls wäre ein Vergleich »anal« vs. »vaginal« nicht gerechtfertigt. Von den 29 Tätern einer Vergewaltigung wurden demzufolge zwei Untersuchungsteilnehmer, deren Opfer männlich waren, ausgeschlossen. Weiter wurden die acht Fälle, in denen innerhalb eines Tatgeschehens beide Penetrationsformen stattfanden, der Kategorie »anal« zugeordnet, so dass sich die in Tabelle 64 dokumentierte deskriptive Verteilung ergibt:

Tab. 64: Deskriptive Kennwerte: Vergewaltigungstäter (Penetrationsart)

| **Penetrationsart** | Häufigkeit (N) | Prozent (%) |
|---|---|---|
| vaginale Vergewaltigung | 17 | 63.0 |
| anale Vergewaltigung | 10 | 37.0 |
| **gesamt** | **27** | **100.0** |

Anmerkung: N = 27; absolute (N) und relative (%) Häufigkeiten; die Kategorie ‚anale Vergewaltigung' umfasst acht Fälle, in denen auch eine vaginale Penetration vorgelegen hat; nicht aufgenommen die Vergewaltigungstäter, deren Opfer männlichen Geschlechts waren (N = 2)

Ein Vergleich der beiden Untersuchungsgruppen »anal rapists« (AR) und »vaginal rapists« (VR) in Bezug auf *soziodemographische* Merkmale zeigt, dass die »vaginal rapists« im Mittel (durchschnittliches Alter = 41;05 / SD = 11.78) älter sind als die »anal rapists« (M = 33;08 / SD = 10.32). Dieser Unterschied ist jedoch inferenzstatistisch nicht als signifikant zu bewerten (p = 0.091). Bei dem Subkollektiv der »vaginal rapists« waren 76.5% (N = 13) zum Zeitpunkt der Persönlichkeitsdiagnostik über 35 Jahre alt (Range VR: 22;08 bis 68;01), für die Gruppe der »anal rapists« galt dies lediglich für 50% (N = 5) der Probanden (Range AR: 20;09 bis 50;07; vgl. Tab. 65).

Tab. 65: »anal rapists« vs. »vaginal rapists«: Täteralter zum Erhebungszeitpunkt

| **Täteralter** | **»anal Rapists«** | | **»vaginal Rapists«** | |
|---|---|---|---|---|
| | N (%) | Prozent | N (%) | Prozent |
| 14;0 bis 20;11 | 1 | 10.0 | 0 | 0.0 |
| 21;0 bis 27;11 | 3 | 30.0 | 1 | 5.9 |
| 28;0 bis 34;11 | 1 | 10.0 | 3 | 17.6 |
| 35;0 bis 41;11 | 2 | 20.0 | 5 | 29.5 |
| 42;0 bis 48;11 | 2 | 20.0 | 3 | 17.6 |
| 49;0 bis 55;11 | 1 | 10.0 | 3 | 17.6 |
| 56;0 und älter | 0 | 0.0 | 2 | 11.8 |
| **gesamt** | **10** | **100.0** | **17** | **100.0** |

Anmerkung: absolute Häufigkeiten (N); »anal rapists« (N = 10); »vaginal rapists« (N = 17); Prozentangaben bei »vaginal rapists« gerundet

Zum Zeitpunkt der Tat waren die Täter beider Subgruppen mehrheitlich unter 28 Jahre alt (60.0% der »anal rapists« bzw. 58.8% der »vaginal rapists«; vgl. Tab. *B*-20). Während alle Probanden der Subgruppe »vaginal rapists« (N = 17) die deutsche Staatsbürgerschaft besitzen, entfallen 20%

(N = 2) der »anal rapists«-Stichprobe auf Probanden nichtdeutscher Nationalität (vgl. Tab. *B*-21).

Hinsichtlich der Angaben zur Lebenssituation vor der Inhaftierung / Unterbringung liegen keine auffallenden Unterschiede zwischen den Teilnehmern der beiden Subgruppen vor (vgl. Tab. *B*-22). Gleichermaßen ergibt sich eine ähnliche Verteilung in Bezug auf Schulbildung und Berufstätigkeit (vgl. Tab. *B*-23 und *B*-24).

Im Hinblick auf *kriminologische* Merkmale liegen insofern unterschiedliche Verteilungen der deskriptiven Kennwerte vor, als 82.3% (N = 14) der »vaginal rapists«-Gruppe, jedoch lediglich 50.0% (N = 5) der »anal rapists«-Gruppe zum Zeitpunkt der Untersuchung in der Forensischen Psychiatrie untergebracht waren (vgl. Tab. 66).

Tab. 66: »anal rapists« vs. »vaginal rapists«: Inhaftierungs-/ Unterbringungsort

| **Inhaftierung/Unterbringung** | **»anal rapists«** | | **»vaginal rapists«** | |
|---|---|---|---|---|
| | N | Prozent (%) | N | Prozent (%) |
| JVA | 2 | 20.0 | 2 | 11.8 |
| SothA | 3 | 30.0 | 1 | 5.9 |
| MRV | 5 | 50.0 | 14 | 82.4 |
| **gesamt** | **10** | **100.0** | **17** | **100.0** |

Anmerkung: absolute Häufigkeiten (N); »anal rapists« (N = 10); »vaginal rapists« (N = 17); Prozentangaben bei »vaginal rapists« gerundet

Ein Vergleich der Indexdelikte, aufgrund welcher abgeurteilt worden war, zeigt, dass bei beiden Stichproben über zwei Drittel der Teilnehmer aufgrund eines sexuellen Gewaltdeliktes inhaftiert / untergebracht waren (vgl. Tab. 67). Weiter bestehen kaum Unterschiede in Bezug auf das Vorliegen früherer Haftstrafen (50.0% der »anal rapists« gegenüber 58.8% der »vaginal rapists«; vgl. Tab. *B*-25) sowie der Vorstrafenbelastung (90.0% bzw. 88.2%; vgl. Tab. *B*-26). Auch die Gegenüberstellung der jeweiligen tat- bzw. deliktbezogenen und viktimologischen Merkmale ergibt keine nennenswerten divergierenden Kennwerte (vgl. Tab. *B*-27 bis *B*-35).

Tab. 67: »anal rapists« vs. »vaginal rapists«: Indexdelikt

| Indexdelikt (Haupttatbestand) | »anal rapists« | | »vaginal rapists« | |
|---|---|---|---|---|
| | N | Prozent (%) | N | Prozent (%) |
| personenbezogenes Gewaltdelikt | 2 | 20.0 | 4 | 23.5 |
| sexuelles Gewaltdelikt | 8 | 80.0 | 13 | 76.5 |
| **gesamt** | **10** | **100.0** | **17** | **100.0** |

Anmerkung: absolute Häufigkeiten (N); »anal rapists« (N = 10); »vaginal rapists« (N = 17)

Häufigkeitsunterschiede zwischen den beiden Subgruppen bestehen in Bezug auf das Vorliegen *psychopathologischer* Merkmale, die den Gefangenen- bzw. Krankenpersonalakten entnommen wurden (vgl. hierzu auch Tab. 9). Waren für 60% (N = 6) der »anal rapists« Angaben bzgl. psychischer Störungen festgestellt worden, welche entweder prädeliktisch bekannt und dokumentiert, im Verlauf der deliktbezogenen Begutachtung diagnostiziert oder intramural erkannt worden waren, traf dies auf 88.2% (N = 15) der »vaginal rapists« zu (vgl. Tab. 68). Während jede dieser Diagnosen die einer Persönlichkeitsstörung bzw. Störung der Persönlichkeitsentwicklung (F60/F61 gemäß ICD-10; Dilling et al., 2000) impliziert, imponiert insbesondere die Komorbidität zu den ‚Psychischen und Verhaltensstörungen durch psychotrope Substanzen' (F10-F19) sowie den Störungen der Sexualpräferenz (F65).

Zur Überprüfung der Annahme, dass »anal rapists« eine höhere Persönlichkeitspathologie aufweisen als »vaginal rapists«, wird kein Bezug auf die Aktenangaben genommen, da hier durch die unterschiedlichen Diagnosezeitpunkte und -verfahren nicht von einer hinreichenden Vergleichbarkeit ausgegangen werden kann.

$H_{10}$: *Täter, deren Taten den Versuch oder die Vollendung einer analen Vergewaltigung beinhalten, weisen eine höhere Persönlichkeitspathologie auf als Täter, die ihr Opfer vaginal penetrieren oder dieses versuchten.*

Die Hypothese, dass »anal rapists« hinsichtlich ihrer Persönlichkeitspathologie auffälliger sind als »vaginal rapists«, wird unter Einbeziehung der Werte überprüft, die aus dem Selbstbeurteilungsverfahren SKID-II-Fragebogen (Fydrich et al., 1997) vorliegen. Aufgrund der dimensionalen Auswertung stellen die entsprechenden Angaben keine Diagnosen dar (»Persönlichkeitsstörung«), sondern vielmehr Tendenzen, die durch die Durchführung des zugehörigen Interviews zu validieren wären. Für die hier vorliegende Untersuchung werden tendenzielle Aussagen als ausreichend betrachtet. Angesichts der Tatsache, dass lediglich eine Subgruppe der Untersuchungsstichprobe (‚Vergewaltigungstäter') in die Analyse einbezogen wurde, deren absolute Häufigkeit (N = 27) unterhalb der für den Mann-Whitney-U-Test geforderten Stichprobengröße von N ≥ 30 liegt, wird die Monte-Carlo-Signifikanz berechnet. Zunächst erfolgt eine (a priori) Berechnung unter Einbeziehung der drei Oberkategorien Cluster A, B und C, an welche weitere (post hoc) Analysen in Bezug auf die unter die Merkmalsbereiche A und C subsumierten Persönlichkeitsstörungen anschließen.

Tab. 68: »anal rapists« vs. »vaginal rapists«: Psychische Störungen

| **Psychische Störungen** | **»anal rapists«** Häufigkeit (N) | Prozent (%) | **»vaginal rapists«** Häufigkeit (N) | Prozent (%) |
|---|---|---|---|---|
| nicht dokumentiert | 4 | 40.0 | 2 | 11.8 |
| dokumentiert | 6 | 60.0 | 15 | 88.2 |
| PD | **6** | | **15** | |
| F10-F19 | 2 | | 4 | |
| F63 | 0 | | 1 | |
| F65 | 2 | | 4 | |
| F 66 | 0 | | 1 | |
| F70-F79 | 1 | | 3 | |
| F90-F98 | 0 | | 2 | |
| **gesamt** | **10** | **100.0** | **17** | **100.0** |

Anmerkung: »anal rapists« (N = 10); »vaginal rapists« (N = 17); Störungen prädeliktisch, während Begutachtung oder intramural erkannt; Mehrfachnennungen möglich; PD: Persönlichkeitsstörung; F10-F19: Psychische und Verhaltensstörungen durch psychotrope Substanzen; F63: Abnorme Gewohnheiten und Störungen der Impulskontrolle; F65: Störungen der Sexualpräferenz; F66: Psychische Verhaltensstörungen i.V.m. der sexuellen Entwicklung und Orientierung; F70-F79: Intelligenzminderung; F90-F98: Verhaltens- und emotionale Störungen mit Beginn in der Kindheit und Jugend

Hypothesenkonform weisen Täter, die ihr Opfer anal vergewaltigen, eine höhere Persönlichkeitspathologie auf (»Persönlichkeitsstörungen«, definiert über die bereits beschriebenen einschränkenden Kriterien des SKID-II-Fragebogens), als Vergewaltiger, die ihr Opfer vaginal penetrieren.

Während sowohl bei Cluster A als auch bei den Störungen, die durch Cluster B und C beschrieben werden, die mittleren Ränge bei den »anal rapists« stets größer sind als die der »vaginal rapists« (vgl. Tab. 69a), sind diese Differenzen lediglich für die Cluster-A- und Cluster-C-Störungen statistisch signifikant (vgl. Tab. 69b).

Tab. 69a: ,Vergewaltigertypen' und Persönlichkeitsstörungen (Cluster A, B, C): Ränge

| | Mittlerer Rang | | | | Rangsumme | | |
|---|---|---|---|---|---|---|---|
| | N | Cluster A | Cluster B | Cluster C | Cluster A | Cluster B | Cluster C |
| vaginal | 17 | 11.79 | 13.09 | 11.18 | 200.50 | 222.50 | 190.00 |
| anal | 10 | 17.75 | 15.55 | 18.80 | 177.50 | 155.50 | 188.00 |

Tab. 69b: ,Vergewaltigertypen' und Persönlichkeitsstörungen (Cluster A, B, C): Mann-Whitney-U-Test

| | U-Wert | | | Signifikanz | | |
|---|---|---|---|---|---|---|
| | Cluster A | Cluster B | Cluster C | Cluster A | Cluster B | Cluster C |
| vaginal anal | 47.500 | 69.500 | 37.000 | **0.029*** | 0.222 | **0.007**** |

Anmerkung: **. signifikant 0.01%-Niveau (1-seitig); *. signifikant 0.05%-Niveau (1-seitig); Monte-Carlo-Signifikanz: basiert auf 10000 Stichprobentabellen mit einem Startwert von 1535910591

Eine Spezifizierung hinsichtlich der subsumierten Persönlichkeitsstörungen zeigt, dass sich diese Unterschiede v.a. für die paranoide (Cluster A, vgl. Tab. 70a und 70b) sowie die selbstunsichere und dependente (Cluster C, vgl. Tab. 71a und 71b) Persönlichkeitsstörung hervorheben lassen.

Tab. 70a: ,Vergewaltigertypen' und Cluster-A-Persönlichkeitsstörungen: Ränge

| | Mittlerer Rang | | | | Rangsumme | | |
|---|---|---|---|---|---|---|---|
| | N | paranoid | schizoid | schizo-typisch | paranoid | schizoid | schizotypisch |
| vaginal | 17 | 11.09 | 12.65 | 13.59 | 188.50 | 215.00 | 231.00 |
| anal | 10 | 18.95 | 16.30 | 14.70 | 189.50 | 163.00 | 147.00 |

Tab. 70b: ‚Vergewaltigertypen' und Cluster-A-Persönlichkeitsstörungen: Mann-Whitney- U-Test

| | U-Wert | | | Signifikanz | | |
|---|---|---|---|---|---|---|
| | paranoid | schizoid | schizotypisch | paranoid | schizoid | schizotypisch |
| vaginal<br>anal | 35.500 | 62.000 | 78.000 | **0.006**** | 0.121 | 0.364 |

Anmerkung: **. signifikant 0.01%-Niveau (1-seitig); Monte-Carlo-Signifikanz: basiert auf 10000 Stichprobentabellen mit einem Startwert von 1535910591

Tab. 71a: ‚Vergewaltigertypen' und Cluster-C-Persönlichkeitsstörungen: Ränge

| | Mittlerer Rang | | | | Rangsumme | | |
|---|---|---|---|---|---|---|---|
| | N | selbst-unsicher | depen-dent | zwang-haft | selbst-unsicher | dependent | zwang-haft |
| vaginal | 17 | 11.50 | 11.24 | 12.65 | 195.50 | 191.00 | 215.00 |
| anal | 10 | 18.25 | 18.70 | 16.30 | 182.50 | 187.00 | 163.00 |

Tab. 71b: ‚Vergewaltigertypen' und Cluster-C-Persönlichkeitsstörungen: Mann-Whitney-U-Test

| | U-Wert | | | Signifikanz | | |
|---|---|---|---|---|---|---|
| | selbstunsicher | dependent | zwang-haft | selbst-unsicher | dependent | zwang-haft |
| vaginal<br>anal | 42.500 | 38.000 | 62.000 | **0.016*** | **0.008**** | 0.123 |

Anmerkung: **. signifikant 0.01%-Niveau (1-seitig); *. signifikant 0.05%-Niveau (1-seitig); Monte-Carlo-Signifikanz: basiert auf 10000 Stichprobentabellen mit einem Startwert von 1535910591

Sowohl die Dimensionen des NEO-FFI als auch die Skala R (HPI) weisen eine Vielzahl von signifikanten Zusammenhängen zu den Skalen des SKID-II-Fragebogens auf (vgl. *B*-12). Insbesondere die empirisch bestätigten bedeutenden Beziehungen zwischen Neurotizismus und den Persönlichkeitsstörungen (z.B. Fiedler, 2001) legen es daher nahe, die ‚Vergewaltigertypen' (post hoc) auch hinsichtlich dieses Konstruktes zu vergleichen. Weiter wird überprüft, ob eine entsprechende Differenzierungsfähigkeit für die Skala Verträglichkeit vorliegt, da Unverträglichkeit mit beinahe allen Persönlichkeitsstörungen signifikant korreliert. Auch für die Dimension Risikobereitschaft werden aufgrund der statistisch relevanten Beziehungen zu den Cluster-B-Störungen analoge Berechnungen durchgeführt.

Tab. 72a: ‚Vergewaltigertypen' und Persönlichkeit (N, V, R): Ränge

| | | **Mittlerer Rang** | | | **Rangsumme** | | |
|---|---|---|---|---|---|---|---|
| | N | Skala N | Skala V | Skala R | Skala N | Skala V | Skala R |
| vaginal | 17 | 11.53 | 13.85 | 13.71 | 196.00 | 235.50 | 233.00 |
| anal | 10 | 18.20 | 14.25 | 14.50 | 182.00 | 142.50 | 145.00 |

Anmerkung: NEO-FFI-Skalen (Borkenau & Ostendorf, 1993): Neurotizismus (Skala N) und Verträglichkeit (Skala V); Risikobereitschaft (Skala R) des HPI (Andresen, 2002)

Tab. 72b: ‚Vergewaltigertypen' und Persönlichkeit (N, V, R): Mann-Whitney-U-Test

| | **U-Wert** | | | **Signifikanz** | | |
|---|---|---|---|---|---|---|
| | Skala N | Skala V | Skala R | Skala N | Skala V | Skala R |
| vaginal anal | 43.000 | 82.500 | 80.000 | **0.034*** | 0.900 | 0.801 |

Anmerkung: *. signifikant 0.05%-Niveau (2-seitig)

Täter, deren Taten den Versuch oder die Vollendung einer analen Vergewaltigung beinhalten, beschreiben sich als signifikant neurotischer als Täter, die ihr Opfer vaginal penetrieren. Für die Skalen Verträglichkeit und Risikobereitschaft sind die Differenzen zwischen den mittleren Rängen der beiden untersuchten Subkollektive so gering, dass dieser Unterschied nicht von statistischer Relevanz ist.

# 6. Diskussion

Der folgende Abschnitt dient der Interpretation und Diskussion der in den vorangegangenen Kapiteln dargestellten Ergebnisse. Zunächst werden generelle Anmerkungen zum methodischen Vorgehen unter Berücksichtigung stichprobenspezifischer Faktoren und der dem Forschungsdesign inhärenten Schwierigkeiten erörtert (**Kap. 6.1.**). Sodann werden die Ergebnisse zu den spezifischen Fragestellungen erläutert und diskutiert (**Kap. 6.2.**). Es erfolgt eine kritische Bewertung der Befunde im Hinblick auf ihre praktische Relevanz und Anwendbarkeit, und es wird nach einer abschließenden Zusammenfassung ein Ausblick auf die weitere Erforschung der Zusammenhänge von Täterverhalten und Persönlichkeit gegeben (**Kap. 6.3.**).

## 6.1. Generelle Anmerkungen zur Untersuchung

Aufgezeigt werden zunächst einige stichprobenspezifische und methodenimmanente Probleme, welche trotz der unternommenen Kontrollmaßnahmen einen Einfluss auf die Ergebnisse dieser Untersuchung ausgeübt haben können. Entsprechende Verzerrungen müssen bei der Bewertung und Interpretation der vorliegenden Befunde berücksichtigt werden.

Diskussionswürdig in Bezug auf die Zusammensetzung der Stichprobe ist ihre Heterogenität. Als primäres Selektions- bzw. Einschlusskriterium galt die Norm, nach der in der vorangegangenen Hauptverhandlung abgeurteilt worden war. In Anlehnung an die Arbeiten der »Crime Scene Analysis« bzw. »Criminal Investigative Analysis« des FBI, die vordergründig bei personenbezogenen (Körperverletzungs- und Tötungs-) sowie sexuell motivierten (schweren) Gewaltdelikten angewendet wird, werden sowohl *Gewalt-* als auch *Sexual*straftäter in die inferenzstatistische Analyse dieser Untersuchung einbezogen. Eine diesbezügliche Differenzierung des Gesamtkollektivs ist nicht vorgenommen worden, da die aggressiven Sexualdelikte (gemäß § 177 StGB) in Übereinstimmung mit der

Polizeilichen Kriminalstatistik (BKA, 2003) als den Gewaltstraftaten untergeordnet bewertet werden. Darüber hinaus konnte anhand der Akteninhalte nicht mit Sicherheit rekonstruiert werden, welche Motivlage der Rubrik »Mord in Zusammenhang mit einem Sexualdelikt« (‚Sexualmord') zugrunde gelegen hat, so dass eine trennscharfe Zuordnung zu einer der beiden Deliktkategorien nicht möglich war. Eine Trennung wäre nur dann zulässig, wenn die Zuordnung von Tatbeständen, bei denen im Zusammenhang mit einem Tötungsdelikt sexuell relevante Zonen des Opfers attackiert wurden, möglichst eindeutig erfolgt.

Auf die spezifische Erfassung dieser problematischen Fälle als dritte unabhängige Subgruppe wurde aufgrund der geringen Fallzahl (N = 7) verzichtet. Insbesondere die weiter erforderliche Differenzierung zwischen (a) vorsätzlichen Tötungsdelikten zur Befriedigung des Geschlechtstriebs und (b) Sexualdelikten mit anschließender Tötung zum Zwecke der Verdeckung dieser Straftat hätte die jeweiligen absoluten Häufigkeiten der Subkollektive zu sehr reduziert, als dass aussagekräftige, generalisierbare Ergebnisse hätten erzielt werden können.

Obgleich die Zusammenfassung dieser z.T. sehr unterschiedlichen Straftatbestände insofern problematisch ist, als sehr unterschiedliche Dynamiken der Tatbegehung anzunehmen sein dürften, kann dieser Einwand unter Bezugnahme auf die Fragestellungen dieser Studie zunächst vernachlässigt werden. Wesentliches gemeinsames Merkmal der Untersuchungsgruppe ist die fremdaggressive Komponente, die allen Taten gemein ist. Die postulierten Zusammenhänge zwischen der Persönlichkeit der Täter und den spezifischen, definierten Tathergangsfaktoren bzw. die entsprechenden Befunde können für das Gesamtkollektiv von Tätern (schwerer) Gewaltdelikte Geltung beanspruchen. Es ist daher hervorzuheben, dass eine Gruppeneinteilung anhand von Deliktmerkmalen stets nur einen Kompromiss darstellen kann. Auf eine Gegenüberstellung der jeweiligen Kategorien (Gewalt- vs. Sexualstraftäter) wurde aufgrund der dargestellten Einschränkungen verzichtet.

Eine Optimierung in zukünftigen Forschungsprojekten wäre zu erzielen, wenn die Stichprobengröße (insbesondere in Bezug auf die so genannten

‚Sexualmorde') eine differenziertere Analyse zulässt. Darüber hinaus wäre wünschenswert, durch eine Präzisierung der Motivlage nicht nur die Abgrenzung von Taten zu ermöglichen, bei denen die Todesfolge auf die spezifische Gefährlichkeit der vorgenommenen sexuellen oder sonstigen Handlungen (der Tatmittel oder Tathandlungen) zurückzuführen ist. Auch die explizite Trennung von vorsätzlichen Tötungen zur Befriedigung des Geschlechtstriebs und so genannten (ebenfalls vorsätzlich begangenen) ‚Verdeckungsmorden' sollte nach Möglichkeit vorgenommen werden. Erschwerend kommt hier hinzu, dass Fälle, bei denen die Tötung des Opfers als sexuelles Äquivalent von vornherein geplant war, im Vergleich zu Tötungen aus Verdeckungsmotiven heraus eher selten sind (vgl. Schröer, 2004). Eine Aktenanalyse ist daher insofern problematisch, als diesen schriftlichen Dokumentationen häufig die Motivausformung nicht zu entnehmen ist. Die Übergänge von einer Vergewaltigung und einer vollendeten Tötung mit sexuellem Hintergrund können angesichts des dynamischen Tatgeschehens (z.B. unerwartete Gegenwehr des Opfers, drohender Kontrollverlust für den Täter) fließend sein, so dass sich eine exklusive Gruppenbildung schwierig gestaltet. Nur eine derart differenzierte Untersuchung könnte jedoch den benannten Einwand der heterogenen Stichprobenzusammensetzung entkräften.

## 6.2.Methodik

Zu diskutieren sind weiter methodische Aspekte hinsichtlich der verwendeten psychometrischen Verfahren zur Persönlichkeitsdiagnostik sowie Probleme, die mit dem Forschungsdesign einer Querschnittsstudie einhergehen.

### 6.1.2.1 Anwendung psychometrischer (Selbstbeurteilungs-) Verfahren

Bei der Bewertung der vorliegenden Ergebnisse müssen sowohl die Probleme, die mit einer Aktenanalyse einhergehen, als auch die Schwierigkeiten bei der Anwendung von Selbstbeurteilungsverfahren berücksichtigt werden (vgl. Kap. 4.1.3.2). Letztere sind v.a. insofern problematisch, als die Informationen, die mittels Persönlichkeitsfragebogen erhoben werden, möglicherweise – beabsichtigt (durch inkorrekte Angaben) oder unbeabsichtigt (aufgrund von Verständnisproblemen) – Verfälschungstendenzen unterliegen.

Im Hinblick auf die Ehrlichkeit der Antworten ist zu berücksichtigen, dass das Antwortverhalten der untersuchten Straftäter durch den Versuch beeinflusst worden sein kann, die eigene Person möglichst positiv darzustellen. Mit dieser Tendenz zu sozial erwünschten Antworten und absichtlichem Verfälschen ist insbesondere in forensischen Stichproben zu rechnen: Nicht nur sind viele der Probanden darin geübt, andere zu manipulieren und zu belügen, sondern darüber hinaus sind eben diese Interaktionsformen oftmals als symptomatisch für die vorliegenden Störungen (z.B. Antisoziale Persönlichkeitsstörung, ‚Psychopathy') anzusehen. So waren in der vorliegenden Studie 14.8% gemäß den Kautelen der PCL-SV als »psychopaths« zu charakterisieren, und weitere 29.6% wurden aufgrund ihres Gesamtscores (13 bis 17 Punkte) den »moderate scorern« zugeordnet. Es ist daher nicht auszuschließen, dass die Teilnehmer dieser Stichprobe stärker im Sinne der sozialen Erwünschtheit antworteten, als dies die Probanden der Normierungsstichproben taten. Obwohl im Verlauf der Aktenanalyse dieser zu entnehmende Informationen mit den Aussagen der Probanden abgeglichen wurden, kann die Möglichkeit von Verfälschungen durch unehrliche Beantwortung nicht ausgeschlossen werden. Es können daher evtl. Diskrepanzen zwischen unterschiedlichen Erhebungsmethoden (Selbst- vs. Fremdbeurteilung) vorliegen. Dies gilt es beim Vergleich der Angaben des NEO-FFI, der Skala R und des SKID-II-Fragebogens mit den Befunden der PCL-SV zu berücksichtigen.

Verständnisprobleme äußerten sich während der Untersuchungsdurchführung häufig durch Nachfragen zur Skalierung des NEO-FFI (*SA* für starke Ablehnung, *A* für Ablehnung, *N* für Neutral, *Z* für Zustimmung, *SZ* für starke Zustimmung). Diese konnten durch entsprechende Erläuterungen von Seiten der Testleitung reduziert werden. Darüber hinaus haben verschiedene Rückfragen der Teilnehmer den Eindruck vermittelt, dass einige der Probanden mit der Aufgabe, sich selbst in Bezug auf affektive, kognitive und behaviorale Aspekte zu beschreiben, wenig vertraut bzw. zu einer solchen reflexiven Einschätzung der eigenen Person nur begrenzt fähig waren. Möglicherweise ist dieser Effekt mit vorhandenen psychischen Störungen verknüpft bzw. wird durch diese verstärkt, so dass aus einer verzerrten Selbstwahrnehmung ein entsprechend verändertes Antwortmuster resultiert. So war anhand der Aktenlage bei 72.2% (N = 39) der Probanden (prädeliktisch, im Verlauf der deliktbezogenen Begutachtung oder intramural) eine psychische Störung nach ICD-10 (Dilling et al., 2000) festgestellt worden. Hierbei wurde am häufigsten das Vorliegen einer Persönlichkeitsstörung bzw. Persönlichkeitsentwicklungsstörung (N = 34) diagnostiziert (vgl. Tab. 9). Die mangelnde Introspektionsfähigkeit wie auch eine defizitäre Motivation zur Auseinandersetzung mit der eigenen Person können dazu geführt haben, dass sozial erwünschte Antworten gegeben wurden. Infolgedessen sind auch diesbezüglich Diskrepanzen zwischen der Selbst- und Fremdwahrnehmung möglich, die sich auf die erhobenen Befunde ausgewirkt haben können.

#### 6.1.2.2 Forschungsdesign

Die vorliegende Untersuchung ist der retrospektiven bzw. Ex-post-facto-Forschung zuzuordnen (vgl. hierzu Scheurer, 1993). Für ein solches Querschnittsdesign ist zu konstatieren, dass Kausalannahmen über die Richtung der Beziehungen zwischen spezifischen Persönlichkeitskonstrukten und Tathergangsmerkmalen nicht postuliert werden können. Hinzu kommt, dass die interessierenden Variablen (Tatbegehung und Persönlichkeitseigenschaften) zeitlich z.T. weit auseinander liegen, so dass zusätzlich alters- bzw. entwicklungsbedingte Veränderungen einzubeziehen sind.

##### 6.1.2.2.1 Prisonisierungs- und Stigmatisierungseffekte

Die Persönlichkeitseigenschaften können nicht als zeitlich frühere Variable gegenüber den interessierenden Tathergangsmerkmalen betrachtet werden, da die Tat selbst bzw. die strafrechtlichen Sanktionen, die zur Inhaftierung / Unterbringung geführt haben, sich auf die Persönlichkeit des Täters ausgewirkt haben können. Einige Eigenschaften können für solche

Einflüsse besonders sensibel sein. Es muss daher berücksichtigt werden, dass eventuell Veränderungen der Persönlichkeit (z.B. in Bezug auf Extraversion oder Verträglichkeit) bzw. Selbstkonzeptänderungen vorliegen, die auf Prisonisierungseffekte oder Labeling-Prozesse (Etikettierungen bzw. Zuschreibungen des ‚Kriminell-Seins') zurückzuführen sind.

Gleichwohl sich im Rahmen einer explorativen Datenanalyse zur Untersuchung von Abhängigkeitsstrukturen keine signifikanten Beziehungen zwischen den erfassten Persönlichkeitskonstrukten und der Aufenthaltsdauer fanden, sind diesbezügliche Effekte in Einzelfällen nicht auszuschließen.

#### 6.1.2.2.2 Alters-/ entwicklungsabhängige Einflüsse

Angesichts einer durchschnittlichen Inhaftierungs-/ Unterbringungsdauer von sechs Jahren und sechs Monaten bzw. einer statistisch hochsignifikanten Mittelwertsdifferenz (t = -7.342 [df = 53], p = 0.00) zwischen dem durchschnittlichen Tatzeitalter (M = 25;09 / SD = 8.36) und dem Alter zum Zeitpunkt der Datenerhebung (M = 33;08 / SD = 11.51) ist klar ersichtlich, dass zwischen den rekonstruierten Taten bzw. deren Verlaufsmerkmalen und der Persönlichkeitsdiagnostik ein z.T. sehr langer Zeitraum vorliegt. 24.1% (N = 13) der Probanden waren zum Untersuchungszeitpunkt bereits zwischen fünf und zehn Jahre inhaftiert / untergebracht, weitere 22.2% (N = 12) sogar seit mindestens zehn Jahren (vgl. Anhang *B*, Tab. *B*-1). Folglich sind nicht nur Prisonisierungs- und Stigmatisierungseffekte zu berücksichtigen, sondern darüber hinaus auch alters- bzw. entwicklungsbedingte Einflüsse.

Verschiedene Theorien zur Persönlichkeitsentwicklung gehen beispielsweise davon aus, dass Gewissenhaftigkeit und Verträglichkeit während des Erwachsenenalters zunehmen, während in höherem Alter eine geringere Ausprägung auf der Neurotizismus- und Extraversionsdimension zu verzeichnen sei (vgl. Asendorpf, 2004; Borkenau & Ostendorf, 1993; McCrae et al., 2000): »Just as children learn to talk, count, and reason in a fixed order and time course, so too may adults become more agreeable and less extraverted as a natural consequence of aging« (McCrae et al., 2000, p. 182). Die geringere Ausprägung auf der Skala Extraversion sei hierbei auf ein Sinken des Excitement Seeking-Faktors zurückzuführen; ein Befund, der mit der Annahme Scheurers (1993) korrespondiert, dass das Konstrukt ‚Sensation Seeking' negativ mit dem Alter korreliere.

Weiter erfolgt eine Präzisierung dieser Aussagen dahingehend, dass besagte Zu- bzw. Abnahmen insbesondere vor dem 30. Lebensjahr erkennbar seien, während es später lediglich zu Veränderungen geringeren Ausmaßes käme: »From age 18 to age 30 there are declines in Neuroticism, Extraversion, and Openness to Experience, and increases in Agreeableness and Conscientiousness; after age 30 the same trends are found, although the rate of change seems to decrease« (McCrae et al., 2000). Wie sich bereits in anderen Studien zur Straffälligkeit zeigte, in denen das Tatzeitalter erhoben wurde (z.B. Beier, 1995; Elz, 2002b; Schröer, 2004; Steck & Pauer, 1992; von Bismarck, 2000), ist insbesondere die Altersgruppe der 20- bis 30jährigen besonders belastet (vgl. auch PKS [BKA, 2003]). Auch in der vorliegenden Untersuchung liegt die Spitze der Altersverteilung (N = 19 / 35.2%) in der dritten Lebensdekade. 66.7% (N = 36) der Probanden waren zur Tatzeit unter 30 Jahre alt und haben infolgedessen einen nicht unerheblichen Abschnitt ihrer Persönlichkeitsentwicklung im Vollzug verbracht.

Srivastava et al. (2003) konnten die Ergebnisse von McCrae et al. (2000) nur z.T. bestätigen: In Bezug auf das Konstrukt Gewissenhaftigkeit stellten auch sie fest, dass es im Verlauf der Entwicklung zu Veränderungen komme, die nach dem 30. Lebensjahr geringeren Ausmaßes seien. Hinsichtlich der Verträglichkeit jedoch seien diese Veränderungen im höheren Alter sogar stärker; im Hinblick auf die Ausprägungen auf der Neurotizismus-Dimension konnten nur bei den weiblichen Stichprobenteilnehmern Veränderungen belegt werden. Auch in Bezug auf Extraversion liegen divergente Ergebnisse vor: So fanden Srivastava et al. (2003) bei den Frauen eine Abnahme (wie auch McCrae et al., 2000), bei den Männern aber eine Zunahme nach dem 30. Lebensjahr. Unter Berücksichtigung dieser Ergebnisse kann für die Untersuchungsstichprobe angenommen werden, dass insbesondere auf den Persönlichkeitsdimensionen Gewissenhaftigkeit und Verträglichkeit im Vergleich zu deren Ausprägung zum Tatzeitpunkt möglicherweise eine Überschätzung vorliegt.

Bei der Bewertung dieser Befunde im Hinblick auf die vorliegende Studie müssen jedoch verschiedene Faktoren berücksichtigt werden. So handelte es sich bei den zitierten Untersuchungen um Querschnittsstudien, d.h., es wurden zeitgleich unterschiedliche Altersgruppen hinsichtlich der jeweiligen Ausprägungen miteinander verglichen. Infolgedessen bleibt unklar, inwieweit die benannten Korrelationen tatsächlich Alters- oder aber Kohorteneffekte (aufgrund des unterschiedlichen historischen Kontextes) widerspiegeln. Darüber hinaus wurden für diese Analyse Stichproben aus der Allgemeinbevölkerung rekrutiert. Die Argumentation, dass die Kultur bzw. die begleitenden Lebensereignisse mit zunehmendem Alter einen wichtigeren Einfluss darauf nehmen, wie gut sich Menschen ihrer Umwelt anpassen, gewinnt für die hier referierten Ergebnisse eine besondere Wertigkeit, da es sich bei dem Untersuchungskollektiv um Personen handelt, die z.T. seit fünf Jahren oder länger unter den deprivierenden Bedingungen in Haft / Unterbringung leben. Beispielsweise sei, so Srivastava et al. (2003), die Zunahme von Gewissenhaftigkeit z.B. mit dem Arbeitsverpflichtungsgefühl und einer stabilen Partnerschaft, Verträglichkeit mit Elternschaft und ähnlichen Entwicklungsaufgaben verbunden (ebd., p. 1051). Diese Sozialisationsbedingungen üben für die hier vorliegende forensische Stichprobe einen sehr viel geringeren Einfluss aus.

In Bezug auf das ‚Psychopathy'-Konstrukt muss ebenfalls berücksichtigt werden, dass empirischen Befunden zufolge (z.B. Ullrich et al., 2003) die durch den Faktor-I (Hare, 1991; Freese, 1999) repräsentierten Merkmale über verschiedene Altersgruppen hinweg relativ stabil bleiben, die des Faktor-II jedoch mit zunehmendem Alter geringer ausgeprägt sind. Infolgedessen ist in der vorliegenden Studie zu beachten, dass insbesondere die Merkmale des Faktor-2 (behaviorale Komponente) sowie einige des Faktor-1 (affektive Komponente des Konstruktes) bzw. der Gesamtscore durch diese entwicklungsbedingten Veränderungen beeinflusst sind. Es ist daher mit einer Unterschätzung der Angaben zur Prävalenz so genannter »high-« bzw. »moderate-scorer« zu rechnen.

Bezogen auf die hier vorliegende forensische Stichprobe muss daher nicht nur bedacht werden, in welchem Alter die Haft angetreten wurde, d.h. welche Entwicklungsaufgaben mutmaßlich bereits bzw. noch nicht bewältigt wurden. Darüber hinaus stehen Forschungsergebnisse dazu aus, welche spezifischen kritischen Lebensereignisse unter die bereits benannten Prisonisierungseffekte (s.o.) zu subsumieren sind und welche Konsequenzen im Hinblick auf Veränderungen der Persönlichkeitsentwicklung damit einhergehen. Für die Untersuchungsstichprobe haben sich signifikant niedrigere Ausprägungen auf den Dimensionen Verträglichkeit und Offenheit für Erfahrungen im Vergleich zur Referenz-stichprobe gezeigt, während sich die rekrutierten Teilnehmer im Durchschnitt als neurotischer beschrieben. Gleichwohl inferenzstatistische Analysen keine signifikanten Beziehungen zwischen dem Alter der Probanden und den verschiedenen Persönlichkeitskonstrukten zeigten, sind diese Unterschiede möglicherweise auf alters- resp. entwicklungsbedingte Einflüsse oder aber auf Sozialisationseffekte durch die Haftbedingungen zurückzuführen. Eventuell erhalten einzelne Konstrukte unter den Bedingungen der im Vollzug vorherrschenden Subkultur eine andere Bedeutung. Die – statistisch nicht relevanten – geringeren Ausprägungen auf der Extraversions- und der Risikobereitschaftsdimension können darauf hindeuten, dass im Verlauf der Inhaftierung / Unterbringung tatsächlich eine Haltung eingenommen wird, die weniger auf Geselligkeit, Aktivität und Reizsuche abzielt. Inwiefern dies jedoch Alters- oder Hafteffekten zuzuschreiben ist, kann nicht abschießend geklärt werden.

#### 6.1.2.2.3 Persönlichkeitsdiagnostische Faktoren

Ebenfalls muss berücksichtigt werden, dass Reliabilitätsanalysen gerade für das Konstrukt Extraversion unzureichende interne Konsistenzen ergaben; möglicherweise eignet sich das verwendete Testinstrument hinsichtlich der erfragten Informationen nur eingeschränkt für die Untersuchungsstichprobe. Ferner sind insofern Limitationen zu beachten, als sich sowohl die Vergleichsstichprobe von Borkenau & Ostendorf

(1993) als auch die von Andresen (2002) in weiteren Parametern als der Straffälligkeit bzw. Inhaftierung, etwa dem Ausmaß psychischer Gestörtheit, von der Untersuchungsstichprobe unterscheiden. Im deutschen Sprachraum liegen kaum Validitätsstudien für forensische Stichproben vor, die sich mit der Frage beschäftigen, ob sich die in den Manualen referierten Testkennwerte (z.B. interne Konsistenz, Skaleninterkorrelationen) in Straftäterpopulationen in einer Weise replizieren lassen, die ihren Einsatz in dieser Population gerechtfertigt erscheinen lässt. Es ist demzufolge nicht auszuschließen, dass es aufgrund der suboptimalen Persönlichkeitsdiagnostik – dies in Ermangelung anderer, besser geeigneter und entsprechend normierter inhaftierungsadäquater Testinstrumentarien – zu einer Unterschätzung des Zusammenhangs zwischen Persönlichkeit und Täterverhalten gekommen ist. Insbesondere bei Probanden aus dem Maßregelvollzug, so konstatieren Kunst & Hoyer (2003), sei der NEO-FFI nicht optimal geeignet (vgl. auch Ullrich, 1999). Eine eindeutige Interpretation der Ergebnisse ist nur dann möglich, wenn die eingesetzten Testverfahren hinsichtlich ihrer Reliabilität und Validität auch an Stichproben inhaftierter bzw. geschlossen untergebrachter Straftäter überprüft werden können und entsprechende Normwerte vorliegen.

Dringend notwendig sind daher weitere Studien, die es ermöglichen, Daten aus forensischen Stichproben zu anderen äquivalenten Untersuchungsstichproben (Referenzgruppen) in Beziehung zu setzen. Eine derzeit laufende Studie von Gebauer (2005) zur Entwicklung von Testverfahren für forensische Populationen bzw. zur Erfassung der Persönlichkeitsstruktur forensischer Patienten über Fremdeinschätzungen könnte hier gewinnbringende Einsatzmöglichkeiten von Fremdbeurteilungsverfahren aufzeigen (zu den Anforderungen diagnostischer Verfahren in forensischen Stichproben vgl. auch Niemantsverdriet & Weenink [2002]). Auf die Möglichkeit, die Persönlichkeitskonstrukte des NEO-FFI via Fremdrating einzuschätzen, konnte in dieser Untersuchung nicht zurückgegriffen werden, da ein solches Vorgehen mit einem erheblichen Mehraufwand für die forensischen Psychologen bzw. Psychiater in den kooperierenden Institutionen einher gegangen wäre. Ferner können aufgrund der hohen Anzahl an beteiligten Beurteilern Interratereffekte – die für diese Studie bspw. auch für das Interviewverfahren PCL-SV zu berücksichtigen sind – nicht ausgeschlossen werden. Für weitere Forschungsprojekte zum vorliegenden Thema wäre es besonders interessant, sowohl Instrumente zur Selbst- als auch zur Fremdeinschätzung zu verwenden. Auf diese Weise könnten die sich darstellenden Diskrepanzen, die das Persönlichkeitsbild unterschiedlich abbilden, effektiv genutzt werden. Gerade mögliche Differenzen zwischen Selbst- und Fremdeinschätzung können sowohl diagnostisch aufschlussreich sein als auch zur Validierung postulierter Zusammenhänge von Persönlichkeitseigenschaften und Tathergangsmerkmalen dienen.

Trotz dieser zu berücksichtigenden Einschränkungen durch mögliche Inhaftierungs- und Alterseffekte sowie der beschriebenen methodischen Begrenzungen, die mit der Anwendung von Querschnittsanalysen einhergehen, ist zu betonen, dass auch in diesem Forschungsfeld Zusammenhangsmaßen, quantifiziert über Korrelationskoeffizienten, und Unterschiedskennwerten (z.B. U-Werte) ein hoher Stellenwert zukommt. Besagte Befunde können nicht nur als Ausgangsbasis zur Hypothesengenerierung dienen, die in einem wenig untersuchten Feld Angaben über die weitere Forschung liefern und damit heuristische Funktion haben. Darüber hinaus erlauben Querschnittsstudien durchaus Aussagen über Zusammenhänge bzw. Unterschiede zwischen verschiedenen Gruppen (z.B. im Hinblick auf Differenzierungen in der Tatbegehung), die durch Replikationen im Rahmen weiterer derartiger Forschungsprojekte validiert werden können.

Trotzdem wäre eine Optimierung zu erzielen, wenn die Ergebnisse von prospektiven (Längsschnitt-) Studien hinzugezogen werden könnten, in denen die gleiche Stichprobe mehrmals – zu verschiedenen – Zeitpunkten untersucht wird. Wünschenswert wäre insbesondere die persönlichkeitsdiagnostische Testung möglichst zeitnah nach der Tat. Auf diese Weise könnten sowohl Hafteinflüsse und Etikettierungsprozesse als auch der Einfluss weiterer Drittvariablen (z.B. Entwicklungsbedingungen, soziales Netzwerk) weitgehend ausgeschlossen werden. Ein solches Vorgehen ermöglicht nicht nur Angaben über die intraindividuelle Varianz. Vielmehr können auch Aussagen über die Unterschiede zwischen verschiedenen ‚Tätertypen' (interindividuelle Varianz) getroffen bzw. validiert werden. Dennoch dürfen auch hier die Nachteile von Verlaufsstudien nicht außer Acht gelassen werden: neben organisatorischen und finanziellen Problemen können Zeit-, Reifungs- und Testeffekte wiederum zu einer Verfälschung der Befunde führen. Ferner kann auf die Erörterung, inwieweit das Alter als konfundierende Variable zu unterschiedlichen Ausprägungen auf den Persönlichkeitsskalen führt, auch beim Einsatz von Längsschnittstudien nicht verzichtet werden.

## 6.2. Diskussion der Untersuchungsergebnisse

In der vorliegenden Arbeit wurden Zusammenhänge zwischen Täterverhalten und Persönlichkeit überprüft. Vor dem Hintergrund theoretischer Vorüberlegungen sowie empirischer Forschungsergebnisse zum Zusammenhang von Persönlichkeitseigenschaften und Delinquenz konnten sowohl normalpsychologische als auch psychopathologische Merkmale in die Analyse einbezogen werden. Es wurden (a) bestehende tathergangsanalytische Hypothesen auf empirischer Basis untersucht und (b) neue – auf der Grundlage einschlägiger Literatur generalisierte – Hypothesen über spezifische Beziehungen aufgestellt und überprüft.

Gegenstand der Untersuchung waren die anhand der Aktenlage rekonstruierten Tathergangsmerkmale sowie die persönlichkeitsdiagnostischen Befunde derjenigen Gewalt- und Sexualstraftäter, die unter Berücksichtigung bestimmter Eingangsmerkmale rekrutiert werden konnten. Das Gesamtkollektiv wurde zunächst im Hinblick auf relevante Parameter des Tatverlaufs bzw. des Täterverhaltens beschrieben. Im Rahmen einer deskriptiven Datenanalyse erfolgten Grundauszählungen sowie Berechnungen statistischer Lage- bzw. Streuungsmaße. Hinsichtlich der Angaben zur Persönlichkeit sind zur besseren Interpretierbarkeit der Ergebnisse vergleichende Analysen mit den Referenzstichproben der hier eingesetzten psychometrischen Testverfahren durchgeführt worden. Für das ‚Psychopathy'-Konstrukt wurde zusätzlich die faktorielle Validität überprüft. Die Beantwortung der spezifischen Fragestellungen bezieht sich auf die Beziehungen zu Persönlichkeitsvariablen, die für das Planungsverhalten (6.2.1), die

Kontaktaufnahme (6.2.2), die Täter-Opfer-Beziehung (6.2.3), das Täterrisiko (6.2.4) sowie für spezifische Täterverhaltensweisen (6.2.5) formuliert wurden.

Im Folgenden werden die Befunde der hier durchgeführten Untersuchung noch einmal zusammengefasst und bewertet. Die bereits beschriebenen generellen Anmerkungen zur Untersuchung müssen bei der Bewertung und Interpretation hinsichtlich der Aussagekraft dieser Ergebnisse stets berücksichtigt werden.

### 6.2.1 Planungsgrad und Persönlichkeit ($H_1$, $H_2$)

Gegenstand der Untersuchung war zunächst das Planungsverhalten der Täter vor, während und nach der Tatbegehung hinsichtlich postulierter Zusammenhänge mit den Persönlichkeitskonstrukten ‚Psychopathy' und Neurotizismus.

Die Operationalisierung des Planungsniveaus erfolgte über verschiedene Indikatoren, die als dichotome oder dichotomisierte Variablen mit der Checkliste zur Erfassung von Täterverhalten (ChET) erhoben wurden (vgl. Tab. 2). In die Berechnungen gingen sowohl die Rohwerte als auch die dimensionale – fünffach gestufte – Einteilung ein. Im Hinblick auf die häufigkeitsbezogenen Kennziffern des Planungsgrades imponiert eine linksschiefe Verteilung (vgl. Abb. 9). Bei nur sechs Tätern (11.1%) liegt ein anhand der Aktenlage rekonstruiertes hohes oder sehr hohes Ausmaß an Planung vor. Es kann daher für die vorliegende Stichprobe festgestellt werden, dass die Probanden unter tathergangsanalytischen Gesichtspunkten ein eher geringes Planungsniveau aufweisen. Während mit 46.3% (N = 25) ein verhältnismäßig großer Anteil der untersuchten Gewalt- und Sexualstraftäter mehr als einen Tatort in ihre Deliktbegehung involvierte (dies wird als eines der Indizien für Planung bewertet; vgl. Tab. 12), sind beispielsweise nur von 13% (N = 7) Zwangsmittel (z.B. Mundknebel, Fesseln oder Handschellen) mit zum Tatort verbracht worden.

### 6.2.1.1 Planungsgrad und ‚Psychopathy'

| | |
|---|---|
| $H_1$: | Zwischen dem Planungsgrad und dem Persönlichkeitskonstrukt ‚Psychopathy' *besteht ein positiver Zusammenhang.* |

Für die Erhebung des Persönlichkeitskonstruktes ‚Psychopathy' ist das Interviewverfahren PCL-SV (Freese, 1999) angewendet worden. Zur Abschätzung der Reliabilität wurde als Maß Cronbach's Alpha herangezogen. Unter Einbeziehung aller zwölf Skalen sowie der theoretisch angenommenen Faktoren (Hare, 1991) ließ sich für die hier untersuchte forensische Stichprobe eine interne Konsistenz berechnen, die mit einem Alpha-Koeffizienten von r = .84 als recht hoch einzustufen ist (vgl. Tab. 31). Die Analyse der Interkorrelationen zeigt vielfältige signifikante Beziehungen sowohl zwischen den Items mit derselben Faktorenzuordnung als auch für jene unterschiedlicher Faktorenlokalisation (vgl. Tab. *B*-13). Während jeder der Faktoren erwartungsgemäß hoch mit dem Gesamtscore des Instruments korreliert (r = .85 bzw. r = .87; vgl. Tab. 32), ergeben sich auch statistisch signifikante Zusammenhänge zwischen diesen beiden (r = .47; $p \leq 0.01$). Die Ergebnisse bestätigen somit die Befunde anderer Studien, denen zufolge die beiden von Hare (1991) und Freese (1999) postulierten Faktoren nicht voneinander unabhängig sind, so dass möglicherweise differenziertere faktorielle Lösungen geeignetere Beschreibungsmodelle des Konstruktes darstellen (z.B. Cooke & Michie, 2001; Köhler, 2004; Ullrich et al., 2003). Zur Überprüfung der faktoriellen Validität wurde daher eine Hauptkomponentenanalyse mit Varimax-Rotation (Kaiser-Kriterium) durchgeführt, die Aufschluss darüber geben sollte, ob sich die gefundenen Daten eventuell durch eine andere Faktorenstruktur besser darstellen lassen.

Der Eigenwertverlauf legt ein dreifaktorielles Modell zur Abbildung nahe: Es ließen sich drei Komponenten mit einem Eigenwert > 1.0 extrahieren, die 63.37% der Gesamtvarianz aufklären (vgl. Tab. *B*-16). Die Zuordnung der Items zu den einzelnen Faktoren korrespondiert vielfach mit der Faktorenlösung, die Cooke & Michie (2001) in ihren Berechnungen herausfanden. Die Deskription (‚affektive', ‚behaviorale' und ‚interpersonale' Komponente der ‚Psychopathy') erfolgte daher in

Anlehnung an die inhaltliche Beschreibung, die von diesen Autoren vorgenommen wird.

Die Diskrepanzen zwischen der dreifaktoriellen Struktur dieser Untersuchungsstichprobe und der, die Cooke & Michie (2001) postulieren, beziehen sich primär auf die von der Autorengruppe nicht zugeordneten Items (‚schlechte Verhaltenssteuerung', ‚antisoziales Verhalten in der Adoleszenz' und ‚antisoziales Verhalten im Erwachsenenalter'). Aufgrund dieser Unterschiede ist in die nachfolgenden Berechnungen ergänzend auch dieses Beschreibungsmodell einbezogen worden. Möglicherweise ist insbesondere die Eliminierung des Item 12 (‚Straffälligkeit im Erwachsenenalter') auch für die Untersuchungsstichprobe sinnvoll, da einige der Teilnehmer zum Zeitpunkt ihrer Inhaftierung / Unterbringung noch so jung waren, dass sie dieses Merkmal zwangsläufig nicht oder nur bedingt erfüllen können (16.7% [N = 9] der Probanden waren zur Tatzeit unter 18 Jahre, weitere 18.5% [N = 10] zwischen 18 und 21 Jahre alt; vgl. Tab. 6). Für die Berechnungen der vorliegenden Studie wurde das Item 12 trotzdem beibehalten, da angesichts der z.T. erheblichen Vorstrafenbelastung (vgl. Tab. *B*-4) zu befürchten war, dass es anderenfalls zu einer Unterschätzung der ‚Psychopathy'-Scores insbesondere der älteren Teilnehmer kommen könnte.

Die statistischen Analysen wurden auch auf der Grundlage der Zwei-Faktoren-Struktur von Hare (1991) und Freese (1999) durchgeführt, um eine bessere Vergleichbarkeit mit den bereits vorliegenden empirischen Befunden oder auch nachfolgenden Studien zu gewährleisten. Die Verteilung der Kennwerte (vgl. Abb. 10) verdeutlicht, dass die Mehrzahl der Probanden (N = 30 / 55.6%) dem »Low-Scorer«-Bereich zuzuordnen ist (auf das Problem einer möglichen altersbedingten Unterschätzung wurde bereits hingewiesen). Im Vergleich zu anderen (internationalen) Studien ist die Prävalenz der »High-Scorer« bzw. »Psychopathen« mit 14.8% (N = 8) als relativ gering zu beurteilen (vgl. Andersen et al., 2000; Gonçalves, 1999; Hartmann et al., 2001; Möller & Hell, 2001). Angesichts der Tatsache, dass sich die Stichprobe ausschließlich aus Tätern schwerer (sexueller) Gewaltdelikte zusammensetzt, von denen beinahe ein Drittel

(31.5% / N = 17) ein Tötungsdelikt zu verantworten hat, erscheint dieser Anteil auffallend niedrig.

Der postulierte Zusammenhang zwischen dem Planungsniveau und ‚Psychopathy' lässt sich für das Gesamtkollektiv nicht bestätigten. Die einbezogenen Faktorenlösungen erbringen konsistent keine statistisch signifikanten positiven Beziehungen (vgl. Tab. 35). Vielmehr zeigen sich (sehr geringe) negative Korrelationen in Bezug auf die affektive und / oder interpersonale Komponente der ‚Psychopathy' (Faktor-I, Hare [1991]; F2, Cooke & Michie [2001]; F-1 der Stichprobe). Angesichts der sehr niedrigen Koeffizienten (max. r = .117) können diese Zusammenhänge jedoch vernachlässigt werden. Aber auch die positiven Beziehungen – insbesondere unter Rekurrierung auf den Gesamtwert – lassen keine die Hypothese bestätigenden Aussagen zu. Die Korrelationen sind zu gering, als dass selbst Interpretationen im Hinblick auf Tendenzen zulässig wären.

Ein Rechen- oder Dateneingabefehler konnte ausgeschlossen werden. Jedoch impliziert bereits die Verteilung der Kennwerte Probleme bei der statistischen Überprüfung der Fragestellung. Sowohl beim Planungsniveau als auch bei dem ‚Psychopathy'-Konstrukt liegt eine eindeutige Linksschiefe vor, aus der via Bodeneffekt eine Einschränkung der Varianz resultiert. Hierbei ist insbesondere die bereits angesprochene auffallend geringe Anzahl von »high-scorern« kritisch zu bewerten. Inwieweit hier evtl. Interratereffekte eine Rolle spielen, da unterschiedliche Trainings zur Anwendung der PCL-SV zugrunde lagen, oder ob in einigen Fällen eine eher ‚konservative' Einschätzung zur Vermeidung von ‚falsch-positiven' Beurteilungen vorgelegen hat, kann an dieser Stelle nicht abschließend geklärt werden.

Hervorzuheben ist in diesem Zusammenhang auch die hohe Diskrepanz der Einzelergebnisse von Selbst- und Fremdbeurteilung. Trotz der bereits erörterten Probleme, die bei der Anwendung von Selbsteinschätzungsverfahren zu berücksichtigen sind, fällt auf, dass die via Selbstrating erhobenen Daten durchaus konsistent sind. Eine Überprüfung der Korrelationen zwischen dem NEO-FFI und dem SKID-II-Fragebogen (vgl. Tab. *B*-12) zeigt im Vergleich zu anderen Studien bestätigende Befunde über die Wechselbeziehungen (z.B. Fiedler, 2001; Harpur et al., 2002; Köhler, 2004). Zusammenhänge zur PCL-SV jedoch liegen entgegen der Ergebnisse anderer Studien (z.B. Köhler, 2004; Miller et al., 2001; Widiger, 1998) kaum vor (vgl. Tab. *B*-14, Tab. *B*-15). Wenngleich Faktor-II (Hare, 1991) erwartungskonform statistisch signifikant mit der Störung des Sozialverhaltens korreliert ($r = .348$, $p \leq 0.01$) und damit den empirisch belegten engen Zusammenhang bzw. Überschneidungsbereich zwischen ‚Psychopathy' und der Antisozialen Persönlichkeitsstörung bestätigt, fehlen entsprechende Beziehungen zwischen dem Faktor-I und Persönlichkeitsstörungen. Auffallend ist v.a., dass sich empirische Befunde zum positiven Zusammenhang mit der Narzisstischen Persönlichkeitsstörung (z.B. Dolan & Goid, 1993; Harpur et al., 2002; Köhler, 2004) für die Untersuchungsstichprobe nicht haben replizieren lassen. Angesichts der hypothesenkonträren negativen Korrelationen sowie des fehlenden – theoretisch und empirisch belegten – Zusammenhangs zur Narzisstischen Persönlichkeitsstörung (vgl. hierzu auch Kernberg, 1997), ist zu vermuten, dass v.a. die Interpretation bzgl. der affektiv-interpersonalen Komponente des ‚Psychopathy'-Konstruktes (Faktor-I) Limitationen unterliegt.

Nicht auszuschließen sind darüber hinaus positive Therapieeffekte. Insbesondere für die Teilnehmer, die aus der forensischen Psychiatrie rekrutiert wurden (55.6% / N = 30), ist zu berücksichtigen, dass z.T. eine lange Unterbringungsdauer mit einer entsprechend umfassenden therapeutischen Intervention vorliegt. Möglicherweise resultiert v.a. der im Durchschnitt geringere Faktor-I-Score aus der Tatsache, dass hinsichtlich der affektiv-interpersonalen Komponente eine Verbesserung der psychopathologischen Symptomatik erzielt werden konnte (z.B. in Bezug auf ‚Fehlen von Reue' [Item 4], ‚Fehlen von Empathie' [Item 5]). Derartige Effekte haben auf die Merkmale des Faktor-II insofern einen geringeren Einfluss, als diese ‚social deviance' in Form antisozialen Verhaltens abbilden. Die Einschätzung bezieht daher unter anderem auch vergangene Straffälligkeit während der Adoleszenz [Item 11] und des Erwachsenenalters [Item 12] ein – objektive, in der Biographie verankerte und v.a. auch den Akten zu entnehmende Merkmale also, die auch durch therapeutische Maßnahmen nicht verändert werden können.

Erkennbar sind hier Schwierigkeiten bezüglich der Konstruktvalidität. Bei der ‚Psychopathy' handelt es sich um ein überaus heterogenes Störungsbild, welches nicht durch einen definierten Faktor repräsentiert wird, sondern sich vielmehr aus unterschiedlichen Facetten zusammensetzt (vgl. Hinrichs & Köhler, 2004). Infolgedessen ist davon auszugehen, dass ‚Psychopathen' im Hinblick auf ihre Persönlichkeit eine erhebliche Binnenvarianz aufweisen. Eine eindeutige Diskriminierung der ‚psychopathischen' Ausprägung im Sinne Hares durch einen Cut-Off-Wert ist aufgrund dieser fehlenden Homogenität des ‚Psychopathy'-Konstruktes schwierig und methodisch fragwürdig.

Erschwerend kommt hinzu, dass im Manual (Hare, 1991; dt. Freese, 1999) weder Angaben hinsichtlich der erfolgten Faktorenanalyse vorliegen noch Angaben in Bezug auf präzise Kennwerte getroffen werden, die für vergleichende Analysen herangezogen werden können. Die variierenden Faktorenlösungen, die sich in verschiedenen Studien an unterschiedlichen Stichproben haben herausarbeiten lassen, verweisen deutlich auf diese Problematik (vgl. Cooke & Michie, 2001; Cooke et al., 2001; Johansson et al., 2002; Köhler, 2004; Otto, 2003; Ullrich et al., 2003). Infolgedessen ist festzustellen, dass eine synonyme Verwendung von »psychopathischer« und »planender« Täterschaft (z.B. Fink, 2001) der Komplexität des ‚Psychopathy'-Konstruktes nicht gerecht wird. Vielmehr ist davon auszugehen, dass einige der Facetten eher mit Planung assoziiert sind als andere. Beispielsweise erscheint die Zusammenfassung von so unterschiedlichen Merkmalen wie einerseits ‚Impulsivität' (Item 7), sowie ‚schlechte Verhaltenssteuerung' (Item 8) und andererseits ‚betrügerisch-manipulatives Verhalten' (Item 3) problematisch für eine Analyse in Bezug auf das Planungsverhalten.

Ferner ist die Möglichkeit zu berücksichtigen, dass das Planungsniveau durch die bestehende Operationalisierung nicht optimal erfasst wird. Es ist zu beachten, dass jede Art der Einteilung in bestimmte Kategorien eine gewisse Form der Simplifizierung darstellt, und individuelle Aspekte eines Falls häufig verloren gehen. Wenngleich im Verlauf der bereits beschriebenen Pilotstudie (Köhler et al., 2005) eine Evaluation der Checkliste zur Erfassung von Täterverhalten erfolgte, in dessen Verlauf insbesondere die Operationalisierung des Planungsniveaus überprüft und modifiziert worden ist, können diesbezügliche Fehlbeurteilungen nicht ausgeschlossen werden. Möglicherweise ist das Hinzuziehen weiterer Indikatoren zur Erhebung des Planungsverhaltens sinnvoll. Ebenfalls ist zu berücksichtigen, dass evtl. einige der zugeordneten Kriterien (z.B. die Anzahl involvierter Tatorte) aussagekräftiger, andere jedoch von nachrangiger Bedeutung sind. Für weitere Projekte ist daher zu überlegen, inwiefern eine Gewichtung der einzelnen Kriterien sinnvoll sein kann. Hierfür wären dann allerdings weitere Vorstudien nötig, um eine solche Gewichtung statistisch – z.B. durch multiple Regressionsanalysen – absichern zu können.

Hinsichtlich des Planungsniveaus wurde weiter erwogen, ob sich die postulierten Zusammenhänge möglicherweise nur für die Gesamtheit der Täter nicht feststellen lassen, ein Vergleich der auffallend gering bzw. besonders hoch geplanten Taten jedoch Beziehungen zur »psychopathischen« Persönlichkeit aufdeckt. Es sind daher analoge Berechnungen unter Ausschluss derjenigen Probanden mit einem ‚durchschnittlich hohen' Planungsniveau durchgeführt worden. Werden nur die Taten mit einem ‚sehr geringen', ‚geringen', ‚hohen' und ‚sehr hohen' Planungsgrad hinsichtlich ihrer Beziehung zum ‚Psychopathy'-Konstrukt überprüft, finden sich sowohl für das zweifaktorielle als auch für das dreifaktorielle Beschreibungsmodell statistisch signifikante Beziehungen (vgl. Tab. 36). Die interpersonale Komponente (F1, Cooke & Michie [2001]; F-3 der Untersuchungsstichprobe) bzw. die affektiv-interpersonale Komponente (Faktor-I, Hare, 1991) der ‚Psychopathy' korreliert positiv mit dem Ausmaß an Planung, welches der Täter im Verlauf seiner Tatdurchführung zeigt (Koeffizienten von $r = .267$ bis $r = .294$; $p \leq 0.05$). Folglich kann festgestellt werden, dass sich der postulierte Zusammenhang bei einem Extremgruppenvergleich für den Merkmalsbereich ‚oberflächlich', ‚grandios' und ‚betrügerisch-manipulativ' hat bestätigen lassen. Täter, deren Tatdurchführung durch ein hohes oder sehr hohes Planungsniveau gekennzeichnet ist, erreichen höhere Scores auf dem ersten Faktor der Psychopathy-Checkliste. Ein geringes oder sehr geringes Ausmaß an Planung steht entsprechend in signifikantem Zusammenhang zu einem niedrigen Faktor-I-Wert. Zu berücksichtigen sind die beschriebenen Beschränkungen zur interpretativen Bewertung der Faktor-I-Scores.

Obwohl sich gezeigt hat, dass die PCL-SV möglicherweise nicht das optimale Instrument darstellt, um Beziehungen zu Tathergangsmerkmalen wie dem Planungsniveau zu überprüfen, sollte auch in nachfolgenden Studien der ‚Psychopathy'-Score erhoben werden. Insbesondere für größere Stichproben ist zu erwarten, dass sich die gefundenen Ergebnisse in Bezug auf die Extremgruppen replizieren lassen. Hierbei sollte in Erwägung gezogen werden, das Rating sowohl durch unabhängige Rater mit entsprechendem einheitlichen Training und Supervision als auch anhand der Aktenlage alleine durchzuführen. Selbstverständlich ist es wünschenswert und zweckmäßig, dass die jeweils zuständigen forensischen Psychologen bzw. Psychiater die PCL-SV-Ratings durchführen, da sie den Probanden durch persönliche Kontakte und langjährige Berufserfahrung am besten einzuschätzen vermögen. Gleichwohl wäre für zukünftige Projekte zu überlegen, inwieweit für dieses Vorgehen ein einheitliches Training notwendig ist, um die Vergleichbarkeit und Validität der Ergebnisse zu gewährleisten. Darüber hinaus erscheint ein valides Rating auch nach Aktenlage möglich: Verschiedene Befunde belegen, dass sich die Psychopathy-Checkliste ohne erkennbare Verfälschungen auch anhand gut geführter schriftlicher Dokumentationen ohne ein persönliches Interview mit dem Probanden ausfüllen lässt (vgl. hierzu Hartmann et al., 2001). Zur Verifizierung bzw. Falsifikation der vorliegenden Ergebnisse wäre es daher sinnvoll, auch anhand einer Überprüfung der Aktenlage eine erneute Einschätzung der PCL-SV-Scores unter einheitlichen Vorbedingungen vorzunehmen.

Abschließend ist zu konstatieren, dass der tathergangsanalytisch rekonstruierte Tatverlauf nicht in jedem Fall das anhand bestimmter Tathandlungssequenzen unterstellte Planungsniveau des Täters widerspiegelt. Situativ bedingte Faktoren, die vom Täter weder kalkuliert noch gesteuert werden können (z.B. heftige Gegenwehr des Opfers, Störung des Tatablaufs durch Dritte) entziehen sich bei der retrospektiven Betrachtung und Bewertung der analytischen Deutung. Weicht der Tatverlauf von der ursprünglichen Planung ab, entstehen für den Täter neue

(Teil-) Probleme, deren Bewältigung sich sehr variabel darstellen kann: Möglicherweise kommt es zum Abbruch des eigentlich intendierten Vorhabens, oder aber das ursprünglich geplante Vorgehen (z.B. eine Vergewaltigung) endet in einem – zuvor nicht geplanten – Tötungsdelikt. Das Vorliegen solcher »par-force-Lösungen« kann durch Aktenanalysen nur schwer identifiziert werden, so dass eine Unterschätzung des Planungsverhaltens für die vorliegende Stichprobe nicht ausgeschlossen werden kann. Auch hier zeigt sich die Notwendigkeit einer differenzierteren Analyse der zugrunde liegenden Motivation. Die explizite Trennung von intendierten und möglicherweise entsprechend geplanten Tötungsdelikten und so genannten ‚Verdeckungsmorden' erscheint dringend erforderlich, um tathergangsanalytisch adäquate Rückschlüsse bzgl. des Planungsverhaltens ziehen zu können.

### 6.2.1.2 Planungsgrad und Neurotizismus

| | |
|---|---|
| $H_2$: | *Zwischen dem Planungsgrad und der Persönlichkeitseigenschaft Neurotizismus besteht ein negativer Zusammenhang.* |

Überprüft wurde des Weiteren die Annahme einer negativen Beziehung zwischen dem Planungsniveau und der Persönlichkeitseigenschaft Neurotizismus. Die emotionale Stabilität / Labilität ist über das Selbstbeschreibungsinstrument NEO-FFI (Borkenau & Ostendorf, 1993) erfasst worden, wobei als Maß zur Abschätzung der Reliabilität Cronbach's Alpha herangezogen wurde. Für die hier untersuchte Stichprobe ließ sich eine interne Konsistenz berechen, die mit einem Koeffizienten von $r = .75$ als befriedigend zu bewerten ist (vgl. Tab. 28). Unter Berücksichtigung dieses Wertes ergeben sich zunächst keine Einschränkungen hinsichtlich der Interpretierbarkeit der Ergebnisse. Die prinzipielle Problematik bei der Anwendung des NEO-FFI in Stichproben inhaftierter bzw. geschlossen untergebrachter Straftäter wurde bereits diskutiert. Insbesondere zeigt die hohe Korrelation mit der Skala Verträglichkeit ($r = -.60$; $p \leq 0.01$), dass zwischen diesen Dimensionen für das vorliegende Untersuchungskollektiv keine Unabhängigkeit vorliegt (vgl. Tab. 29). Dies bestätigt die erläuterten

Einschränkungen im Hinblick auf die Validität des Instrumentariums für forensische Stichproben (vgl. Kunst & Hoyer, 2003; Ullrich, 1999).

Die Hypothese, dass sich Täter, deren Tatdurchführung durch ein hohes Niveau an Planung gekennzeichnet ist, als emotional stabiler beschreiben, kann anhand der Daten nicht bestätigt werden. Hypothesenkonträr veranschaulichen vielmehr (sehr niedrige) positive Koeffizienten den Zusammenhang (vgl. Tab. 37). Auch unter Ausschluss derjenigen Probanden mit einem ‚durchschnittlich hohen' Planungsniveau (Extremgruppenvergleich) wird der postulierte Zusammenhang nicht bestätigt (vgl. Tab. 38). Erklärend zu berücksichtigen sind zunächst die Anmerkungen, die hinsichtlich des Planungsniveaus bereits erörtert wurden (s.o).

Ferner ist nicht auszuschließen, dass dieses Ergebnis mitbedingt ist durch die mangelnde Konstruktvalidität der Skala Neurotizismus bzw. durch die fehlende Unabhängigkeit zur Verträglichkeitsdimension. Wie bereits für das Konstrukt ‚Psychopathy' besprochen, kann für die vorliegende Stichprobe davon ausgegangen werden, dass die Überprüfung einzelner Facetten aufschlussreich wäre, um mögliche Zusammenhänge zum Planungsverhalten aufzuzeigen. Zum einen erlaubt eine solche differenzierte Analyse präzisere Angaben hinsichtlich der Interkorrelationen zwischen Neurotizismus und Verträglichkeit. Auf diese Weise könnte herausgearbeitet werden, welche Facetten für diese fehlende Unabhängigkeit verantwortlich sind. Darüber hinaus ist davon auszugehen, dass die dem Neurotizismus untergeordneten Eigenschaften in unterschiedlichem Ausmaß bzw. in uneinheitlicher Richtung mit dem Planungsniveau assoziiert sind.

Möglicherweise wird ein – der Hypothese entsprechender – negativer Zusammenhang zu den Facetten Reizbarkeit und Impulsivität durch Beziehungen zu anderen dem Neurotizismuskonstrukt untergeordneten Eigenschaften (vgl. Costa & McCrae, 1992; Ostendorf & Angleiter, 2004) verdeckt. Während insbesondere impulsives Verhalten einer Bedürfnis-kontrolle als notwendiger Voraussetzung für ein rationales, planendes Vorgehen entgegensteht, kann Ängstlichkeit planendes Verhalten sogar fördern. Ängstliche Personen neigen dazu, auf wohlvertraute Verhaltensweisen mit berechenbaren Konsequenzen zurückzugreifen. Neuartige Situationen, die Verhaltensalternativen mit schwer kalkulierbaren Folgen erfordern, werden hingegen vermieden (vgl. Schmitt, 1990). Durch die Zusammenfassung der einzelnen Facetten unter die Dimension Neurotizismus könnten diese Beziehungen nicht differenziert erkannt werden. Es ist daher möglich, dass das vorliegende Ergebnis auf eine fehlende Untergliederung des komplexen Konstruktes zurückzuführen ist.

Die Argumentation, die Berechnungen statt auf der Konstruktebene auf der Ebene der Facetten durchzuführen, lässt sich anhand anderer Studien verfestigen, die z.B. im Hinblick auf ‚Psychopathy' negative Korrelationen zu einzelnen Facetten (z.B. Verletzlichkeit) fanden (vgl. Miller et al., 2001; Widiger, 1998). Unter Berücksichtigung der benannten Limitationen, die einer eindeutigen Interpretation der PCL-SV-Werte entgegenstehen, werden diese Befunde auch durch die vorliegende Studie bestätigt (der Zusammenhang zwischen den Persönlichkeitskonstrukten ‚Psychopathy' und Neurotizismus wurde bereits an anderer Stelle beschrieben [vgl. Kap. 3.3.1.1.].): Eine Berechnung der Beziehungen zwischen dem Zwei-Faktoren-Modell (Hare, 1991) und dem FFM zeigt, dass die Faktor-I-Merkmale (z.B. ‚Fehlen von Empathie') negativ mit der Neurotizismusdimension korrelieren ($p \leq 0.05$; vgl. Tab. *B*-14), eine statistisch signifikante Beziehung zum Gesamt-PCL-SV-Score jedoch nicht vorliegt (vgl. hierzu auch Harpur et al., 2002). Diesen Befund bestätigen auch die Berechnungen auf der Grundlage der dreifaktoriellen Beschreibungsmodelle: insbesondere für die affektive ‚Psychopathy'-Komponente (Cooke & Michie [2001]: F 2 [$p \leq 0.01$]; Untersuchungsstichprobe: F-1 [$p \leq 0.05$]; gemeinsame Items: 4, 5, 6) lassen sich diese Zusammenhänge belegen (vgl. *B*-14).

Anzunehmen ist, dass durch eine differenziertere Analyse auf Facettenebene nicht nur eine Präzisierung der Zusammenhänge zum ‚Psychopathy-Konstrukt vorgenommen werden kann, sondern auch hinsichtlich der Beziehungen zum Planungsniveau. Zur Konkretisierung angenommener Beziehungen zwischen Persönlichkeitseigenschaften und

Tathergangsmerkmalen in nachfolgenden Forschungsarbeiten wird daher angeraten, statt des NEO-FFI das diesbezüglich geeignetere Verfahren NEO-PI-R (Costa & McCrae, 1992; Ostendorf & Angleiter, 2004) anzuwenden. Mit seinen 240 Items erfasst dieses Instrument nicht nur die Hauptbereiche individueller Persönlichkeitsunterschiede, sondern es ergibt sich ferner die Möglichkeit einer differenzierten Messung der Hauptskalen durch insgesamt 30 Facetten. Diese umfassende und zugleich detaillierte Persönlichkeitsbeschreibung liegt auch für die Erhebung von Fremdbeurteilungen vor. Mit internen Konsistenzen zwischen .87 und .92 für die Hauptskalen (.53 bis .85 für die Facetten) sprechen die Kennwerte für eine gelungene Übertragung in den deutschen Sprachraum (vgl. Muck, 2004), so dass auch unter Berücksichtigung der testtheoretischen Parameter gegenüber der Anwendung des NEO-FFI (Borkenau & Ostendorf, 1992) keine offensichtlichen Nachteile bestehen.

Sowohl für den postulierten Zusammenhang zwischen dem Planungsniveau und ‚Psychopathy' als auch für die angenommene Beziehung zum Neurotizismus ist anzunehmen, dass die hypothesenkonträren Ergebnisse primär auf die Komplexität dieser Persönlichkeits-konstrukte zurückzuführen sind. Nicht außer Acht zu lassen sind jedoch auch die Probleme, die im Hinblick auf das Planungsniveau erörtert wurden. Den bisherigen Ergebnissen zufolge lässt die Tatplanung keinen Rückschluss auf die Persönlichkeitsdimension Neurotizismus zu. Anhand der im Anschluss (post hoc) durchgeführten explorativen Analyse konnten auch zu weiteren Persönlichkeitskonstrukten keine statistisch signifikanten Zusammenhänge zum Planungsverhalten nachgewiesen werden (vgl. Tab. 39). Damit werden die Befunde der vorgeschalteten Pilotstudie bestätigt, denen zufolge sich keine statistisch relevanten Zusammenhänge zwischen dem Planungsverhalten (kategorial und dimensional erfasst) und der Persönlichkeit haben aufzeigen lassen (vgl. Köhler et al., 2005). Abweichend von den Forschungsbefunden des FBI (Douglas et al., 1992; Ressler et al., 1988) haben sich für diese Konstrukte – bei Berücksichtigung des Gesamtkollektivs – keine Beziehungen aufzeigen lassen. Für die Dimensionen des Fünf-Faktoren-Modells konnte auch ein Extremgruppenvergleich keine entsprechenden Zusammenhänge belegen. Durch den Ausschluss der Probanden mit einem ‚durchschnittlich hohen'

Planungsgrad konnte lediglich für die psychopathologische Symptomatologie (PCL-SV) eine positive korrelative Beziehung zum Planungsverhalten des Täters bestätigt werden.

Neuere Befunde des FBI, in denen die Dichotomisierung in ‚planende' vs. ‚nicht-planende' Täterschaft möglicherweise revidiert oder modifiziert wurden, lagen nicht vor. Infolgedessen ist anhand der vorliegenden Untersuchung den Kritikern zuzustimmen, welche die Vorgehensweise des FBI als methodisch fragwürdig und als die Sachverhalte zu sehr vereinfachend beurteilen (z.B. Holmes & Holmes, 1996; Homant & Kennedy, 1998; Turvey, 2002).

Gleichwohl die Ergebnisse dieser Untersuchung – wie auch die Befunde der Pilotstudie (vgl. Köhler et al., 2005) – keinen empirischen Beleg für die postulierten Zusammenhänge zwischen dem Planungsniveau und den beschriebenen normalpsychologischen Persönlichkeitseigenschaften haben liefern können, steht die Relevanz der Tatplanung für Fragen hinsichtlich therapeutischer Interventionen und der Legalprognose außer Frage (u.a. Egg, 2003; Nedopil, 2000; Rehder, 2001). Nachfolgende Studien sollten daher – evtl. unter Anwendung erweiterter Testverfahren – weiterhin auch den Planungsgrad als tathergangsanalytisches Merkmal im Hinblick auf Beziehungen zur Persönlichkeit der Täter überprüfen. Insbesondere legt das statistisch signifikante Ergebnis für das ‚Psychopathy'-Konstrukt beim Extremgruppenvergleich nahe, mögliche Zusammenhänge zum Planungsniveau nicht nur für normalpsychologische Eigenschaften, sondern v.a. auch für psychopathologische Persönlichkeitsausprägungen zu überprüfen.

### 6.2.2 Kontaktaufnahme und Persönlichkeit ($H_3$, $H_4$)

Überprüft wurde die Annahme, dass die Täter, welche die Annäherungsstrategie des »Con Approach« wählen, zum einen extravertierter und zum anderen risikobereiter sind als Täter, die per »Blitz Attack« oder »Surprise Attack« vorgehen. Während für die Zuordnung zum Täterrisiko die Unterscheidung des FBI beibehalten wurde, erfolgte für die Prüfung der Fragestellungen zur Differenzierungsfähigkeit im

Hinblick auf einzelne Persönlichkeitskonstrukte eine Dichotomisierung der Variablenausprägungen: Der Blitzartige Überfall mit sofortiger Überwältigung des Opfers ohne Vorwarnung wurde mit dem Überraschungsangriff, bei welchem der Täter aus dem Hinterhalt angreift, zu einer Kategorie zusammengefasst. Wenngleich auch für diese beiden Strategien durchaus unterschiedliche tatdynamische Faktoren angenommen werden, rechtfertigt die fehlende verbale Komponente, welche beide Methoden kennzeichnet, eine Zusammenfassung. Insbesondere die frühzeitige Anwendung (starker) physischer Gewalt impliziert, dass beide Vorgehensweisen eher auf eine schnelle Kontrollübernahme abzielen. Beim »Con Approach« hingegen imponiert v.a. die Annäherung über einen Vorwand in Form einer List (con), um zunächst das Vertrauen des Opfers und auf diese Weise die Kontrolle über die Situation zu gewinnen.

#### 6.2.2.1 Kontaktaufnahme und Extraversion

| | |
|---|---|
| $H_3$: | *Täter, die sich über einen »Con Approach« annähern, sind extravertierter als Täter, die einen »Blitz Attack« oder »Surprise Attack« begehen.* |

Die Ausprägung auf der Extraversionsdimension wurde durch Selbstbeschreibung der Probanden (NEO-FFI; Borkenau & Ostendorf, 1993) erhoben. Die Befunde stehen im Widerspruch zur Delinquenztheorie Eysencks (1977; 1987), nach der – insbesondere für jene Täter der Untersuchungsstichprobe mit einer hohen Vorstrafenbelastung – eine deutliche Erhöhung zu erwarten gewesen wäre (vgl. Kap. 3.2.2.2.). Im Vergleich zur allgemeinen Bevölkerung beschreiben sich die rekrutierten Straftäter jedoch als weniger extravertiert, wobei eine inferenzstatistische Überprüfung diese Differenz als nicht signifikant identifizierte. Die Möglichkeit, dass insbesondere für die älteren Teilnehmer, bei denen Tatbegehung und Testzeitpunkt durch einen z.T. erheblichen Zeitraum getrennt vorliegen, Inhaftierungseffekte oder entwicklungsbedingte Veränderungen der Persönlichkeit einen modulierenden Einfluss auf dieses Ergebnis ausüben, wurde bereits diskutiert. Auch hinsichtlich der Reliabilität ist bereits an anderer Stelle auf die unzureichende interne Konsistenz ($\alpha = 0.56$) hingewiesen worden.

Unter Berücksichtigung der diskutierten testtheoretischen Mängel und Einschränkungen lässt sich konstatieren, dass sich die Täter, die den Kontakt zu ihrem Opfer mit Hilfe einer List bzw. Täuschung aufgenommen hatten, als extravertierter beschreiben (vgl. Tab. 41). Möglicherweise ist die Tatsache, dass dieses Ergebnis als nicht statistisch signifikant zu beurteilen ist, auf psychopathologische Merkmale zurückzuführen (vgl. Tab. *B*-12). Die substanziellen negativen Zusammenhänge zur selbstunsicheren ($r = -.338$; $p \leq 0.05$) und schizoiden Persönlichkeitsstörung ($r = -.353$; $p \leq 0.01$) sind inhaltlich insofern plausibel, als sowohl eine geringe soziale Gehemmtheit als auch ein Interesse an engen Beziehungen mit der Neigung, sich innerhalb von Gesellschaft stärker zu exponieren, assoziiert ist. Auch die Beziehungen zu den Cluster-B-Störungen, namentlich der histrionischen ($r = .426$; $p \leq 0.01$) und der narzisstischen Persönlichkeitsstörung ($r = .285$; $p \leq 0.05$) sind dahingehend erwartungskonform, dass sowohl das Streben nach Aufmerksamkeit als auch das Bedürfnis nach Bewunderung mit einer eher extravertierten Grundhaltung in Verbindung stehen. Andererseits schränkt die Selbstbezogenheit und mangelnde Empathie von Personen mit diesen psychopathologischen Auffälligkeiten die Wahrscheinlichkeit einer betrügerischen Vorgehensweise bei der Kontaktaufnahme (»Con Approach«) ein. Dieser, unter Zuhilfenahme verbaler kommunikativer Mittel, durchgeführte Übergriff bedarf nicht nur des Selbstvertrauens im Umgang mit anderen Personen, sondern darüber hinaus auch einer entsprechenden (wenn auch inversen) sozialen Kompetenz. Es ist zu vermuten, dass bei Vorliegen einer narzisstischen oder histrionischen Persönlichkeitsstörung durch die geteilte Varianz ein moderierender Effekt auf das Extraversionskonstrukt berücksichtigt werden muss. Dieser könnte zu einer Unterschätzung der Differenz zwischen den mittleren Rängen geführt haben.

Inwiefern sich diese Beschränkungen v.a. auf jene der Skala Extraversion untergeordneten Facetten beziehen, die weniger Bestandteil des ‚Impulsivitäts-', als vielmehr des ‚Soziabilitätsfaktors' (Eysenck & Eysenck, 1987) sind, kann aufgrund des verwendeten Testinstrumentariums nicht eruiert werden. Anzunehmen ist, dass die diskriminative Fähigkeit der

Variable ‚Kontaktaufnahme' insbesondere für die Facetten Geselligkeit und Erlebnishunger (Ostendorf & Angleiter, 2004) Geltung beansprucht. Es muss berücksichtigt werden, dass die Unterschiede zwischen wenig kommunikativen Tätern, denen geringe verbale Manipulationsstrategien zur Verfügung stehen, und Tätern, deren Kontaktverhalten im Wesentlichen durch eine betrügerisch-manipulative Komponente gekennzeichnet ist, für die einzelnen Extraversionsfacetten möglicherweise unterschiedlich stark ausgeprägt sind. Zur Präzisierung ist daher eine Überprüfung der Befunde mittels des NEO-PI-R zu empfehlen. Eventuell können mit diesem Verfahren auch – vermutlich geringere – Differenzen zwischen »Blitz Attack« und »Surprise Attack« aufgedeckt werden. Hier wird v.a. die Prüfung in Bezug auf die Facette Durchsetzungsfähigkeit nahe gelegt.

#### 6.2.2.2 Kontaktaufnahme und Risikobereitschaft

| | |
|---|---|
| $H_4$: | *Täter, die sich über einen »Con Approach« annähern, sind risikobereiter als Täter, die einen »Blitz Attack« oder »Surprise Attack« begehen.* |

Für die Erhebung der Persönlichkeitsdimension Risikobereitschaft ist die Subskala ‚Risiko- und Kampfbereitschaft, Suche nach Wettbewerb' (Skala R) des Hamburger Persönlichkeitsinventars (HPI; Andresen, 2002) angewendet worden. Durch die Erfassung dieses Konstruktes sollte das FFM um eine Dimension ergänzt werden, welche explizit den Merkmalsbereich der Reiz- und Erlebnissuche beschreibt. Für die hier untersuchte forensische Stichprobe ließ sich als Maß zur Abschätzung der Reliabilität eine interne Konsistenz berechnen, die mit einem Alpha-Koeffizienten von r = .91 als sehr gut zu bewerten ist (vgl. Tab. 28).

Hypothesenkonform beschreiben sich die Täter, die sich ihrem Opfer über einen »Con Approach« annäherten, als signifikant risikobereiter im Vergleich zu denjenigen, deren Übergriff durch eine blitzartige Attacke oder einen Überraschungsangriff gekennzeichnet war (vgl. Tab. 38). Dieses Ergebnis korrespondiert mit der Annahme, dass die bereits beschriebene diskriminative Fähigkeit der Variable ‚Kontaktaufnahme' hinsichtlich des

Persönlichkeitskonstruktes Extraversion primär auf die subsumierte Facette Erlebnishunger zurückzuführen sein könnte. Für diese Argumentation spricht zum einen, dass in anderen Untersuchungen ein enger Zusammenhang zwischen der Suche nach Stimulation als Subkomponente von Extraversion und antisozialem, delinquentem Verhalten herausgearbeitet wurde (z.B. Heaven, 1996). Auch ginge ein solcher Befund konform mit den theoretischen Annahmen Eysencks, denen zufolge extravertierte Personen ihr geringeres Ausmaß an kortikaler Erregung durch reizsuchendes Verhalten anzuheben versuchten (Eysenck, 1987).

Möglicherweise korrespondiert die Inkaufnahme eines größeren Identifizierungsrisikos durch die Annäherung über eine List (im Gegensatz zu einem – maskierten – Angriff aus dem Hinterhalt) mit einer entsprechenden Persönlichkeitsdisposition. Das manipulativ-betrügerische Vortäuschen einer falschen Identität oder die Vorgabe einer komplexen, detailreichen Geschichte, um das Vertrauen des Opfers zu gewinnen, könnte hierbei der Bedürfnisbefriedigung nach ‚Nervenkitzel' bzw. ‚Sensation Seeking' dienen.

Weiter zeigt ein Mittelwertvergleich unter Einbeziehung der Referenzstichproben sowohl für die Extraversions- als auch für die Risikobereitschaftsdimension – statistisch nicht signifikante – geringere Ausprägungen in der Untersuchungsstichprobe (vgl. Tab. 27). Verschiedene Theorien zur Persönlichkeitsentwicklung, die eine Abnahme extravertierter Merkmale während des Erwachsenenalters postulieren (z.B. Asendorpf, 2004; Borkenau & Ostendorf, 1993; McCrae et al., 2000; vgl. hierzu auch Scheurer, 1993; Schmitt, 1990) führen diese auf ein Absinken des Excitement Seeking-Faktors zurück.

Eventuell führen die erörterten Inhaftierungs- und/oder Entwicklungseffekte dazu, dass insbesondere reizsuchende Verhaltensweisen – als Bestandteil von Extraversion und Risikobereitschaft – abnehmen. Konstruktähnlichkeiten belegen auch die z.T. äquivalenten Zusammenhänge zu den Persönlichkeitsstörungen (vgl. Tab. *B*-12). Wie bereits für die Extraversionsskala diskutiert, imponieren v.a. die statistisch relevanten Beziehungen zu den Cluster-B-Störungen (histrionische PD: r =

.336; $p \leq 0.05$; narzisstische PD: $r = .419$, $p \leq 0.01$; Borderline PD: $r = .386$; $p \leq 0.01$). Es ist anzunehmen, dass sich die oben beschriebenen Einschränkungen durch diese Zusammenhänge weniger auf die Subkomponente der Erlebnissuche auswirken, als vielmehr auf eine – vermutlich auch mehrere – der anderen Facetten des Extraversionskonstruktes. Die Überlegung, insbesondere die Facette Durchsetzungsfähigkeit dahingehend zu überprüfen, ob mögliche Unterschiede zwischen den unterschiedlichen Strategien der Kontaktaufnahme erkennbar werden (s.o.), gewinnt auch im Hinblick auf das Risikobereitschaftskonstrukt an Bedeutung. Neben Experimentierfreude und explorativen Neigungen bestimmt dieser Basisfaktor auch zentrale Aspekte von Härte und Kaltblütigkeit im Sinnes eines unbedingten Durchsetzungs- und Überlebenswillen (vgl. Andresen, 2002).

Die vorliegenden Ergebnisse stimmen mit den Befunden der Pilotstudie (Köhler et al., 2005) überein. So konnten hier ebenfalls statistisch signifikante Unterschiede zwischen den dichotomisierten Methoden der Annäherung aufgezeigt werden. Insbesondere belegen auch die dortigen Ergebnisse, dass sich Täter mit einem betrügerisch-manipulativen Kontaktverhalten (»Con Approach«) als extravertierter beschreiben (Extraversion erfasst über das FPI-R; Fahrenberg et al., 1989). Ein Vergleich in Bezug auf die Ausprägung auf der Skala Risikobereitschaft ist leider aufgrund der unterschiedlichen zur Anwendung gekommenen Testverfahren nicht möglich. Jedoch konnten in der Pilotstudie Unterschiede hinsichtlich weiterer Persönlichkeitseigenschaften gezeigt werden. Beispielsweise konnte herausgearbeitet werden, dass sich die Täter mit einem »Con Approach« als signifikant leistungsorientierter ($p = 0.04$), lebenszufriedener ($p = 0.01$), weniger gehemmt ($p = 0.03$) und weniger erregbar ($p = 0.04$) beschreiben.

Somit belegt die hohe Differenzierungsfähigkeit dieses Merkmals, die sich in beiden Studien hat bestätigen lassen, dass eine Rekonstruktion der Annäherungs- bzw. Kontrollstrategien im Rahmen einer Tathergangsanalyse durchaus Aussagen hinsichtlich unterschiedlicher Persönlichkeitsakzentuierungen zulässt. Zur Validierung dieser Befunde sollten daher dringend weitere Studien durchgeführt werden, durch die sich die diskriminative Bedeutung überprüfen und möglicherweise replizieren lässt.

### 6.2.3 Täter-Opfer-Beziehung und Persönlichkeit ($H_5$)

Hinsichtlich des Bekanntschaftsgrades wurde die Hypothese überprüft, dass Täter, die eine ihnen zum Tatzeitpunkt unbekannte Person angreifen, eine höhere ‚Psychopathy'-Ausprägung aufweisen als Täter, die ihr Opfer vor der Tat kannten.

| | |
|---|---|
| $H_5$: | *Täter, die eine ihnen prädeliktisch fremde Person angreifen, sind* ‚psychopathischer' als Täter, denen ihr Opfer vor der Tat bekannt war. |

Erwartungsgemäß weisen Täter, die eine ihnen prädeliktisch fremde Person attackierten, einen höheren ‚Psychopathy'-Gesamtscore auf als jene Täter, denen ihr Opfer vor der Tat bekannt war (vgl. Tab. 44a). Während sich jedoch dieser Unterschied durch entsprechende inferenzstatistische Berechnungen als nicht signifikant darstellt, zeigte eine faktorenspezifische Analyse, dass diese Differenz für den Faktor-II (Hare, 1991; Freese, 1999) auf dem 5%-Signifikanzniveau statistisch relevant ist (vgl. Tab. 44b). Infolgedessen weist dieses Ergebnis darauf hin, dass hinsichtlich der Eigenschaften, die mit einem impulsiven, antisozialen und instabilen Lebenswandel sowie sozialer Devianz assoziiert sind, durchaus Unterschiede zwischen ‚bekannten' und ‚fremden' Tätern bestehen.

Einen weiteren Beleg liefert die Einbeziehung der Kennwerte zu dem Persönlichkeitskonstrukt Verträglichkeit. Dieses kann – wie auch die Gewissenhaftigkeitsdimension – als positiver Aspekt des Eysenck'schen Psychotizismusfaktors aufgefasst werden, welcher wiederum eine deutliche inhaltliche Verwandtschaft zu dem ‚Psychopathy'-Begriff von Hare aufweist (vgl. Lynam, 2002). Diejenigen Täter, die ein ihnen prädeliktisch bekanntes Opfer angegriffen haben, beschreiben sich als signifikant verträglicher ($p = 0.05$) als Täter mit ihnen zum Tatzeitpunkt fremden Opfern (vgl. Tab. 48). Eine inferenzstatistische Berechnung der Beziehungen zwischen Verträglichkeit und ‚Psychopathy' (vgl. Tab. *B*-14) veranschaulicht deutliche negative Zusammenhänge zum Gesamtscore sowie dem Faktor-II (Hare, 1991). Für die Drei-Faktoren-Lösungen sind ähnliche Ergebnisse zu verzeichnen, wobei insbesondere die Beziehung zur behavioralen Komponente (Untersuchungsstichprobe, F-2) hervorzuheben ist ($r = -.268$; $p \leq 0.05$).

Die zusätzliche Berechnung auf Basis der Drei-Faktoren-Struktur von Cooke & Michie (2001) korrespondiert insofern mit diesen Beziehungen, als sich ein äquivalentes Ergebnis für die behaviorale Komponente (F 3; $p = 0.067$) abbilden lässt (vgl. Tab. 41a, 41b). Dieser Befund erlaubt den Schluss, dass insbesondere die diesem Faktor zugeordneten Merkmale (‚impulsiv', ‚fehlende Lebensziele' und ‚verantwortungslos') für die oben beschriebene statistisch signifikante Differenz bzgl. Faktor-II (Hare, 1991; Freese, 1999) verantwortlich sein könnten. Aussagen hinsichtlich der nicht integrierten Items (8, 11, 12) lässt diese Faktorenlösung jedoch nicht zu. Für das Faktorenmodell der Untersuchungsstichprobe zeigen sich für alle drei Faktoren Kennziffern, denen zufolge die ‚fremden' Täter in den PCL-SV-Interviews höhere Scores erzielen als Täter, denen ihr Opfer vor der Tat bekannt war (vgl. Tab. 42a, 42b). Diese erwartungskonformen – jedoch statistisch nicht signifikanten – Unterschiede stimmen in Bezug auf die behaviorale Komponente (Faktor-2) mit den Analysen bzgl. der Faktorenstrukturen von Hare (1991) und Cooke & Michie (2001) überein.

Auch im Hinblick auf die affektiv-interpersonale Komponente ermöglicht die Einbeziehung der Drei-Faktoren-Modelle eine interpretative Konkretisierung zur differentiellen Fähigkeit der Täter-Opfer-Beziehung. Während sich der Bekanntschaftsgrad (bekannt vs. fremd) nicht in einer erkennbaren divergierenden ‚Psychopathy'-Ausprägung auf Faktor-I (Hare, 1991; Freese, 1999) widerspiegelt, zeigt die differenziertere Analyse nicht unerhebliche – wenn auch statistisch nicht relevante – Rangunterschiede hinsichtlich der interpersonalen Merkmale (F 1, Cooke & Michie [2001]; vgl. Tab. 45b; Faktor-3 der Untersuchungsstichprobe; $p = 0.176$; vgl. Tab. 46b). Dieser Befund bestätigt die bereits beschriebenen inhaltstheoretischen Überlegungen, dass das Vorliegen eines »betrügerisch-manipulativen Verhaltens« (Item 3) und des »glatten, oberflächlichen

Charmes« (Item 1) den Täter bei der Kontaktaufnahme zu einer fremden Person hilft, um Vertrauen aufzubauen (vgl. Kap. 3.3.1.3.).

Ebenfalls deuten gemeinsame Zusammenhänge sowohl der Täter-Opfer-Beziehung als auch des ‚Psychopathy'-Konstruktes eine mittelbare Bestätigung der formulierten Annahmen an: So beschreiben sich die ‚bekannten' Täter als signifikant gewissenhafter als diejenigen mit einem fremden Opfer ($p = 0.03$; vgl. Tab. 47). Gleichsam finden sich negative Korrelationen zwischen ‚Psychopathy' und Gewissenhaftigkeit (vgl. Tab. *B*-14). Diese liegen sowohl für den Gesamtscore vor als auch für den Faktor-I (Hare, 1991) sowie alle drei Faktoren des Beschreibungsmodells von Cooke & Michie (2001). Die Faktorenlösung der Untersuchungsstichprobe bestätigt diese negative Beziehung für die affektive sowie die interpersonale Komponente, nicht aber für die behaviorale Komponente. Deren Merkmale sind in der Hare'schen Struktur unter den Faktor-II subsumiert, welcher ebenfalls eine positive Beziehung zur Gewissenhaftigkeit aufweist. Auch die Kennwerte der Faktorenlösung von Cooke & Michie (2001) stehen hierzu nicht im Widerspruch, da die Autoren auf eine Zuordnung der Items 8, 11 und 12 verzichtet hatten.

Für die Merkmale der affektiven Komponente gemäß dem Beschreibungsmodell von Cooke & Michie (2001; F 2) ‚Fehlen von Reue' (Item 4), ‚Fehlen von Empathie' (Item 5) und ‚Fehlende Verantwortungsübernahme' (Item 6) ergeben sich hingegen erwartungskonträre Koeffizienten ($p = 0.093$; vgl. Tab. 45a, 45b). Dass sich diese nicht durch Faktor-1 der Untersuchungsstichprobe replizieren lassen, dürfte auf die hier zusätzlich erfassten Merkmale »Fehlen von Lebenszielen« (Item 9) und »Verantwortungslosigkeit« (Item 10) zurückzuführen sein.

Diese Befunde zusammenfassend zeigt sich, dass gemäß der Drei-Faktoren-Lösungen (Cooke & Michie, 2001; Untersuchungsstichprobe) die interpersonale und die behaviorale (auf Basis der Zwei-Faktoren-Struktur [Hare, 1991] lediglich die behaviorale) Subkomponente der ‚Psychopathy' erwartungsgemäß zwischen ‚fremden' und ‚bekannten' Tätern zu unterscheiden vermögen. Für die affektive Ausprägung ist zu konstatieren, dass entgegen der formulierten Hypothese ein umgekehrter Effekt besteht. Möglicherweise liegt dies insbesondere in der mangelnden Empathiefähigkeit begründet, welche die Täter eher dazu veranlasst, ihnen bekannte Opfer zu attackieren. Zu berücksichtigen ist hier der denkbare moderierende Effekt durch die geteilte Varianz zu den Eigenschaften Verträglichkeit (v.a. bezüglich der behavioralen Ausprägung) und Gewissenhaftigkeit (v.a. im Hinblick auf die interpersonale Komponente).

Hinsichtlich der ausbleibenden statistischen Signifikanz muss als denkbare Ursache die unterschiedliche Stichprobengröße der Subkollektive berücksichtigt werden. Eine Replikation mit einer weniger unterschiedlichen Verteilung wäre wünschenswert, ist aber vermutlich nur schwer zu erreichen: Die Zunahme von Delikten an Opfern ohne vorherige, nachvollziehbare Verbindung zum Täter war einer der Anlässe, die Tathergangsanalyse vermehrt einzusetzen. Es liegen jedoch weitaus weniger Straftaten mit ‚fremden' Tätern vor als Taten, bei denen zum Tatzeitpunkt eine Beziehung zwischen Opfer und Täter zu verzeichnen war (vgl. BKA, 2003).

### 6.2.4 Täterrisiko und Persönlichkeit ($H_6$, $H_7$)

Die Beziehungen zwischen dem vom Täter eingegangenen Risiko und seiner Persönlichkeit wurden im Hinblick auf die postulierten Zusammenhänge zu den Persönlichkeitskonstrukten Offenheit für Erfahrungen und Verträglichkeit überprüft.

Lediglich sieben Täter (13.0%) waren ein Risiko eingegangen, welches anhand der Aktenlage als ‚hoch' zu bewerten ist. Auch ein als ‚gering' einzuschätzendes Risiko war nur bei acht Teilnehmern (14.8%) zuzuordnen (vgl. Tab. 49). Es kann daher für die vorliegende Untersuchungsstichprobe festgestellt werden, dass die Probanden unter tathergangsanalytischen Gesichtspunkten mehrheitlich ein durchschnittlich hohes Entdeckungsrisiko einzugehen bereit waren.

### 6.2.4.1 Täterrisiko und Offenheit

| | |
|---|---|
| $H_6$: | *Täter, die ein hohes Risiko eingehen, sind offener als Täter, die ein geringeres Entdeckungsrisiko eingehen.* |

Die Offenheit für Erfahrungen ist über das Selbstbeschreibungsinstrument NEO-FFI (Borkenau & Ostendorf, 1993) erfasst worden. Die Teilnehmer beschreiben sich als signifikant weniger offen als die zum Vergleich herangezogene Referenzstichprobe aus der allgemeinen Bevölkerung (vgl. Tab. 26). Dieses Ergebnis ist vermutlich primär auf die Population der aus den Justizvollzugsanstalten rekrutierten Probanden zurückzuführen: Eine Gegenüberstellung der im Maßregelvollzug untergebrachten und der inhaftierten Straftäter zeigt, dass letztere eine signifikant geringere Ausprägung auf dieser Skala aufweisen ($p = 0.024$; vgl. Tab. *B*-10b). Als Reliabilitätsmaß wurde Cronbach's Alpha berechnet. Für die untersuchte Stichprobe ließ sich eine interne Konsistenz berechnen, die mit einem Koeffizienten von $r = .65$ als lediglich ausreichend zu bewerten ist (vgl. Tab. 28). Möglicherweise liegt dies in den inhaltlichen Aspekten der Skala begründet, deren Orientierung nicht auf die spezifische Lebenswelt der inhaftierten bzw. untergebrachten Straftäter mit einem eher geringen Bildungsniveau zugeschnitten ist.

Unter Berücksichtigung dieser testtheoretischen Limitationen kann die Hypothese, dass Täter, die ein hohes Risiko eingehen, offener sind als Täter, deren Tatdurchführung durch ein geringes Entdeckungsrisiko gekennzeichnet ist, verifiziert werden (vgl. Tab. 50). Unter Zugrundelegen der Rohwerte ergibt sich hypothesenkonform ein statistisch relevanter Zusammenhang ($r = .308$; $p \leq 0.05$). Auch die Einbeziehung der transformierten Werte dokumentiert erwartungsgemäß eine positive Beziehung, welche sich jedoch inferenzstatistisch als nicht signifikant erweist. Die inhaltstheoretische Überlegung, dass ein als höher zu kalkulierendes Risiko der Entdeckung, Identifikation und Überführung (z.B. durch die Auswahl eines unbekannten Tatortes und fremden Opfers) mit der Bereitschaft korrespondiert, sich auf Unbekanntes einzulassen und sich gegenüber Abwechslung und neuen Erfahrungen aufgeschlossen zu zeigen, wird durch dieses Ergebnis bestätigt.

Die Diskrepanz zwischen der Berechnung mittels der Rohwerte bzw. der codierten, zusammenfassenden Daten belegt die bereits beim Planungsniveau erörterte Simplifizierung, die mit einer Kategorisierung zwangsläufig einhergeht. Dem Vorteil einer übersichtlicheren Darstellung und besseren Vergleichbarkeit (z.B. mit dem Opferrisiko) steht hier der offensichtliche Nachteil gegenüber, dass weniger präzise Aussagen möglich sind. Insbesondere zeigt die Verteilung der Kennwerte, dass die dreistufige Klassifizierung insoweit zu Lasten der Trennschärfe geht, als mehr als 70% (N = 39) der Teilnehmer ein ‚durchschnittliches' Täterrisiko zugeschrieben wird. Gleichwohl im Verlauf der Checklistenevaluation durch die Pilotstudie die Operationalisierungskriterien überprüft und ggf. modifiziert worden sind, ist nicht auszuschließen, dass das Hinzuziehen weiterer Indikatoren zur Erhebung des Täterrisikos sinnvoll sein könnte. Wie auch für das Planungsniveau bereits erörtert, ist ferner zu überlegen, inwiefern eine Gewichtung der einzelnen Kriterien – nach entsprechenden Vorstudien zur statistischen Absicherung – die Aussagekraft des erhobenen Risikos für Täter (und Opfer) weiter steigern könnte.

### 6.2.4.2 Täterrisiko und Verträglichkeit

| | |
|---|---|
| $H_7$: | *Täter, die ein hohes Risiko eingehen, sind weniger verträglich als Täter, die ein geringeres Entdeckungsrisiko eingehen.* |

Hinsichtlich des Täterrisikos wurde darüber hinaus der postulierte negative Zusammenhang zur Persönlichkeitseigenschaft Verträglichkeit inferenzstatistisch überprüft. Die Ausprägung dieser Dimension wurde ebenfalls durch Selbstbeschreibung der Teilnehmer erhoben (NEO-FFI; Borkenau & Ostendorf, 1993). Testtheoretische Einschränkungen zeigen sich insofern, als die interne Konsistenz als gering zu bewerten ist (Cronbach's Alpha: r = .64; vgl. Tab. 28). Die mangelnde Konstruktvalidität durch die fehlende Unabhängigkeit zur Skala Neurotizismus (Interkorrelation: r = -.60) wurde bereits für die Befunde zum Zusammenhang von Planungsgrad und Neurotizismus ($H_2$) diskutiert.

Unter Berücksichtigung der Annahme, dass Verträglichkeit und Gewissenhaftigkeit die positiven Aspekte der Psychotizismusdimension abbilden (vgl. Bartussek, 1996), geht die im Vergleich zur allgemeinen Bevölkerung signifikant geringere Verträglichkeit der Untersuchungsteilnehmer konform mit der Delinquenztheorie Eysencks. Dies belegt auch die inhaltlich folgerichtige positive Beziehung zur Skala Gewissenhaftigkeit ($r = .22$; vgl. Tab. 29). Weitere bestätigende Befunde unter Einbeziehung der Wechselbeziehungen zum ‚Psychopathy'-Konstrukt sind bereits im Unterkapitel zur Täter-Opfer-Beziehung ($H_5$) dargestellt worden (vgl. auch Harpur et al., 2002; Lynam, 2002; Miller et al., 2001).

Hypothesenkonform beschreiben sich Täter, deren Tatbegehung durch die Bereitschaft gekennzeichnet ist, ein vergleichsweise hohes Risiko einzugehen, im Vergleich zu jenen, die ein geringeres Risiko eingehen, als weniger verträglich. Diese negative Beziehung zeigt sich sowohl unter Bezugnahme auf die Rohwerte als auch der transformierten Zahlen als statistisch signifikant ($p \leq 0.05$; vgl. Tab. 51). Aufgrund des negativen Zusammenhangs von ‚Psychopathy' (Gesamtscore sowie Faktor-II; Hare, 1991) und Verträglichkeit (vgl. Tab. *B*-14) wurden zusätzliche Berechnungen durchgeführt: Die Annahme, dass die signifikante negative Beziehung zwischen dem Täterrisiko und Verträglichkeit mit einer positiven Korrelation zwischen dem Täterrisiko und ‚Psychopathy' korrespondiert, konnte inferenzstatistisch nicht bestätigt werden. Zwar zeigen die Koeffizienten sowohl für die Zwei-Faktoren-Lösung (Hare, 1991) als auch für das dreifaktorielle Beschreibungsmodell (Cooke & Michie [2001]; Untersuchungsstichprobe) einen positiven Zusammenhang zum Täterrisiko, aber diese Beziehung ist nur sehr schwach und statistisch nicht signifikant.

Möglicherweise ist dieses Ergebnis insofern erklärbar, als die negativen Beziehungen zur Verträglichkeit lediglich für Faktor-II der Hare'schen Faktorenlösung bzw. für die interpersonale sowie die behaviorale ‚Psychopathy'-Komponenten der dreifaktoriellen Modelle bestätigt werden konnten, nicht aber für die affektive Subkomponente (vgl. Tab. *B*-14). Inhaltstheoretisch plausibel wäre hingegen auch ein negativer Zusammenhang zu den ‚affektiven' Merkmalen (u.a. ‚Fehlen von Reue'; ‚Fehlen von Empathie'). Insbesondere für die Merkmale des Faktor-I

(Hare, 1991) wurde bereits auf die eingeschränkte Interpretierbarkeit hingewiesen (z.B. Therapieeffekte, s.o.); auch die linksschiefe Verteilung der ‚Psychopathy'-Kennwerte muss als mögliche Ursache berücksichtigt werden.

Es sollte daher auch in nachfolgenden Studien der Zusammenhang zwischen dem Täterrisiko und ‚Psychopathy' überprüft werden. Es besteht die Möglichkeit, dass sich für weitere (evtl. größere) Stichproben die negative Beziehung zwischen ‚Psychopathy' und Verträglichkeit für alle Subkomponenten zeigt. Dann ist zu vermuten, dass auch stärkere Zusammenhänge zum Täterrisiko nachzuweisen sein könnten. Um mögliche Therapie-, Inhaftierungs- oder Entwicklungseffekte auszuschließen, ist wiederum zu empfehlen, die Persönlichkeitsdiagnostik möglichst zeitnah nach dem Tatzeitpunkt durchzuführen.

Wie bereits für den Zusammenhang zur Persönlichkeitsdimension Offenheit für Erfahrungen diskutiert, beanspruchen die Anmerkungen zur Operationalisierung des Täterrisikos auch für die interpretative Bewertung dieser Ergebnisse Geltung. Weiter ist zu berücksichtigen, dass Verträglichkeit ein Konstrukt darstellt, das in erster Linie interpersonelles Verhalten beschreibt: Während Personen mit hohen Verträglichkeitswerten ihre Verhaltensnormen aus einer Vielzahl von Quellen beziehen, beschreibt geringe Verträglichkeit einen Menschen, der im Extrem evtl. nur seiner inneren Stimme folgt. Nicht auszuschließen sind daher moderierende Effekte durch psychopathologische Merkmale: Neben den negativen Beziehungen zur ‚Psychopathy'-Ausprägung (insbesondere in Bezug auf die ‚behaviorale' Komponente, s.o.) liegen zu allen durch den SKID-II-Fragebogen erfassten Persönlichkeitsstörungen (bzw. den Tendenzen, die durch das zugehörige Interview zu validieren wären) negative Korrelationen vor, die einzig für die histrionische und die dependente PD nicht statistisch signifikant sind (vgl. *B*-12). Signifikant auf dem 1%-Niveau sind hierbei die Beziehungen zur paranoiden (r = -.397), selbstunsicheren (r = -.401), zwanghaften (r = -.471), negativistischen (r = -.509), depressiven (r = -.560), narzisstischen (r = -.397) und der Borderline Persönlichkeitsstörung (r = -.572). Des Weiteren sind die Befunde verschiedener empirischer Studien zu berücksichtigen, denen zufolge die

Ausprägung auf der Skala Verträglichkeit im Verlauf der Persönlichkeitsentwicklung zunimmt (z.B. Srivastava et al., 2003), so dass möglicherweise eine Überschätzung von Verträglichkeit im Vergleich zur Ausprägung zum Tatzeitpunkt vorliegt. Ob bzw. wie akzentuiert dies auch auf forensische Populationen zutrifft, wurde bereits diskutiert. Nicht auszuschließen ist die Möglichkeit, dass der beschriebene Effekt des positiven, statistisch signifikanten Zusammenhangs ($p \leq 0.05$) zwischen einem hohen Täterrisiko und Unverträglichkeit für die Untersuchungsstichprobe sogar unterschätzt wird.

Wie bereits für die Konstrukte Neurotizismus ($H_2$) und Extraversion ($H_3$) erörtert, wäre für nachfolgende Studien die Anwendung des differenzierteren Verfahrens NEO-PI-R von Costa & McCrae (1992; dt. Ostendorf & Angleiter, 2004) empfehlenswert, um präzisere Aussagen über die Zusammenhänge zu ermöglichen. So sind auch hier divergierende Korrelationen zwischen dem Täterrisiko und einzelnen Konstruktfacetten (Vertrauen, Freimütigkeit, Altruismus, Entgegenkommen, Bescheidenheit, Gutherzigkeit) anzunehmen.

### 6.2.5 Spezifisches Täterverhalten und Persönlichkeit ($H_8$, $H_9$, $H_{10}$)

Im Rahmen der Aktenanalyse wurden unterschiedliche Verhaltensweisen des Täters erfasst und unter die Oberkategorien »Täterverhalten« bzw. »Personifizierung« subsumiert. Anhand einer explorativen Datenanalyse zeigten sich verschiedene Zusammenhänge zur Persönlichkeit der Täter, die an dieser Stelle in ihrer Gesamtheit nicht expliziert werden können. Erörtert werden vielmehr die a priori postulierten Unterschiede zwischen Tätern, deren Tatbegehung Anzeichen für eine Spurenbeseitigung oder eine Tatortinszenierung aufwies. Diese Tathandlungen waren als korrespondierende Verhaltensweisen gewissenhafter Täter formuliert worden. Darüber hinaus orientiert sich die folgende Diskussion an den Ergebnissen, die hinsichtlich der vermuteten Unterschiede zwischen »anal rapists« und »vaginal rapists« herausgearbeitet wurden. Überprüft wird die Annahme, dass Täter, deren Taten den Versuch oder die Vollendung einer analen Vergewaltigung beinhalten, eine höhere Persönlichkeitspathologie aufweisen.

### 6.2.5.1 Spurenbeseitigung und Gewissenhaftigkeit

Das Tathergangsmerkmal ‚Spurenbeseitigung' umfasst zum einen Verhaltensweisen, die der Täter nach seiner Straftat zeigt (z.B. das Entfernen / Verwischen von Fingerabdrücken). Bestandteil sind jedoch auch jene antizipierenden Handlungsformen bzw. Vorkehrungen, die im Verlauf des Vortatgeschehens die Absicht kennzeichnen, präventiv der Identifikation resp. Tatüberführung vorzubeugen (z.B. das Tragen von Handschuhen oder das Mitführen von Kondomen). Indizien für derartige Versuche konnten bei zwölf Taten (22.2%) rekonstruiert werden. Bei 75.0% dieser Delikte handelte es sich um eine Straftat gegen das Leben (§§ 211, 212), von denen drei Taten als ‚Mord im Zusammenhang mit einem Sexualdelikt' zu klassifizieren waren (vgl. Tab. 53 und Tab. 54). Zwei Drittel dieser Täter (N = 8) waren vorbestraft, drei von ihnen bereits zu einem früheren Zeitpunkt inhaftiert gewesen (vgl. Tab. 55). Es ist daher nicht auszuschließen, dass auch Lernprozesse insofern eine Rolle spielen, als möglicherweise eine Änderung im Modus Operandi dazu geführt hat, Versuche zur Spurenbeseitigung zu unternehmen. Auffällig ist ferner, dass bei zehn der zwölf Taten, in denen Indizien für Spurenbeseitigung aufzufinden waren (83.3%), eine prädeliktische Beziehung zwischen Täter und Opfer bestanden hatte (vgl. Tab. 56).

Unter Berücksichtigung der sozialen Nähe (in fünf Fällen hatte eine lange Bekanntschaft / Freundschaft bestanden, eines der Opfer war die [ehemalige] Lebensgefährtin, ein weiteres Opfer stammte aus der engeren Verwandtschaft) ist zu vermuten, dass eine Spurenbeseitigung unternommen wurde, um von der eigenen Person als dem logischen, nahe liegenden Täter abzulenken. Diese Annahme korrespondiert mit der Tatsache, dass alle ‚bekannten' Opfer gezielt ausgewählt worden waren (vgl. Tab. 57). Möglicherweise war für Täter mit einem zum Tatzeitpunkt fremden Opfer die Notwendigkeit der Spurenverwischung subjektiv weniger gegeben, da sie annahmen, dass gegen sie keine Verdachtsmomente vorliegen werden.

Überprüft wurde die Hypothese, dass Täter, deren ‚produzierte' Tatorte Indizien für Spurenbeseitigung aufwiesen, gewissenhafter sind als Täter, die keine derartigen Versuche zur Spurenverwischung unternommen haben.

| | |
|---|---|
| $H_8$: | *Täter, deren Tatorte Indizien für eine Spurenbeseitigung aufweisen, sind gewissenhafter als Täter, die bei ihrer Deliktbegehung keine Versuche unternommen haben, ihre Spuren zu verwischen bzw. zu beseitigen.* |

Die Ausprägung auf der Persönlichkeitsdimension Gewissenhaftigkeit wurde mit dem NEO-FFI (Borkenau & Ostendorf, 1993) erfasst, wobei als Maß zur Abschätzung der Reliabilität Cronbach's Alpha herangezogen wurde. Mit einem Koeffizienten von r = .82 ließ sich für die untersuchte Stichprobe eine interne Konsistenz berechnen, die als gut zu beurteilen ist (vgl. Tab. 28). Auch für die Konstruktvalidität bestehen keine Bedenken hinsichtlich der Interpretierbarkeit der Ergebnisse. Die vorliegenden Interkorrelationen zu den anderen Skalen sind nur gering (vgl. Tab. 29), so dass von weitgehender Unabhängigkeit ausgegangen werden kann. Ferner bestehen keine signifikanten Mittelwertsunterschiede zur durchschnittlichen Ausprägung der Gewissenhaftigkeit der einbezogenen Referenzstichprobe (vgl. Tab. 26).

Die Täter, deren Tatorte Indizien für eine Spurenbeseitigung aufzeigten, beschreiben sich erwartungskonform als signifikant gewissenhafter als jene Täter, deren Tatdurchführung nicht durch solche Versuche gekennzeichnet war (vgl. Tab. 58). Einschränkend ist die unterschiedliche Stichprobengrößen der zu vergleichenden Subkollektive zu beachten. Auch die Argumentation möglicher Persönlichkeitsveränderungen aufgrund von Haft- und / oder Entwicklungseffekten darf hier nicht unberücksichtigt bleiben. Moderierende Verbindungen aufgrund von geteilter Varianz mit psychopathologischen Merkmalen können jedoch weitgehend ausgeschlossen werden (vgl. Tab. *B*-12). Abgesehen von der bereits erörterten – inhaltlich plausiblen – korrelativen Beziehung zur ‚Psychopathy' (v.a. zur interpersonalen und behavioralen Komponente) liegt einzig zur dependenten Persönlichkeitsstörung ein statistisch signifikanter (negativer) Zusammenhang vor ($r = -.270$; $p \leq 0.05$; vgl. Tab. *B*-12).

Zur Konkretisierung, für welche der dem Konstrukt Gewissenhaftigkeit untergeordneten Facette(n) die Unterscheidung zwischen ‚Spurenbeseitigung vs. keine Spurenbeseitigung' inhaltlich und statistisch besonders aussagekräftig und differenzierungsfähig ist, wird wiederum empfohlen, auf das Testinstrument NEO-PI-R (Costa & McCrae, 1992; Ostendorf & Angleiter, 2004) zurückzugreifen.

#### 6.2.5.2 Tatortinszenierung und Gewissenhaftigkeit

Das Vorliegen einer Tatortinszenierung wird angenommen, wenn am Tatort Indizien dafür gefunden werden, dass der Täter vor, während und / oder nach der Tatbegehung Handlungen vorgenommen bzw. Vorkehrungen getroffen hat, mit denen er eine Verdeckung oder Verschleierung seiner ursprünglichen Tatmotivation intendierte. Eine Tatrekonstruktion anhand der Aktenlage zeigt, dass ein solches »staging« in lediglich sechs Fällen (11.1%) – jeweils Straftaten, bei denen das Opfer tödlich verletzt worden war – vorgenommen wurde (vgl. Tab. 59). Die Annahme des FBI, dass eine solche Inszenierung häufig dann vorliege, wenn eine prädeliktische Beziehung zwischen Opfer und Täter bestanden habe (vgl. Ressler et al., 1988), kann anhand der Ergebnisse empirisch bestätigt werden. Bei jedem der Delikte hatte eine (flüchtige, berufliche oder lange) Bekanntschaft, in zwei Fällen auch ein verwandtschaftliches Verhältnis, bestanden (vgl. Tab. 60). Dieser Befund korrespondiert mit der Tatsache, dass drei der Täter, die ihren Tatort inszenierten, einen ‚overkill' durchgeführt haben (vgl. Tab. 62). Das Zufügen multipler (u.a. postmortaler) Verletzungen, die weit über das zur Tötung eines Menschen erforderliche Maß hinausgehen, findet sich häufig bei Gewaltdelikten zum Nachteil von Personen, zu denen eine enge emotionale Beziehung bestanden hat (vgl. Kap. 2.4.2.4.). Obgleich das Problem der geringen Fallzahl hier generell zur vorsichtigen Interpretation der Ergebnisse zwingt, fällt auf, dass diese sehr seltene Personifizierungsform (in der untersuchten Stichprobe sind lediglich vier Fälle zu dokumentieren; vgl. Tab. 19) mehrheitlich mit einer Inszenierung verbunden war.

Zudem fällt auf, dass alle sechs Delikte, deren Tatorte Indizien für eine Inszenierung erkennen ließen, »indoor«, d.h. innerhalb von Gebäuden, stattgefunden haben (vgl. Tab. 61). Auch dieser Befund ist eng verknüpft mit der Täter-Opfer-Beziehung. So trennt der Ort des Übergriffs (»indoor« vs. »outdoor«) hochsignifikant zwischen ‚fremden' und ‚bekannten' Tätern ($p \leq 0.001$; vgl. Tab. *B*-19): 76.2% der Straftaten, die außerhalb von Gebäuden stattfanden (N = 21), wurden von dem Opfer zum Tatzeitpunkt unbekannten Tätern, und sogar 93.9% der »indoor«-Taten (N = 33) von ‚bekannten' Tätern begangen (vgl. Tab. *B*-18).

| | |
|---|---|
| $H_9$: | *Täter, deren Tatorte Indizien für eine Inszenierung erkennen lassen, sind gewissenhafter als Täter, die ein solches »staging« nicht durchführen.* |

Unter Berücksichtigung der prägnanten Häufigkeitsunterschiede zwischen den beiden zu vergleichenden Subgruppen (Inszenierung vs. keine Inszenierung) konnte die Hypothese, dass sich die Täter, deren Tatorte Anzeichen für eine Inszenierung aufwiesen, als signifikant gewissenhafter beschreiben als Täter, bei denen keine Indizien für ein solches Vorgehen vorlagen, bestätigt werden (vgl. Tab. 63). Erhebliche testtheoretische Limitationen bei der Erfassung der Gewissenhaftigkeitsdimension liegen nicht vor (vgl. $H_8$). Da es sich aber bei dem Subkollektiv ‚mit Inszenierung' um eine Stichprobengröße von lediglich sechs Probanden handelte, kann hier zunächst nur unter Vorbehalt von einer Tendenz gesprochen werden. Es wird als notwendig und sinnvoll erachtet, in weiteren Studien die Zusammenhänge erneut zu überprüfen, um dieses Ergebnis anhand einer größeren Stichprobe zu validieren.

Als weitere Schwierigkeit kommt das Problem der ‚Verdeckungsmorde' hinzu: Wie bereits erörtert, ist eine trennscharfe Differenzierung zwischen geplanten, als solche intendierten, Mordfällen und Tötungen zur Verdeckung einer anderen Straftat (z.B. eines Sexualdeliktes) aufgrund der nach Aktenlage nicht eindeutig zu unterscheidenden Motivausprägungen nicht möglich gewesen. Da jedoch auch der ‚Verdeckungsmord' eine Form der Inszenierung darstellt, muss hier von einer Unterschätzung der Häufigkeit ausgegangen werden.

Abschließend ist hervorzuheben, dass zwischen den tathergangsanalytischen Parametern Spurenbeseitigung und Inszenierung für die vorliegende Untersuchungsstichprobe Verbindungen festzustellen sind: in fünf der sechs Fälle, in denen eine Tatortinszenierung erkennbar war, wurde auch das Vorliegen einer Spurenbeseitigung rekonstruiert. Angesichts der deskriptiven Nähe dieser beiden Kriterien ist ein solcher Zusammenhang verständlich und folgerichtig. Weiter ist beiden Merkmalen gemein, dass sie als Indiz für Planung bewertet werden: gemäß der Terminologie des FBI zeichnen sich planende, organisierte Täter u.a. durch das Bemühen aus, keine Spuren zu hinterlassen, sowie durch Versuche, durch eine Tatortinszenierung von der eigenen Täterschaft bzw. der zugrunde liegenden handlungsrelevanten Motivation abzulenken (vgl. Douglas et al., 1992; Ressler et al., 1988). Infolgedessen sind die hypothesenkonformen Ergebnisse inhaltlich plausibel, basiert doch Gewissenhaftigkeit als FFM-Dimension auf Kompetenz, Ordentlichkeit und Pflichtbewusstsein, welche sich auf den aktiven Prozess von Planung, Organisation und Durchführung von Aufgaben positiv auswirken (Borkenau & Ostendorf, 1993; Ostendorf & Angleiter, 2004).

Trotz dieser inhaltstheoretischen Plausibilität besteht inferenzstatistisch lediglich ein sehr schwacher Zusammenhang zwischen der Skala Gewissenhaftigkeit und dem Planungsverhalten (vgl. Tab. 39). Erklärend zu berücksichtigen sind die bereits erörterten möglichen Einschränkungen durch die vorliegende Operationalisierung des Planungsniveaus. Weiter ist zu vermuten, dass die der Gewissenhaftigkeit untergeordneten Eigenschaften in unterschiedlichem Ausmaß – möglicherweise auch in uneinheitlicher Richtung – mit dem Planungsniveau assoziiert sind. Beispielsweise könnte ein hoch ausgeprägtes Leistungsstreben (als weitere Facette von Gewissenhaftigkeit) dazu führen, dass der Täter von seiner ursprünglichen Tatplanung abweicht, um möglichst schnell sein Ziel zu verwirklichen. Unerwartete Reaktionen des Opfers (z.B. heftige Gegenwehr) oder nicht einkalkulierte Störungen des Tatablaufs durch Dritte könnten dann in unbedachte »par-force-Lösungen« resultieren (s.o.). Die Empfehlung, zur Präzisierung der Aussagekraft in nachfolgenden Studien das Testinstrument NEO-PI-R (Costa & McCrae, 1992; Ostendorf & Angleiter, 2004) zu verwenden, wird durch diese Annahmen bestätigt.

### 6.2.5.3 Anale vs. vaginale Vergewaltigung und Persönlichkeitspathologie

Für die Ergebnisse, welche sich auf die Unterschiede zwischen »anal rapists« (AR) und »vaginal rapists« (VR) beziehen, ist im Gegensatz zu den bisher diskutierten Fragestellungen und Befunden nur eine Teilstichprobe (N = 27) in die Berechnungen einbezogen worden. Es wurden diejenigen Probanden einander gegenübergestellt, deren Taten den Versuch oder die Vollendung einer analen Vergewaltigung beinhalten (N = 10), und jene, die ihr Opfer vaginal penetrierten (N = 17). Aufgenommen wurden auch Delikte, deren Tatbestand durch eine versuchte Vergewaltigung gekennzeichnet war: Zuordnungskriterium war weniger die – aus Sicht des Täters – ‚erfolgreiche' Tatbegehung als vielmehr die zugrunde liegende Motivation bzw. Bedürfnislage zur Durchführung (z.B. Befriedigung von Machtbedürfnissen, zusätzliche Erniedrigung des Opfers). Eingang fanden nur Täter, deren Opfer weiblichen Geschlechts waren; bei Vorliegen beider Penetrationsformen innerhalb eines Tatgeschehens (N = 8) erfolgte eine Zuordnung zur Kategorie ‚anal'.

Im Hinblick auf soziodemographische, kriminologische und viktimologische Merkmale zeigen sich für die Probanden beider Subkollektive mehrheitlich – mit Ausnahme der divergierenden Altersverteilung zum Testzeitpunkt (vgl. Tab. 65) – vergleichbare Kennwerte (vgl. Tab. *B*-20 bis *B*-35). Auch die auffällige Diskrepanz hinsichtlich des Inhaftierungs-/ Unterbringungsortes (82.3% der VR, jedoch nur lediglich 50.0% der AR befanden sich zum Zeitpunkt der Untersuchung in der forensischen Psychiatrie; vgl. Tab. 66) lässt keine Schlussfolgerungen darüber zu, ob für die Gruppe der »vaginal rapists« eine höhere Prävalenz psychischer Störungen (v.a. der Persönlichkeit) anzunehmen ist. Zunächst legen auch die den Gefangenen- bzw. Krankenpersonalakten entnommenen Angaben zur Erhebung psychopathologischer Merkmale eine solche Vermutung nahe: So war für 88.2% (N = 15) der »vaginal rapists« eine psychiatrische Diagnose prädeliktisch bekannt und dokumentiert oder im Rahmen der deliktbezogenen Begutachtung bzw. während der diagnostisch-therapeutischer Settings intramural gestellt worden, aber nur für 60% (N = 6) der »anal rapists« (vgl. Tab. 68). Unter Berücksichtigung der Tatsache, dass die Mehrzahl der »vaginal rapists« in der forensischen Psychiatrie untergebracht war, sind jedoch verzerrende Ergebnisse zu vermuten: Während für eine Unterbringung gemäß § 63 StGB eine psychiatrische Begutachtung obligatorisch vorliegt, waren entsprechende Informationen für die Teilnehmer aus dem Regelvollzug nur in seltenen Fällen den Akten zu entnehmen. Infolgedessen ist für die Probanden aus den Justizvollzugsanstalten eine Unterschätzung der Angaben anzunehmen. So haben empirische Studien belegen können, dass die Störungsprävalenz im Strafvollzug in etwa der im Maßregelvollzug entspricht (z.B. Frädrich & Pfäfflin, 2000).

Bei allen Vergewaltigungstätern, bei denen laut Aktenlage eine psychische Störung vorgelegen hat, war u.a. (mindestens) eine Persönlichkeitsstörung diagnostiziert worden. Komorbiditäten fanden sich insbesondere zu den ‚psychischen und Verhaltensstörungen durch psychotrope Substanzen' (ICD-10: F10-F19) und den Störungen der Sexualpräferenz (F65). Aufgrund der z.T stark divergierenden Diagnosezeitpunkte sowie der unterschiedlichen verwendeten Test- bzw. Diagnoseverfahren wurden entsprechende Angaben für die nachfolgend zu diskutierende Hypothese vernachlässigt.

| | |
|---|---|
| $H_{10}$: | *Täter, deren Taten den Versuch oder die Vollendung einer analen Vergewaltigung beinhalten, weisen eine höhere Persönlichkeitspathologie auf als Täter, die ihr Opfer vaginal penetrieren oder dieses versuchten.* |

Für die Überprüfung der Hypothese, dass bei den »anal rapists« der vorliegenden Stichprobe eine höhere Persönlichkeitspathologie vorliegt als bei den »vaginal rapists«, wurde als Testverfahren der SKID-II-Fragebogen (Fydrich et al., 1997) angewendet. Bei den dokumentierten Angaben handelt es sich daher nicht um Diagnosen, sondern vielmehr um Tendenzen, welche durch die Durchführung des zugehörigen Interviews zu validieren wären. Aus ökonomischen Gründen war für diese Untersuchung auf das Interview verzichtet worden; darüber hinaus rechtfertigt der primär hypothesengenerierende Charakter der Fragestellung den Einsatz des Screening-Verfahrens. Für eine Replizierung der Ergebnisse wird hingegen eine entsprechende Validierung befürwortet. Zur vereinfachenden Darstellung wird in den folgenden Ausführungen trotzdem von »Persönlichkeitsstörungen« gesprochen.

Die Berechnungen erfolgten zunächst für die drei Oberkategorien (Cluster A, B und C) und wurden sodann durch weitere (post hoc) Analysen unter Einbeziehung der unter die Merkmalsbereiche subsumierten Persönlichkeitsstörungen präzisiert. Erwartungsgemäß wird für Täter, die ihr Opfer (auch) anal vergewaltigt hatten, häufiger eine Persönlichkeitsstörung (gemäß SKID-II-Fragebogen) festgestellt als für Vergewaltiger, die ihr Opfer (ausschließlich) vaginal penetrierten. Als statistisch signifikant erweisen sich die Differenzen zwischen den mittleren Rängen für die Cluster-A- ($p \leq 0.05$) und die Cluster-C-Störungen ($p \leq 0.01$). Aber auch für die Störungen, die durch Cluster B beschrieben werden, ergibt die inferenzstatistische Analyse zur Ermittlung von Differenzen in der zentralen Tendenz (Mann-Whitney-U-Test) bei den »anal rapists« höhere Kennwerte als bei den »vaginal rapists« (vgl. Tab. 69a, 69b). Durch nachfolgende Berechnungen konnten diese Befunde dahingehend konkretisiert werden, dass für Cluster A insbesondere die paranoide PD ($p = 0.006$) und für Cluster C die selbstunsichere PD ($p = 0.016$) sowie die dependente PD ($p = 0.008$) signifikant zwischen den ‚Vergewaltigertypen' unterscheiden (vgl. Tab. 70a, 70b; Tab. 71a, 71b).

Zu berücksichtigen ist die testtheoretische Analyse des SKID-II-Fragebogens, die für einige der erfassten Störungen eine kritische Bewertung der Ergebnisse nahe legt. Das Instrument selbst ist mit dem Nachteil fehlender Normierung und testtheoretischer Überprüfbarkeit behaftet, so dass auch die Anwendbarkeit als Screening-Verfahren methodisch fragwürdig erscheint. Insbesondere für die hier vorliegende forensische Population muss ferner berücksichtigt werden, dass die einseitige Polung und die nach Störungen geordnete Reihenfolge der Items leicht zu Verfälschungen im Antwortverhalten (im Sinne der Nein-Sage-Tendenz) führen kann. Es ist daher mit einer Unterschätzung der erreichten Kriterien für eine Persönlichkeitsstörung zu rechnen. Von einer Kompensation durch die Sensitivität des Instruments (die sensitive Erfassung kann wiederum eine Überschätzung zur Folge haben) kann keinesfalls ausgegangen werden. Eine solche Annahme wäre theoretisch und methodisch unzulässig.

Während sich für die unter Cluster B subsumierten Skalen gute oder befriedigende interne Konsistenzen (Cronbach's Alpha) zeigen, sind die Reliabilitäten der Cluster-C-Skalen lediglich als ausreichend zu bewerten (vgl. Tab. 30). Insbesondere für die hervorgehobene selbstunsichere PD (r = .63) sowie die dependente PD (r = .62) ist daher von einer eingeschränkten Interpretierbarkeit der Befunde auszugehen. Hinsichtlich der Cluster-A-Skalen ist lediglich die schizoide PD von derartigen Limitationen betroffen, für die paranoide PD kann die interne Konsistenz mit einem Koeffizienten von r = .77 als zufrieden stellend bewertet werden. Im Anhang (vgl. Tab. *B*-11) sind die Skaleninterkorrelationen aufgeführt: Die vielfältigen (statistisch signifikanten) Beziehungen zwischen den Skalen deuten auf eine geteilte Varianz selbst zwischen relativ konstruktfernen Störungen hin. Dieser Hinweis auf eine verminderte Konstruktvalidität lässt sich insofern relativieren, als die zahlreichen Beziehungen zum Fünf-Faktoren-Modell (NEO-FFI) inhaltlich durchaus plausibel sind (vgl. Tab. *B*-12). Die meisten Zusammenhänge – v.a. der Cluster-C- und Cluster-A-Störungen – ergeben sich zu den Dimensionen Neurotizismus und Verträglichkeit, so dass moderierende Effekte aufgrund der geteilten Varianz nicht auszuschließen sind. Die ausschließlich negativen Korrelationskoeffizienten bezüglich des Neurotizismuskonstruktes korrespondieren mit den von Fiedler (2001) referierten Befunden, dass diese Dimension die stärkste Verbindung zu den Persönlichkeitsstörungen aufweise. Auch die positiven Koeffizienten für die Korrelationen zur Skala Verträglichkeit sind inhaltlich plausibel. Für die unter Cluster B subsumierten Störungen imponierten hingegen v.a. die positiven Beziehungen zur Skala Risikobereitschaft des HPI. Die aufgrund dieses Zusammenhangs post hoc durchgeführte Überprüfung, inwiefern sich die untersuchten ‚Vergewaltigertypen' im Hinblick auf die Risikobereitschaftsdimension unterscheiden, zeigt erwartungsgemäß keine entsprechende Differenzierungsfähigkeit (vgl. Tab. 72a, 72b). Inwiefern aus diesem substanziellen Zusammenhang zwischen den Cluster-B-Störungen und der Eigenschaft Risikobereitschaft moderierende Effekte resultieren, kann lediglich zur Diskussion gestellt, nicht aber abschließend bewertet werden

Hervorzuheben ist, dass ein Vergleich der »anal rapists« und der »vaginal rapists« bezüglich der Neurotizismusskala statistisch relevante Unterschiede erbrachte: Die Täter, welche ihr Opfer (auch) anal vergewaltigten, beschreiben sich als signifikant neurotischer ($p \leq 0.05$; vgl. Tab. 72b). Die Möglichkeit einer Verbindung zwischen dem Bedürfnis nach Machtbefriedigung oder zusätzlicher Erniedrigung des Opfers und einer neurotischen Persönlichkeitsstruktur kann an dieser Stelle nur angedeutet werden. Eine konkrete Beurteilung der Motivlage (Macht, Zorn, Kontrolle, Degradierung, sexuelle Befriedigung etc.) war anhand der Aktenanalyse nicht möglich. Jedoch belegen eine Vielzahl inhaltstheoretischer Analysen (z.B. Knight & Prentky, 1990) wie auch empirische Studien (z.B. Groth et al., 1977; Hazelwood & Warren, 1990), dass eine Vergewaltigung als pseudosexueller Akt primär durch die dominierenden Motive Macht oder Wut initiiert werde; eine sexuelle Motivation sei hingegen – obgleich stets präsent – nicht vordergründige Intention der Tatdurchführung. Die zusätzliche Degradierung mittels einer analen Penetration ist damit als inhaltlich folgerichtig zu beurteilen. Diesbezüglich müssen ferner auch kulturelle Unterschiede berücksichtigt werden. Angesichts der Tatsache, dass zwei Probanden des Subkollektivs »anal rapists« eine türkische Staatsangehörigkeit besaßen, wurde als weiteres Motiv die Möglichkeit religiös verankerter Statuten in Erwägung gezogen. Jedoch lag bei einem dieser Täter gleichsam ein vaginales Eindringen in den Körper des Opfers vor. Infolgedessen kann nur für den einen verbleibenden Fall nicht ausgeschlossen werden, dass aus religiösen Gründen eine Vaginalpenetration ausgesetzt worden war.

Die Ergebnisse dieser Studie konnten die Befunde einer Untersuchung von Neuwirth & Eher (2003) replizieren. Die Autoren hatten an einer Stichprobe von 62 inhaftierten Vergewaltigern (u.a.) die Hypothese geprüft, ob bei »anal rapists« eine höhere Prävalenz an Cluster-B-Persönlichkeitsstörungen (erfasst durch SKID-II) vorliege als bei »vaginal rapists«. Wie auch für das vorliegende Untersuchungskollektiv konnten hypothesenbestätigende Differenzen zwischen den mittleren Rängen ermittelt werden, die sich aber als statistisch nicht relevant zeigten.

Da die von Neuwirth & Eher (2003) referierten Befunde keine Aussagen über die mögliche Differenzierungsfähigkeit bei Vorliegen einer Cluster-A- oder Cluster-C-Störungen zulassen, ist diesbezüglich ein Vergleich nicht möglich. Jedoch konnten die Autoren die Hypothese, dass die Taten der »anal rapists« durch ein höheres Ausmaß an Gewalt gekennzeichnet sein, verifizieren ($p = 0.024$). Infolgedessen ist insbesondere der signifikante Unterschied in Bezug auf die paranoide PD, der sich in der vorliegenden Studie gezeigt hat, inhaltlich plausibel. So benennen sowohl Nedopil (2000) als auch Saß (1987) Delikte, in denen der Täter seine Bedürfnisse durch aggressives Verhalten durchzusetzen versucht, als ‚typisch' für diese Persönlichkeitsstörung.

Hinsichtlich der beschriebenen diskriminativen Fähigkeit bei Vorliegen einer selbstunsicheren oder einer dependenten Persönlichkeitsstörung ist hingegen zu konstatieren, dass dieser Befund der Annahme einer moderierenden Verbindung durch ein höheres Ausmaß an Gewaltanwendung eher widerspricht. So hat beispielsweise die Untersuchung von Proulx et al. (1994) zu konträren Ergebnissen geführt: Anhand einer Stichprobe von 49 Vergewaltigern konnten insofern Beziehungen zwischen Persönlichkeitsstörungen (erfasst über das ‚Millon Clinical Multiaxial Inventory Questionnaire') und dem Grad der Gewaltanwendung im Tatverlauf festgestellt werden, als sowohl die vermeidend-unsichere PD als auch die dependente PD bei jenen Tätern dominierte, welche als »less physically violent« zu klassifizieren waren.

Angesichts dieser divergierenden Ergebnisse sowie der geringen Fallzahlen (insbesondere für die »anal rapists«) können die beschriebenen Unterschiede zwischen Tätern, deren Taten den Versuch oder die Vollendung einer analen Vergewaltigung beinhalten, und jenen, die ihr Opfer vaginal vergewaltigten oder dieses versuchten, unter Vorbehalt lediglich als Tendenzen interpretiert werden. Zu berücksichtigen sind weiter die erörterten testtheoretischen Limitationen. Infolgedessen sollten – dem hypothesengenerierenden Charakter dieser Befunde entsprechend – weitere Untersuchungen an einer größeren Stichprobe durchgeführt werden. Insbesondere wird empfohlen, alle Oberkategorien (Cluster A, B, C) zu überprüfen, wobei vermutlich ein anderes Instrumentarium als das

SKID-II-Verfahren besser geeignet wäre. Bei Anwendung des SKID-II sollte zur Validierung der durch den Fragebogen als erfüllt zu bewertenden Kriterien auch das Interview durchgeführt werden, um den benannten methodischen Einschränkungen des Screening-Fragebogens entgegenzuwirken.

## 6.3. Zusammenfassung und Ausblick

Im folgenden, abschließenden Kapitel werden die Ergebnisse zusammengefasst und hinsichtlich ihrer praktischen Anwendbarkeit kritisch bewertet. Ein Ausblick erfolgt insbesondere im Hinblick auf die Notwendigkeit weiterer empirischer Studien zum vorliegenden Thema.

### 6.3.1 Zusammenfassung

Ziel der vorliegenden Arbeit war die empirische Überprüfung tathergangsanalytischer Hypothesen über den Zusammenhang von Täterverhalten und Persönlichkeit. Untersucht wurden die Beziehungen zwischen tat- bzw. deliktspezifischen Variablen und der Persönlichkeit (Eigenschaften und Psychopathologie) von 54 Sexual- und Gewaltstraftätern. Die Probanden waren zum Zeitpunkt der Datenerhebung aufgrund schwerwiegender (sexueller) Gewaltdelikte entweder in der Justizvollzugsanstalt inhaftiert oder im Maßregelvollzug untergebracht. Methodischer Bestandteil der Untersuchung waren persönlichkeitsdiagnostische Verfahren (Fragenbogen, Interviews) sowie die jeweiligen Gefangenen- bzw. Krankenpersonalakten, auf deren Grundlage das Verhalten der Täter vor, während und nach der Durchführung der Bezugsstraftat rekonstruiert wurde.

Zur Hinleitung zum Thema erfolgte zunächst eine ausführliche Beschreibung der Tathergangsanalyse (THA) unter Berücksichtigung der historischen und theoretischen Entwicklung sowie der Methodik und Vorgehensweise. Insbesondere wurden die Verhaltensweisen, die unter den »Modus Operandi« zu subsumieren sind, terminologisch und inhaltlich von den so genannten »Personifizierungsformen« abgegrenzt. Die Erörterung

der theoretischen Grundannahmen erfolgte v.a. im Hinblick auf die persönlichkeitspsychologische Einordnung der THA. Um die Fokussierung auf die Person des Täters (vs. situativer Bedingungen) zu präzisieren, wurde der Zusammenhang von Straffälligkeit und Persönlichkeit für jene Täter hervorgehoben, bei denen das Vorliegen einer Persönlichkeits- oder einer anderen psychischen Störung den Einfluss situativer Faktoren auf das Verhalten zurückdrängt.
Die interdisziplinäre Einordnung der THA wurde in ihren Beziehungen zur Kriminologie, Kriminalpsychologie sowie der forensischen Psychologie / Psychiatrie dargestellt. Die Implikation der Tathergangsanalyse in die diagnostische und therapeutische intramurale Arbeit ist insofern als eine der Zielsetzungen dieser Arbeit formuliert worden, als diese sowohl für die Auswahl geeigneter Therapieoptionen als auch für die Prognose zukünftiger Legalbewährung ein nützliches zusätzliches Instrumentarium darstellen kann. Insbesondere soll durch die vorliegende empirische Untersuchung zur Verknüpfung von Täterverhalten und Persönlichkeit ein interdisziplinärer Austausch gefördert werden.

Im Zentrum der Analyse standen als dynamische Elemente des vermutlichen Tatablaufs die Verhaltensweisen und Handlungsfolgen bzw. diesen zugrunde liegende Entscheidungen der Täter. Berücksichtigung fanden empirische Studien über spezifische tathergangsanalytische Parameter, die für die Rekonstruktion eines Tatgeschehens von vorrangiger Bedeutung sind. Ferner wurden Untersuchungen vorgestellt und diskutiert, in denen verschiedene Persönlichkeitskonstrukte (z.B. ‚Psychopathy') in Bezug auf Korrelate zu straffälligem Verhalten thematisiert werden. Auf der Basis derjenigen Daten, die mittels einer Checkliste zur Erfassung von Täterverhalten (ChET) standardisiert erfasst wurden, erfolgte zunächst eine deskriptive Analyse der Stichprobe hinsichtlich soziodemographischer, kriminologischer, psychopathologischer, tat- bzw. deliktspezifischer und viktimologischer Kennwerte. Die zur Anwendung gekommenen persönlichkeitsdiagnostischen Verfahren wurden im Hinblick auf ihre testtheoretischen Gütekriterien für die vorliegende Stichprobe überprüft. Es konnte herausgearbeitet werden, dass sich diese Instrumente prinzipiell eignen, jedoch einige Einschränkungen im Hinblick auf die Interpretierbarkeit der Ergebnisse zu beachten sind. Die postulierten

Zusammenhänge bzw. Differenzen in Bezug auf bestimmte Persönlichkeitsmerkmale sind durch non-parametrische Testverfahren (bivariate Korrelationsanalysen; Mann-Whitney-U-Tests) berechnet worden (vgl. Abb. 12).

Für das **Planungsverhalten** der Täter vor, während und nach der Tatbegehung ließen sich für das Gesamtkollektiv keine hypothesenkonformen Beziehungen feststellen. Weder korrelierte das Planungsniveau positiv mit ‚Psychopathy', noch konnten negative Beziehungen zur Persönlichkeitsdimension Neurotizismus nachgewiesen werden. Vielmehr bestätigten auch post hoc durchgeführte explorative Analysen die Befunde der Pilotstudie, denen zufolge sich keine statistisch signifikanten Zusammenhänge zwischen dem Planungsverhalten und der Persönlichkeit haben aufzeigen lassen. Ein Vergleich der Extremgruppen hingegen – d.h. unter ausschließlicher Berücksichtigung der (sehr) gering und (sehr) hoch geplanten Taten – konnte statistisch signifikante Beziehungen zur **‚Psychopathy'** nachweisen. Diese waren insbesondere für die ‚interpersonale' Subkomponente der dreifaktoriellen Faktorenlösung (Cooke & Michie, 2001) bzw. den affektiv-interpersonalen Merkmalsbereich des zweifaktoriellen Beschreibungsmodells (Hare, 1991; Freese, 1999) der ‚Psychopathy' nachweisbar. Als ursächlich für die nicht feststellbaren Beziehungen unter Einbeziehung aller Planungsausprägungen wurden für das ‚Psychopathy'-Konstrukt die auffallend geringe Anzahl von »high-scorern« und die entsprechende Linksschiefe der Verteilung bzw. deren Konsequenz, eine eingeschränkte Varianz, diskutiert. Auch etwaige Therapieeffekte sowie Probleme der mangelnden Konstruktvalidität der ‚Psychopathy' wurden erörtert. Die Möglichkeit, dass das Planungsniveau durch die vorliegende Operationalisierung nicht optimal erfasst worden ist, konnte ebenfalls im Hinblick auf die nicht verifizierbare Annahme eines negativen Zusammenhangs zur **Neurotizismus**ausprägung nicht ausgeschlossen werden. Auch für diese Persönlichkeitsdimension wurde darüber hinaus die fehlende Unabhängigkeit zu weiteren Eigenschaften als Indiz mangelnder Konstruktvalidität diskutiert.

Durch die Überprüfung des Täterverhaltens bei der **Kontaktaufnahme** zum Opfer (»Con Approach« vs. »Blitz/Surprise Attack«) konnten

Unterschiede für die Persönlichkeitskonstrukte Extraversion und Risikobereitschaft empirisch bestätigt werden. Die untersuchten Straftäter, welche sich ihrem Opfer über einen manipulativ-betrügerischen Initialkontakt angenähert hatten, beschreiben sich als extravertierter und risikobereiter. Für das **Extraversion**skonstrukt war die Differenzierungsfähigkeit statistisch nicht signifikant, wobei als mögliche Ursachen testtheoretische Mängel (z.B. bezüglich der Reliabilität) und psychopathologische Merkmale erwogen wurden. Nicht auszuschließen waren ferner Inhaftierungs- und Entwicklungseffekte, da zwischen Tatdurchführung und Testung eine z.T. erhebliche Zeitspanne vergangen war. Aufgrund der signifikanten Ergebnisse in Bezug auf das **Risikobereitschaft**skonstrukt sowie der entsprechenden Befunde der Pilotstudie konnte jedoch belegt werden, dass eine Rekonstruktion der Annäherungs- bzw. Kontrollstrategien im Rahmen einer Tathergangsanalyse durchaus Aussagen hinsichtlich unterschiedlicher Persönlichkeitsakzentuierungen zulässt.

Die prädeliktische **Täter-Opfer-Beziehung** (fremd vs. bekannt) konnte erwartungsgemäß zwischen Tätern mit einem geringen und jenen mit einem hohen ‚**Psychopathy**'-Gesamtscore differenzieren. Eine faktorenspezifische Analyse identifizierte die Unterschiede für diejenigen Eigenschaften, die primär mit sozialer Devianz assoziiert sind (behaviorale Subkomponente), als statistisch relevant. Weiter bestätigten Rangunterschiede bzgl. der interpersonalen Komponente, dass die Probanden, die eine ihnen prädeliktisch fremde Person angegriffen hatten, eine höhere ‚Psychopathy'-Ausprägung aufweisen als die Täter mit ihnen bekannten Opfern. Post hoc durchgeführte Analysen konnten weiter eine statistisch signifikante Differenzierungsfähigkeit der Täter-Opfer-Beziehung hinsichtlich der Persönlichkeitsdimensionen **Gewissenhaftigkeit** und **Verträglichkeit** belegen, die mit der negativen Beziehung dieser Konstrukte zur ‚Psychopathy' korrespondiert.
Für das tathergangsanalytische Merkmal ‚**Täterrisiko**' konnte hypothesenkonform festgestellt werden, dass sich die Täter, die im Verlauf ihrer Tatdurchführung ein hohes Risiko einzugehen bereit waren, als statistisch signifikant **offener** und weniger **verträglich** beschreiben. Gleichwohl wurde zur Diskussion gestellt, ob für weitere

Forschungsprojekte möglicherweise eine modifizierte Operationalisierung des Täterrisikos sinnvoll sein könnte. Zur ‚Psychopathy' fand sich lediglich ein sehr schwacher, statistisch nicht signifikanter, positiver Zusammenhang.

Ferner ließ sich empirisch bestätigen, dass sich Täter, deren Tatorte Indizien für den Versuch einer **Spurenbeseitigung** aufwiesen, als signifikant gewissenhafter beschreiben als diejenigen Probanden, deren Tatrekonstruktion dieses Merkmal nicht zeigte. Auch korrespondierte **Gewissenhaftigkeit** signifikant mit dem Vorliegen einer so genannten **Tatortinszenierung**. Aufgrund der unterschiedlich großen Substichproben war jedoch v.a. der Befund zur Inszenierung unter Vorbehalt zu interpretieren. Gleichsam wurde erörtert, dass die beiden untersuchten tathergangsanalytischen Parameter nicht voneinander unabhängig waren, da sich durch eine explorative Datenanalyse entsprechende Abhängigkeitsstrukturen haben aufzeigen lassen.

Für eine Teilstichprobe (Vergewaltigungstäter) wurde die Annahme überprüft, dass sich die »**anal rapists**« und die »**vaginal rapists**« des untersuchten Subkollektivs insofern unterscheiden, als Täter, deren Taten den Versuch oder die Vollendung einer analen Vergewaltigung beinhalteten, eine höhere **Persönlichkeitspathologie** aufweisen als jene, die ihr Opfer vaginal penetrierten oder dieses versuchten. Zur Erfassung der Persönlichkeitspathologie wurde als Screening-Verfahren der SKID-II-Fragebogen (Fydrich et al, 1997) angewendet, so dass aufgrund der dimensionalen Auswertungsform nicht von diagnostizierten Persönlichkeitsstörungen ausgegangen werden konnte, sondern vielmehr von diesbezüglichen Tendenzen, die mittels des zugehörigen Interviews zu validieren gewesen wären. Während auch die Rangunterschiede im Hinblick auf die unter den Merkmalsbereich Cluster B subsumierten Störungen erwartungskonform waren, konnten statistisch signifikante Differenzen lediglich für das Vorliegen einer Cluster-A- sowie einer Cluster-C-Störung festgestellt werden. Insbesondere imponierte die Differenzierungsfähigkeit der paranoiden, der selbstunsicheren und der dependenten Persönlichkeitsstörung. Darüber hinaus dokumentierten post hoc Berechnungen, dass sich die »anal rapists« als signifikant **neurotischer** beschreiben als die Subgruppe der »vaginal rapists«. Für die Persönlichkeitsdimensionen **Verträglichkeit** und Risikobereitschaft hingegen fanden sich keine inferenzstatistisch relevanten Unterschiede.

| **Täterverhalten** | ⟺ | **Täterpersönlichkeit** |
|---|---|---|
| (hohe) Planung der Tat [Gesamtkollektiv] | | ‚Psychopathy'(+) |
| | n.s. | Gesamtscore (Hare, 1991) |
| | n.s. | Faktor I |
| | n.s. | Faktor II |
| | n.s. | interpersonale Komponente [1] |
| | n.s. | behaviorale Komponente [2] |
| | n.s. | affektive Komponente [3] |
| | n.s. | Neurotizismus (–) |
| (hohe) Planung der Tat [Extremgruppen] | | ‚Psychopathy'(+) |
| | n.s. | Gesamtscore (Hare, 1991) |
| | **$p \leq 0.05$** | Faktor I |
| | n.s. | Faktor II |
| | **$p \leq 0.05$** | interpersonale Komponente [1] |
| | n.s. | behaviorale Komponente [2] |
| | n.s. | affektive Komponente [3] |
| | n.s. | Neurotizismus (–) |
| Kontaktaufnahme zum Opfer [»Con Approach«] | n.s | Extraversion (+) |
| | **$p \leq 0.05$** | Risikobereitschaft (+) |
| Täter-Opfer-Beziehung [»fremd«] | | ‚Psychopathy'(+) |
| | n.s. | Gesamtscore (Hare, 1991) |
| | n.s. | Faktor I |
| | **$p \leq 0.05$** | Faktor II |
| | n.s. | interpersonale Komponente [1] |
| | n.s. | behaviorale Komponente [2] |
| | n.s. | affektive Komponente [3] |
| | **$p \leq 0.05$** | Gewissenhaftigkeit (–) |
| | **$p \leq 0.05$** | Verträglichkeit (–) |
| (hohes) Täterrisiko | **$p \leq 0.05$** | Offenheit (+) |
| | **$p \leq 0.05$** | Verträglichkeit (–) |
| | | ‚Psychopathy'(+) |
| | n.s. | Gesamtscore (Hare, 1991) |
| | n.s. | Faktor I |
| | n.s. | Faktor II |
| | n.s. | interpersonale Komponente [1] |
| | n.s. | behaviorale Komponente [2] |
| | n.s. | affektive Komponente [3] |
| Spurenbeseitigung | **$p \leq 0.05$** | Gewissenhaftigkeit (+) |
| Tatortinszenierung | **$p \leq 0.05$** | Gewissenhaftigkeit (+) |
| ‚Vergewaltigungstypen' [»anal rapists«] | | Persönlichkeitsstörungen (+) |
| | **$p \leq 0.05$** | Cluster A |
| | n.s. | Cluster B |
| | **$p \leq 0.01$** | Cluster C |
| | **$p \leq 0.05$** | Neurotizismus (+) |
| | n.s. | Verträglichkeit (–/+) |
| | n.s. | Risikobereitschaft (–/+) |

Abb. 12: Zusammenfassende Darstellung der Ergebnisse; n.s.: nicht signifikant; Angabe in Klammern (–/+) Ausprägung des Persönlichkeitskonstruktes

### 6.3.2 Kritische Bewertung und Ausblick

In der hier vorgelegten Untersuchung wurde versucht, die Konstrukte und Grundhypothesen der Tathergangsanalyse auf empirischer Basis zu untersuchen. Insbesondere sollten vorhandene Studien dahingehend ergänzt werden, dass klar definierte, **psychologische Konstrukte** in ihrer Verbindung zu konkreten Verhaltensweisen des Täters bzw. spezifischer Merkmale des Tatverlaufs **hypothesengeleitet** untersucht werden. Die Zielsetzung bestand darin, eine systematische, wissenschaftlich fundierte Grundlage für eine fachübergreifende interdisziplinäre Forschung zu erstellen. Die Ergebnisse sprechen zum einen für die Möglichkeit, mit Hilfe einer standardisierten Verhaltensbeurteilung (Checkliste zur Erfassung von Täterverhalten) relevante Parameter des rekonstruierten Tatverlaufs bzw. die Verhaltensweisen des Täters zu dokumentieren. Darüber hinaus hat die Untersuchung belegen können, dass eine empirische Überprüfung der tathergangsanalytischen Grundannahmen im Hinblick auf Beziehungen zwischen Täterverhalten und Täterpersönlichkeit möglich ist. Damit bestätigen die empirischen, statistisch relevanten Beziehungen bzw. Divergenzen zumindest eine **differentielle Validität** der Tathergangsanalyse.

Infolgedessen können die Befunde als Beleg dafür interpretiert werden, dass das Hinzuziehen entsprechender Erkenntnisse für die forensische Psychologie und Psychiatrie von erheblichem Nutzen sein kann. Ein **interdisziplinärer Austausch** erscheint für Fragen der Therapieplanung (u.a. Tatverarbeitung) und Legalprognose unabdingbar. Vor allem bei Tätern schwerer (sexuell motivierter) Gewaltdelikte können Erkenntnisse über den Tatverlauf wertvolle Rückschlüsse auf die Persönlichkeitsakzentuierungen liefern. Bei Berücksichtigung der **Prinzipien für Straftäterbehandlung** (s.u.) wird offensichtlich, dass an die von den Gerichten geforderten (Prognose-) Gutachten hohe Anforderungen gestellt werden. Behandlung ist nicht Selbstzweck, sondern hat vielmehr der Verbesserung der Verhaltens- bzw. Kriminalprognose zu dienen, um durch eine Optimierung strafrechtlicher und / oder therapeutischer Maßnahmen zukünftige Straftaten zu verhindern. Die vorliegende Untersuchung zeigt, dass die Integration tathergangsanalytischer Erkenntnisse sowohl **spezialpräventiv** als auch zum Schutze der Allgemeinheit vor weiteren Straftaten (**Generalprävention**) einen wichtigen Beitrag liefern kann.

Die Untersuchungsergebnisse belegen, dass eine präzise Analyse des Tathergangs wichtige (zusätzliche) Informationen über die relativ überdauernden Eigenschaften, Handlungsmuster und Verhaltensbereitschaften von Gewalt- und Sexualstraftätern liefern kann. Diese Erkenntnisse können in einer deliktzentrierten Kriminaltherapie gewinnbringend eingesetzt werden, da die entscheidende Voraussetzung für die Auswahl einer geeigneten Therapieoption zum einen immer auch eine adäquate diagnostische Einschätzung der Täterpersönlichkeit ist. Auf diese Weise können einzelne Behandlungsmodule den Möglichkeiten und Eigenschaften des einzelnen Straftäters angepasst werden (**Ansprechbarkeitsprinzip**). Jedoch beruht Therapie nicht einzig darauf, die primär an die Persönlichkeit gebundenen problematischen Erlebens- und Verhaltensweisen aufzuklären und zu verändern. Vielmehr bedarf eine angemessene Tatverarbeitung der genauen Kenntnis des Tathergangs, damit gezielt solche Verhaltensweisen und situativen Faktoren, die für den jeweiligen Täter als kriminogen identifiziert sind, angesprochen werden (**Bedürfnisprinzip**). So hat sich in der vorliegenden Studie (wie bereits in der Pilotstudie) die hohe Differenzierungsfähigkeit verschiedener Tatmerkmale (z.B. Kontaktaufnahme zum Opfer; Bekanntschaftsgrad zwischen Täter und Opfer) inferenzstatistisch bestätigen lassen. Sowohl die Rekonstruktion der Annäherungs- bzw. Kontrollstrategien als auch die prädeliktische Täter-Opfer-Beziehung oder das vom Täter eingegangene Risiko erlauben im Rahmen einer Tathergangsanalyse durchaus Aussagen bzgl. unterschiedlicher Persönlichkeitsakzentuierungen.

Letztlich orientieren sich Modus und Intensität der Behandlung stets am zu erwartenden Rückfallrisiko (**Risikoprinzip**). Die bedingte Entlassung oder Strafaussetzung zur Bewährung muss immer unter dem Vorbehalt der Verantwortbarkeit erfolgen. Maßgebliches Kriterium sind hierbei Aussagen über zukünftiges Legalverhalten und die Einschätzung der Bedrohung. Für die Beurteilung der weiteren Legalbewährung spielt die Persönlichkeit eine wichtige Rolle. Gleichwohl die Ergebnisse keine eindeutige Wenn-Dann-Beziehung implizieren, zeigen sie doch Möglichkeiten und Heuristiken auf.

Am Einzelfall überprüft, können diese Befunde für eine differenziertere Einschätzung hinsichtlich der Kriminalprognose herangezogen werden.

Durch diesen ersten Ansatz einer wissenschaftlichen Fundierung zur Verknüpfung von Täterverhalten und Persönlichkeit auf der Basis empirisch gewonnener Daten wird nicht nur das durch die Massenmedien häufig verklärte Bild der Tathergangsanalyse **entmystifiziert**. Vor allem aber können durch die Rekonstruktion eines Tatgeschehens (z.B. Planungsverhalten, Täterrisiko, Kontaktaufnahme) einschließlich der Handlungsoptionen und -folgen umfangreiche Informations- und Datenlücken geschlossen werden. Die Befunde dieser Studie haben verdeutlichen können, dass in objektiven Tatbestandsmerkmalen Bedürfnisse und Phantasien des Täters zum Ausdruck kommen, deren Berücksichtigung für Therapieplanung und Rückfallprognose unverzichtbar sind. **Prognosen** über das zukünftige Verhalten von Straftätern wirken sich nicht nur auf die Ausgestaltung des Vollzuges aus (z.B. gemäß §§ 10, 11, 13 StVollzG) und bestimmen oftmals den Zeitpunkt und Modalitäten der Beendigung (vgl. §§ 57, 57a; § 67d Abs. 2 StGB). Sie beeinflussen nicht zuletzt auch die Auswahl und Bemessung einer auszusprechenden Strafe oder anderer strafrechtlich reglementierter Reaktionen (zur Frage der Strafzumessung vgl. § 46 Abs. 1 StGB; analog §§ 15 Abs. 2, 18 Abs. 2 JGG; zur Frage der Möglichkeit einer Strafaussetzung zur Bewährung vgl. § 56 StGB bzw. § 21 JGG). Bereits in Begutachtungssituationen zur Frage der Verantwortlichkeit (§§ 3 JGG) bzw. zur **Schuldfähigkeit** (§§ 20, 21 StGB) spielen Faktoren wie vorbereitende Handlungen, Zielgerichtetheit im Tatablauf oder die Konstellation der Tatsituation durch den Täter eine wichtige Rolle. Zur Einschätzung der psychischen Verfassung zum zurückliegenden Tatzeitpunkt – auch die Schuldfähigkeitsbegutachtung ist stets retrospektiv – ist die Kooperation von Kriminalpsychologen und forensischen Psychologen / Psychiatern dringend zu empfehlen. Durch ein interdisziplinäres Vorgehen könnten bereits im Vollstreckungsverfahren frühzeitig die Weichen für eine adäquate delikt- bzw. personenbezogene Behandlung gestellt werden. Hierbei ist die Einbeziehung tathergangsanalytischer Erkenntnisse unter Berücksichtigung der vorliegenden – und nachfolgender – Befunde über die Beziehungen zu den

Eigenschaften und psychopathologischen Ausprägungen der Persönlichkeit dringend zu empfehlen.

Tatphänomenologische Besonderheiten (z.B. quälende Probierschnitte, angedrohte oder versuchte Amputationen) müssen **frühzeitig** als Alarmsignale erkannt werden, um einer differenzierten Diagnostik eine ebenso spezifische therapeutische Intervention nachfolgen zu lassen. Es ist daher dafür zu plädieren, insbesondere auch Jugendrichter und forensisch tätige Jugendpsychiater für die Möglichkeit und Notwendigkeit zu sensibilisieren, tathergangsanalytische Erkenntnisse zu berücksichtigen. Dies gilt v.a. für jene Straftaten, denen aus kriminalpsychologischer Sicht ein sexueller Kontext beizumessen ist bzw. bei denen ein solcher nicht ausgeschlossen werden kann. Wünschenswert sind daher weitere Untersuchungen zu dieser Thematik, die sich nach Möglichkeit größerer Stichproben bedienen. Insbesondere wird empfohlen, vermehrt auch jugendliche und heranwachsende Täter zu rekrutieren, um zu überprüfen, ob im Vergleich zu erwachsenen Straftäterpopulationen signifikante Unterschiede vorliegen.

Das vorliegende Forschungsprojekt kann nur einen Anfang markieren. Dringend erforderlich sind weitere Untersuchungen, durch die sich die diskriminative Bedeutung der Parameter überprüfen und möglicherweise replizieren lässt. Größere Stichproben könnten nicht nur eine differenziertere Analyse der Indexdelikte (v.a. im Hinblick auf ‚Sexualmorde'; Präzisierung der Motivlage) zulassen. Ferner ist anzunehmen, dass durch eine **größere Varianz** (z.B. hinsichtlich der Ausprägungen bei der Tatplanung, dem Opfer- und Täterrisiko) eine Validitätserhöhung der Aussagen zu den statistischen Beziehungen und der Differenzierungsfähigkeit erreicht werden kann. Für folgende Projekte ist anzuregen, die persönlichkeitsdiagnostische Testung möglichst **zeitnah nach der Tat** bzw. der Aburteilung dieses Deliktes durchzuführen. Hierbei ist es wünschenswert, zwischen **Erst- und Rückfallkriminalität** zu differenzieren. Anzunehmen ist, dass Persönlichkeitseigenschaften bei erstmaliger Straffälligkeit eine größere Bedeutung zu kommt, während Rückfalltaten nicht als unbeeinflusst von Labelingprozessen und sozialen Mechanismen beurteilt werden können. Es sollte überprüft werden, inwiefern die ‚kriminelle Karriere' die Beziehungen zwischen Täterverhalten und Täterpersönlichkeit beeinflusst. Darüber hinaus könnten durch eine präzise Erfassung der **intellektuellen Fähigkeiten** anhand eines einheitlichen Verfahrens ebenfalls interessante Zusammenhänge zu einzelnen Tathergangsparametern (z.B. zum Planungsverhalten) nachzuweisen sein. Ganz besonders ist zu empfehlen, nicht nur einzelne Persönlichkeitskonstrukte in die Analyse einzubeziehen, sondern vielmehr die **spezifischen Facetten** (v.a. Impulsivität) zu erheben. Angesichts der beschriebenen möglichen Relevanz für die Schuldfähigkeitsbegutachtung sollten insbesondere Beziehungen zwischen Tathergangscharakteristika und dem Vorliegen einer **Persönlichkeitsstörung** weiter überprüft werden.

# 7. Literaturverzeichnis:

## A

**Albrecht**, H.-J. (1993). Kriminologie. In: G. Kaiser; H.-J. Kerner; F. Sack & H. Schellhoss (Hrsg.). *Kleines Kriminologisches Wörterbuch* (3. Aufl.; S. 308-312). Heidelberg: C.F. Müller Juristischer Verlag

**Alison**, L. & **Salfati**, G. (1998). The Investigative Psychology Approach. In: Bundeskriminalamt, Case Analysis Unit (ed.). *Methods of Case Analysis. An International Symposium.* (pp. 101-112). Wiesbaden: Bundeskriminalamt, BKA-Forschungsreihe, Vol. 38.2

**Amelang**, M. & **Bartussek**, D. (2001). *Differentielle Psychologie und Persönlichkeitsforschung* (5. Aufl.). Stuttgart: Verlag W. Kohlhammer

**Amelang**, M. & **Zielinski**, W. (2002). *Psychologische Diagnostik und Intervention* (3. Aufl.). Berlin: Springer Verlag

**American Psychiatric Association – APA** (1994). *Diagnostic and Statistical Manual of Mental Disorders* (4th ed.). Washington, DC: American Psychiatric Association

**Andersen**, H. S.; **Sestoft**, D.; **Lillebaek**, T.; **Mortensen**, E.L. & **Kramp**, P. (1999). Psychopathy and psychopathological profiles in prisoners on remand. In: *Acta Psychiatrica Scandinavia*, 99, 33-39

**Andersen**, H. S.; **Sestoft**, D.; **Lillebaek**, T.; **Gabrielsen**, G.; **Hemmingsen**, R. & **Kramp**, P. (2000). A longitudinal study of prisoners on remand: psychiatric prevalence, incidence, and psychopathology in solitary vs. non-solitary confinement. In: *Acta Psychiatrica Scandinavia*, 102, 19-25

**Andresen**, B. (2002). *Hamburger Persönlichkeitsinventar (HPI), Manual.* Göttingen: Hogrefe Verlag

**Andresen**, B. (2003). Integration von Sensation Seeking in umfassende und geschlossene Modelle der Persönlichkeit. In: M. Roth & Ph. Hammelstein (Hrsg.). *Sensation Seeking – Konzeption, Diagnostik und Anwendung* (S. 52-76). Göttingen: Hogrefe Verlag für Psychologie

**Arboleda-Florez**, J. (1998). Mental illness and violence: An epidemiological appraisal of the evidence. In: *Canadian Journal of Psychiatry*, 67, 502-508

**Arntzen**, F. (1993). *Psychologie der Zeugenaussage. System der Glaubwürdigkeitsmerkmale.* München: C. H. Beck

**Arrigo**, B. A. & **Shipley**, S. (2001). The Confusion over Psychopathy (I): Historical Considerations. In: *International Journal of Offender Therapy and Comparative Criminology*, 45 (3), 325-344

**Asendorpf**, J. B. (2004). *Psychologie der Persönlichkeit* (3. Aufl.). Berlin: Springer Verlag

## B

**Backhaus**, K. (2003). *Multivariate Analysemethoden: Eine anwendungsorientierte Einführung* (10. Aufl.). Berlin: Springer Verlag

**Bartussek**, D. (1996). Faktorenanalytische Gesamtsysteme der Persönlichkeit. In: M. Amelang (Hrsg.). *Temperaments- und Persönlichkeitsunterschiede*, in: *Enzyklopädie der Psychologie*, Themenbereich C, Serie VIII, Bd.3 (Kap. 2; S. 51-105). Göttingen: Hogrefe Verlag für Psychologie

**Baurmann**, M. C. (1996). *Sexualität, Gewalt und psychische Folgen. Eine Längsschnittuntersuchung bei Opfern sexueller Gewalt und sexueller*

*Normverletzungen anhand von angezeigten Sexualkontakten* (2. Aufl.). Wiesbaden: Bundeskriminalamt; BKA-Forschungsreihe, Bd. 15

**Baurmann**, M. C. (1998). A crime occurs – and we don't know much to begin with. In: Bundeskriminalamt, Case Analysis Unit (ed.). *Methods of Case Analysis. An International Symposium.* (pp. 17-54). Wiesbaden: Bundeskriminalamt, BKA-Forschungsreihe, Vol. 38.2

**Baurmann**, M. C. (1999). ViCLAS – Ein neues kriminalpolizeiliches Recherchewerkzeug. In: *Kriminalistik*, 53 (12), 824-826

**Baurmann**, M. C. (2002). Fallanalyse, Operative Fallanalyse (OFA). In: D. Bange & W. Körner (Hrsg.). *Sexueller Missbrauch – Handwörterbuch* (S. 78-90). Göttingen: Hogrefe Verlag für Psychologie

**Beier**, K.M. (1995). *Dissexualität im Lebenslängsschnitt. Theoretische und empirische Untersuchungen zu Phänomenologie und Prognose begutachteter Sexualstraftäter.* Berlin: Springer Verlag

**Beier**, K. M. (2002). Sexuelle Übergriffe: Die Täter. In: H. Ostendorf; G. Köhnken & G. Schütze (Hrsg.). *Aggression und Gewalt* (S. 121-158). Frankfurt a.M.: Peter Lang GmbH Europäischer Verlag der Wissenschaften

**Beier**, K. M. (2003). Prognose von Sexualstraftätern: Empirische Daten und Schlussfolgerungen für die Therapie. In: M. Osterheider (Hrsg.). *Forensik 2002. Wie sicher kann Prognose sein ?*. 17. Eickelborner Fachtagung (S. 31-51). Dortmund: PsychoGenVerlag

**Beier**, K. M.; **Bosinski**, H. A. G.; **Hartmann**, V. & **Loewit**, K. (2001). *Sexualmedizin. Grundlagen und Praxis.* München: Urban & Fischer

**Belitz**, L. (2002). Wege der Aufklärung. Theorien und Methoden der Ermittlungspsychologie. In: C. Musolff & J. Hoffmann (Hrsg.). *Täterprofile bei Gewaltverbrechen. Mythos, Theorie und Praxis des Profilings* (S. 127-149). Berlin: Springer Verlag

**Bezirkskrankenhaus Straubing** (o.J.). Homepage, Kriminal-Forensisches Institut; *http://www.bkh-straubing.de* (09.12.04)

**Bismarck**, S. von (2000). *Phänomene und Prognose aggressiver Sexualstraftäter. Eine Auswertung forensisch-sexualmedizinischer Gutachten.* Dissertation Christian-Albrechts-Universität zu Kiel

**Bland**, R. C.; **Newman**, S. C.; **Thompson**, A. H. & **Dyck**, R. J. (1998). Psychiatric disorders in the population and in prisoners. In: *International Journal of Law and Psychiatry*, 21, 273-279

**Borkenau**, P. & **Ostendorf**, F. (1993). *NEO-Fünf-Faktoren Inventar (NEO-FFI) nach Costa und McCrae. Handanweisung.* Göttingen: Hogrefe Verlag für Psychologie

**Bortz**, J. (1999). *Statistik für Sozialwissenschaftler* (5. Aufl.). Berlin: Springer Verlag

**Bortz**, J. & **Lienert**, G. A. (1998). Kurzgefasste Statistik für die klinische Forschung. Berlin: Springer

**Bourgoin**, St. (1995). *Serienmörder. Pathologie und Soziologie einer Tötungsart* (dt. von Holger Fock). Reinbek: Rowohlt Verlag

**Britton**, P. (2000). Das Profil der Mörder. Die spektakuläre Erfolgsmethode des britischen Kriminalpsychologen (2. Aufl.). München: Econ Taschenbuch Verlag

**Bruns**, M. (2002). Die Bedeutung der operativen Fallanalyse im Strafprozess. In: C. Musolff & J. Hoffmann (Hrsg.). *Täterprofile bei Gewaltverbrechen. Mythos, Theorie und Praxis des Profilings* (S. 281-302). Berlin: Springer Verlag

**Brussel**, J. A. (1971). *Das ungezähmte Böse: Die berühmten Fälle des Sherlock Holmes unter den Psychiatern.* Bern: Scherz

**Bullens**, R. A. R. & **Wijk**, A. Ph. van (2002). Hintergrund und Charakteristika von jugendlichen Sexualstraftätern. In: M. Schmelzle & U. Knölker (Hrsg.). *Therapie unter Zwang. Gruppenbehandlung jugendlicher sexueller Misshandler. Beziehungsarbeit in einem juristischen Rahmen* (S. 57-70). Lengerich: Pabst Science Publishers

**Bundeskriminalamt** (o.J.). Operative Fallanalyse (OFA). Fallanalytische Verfahren und die ViCLAS-Datenbank bei der deutschen Polizei; *http://www.bka.de/kriminalwissenschaften/ofainter/html* (20.11.2004)

**Bundeskriminalamt** (2003). Polizeiliche Kriminalstatistik; *http://www.bka.de/pks/pks2003/index.html* (18.01.2005)

**Busch**, T. P.; **Scholz**, O. B. (2001). Die Generierung empirischer Täterprofile. Eine post-hoc Klassifikation am Beispiel der Tötung des Intimpartners. In: *Kriminalistik*, 8-9, 549-556

## C

**Canter**, D. V. (1994). *Criminal Shadows*. London: HarperCollins

**Canter**, D. V. (1995). Psychology of Offender Profiling. In: R. Bull & D. Carson (Eds.). *Handbook of Psychology in Legal Contexts* (pp. 343-355). John Wiley & Sons

**Canter**, D. V. & **Alison**, L. (2000). Profiling Property Crimes. In: D.V. Canter & L. Alison (eds.). *Profiling Property Crimes*, Offender Profiling Series: Vol. IV (pp. 1-30). Aldershot: Ashgate

**Canter**, D. V. & **Heritage**, R. (1990). A multivariate model of sexual offence behavior: Developments in ‚offender profiling'. In: *Journal of Forensic Psychiatry*, 1, 185-212

**Cooke**, D. J.; **Kosson**, D. S. & **Michie**, C. (2001). Psychopathy and ethnicity: Structural item, and test generalizability of the Psychopathy Checklist-Revised (PCL-R) in Caucasian and African American participants. In: *Psychological Assessment*, 13 (4), 531-542

**Cooke**, D. J. & **Michie**, C. (2001). Refining the construct of psychopathy: Towards a hierarchical model. In: *Psychological Assessment*, 13 (2), 171-188

**Cooke**, D. J.; **Michie**, C.; **Hart**, S. D. & **Hare**, R. D. (1999). Evaluating the Screening Version of the Hare Psychopathy Checklist-Revised (PCL:SV). In: *Psychological Assessment*, 11 (1), 3-13

**Costa**, P. T. & **McCrae**, R. R. (1992). *Revised NEO Personality Inventory (NEO PI-R) and NEO Five Factor Inventory. Professional Manual*. Odessa, Fl.: Psychological Assessement Ressources.

**Crick**, N. R. & **Dodge**, K. A. (1994). A review and reformulation of social information-processing mechanisms in children's social adjustment. In: *Psychological Bulletin*, 115, 74-101

## D

**Dahle**, K.-P. (1997a). Kriminalprognosen im Strafrecht. Psychologische Aspekte individueller Verhaltensvorhersagen. In: M. Steller & R. Volbert (Hrsg.). *Psychologie im Strafverfahren. Ein Handbuch*. (S. 119-140). Bern: Verlag Hans Huber

**Dahle**, K.-P. (1997b). Therapie und Therapieindikation bei Straftätern. In: M. Steller & R. Volbert (Hrsg.). *Psychologie im Strafverfahren. Ein Handbuch.* (S. 142-159). Bern: Verlag Hans Huber

**Dahle**, K.-P. (2000). Psychologische Begutachtung zur Kriminalprognose. In: H.-L. Kröber & M. Steller (Hrsg.). *Psychologische Begutachtung im Strafverfahren. Indikationen, Methoden und Qualitätsstandards* (S. 77-111). Darmstadt: Steinkopff

**Dern**, H. (2000). Operative Fallanalysen bei Tötungsdelikten. Oder: Eine notwendige Abgrenzung zum »Täter-Profiling«. In: *Kriminalistik*, 54 (8), 533-541

**Dern**, H.; **Frönd**, R.; **Straub**, U.; **Vick**, J. & **Witt**, R. (2004). *Geographisches Verhalten fremder Täter bei sexuellen Gewaltdelikten. Ein Projekt zur Optimierung der Einschätzung des geographischen Tatverhaltens im Rahmen der Erstellung eines Täterprofils bei operativen Fallanalysen.* Wiesbaden: Bundeskriminalamt; *http://www.bka.de/lagenberichte/weitere/geografisches_verhalten.pdf* (19.08.04)

**Dern**, H.; **Schu**, M.; **Erpenbach**, H.; **Hasse**, G.; **Horn**, A.; **Kroll**, J.; **Tröster**, A.; **Baurmann** M.C. & **Vick**, J. (2003). *Qualitätsstandards der Fallanalyse. Festlegung von Qualitätsstandards für die Anwendung fallanalytischer Verfahren durch die Polizeien des Bundes und der Länder. Wiesbaden*: Bundeskriminalamt; *http://www.bka.de/lageberichte/weitere/ofa_qualitätsstandards.pdf* (19.08.04)

**Dern**, H.; **Schu**, M.; **Erpenbach**, H.; **Hasse**, G.; **Horn**, A.; **Kroll**, J.; **Tröster**, A.; **Baurmann** M.C. & **Vick**, J. (2004). *Fallanalyse bei der deutschen Polizei. Die Qualitätsstandards der Fallanalyse, das Anforderungsprofil und der Ausbildungsgang für Polizeiliche Fallanalytiker* (2. Aufl.). Wiesbaden: Bundeskriminalamt

**Dewald**, M. (2002). Die Datenbank ViCLAS. Stand und Perspektiven. In: *Kriminalistik*, 56 (4), 248-255

**Dilling**, H.; **Mombour**, W. & **Schmidt**, M. H. (2000). *Internationale Klassifikation psychischer Störungen. ICD-10, Kapitel V (F). Klinisch-diagnostische Leitlinien.* (4. überarbeitete und erweiterte Aufl.). Bern: Hans Huber

**Dolan**, B. & **Goid**, J. (1993). *Psychopathic and Antisocial Personality Disorders. Treatment and Research Issues.* London: American Psychiatric Press

**Douglas**, J. E.; **Ressler**, R. K.; **Burgess**, A. W. & **Hartmann**, C. R. (1986). Criminal Profiling from Crime Scene Analysis. In: *Behavioral Sciences & the Law*, 4 (4), 401-421

**Douglas**, J. E.; **Burgess**, A. W.; **Burgess**, G. & **Ressler**, R. K. (1992). *Crime classification manual: A standard system for investigating and classifying violent crimes.* San Francisco: John Wiley & Sons

**Douglas**, J. E. & **Munn**, C. M. (1992a). The detection of Staging and Personation at the Crime Scene. In: J. E. Douglas ; A. W. Burgess; G. Burgess & R. K. Ressler (eds.). *Crime classification manual: A standard system for investigating and classifying violent crimes* (pp. 249-258). San Francisco: John Wiley & Sons

**Douglas**, J. E. & **Munn**, C. M. (1992b). Modus Operandi and the Signature Aspects of Violent Crime. In: J. E. Douglas ; A. W. Burgess; G. Burgess & R. K. Ressler (eds.). *Crime classification manual: A standard system for investigating and classifying violent crimes* (pp. 259-268). San Francisco: John Wiley & Sons

**Douglas**, J.E. & **Olshaker**, M. (1996). *Die Seele des Mörders.* München: Goldmann Verlag

**Douglas**, J.E. & **Olshaker**, M. (1997). *Jäger in der Finsternis.* München: Goldmann Verlag

**Douglas**, J.E. & **Olshaker**, M. (1998/1999). *Mörder aus Besessenheit.* München: Goldmann-Verlag

## E

**Edelbacher**, M. (1993). Die Erstellung von Täterprofilen. Eine in Zukunft gebräuchliche Ermittlungsmethode in Österreich ? In: *Kriminalistik*, 47 (5), 295-296

**Egg**, R. (1997). Institutionen der Straftäterbehandlung. In: M. Steller & R. Volbert (Hrsg.). *Psychologie im Strafverfahren. Ein Handbuch.* (S. 160-170). Bern: Verlag Hans Huber

**Egg**, R. (2003). Zur Rückfälligkeit von Sexualstraftätern. In: M. Osterheider (Hrsg.). *Forensik 2002. Wie sicher kann Prognose sein ?.* 17. Eickelborner Fachtagung (S. 8-21). Dortmund: PsychoGenVerlag

**Elz**, J. (2002a). *Legalbewährung und kriminelle Karrieren von Sexualstraftätern. Sexuelle Missbrauchsdelikte.* Wiesbaden: Kriminologie und Praxis (KUP), Schriftenreihe der Kriminologischen Zentralstelle e.V. (KrimZ), Bd. 33

**Elz**, J. (2002b). *Legalbewährung und kriminelle Karrieren von Sexualstraftätern. Sexuelle Gewaltdelikte.* Wiesbaden: Kriminologie und Praxis (KUP), Schriftenreihe der Kriminologischen Zentralstelle e.V. (KrimZ), Bd. 34

**Eshof**, P. van den & **Schippers**, C. (1998). Behavioural Science-based criminal investigation expertise. In: Bundeskriminalamt, Case Analysis Unit (ed.). *Methods of Case Analysis. An International Symposium* (pp. 131-142). Wiesbaden: Bundeskriminalamt, BKA-Forschungsreihe, Vol. 38.2

**Eysenck**, H.-J. (1977). *Kriminalität und Persönlichkeit.* Wien: Europa-Verlag

**Eysenck**, H.-J. (1987). Personality theory and the problems of criminality. In: J. McGurk; D. Thornton & M. Williams (eds.). *Applying psychology to imprisonment* (pp. 35-53). London: Her Majesty's Stationary Office

**Eysenck**, H.-J. & **Eysenck**, S. (1971). Crime and personality: Item analysis of questionnaire responses. In: *British Journal of Criminology*, 11, 49-62

**Eysenck**, H.-J. & **Eysenck**, S. B. G. (1977). Psychopathy, Personality, and Genetics. In: R. D. Hare & D. Schalling (eds.). *Psychopathic behavior: approaches to research* (pp. 197-222). Chichester: Wiley

## F

**Fahrenberg**, J.; **Hampel**, R. & **Selg**, H. (1989). *Das Freiburger Persönlichkeitsinventar-revidierte Fassung FPI-R; Handanweisung.* Göttingen: Hogrefe, Verlag für Psychologie

**Falardeau**, W. (2001). *Kontexte und Hintergründe sexueller Gewalt an Kindern. Ein Beitrag zur Analyse eines individuellen und gesamtgesellschaftlichen Problems.* Marburg: Tectum Verlag

**Fazal**, S. & **Danesh**, J. (2002). Serious mental disorder in 23000 prisoners: a systematic review of 62 surveys. In: *The Lancet*, 359, 545-548

**Feest**, J. (1993). Kriminalistik. In: G. Kaiser; H.-J. Kerner; F. Sack & H. Schellhoss (Hrsg.). *Kleines Kriminologisches Wörterbuch* (3. Aufl., S. 236-238). Heidelberg: C.F. Müller Juristischer Verlag

**Feuerlein**, W.; **Küfner**, H.; **Soyka**, M. (1998). *Alkoholismus – Missbrauch und Abhängigkeit.* Stuttgart: Thieme Verlag

**Fiedler**, P. (2001). *Persönlichkeitsstörungen* (5. Aufl.). Weinheim: Psychologie Verlags Union

**Fillip**, S.-H. (1990). *Kritische Lebensereignisse*. München: Psychologie Verlags Union

**Fink**, P. (2001). *Immer wieder töten. Serienmörder und das Erstellen von Täterprofilen* (2. Aufl.). Hilden/Rhld.: Verlag Dt. Polizeiliteratur

**Föhl**, M. (2001). *Täterprofilerstellung. Ein methodenkritischer Vergleich aus rechtspsychologischer Perspektive*. Frankfurt: Verlag für Polizeiwissenschaft, Clemens Lorei

**Forster**, B. & **Ropohl**, D. (1987). *Rechtsmedizin* (4. Aufl.). Stuttgart: Ferdinand Enke Verlag

**Forth**, A. E. & **Burke**, H. C. (1998). Psychopathy in adolscence: assessment, violence, and developmental procursors. In: D. J. Cooke; A. E. Forth & R. D. Hare (eds.). *Psychpathy: theory, research and implications for society* (pp. 205-229). Dordrecht: Kluwer Academic Publishers

**Frädrich**, S. & **Pfäfflin**, F. (2000). Zur Prävalenz von Persönlichkeitsstörungen bei Strafgefangenen. In: *Recht & Psychiatrie*, 18 (3), 95-104

**Freese**, R. (1999). *Hare PCL:SV-German Manual Supplement*. Toronto: Multi-Health Systems.

**Frei**, A. (1999). Das Konzept der dissozialen Persönlichkeitsstörung. Historischer Abriss und Kritik. In: T. Giernalczyk (Hrsg.). *Zur Therapie der Persönlichkeitsstörungen* (S. 143-160). Tübingen: Deutsche Gesellschaft für Verhaltenstherapie. Forum für Verhaltenstherapie und psychosoziale Praxis, Bd. 41

**Frey**, D. & **Maass**, A. (1985). Persönlichkeit und Krankheit und Gesundheit. In: T. Hermann & E.-D. Lantermann (Hrsg.). *Persönlichkeitspsychologie. Ein Handbuch mit Schlüsselbegriffen* (S. 155-163). München: Urban & Schwarzenberg

**Friese**, H. (2002). Protokoll einer Aufklärung. Der Ermittlungsgewinn durch ein Täterprofil bei der Suche nach einem Serienvergewaltiger. In: C. Musolff & J. Hoffmann (Hrsg.). *Täterprofile bei Gewaltverbrechen. Mythos, Theorie und Praxis des Profilings* (S. 355-369). Berlin: Springer Verlag

**Füllgrabe**, U. (1990). Tötungsdelikte – neue Ansätze für Theorie und Praxis. In: F. Stein (Hrsg.). *Brennpunkte der Polizeipsychologie. Grundlagen, Fallbeispiele, Handlungshinweise* (S. 26-38). Stuttgart: Verlag für angewandte Psychologie

**Füllgrabe**, U. (1993). Psychologische Täterprofile. Das Modell des Federal Bureau of Investigation – FBI. In: *Kriminalistik*, 47 (5), 297-305 / *Kriminalistik*, 47 (6), 373-376

**Füllgrabe**, U. (1997). *Kriminalpsychologie. Täter und Opfer im Spiel des Lebens*. (2. Aufl.) Frankfurt a.M.: Ed. Wötzel

**Fydrich**, T.; **Renneberg**, B.; **Schmitz**, B. & **Wittchen**, H.-U. (1997). *SKID-II. Strukturiertes Klinisches Interview für DSM-IV, Achse II: Persönlichkeitsstörungen*. Göttingen: Hogrefe Verlag für Psychologie

## G

**Gebauer**, G. F. (2005). *Neuere Trends der Persönlichkeitsdiagnostik im forensischen Kontext*. Vortrag auf der 20. Eickelborner Fachtagung zu Fragen der Forensischen Psychiatrie

**Gierowski**, J. K. (1992). Untersuchungen zur Motivation bei Tötungsdelikten. In: T. R. Payk (Hrsg.). *Dissozialität. Psychiatrische und forensische Aspekte* (S. 65-75). Stuttgart: Schattauer Verlag

**Gonçalves**, R. A. (1999). Psychopathy and offender types: Results from a Portuguese prison sample. In: *International Journal of Offender Therapy and Comparative Criminology*, 22, 334-346

**Graumann**, C. F. (1975). Vorwort. In: M. Argyle (Hrsg.). *Soziale Interaktion* (3.Aufl). Köln: Kiepenheuer & Witsch

**Greuel**, L. (1997). Schuldfähigkeitsbegutachtung. In: M. Steller & R. Volbert (Hrsg.). *Psychologie im Strafverfahren. Ein Handbuch.* (S. 105-118). Bern: Verlag Hans Huber

**Groth**, A. N.; **Burgess**, A. W. & **Holmstrom**, L. L. (1977). Rape: Power, Anger, and Sexuality. In: *American Journal of Psychiatry*, 134 (11), 1239-1243

**Gunn**, J. (2000). Future directions for treatment in forensic psychiatry. In: *British Journal of Psychiatry*, 176, 332-338

## H

**Hammelstein**, Ph. & **Pietrowsky**, R. (2003). Sensation Seeking in der Klinischen Psychologie und Psychotherapie. In: M. Roth & Ph. Hammelstein (Hrsg.). *Sensation Seeking – Konzeption, Diagnostik und Anwendung* (S. 253-285). Göttingen: Hogrefe Verlag für Psychologie

**Hampel**, R. & **Selg**, H. (1975). *Fragebogen zur Erfassung von Aggressivitätsfaktoren (FAF); Handanweisung*. Göttingen: Hogrefe, Verlag für Psychologie

**Harbort**, St. (1997). Empirische Täterprofile. Ein Raster für die Ermittlung sexuell motivierter Mehrfach- und Serienmörder. In: *Kriminalistik*, 51 (8-9), 569-572

**Harbort**, St. (1998). Ein Täterprofil für multiple Raubmörder. Zum Täter-Profiling auf empirischer Grundlage. In: *Kriminalistik*, 52 (7), 481-485

**Harbort**, St. (1999a). Kriminologie des Serienmörders – Teil 1. Forschungsergebnis einer empirischen Analyse serieller Tötungsdelikte in der Bundesrepublik Deutschland. In: *Kriminalistik*, 53 (10), 642-650

**Harbort**, St. (1999b). Kriminologie des Serienmörders – Teil 2. Forschungsergebnisse einer empirischen Analyse serieller Tötungsdelikte in der Bundesrepublik Deutschland. In: *Kriminalistik*, 53 (11), 713-721

**Harbort**, St. (2003). *Mörderisches Profil. Phänomen Serientäter* (2. Aufl.). Leipzig: Militzke

**Hare**, R. D. (1991). *Manual for the Hare Psychopathy Checklist-Revised.* Toronto: Multi-Health Systems

**Hare**, R. D. (1993). *Without Conscience. The Disturbing World of the Psychopaths among us.* New York: Pocket Books

**Hare**, R. D. (1996). Psychopathy and antisocial personality disorders: a case of diagnostic confusion. In: *Psychiatric Times*, 13, 39-40

**Hare**, R. D. (1998). Psychopathy, affect and behavior. In: D. J. Cooke; A. E. Forth & R. D. Hare (eds.). *Psychopathy: theory, research and implications for society* (pp. 105-137). Dordrecht: Kluwer Academic Publishers

**Hare**, R. D. (2000). Eigenschaften von antisozialen Borderline-Patienten und Psychopathen: Konsequenzen für das Gesundheitswesen und das Strafrechtssystem. In: O. F. Kernberg; B. Dulz & U. Sachsse (Hrsg.; S. 393-411). *Handbuch der Borderline-Störungen.* Stuttgart: Schattauer

**Harpur**, T. J.; **Hart**, S. D. & **Hare**, R. D. (2002). Personality of the psychopath. In: P. T. Costa & T. A. Widiger (Eds.). *Personality disorders and the five-factor model of personality* (2nd ed.; pp. 299-324). Washington D. C.: American Psychiatric Association

**Harris**, Thomas (1989). *The silence of the lambs.* London: Heilemann

**Hart**, S. D. (1998). Psychopathy and risk for violence. In: D. J. Cooke; A. E. Forth & R. D. Hare (eds.). *Psychopathy: theory, research and implications for society* (pp. 355-373). Dordrecht: Kluwer Academic Publishers

**Hart**, S. D.; **Cox**, D. N. & **Hare**, R. D. (1996). *Hare PCL:SV. German Manual Supplement. Deutschsprachige Handbuchbeilage* [übersetzt und ins Deutsche übertragen von Roland Freese 1999]

**Hartmann**, J.; **Hollweg**, M. & **Nedopil**, N. (2001). Quantitative Erfassung dissozialer und psychopathischer Persönlichkeiten bei der strafrechtlichen Begutachtung: Retrospektive Untersuchung zur Anwendbarkeit der deutschen Version der Hare-Psychopathie-Checkliste. In: *Der Nervenarzt*, 72, 365-370

**Hazelwood**, R. R. & **Warren**, J. (1990). The Criminal Behavior of the Serial Rapist. In: *FBI Enforcement Bulletin*, 59 (2), 11-16

**Heaven**, P. C. L. (1996). Personality and Self-Reported Delinquency: Analysis of the 'Big-Five' Personality Dimensions. In: *Personality and individual differences*, 20 (1), 47-54

**Heller**, K. A.; **Kratzmeier**, H. & **Lengfelder**, A. (1998). *SPM. Matrizen-Test-Manual zu den Standard Progressive Matrices von J. C. Raven*. Göttingen: Beltz

**Hemphill**, J. R.; **Templeman**, R.; **Wong**, S. & **Hare**, R. D. (1998). Psychopathy and crime: recidivism and criminal careers. In: D. J. Cooke; A. E. Forth & R. D. Hare (eds.). *Psychopathy: theory, research and implications for society* (pp. 375-399). Dordrecht: Kluwer Academic Publishers

**Herpertz**, S. (2001). *Impulsivität und Persönlichkeit. Zum Problem der Impulskontrollstörungen*. Stuttgart: Verlag W. Kohlhammer

**Hill**, A. (2005). *Langzeit-Katamnesen bei sexuellen Tötungsdelikten*. Vortrag auf der 20. Eickelborner Fachtagung zu Fragen der Forensischen Psychiatrie

**Hinrichs**, G. (2002). Behandlungsmöglichkeiten von Gewalttätern im Strafvollzug ? In: H. Ostendorf; G. Köhnken & G. Schütze (Hrsg.). *Aggression und Gewalt* (S. 175-186). Frankfurt a.M.: Peter Lang GmbH Europäischer Verlag der Wissenschaften

**Hinrichs**, G. & **Köhler**, D. (2004). Psychische Störungen bei Straftätern. Forensisch relevante Krankheitsbilder. In: *Neue Kriminalpolitik*,4, 137-139

**Hobson**, J.; **Shine**, J. & **Roberts**, R. (2000). How do Psychopaths behave in a prison therapeutic community ? In: *Psychology, Crime & Law*, 6, 139-154

**Hoffmann**, J. (2002a). Auf der Suche nach der Struktur des Verbrechens. Theorien des Profilings. In: C. Musolff & J. Hoffmann (Hrsg.). *Täterprofile bei Gewaltverbrechen. Mythos, Theorie und Praxis des Profilings* (S. 89-125). Berlin: Springer Verlag

**Hoffmann**, J. (2002b). Fallanalyse im Einsatz. In: C. Musolff & J. Hoffmann (Hrsg.). *Täterprofile bei Gewaltverbrechen. Mythos, Theorie und Praxis des Profilings* (S. 305-330). Berlin: Springer Verlag

**Hoffmann**, J. & **Musolff**, C. (2000). *Fallanalyse und Täterprofil. Geschichte, Methoden und Erkenntnisse einer jungen Disziplin*. Wiesbaden: Bundeskriminalamt Kriminalistisches Institut, BKA-Forschungsreihe, Bd. 52

**Holmes**, R. M. (1998). Psychological Profiling. Uses in serial murder cases. In: R.M. Holmes & S. T. Holmes (eds.). *Contemporary perspectives on serial murder* (Chap. 12; pp. 173-186). Thousand Oaks: Sage Publications

**Holmes**, R. M. & **Holmes**, St. T. (1996). *Profiling Violent Crimes: An Investigative Tool* (2nd ed.). Thousand Oaks, CA: Sage Publications

**Homant**, R. J. & **Kennedy**, D. B. (1998). Psychological Aspects of Crime Scene Profiling. Validity Research. In: *Criminal Justice and Behavior*, 25 (3), 319-343

**Hoyer**, J.; **Kunst**, H. & **Schmidt**, A. (2001). Social phobia as a comorbid condition in paraphilic and impulse control disordered sex offenders. In: *The Journal of Nervous and Mental Diseases*, 189 (7), 1-8

**Huchzermeier**, Chr.; **Goth**, N.; **Köhler**, D.; **Hinrichs**, G. & **Aldenhoff**, J. (2003). Psychopathie und Persönlichkeitsstörungen. Beziehungen der „Psychopathie-Checkliste" nach Hare zu der Klassifikation der DSM-IV bei Gewaltstraftätern. In: *Monatsschrift für Kriminologie und Strafrechtsreform*, 86 (3), 206-215

## J

**Jackson**, J. L. & **Bekerian**, D. A. (2000). Does Offender Profiling have a role to play ?. In: J. L. Jackson & D. A. Bekerian (Eds.). *Offender Profiling. Theory, Research and Practice* (2nd ed.; pp. 1-7). Chichester: John Wiley & Sons

**Jackson**, J. L.; **Eshof**, P. van den & **de Kleuver**, E. (2000). A research approach to Offender Profiling. In: J. L. Jackson & D. A. Bekerian (Eds.). *Offender Profiling. Theory, Research and Practice* (2nd ed; pp. 107-132). Chichester: John Wiley & Sons

**Johansson**, P.; **Andershed**, H.; **Kerr**, M. & **Levander**, S. (2002). On the operationalization of psychopathy: Further support for a three-faceted personality oriented model. In: *Acta Psychiatrica Scandinavica*, 106, 81-85

## K

**Kaiser**, G. (1997). Kriminologie. *Eine Einführung in die Grundlagen* (10. Aufl.) Heidelberg: UTB für Wissenschaft

**Keppel**, R. D. & **Walter**, R. (1999). Profiling Killers: A revised classification model for understanding sexual murder. In: *International Journal of Offender Therapy and Comparative Criminology*, 43 (4), 417-437

**Kernberg**, O. F. (1997). *Wut und Hass. Über die Bedeutung von Aggression bei Persönlichkeitsstörungen und sexuellen Perversionen.* Stuttgart: Klett-Cotta

**Knight**, R. A. & **Prentky**, R. (1987). The developmental antecedents and adult adaptions of rapist subtypes. In: *Criminal Justice Behaviour*, 14 (4), 403-426

**Knight**, R. A. & **Prentky**, R. (1990). Classifying sex offenders: The development and corroboration of taxonomic models. In: W. L. Marshall; D. R. Laws & H. E. Barbaree (Eds.). *Handbook of Sexual Assault: Issues, theories and treatment of the offender* (pp. 27-52). New York: Plenum Press

**Knight**, R. A.; **Warren**, J. I.; **Reboussin**, R. & **Soley**, B. J. (1998). Predicting rapist type from crime scene characteristics. In: *Criminal Justice and Behavior*, 25 (1), 46-80

**Kocsis**, R. N. (2003). Criminal Psychological Profiling: Validities and Abilities. In: *International Journal of Offender Therapy and Comparative Criminology*, 47 (2), 126-144

**Köhler**, D. (2004). *Psychische Störungen bei jungen Straftätern.* Hamburg: Verlag Dr. Kovac

**Köhler**, D. & **Hinrichs**, G. (2004). Die Prävalenz psychischer Störungen bei jugendlichen und heranwachsenden Gefangenen im Regelvollzug. Darstellung des aktuellen Forschungs-stands in Deutschland. In: M. Osterheider (Hrsg.). *Forensik 2003. Krank und/oder kriminell.* 18. Eickelborner Fachtagung (S. 174-182). Dortmund: PsychoGenVerlag

**Köhler**, D.; **Hinrichs**, G. & **Huchzermeier**, Chr. (2004). Die Häufigkeit psychischer Störungen bei jugendlichen und heranwachsenden Häftlingen im Jugendvollzug. Darstellung eines Forschungsprojektes und der ersten Ergebnisse. In: *Praxis der Rechtspsychologie*, 14 (1), 114-125

**Köhler**, D.; **Müller**, S. & **Hinrichs**, G. (2005). *Die Tatortanalyse auf dem empirischen Prüfstand. Ergebnisse einer Pilotstudie zur Validität tatortanalytischer Hypothesen und Konstrukte bei jungen Straftätern.* Vortrag auf der 20. Eickelborner Fachtagung zu Fragen der Forensischen Psychiatrie

**Köhnken**, G. (2003a). Glaubwürdigkeit. In: R. Lempp; G. Schütze & G. Köhnken (Hrsg.). *Forensische Psychiatrie und Psychologie des Kindes- und Jugendalters.* (2. Aufl., S. 341-367) Darmstadt: Steinkopff

**Köhnken**, G. (2003b). Suggestion und Suggestibilität. In: R. Lempp; G. Schütze & G. Köhnken (Hrsg.). *Forensische Psychiatrie und Psychologie des Kindes- und Jugendalters.* (2. Aufl., S. 368-380) Darmstadt: Steinkopff

**Köhnken**, G. & **Bliesener**, T. (2002). Psychologische Theorien zur Erklärung von Gewalt und Aggression. In: H. Ostendorf; G. Köhnken & G. Schütze (Hrsg.). *Aggression und Gewalt* (S. 71-94). Frankfurt a.M.: Peter Lang GmbH Europäischer Verlag der Wissenschaften

**Kraus**, C. & **Berner**, W. (2000). Die Klassifikation von Sexualstraftätern nach Knight und Prentky. In: *Monatszeitschrift für Kriminologie und Strafrechtsreform*, 83 (6), 395-406

**Kraus**, C.; **Berner**, W. & **Nigbur**, A. (1999). Bezüge der »Psychopathy Checklist-Revised« (PCL-R) zu den DSM-III-R und ICD-10-Klassifikationen bei Sexualstraftätern. In: *Monatsschrift für Kriminologie und Strafrechtsreform*, 82 (1), 36-46

**Kröber**, H.-L. (1997). Strafrechtliche Begutachtung von Persönlichkeitsstörungen. In: *Persönlichkeitsstörungen*, 4, 161-171

**Kröber**, H.-L. & **Lau**, St. (2000). Bad or Mad ? Personality Disorders and Legal Responsibility – The German Situation. In: *Behavioral Sciences and the Law*, 18, 679-690

**Kunst**, H. & **Hoyer**, J. (2003). Psychometrische Analysen von IIP und NEO-FFI bei Straftätern. In: *Diagnostica*, 49 (1), 24-33

**Kunz**, K.-L. (2001). *Kriminologie. Eine Grundlegung* (3. Aufl.). Bern: UTB für Wissenschaft

## L

**Lackner**, K. & **Kühl**, K. (2001). *StGB. Strafgesetzbuch mit Erläuterungen* (24. Aufl.). München: Verlag C. H. Beck

**Langevin**, R.; **Paitich**, D. & **Russon**, A. E. (1985). Are rapists sexually anomalous, aggressive, or both ? In: R. Langevin (Ed.). *Erotic preference, gender identity, and aggression in men: New research studies* (pp. 17-38). Hillsdale, New Jersey: Lawrence Erlbaum

**Laux**, L. (2003). *Persönlichkeitspsychologie.* Grundriss der Psychologie, Bd.11. Stuttgart: Verlag W. Kohlhammer

**Liepmann**, D. & **Stiksrud**, A. (1985). *Entwicklungsaufgaben und Bewältigungsprobleme in der Adoleszenz. Sozial- und entwicklungspsychologische Perspektiven.* Göttingen: Verlag für Psychologie

**Littmann**, E. (1992). Psychische Schäden nach sexuellem Kindesmissbrauch. In: *Psychomed*, 4 (1), 13-19

**Lösel**, F. (1983). Empirische Persönlichkeitsforschung und Delinquenzerklärung. In: ders. (Hrsg.). *Kriminalpsychologie. Grundlagen und Anwendungsbereiche* (S. 29-40). Weinheim: Beltz Verlag

**Lösel**, F. (1993). Täterpersönlichkeit. In: G. Kaiser; H.-J. Kerner; F. Sack & H. Schellhoss (Hrsg.). *Kleines Kriminologisches Wörterbuch* (3. Aufl., S. 529-540). Heidelberg: C.F. Müller Juristischer Verlag

**Lüpke**, A. von (1999). Täterprofile. Crime profiling – eine »neue« Form der Verdachtsstrategie. In: *Kriminalistik*, 53 (12), 814-820

**Lynam**, D. R. (2002). Psychopathy from the perspective of the five-factor model of personality. In: P. T. Costa & T. A. Widiger (Eds.). *Personality disorders and the five-factor model of personality* (2nd ed.; pp. 325-348). Washington D. C.: American Psychiatric Association

## M

**Magnusson**, D. (1999). Personality development from an interactional perspective. In: L. A. Pervin (Ed.). *Handbook of personality: Theory and research* (pp. 193-222). New York: Guilfor

**Marshall**, W. L. & **Barbaree**, H. E. (1990). Outcome of Comprehensive Cognitive-Behavioral Treatment Programs. In: W. L. Marshall; D. R. Laws & H. E. Barbaree (Eds.). *Handbook of Sexual Assault: Issues, theories and treatment of the offender* (pp. 363-388). New York: Plenum Press

**McCrae**, R. R.; **Costa**, P. T.; **Ostendorf**, F.; **Angleiter**, A.; **Hrebickova**, M.; **Avia**, M. D.; **Sanz**, J. et al. (2000). Nature over nurture: Temperament, personality, and life span development. In: *Journal of Personality and Social Psychology*, 78 (1), 173-186

**Meyer**, C. B. (2002). Das Täterprofil aus interdisziplinärer Sicht, unter besonderer Berücksichtigung des Strafprozessrechts. In: M. Cottier; D. Rüetschi & K. Sahlfeld (Hrsg.). *Information und Recht* (S. 135-172). Basel: Helbring & Lichtenhahn

**Miller**, J. D; **Lynam**, D. R.; **Widiger**, T. A. & **Leukefeld**, C. (2001). Personality Disorders as extreme variants of common Personality dimensions: Can the Five-Factor Model adequately represent psychopathy ?. In: *Journal of Personality*, 69 (2), 253-276

**Mischel**, W. (1968). *Personality and Assessment*. New York: John Wiley & Sons

**Mischel**, W. (1984). Convergences and challenges in the search for consistency. In: *American Psychologist*, 39, 351-364

**Mokros**, A. (2002). Facetten des Verbrechens Entwicklungen in der akademischen Täterprofilforschung. In: C. Musolff & J. Hoffmann (Hrsg.). *Täterprofile bei Gewaltverbrechen. Mythos, Theorie und Praxis des Profilings* (S. 181-211). Berlin: Springer Verlag

**Möller**, T. G. (2001). *Youth aggression and violence. A psychological approach.* London: Lawrence Erlbaum Associates

**Möller**, A. & **Hell**, D. (2001). Das gegenwärtige Verständnis des Psychopathiebegriffes in der forensischen Psychiatrie. In: *Fortschr Neurol Psychiat*; 69, 603-610

**Möller**, A. & **Huber**, M. (2003). Sensation Seeking – Konzeptbildung und –entwicklung. In: M. Roth & Ph. Hammelstein (Hrsg.). *Sensation Seeking –*

*Konzeption, Diagnostik und Anwendung* (S. 5-28). Göttingen: Hogrefe Verlag für Psychologie

**Muck**, P. M (2004). Rezension des »NEO-Persönlichkeitsinventar nach Costa und McCrae (NEO-PI-R)« von F. Ostendorf und A. Angleiter. In: *Zeitschrift für Arbeits- und Organisationspsychologie*, 48, 203-210

**Müller**, S.; **Köhler**, D. & **Hinrichs**, G. (2004). *Checkliste zur Erfassung von Täterverhalten (ChET)*. Unveröffentlichtes Manuskript der Klinik für Kinder- und Jugendpsychiatrie und -psychotherapie des Zentrums für Integrative Psychiatrie Kiel

**Müller**, T. (1998). IMAGO 300 – Excerpt from the Preliminary Report. In: Bundeskriminalamt, Case Analysis Unit (ed.). *Methods of Case Analysis. An International Symposium* (S. 175-198). Wiesbaden: Bundeskriminalamt, BKA-Forschungsreihe, Vol. 38.2

**Müller**, T. (2004a). *Bestie Mensch. Tarnung – Lüge – Strategie*. Salzburg: ecowin Verlag

**Müller**, T. (2004b). *Kriminalpsychologische Beiträge zur interdisziplinären Fallanalyse*. Vortrag auf der Arbeitstagung des Interdisziplinären Forums Forensik (iFF) ‚Macht-Fantasie-Gewalt (?). Täterfantasien und Täterverhalten in Fällen von (sexueller) Gewalt. Nov., Bremen

**Müller-Isberner**, R. (2004). Therapie im psychiatrischen Maßregelvollzug (§ 63 StGB). In: K. Foerster (Hrsg.; 4. Aufl.). *Psychiatrische Begutachtung. Ein praktisches Handbuch für Ärzte und Juristen* (S. 417-435). München: Urban & Fischer

**Musolff**, C. (2002a). Täterprofile und Fallanalyse. Eine Bestandsaufnahme. In: C. Musolff & J. Hoffmann (Hrsg.). *Täterprofile bei Gewaltverbrechen. Mythos, Theorie und Praxis des Profilings* (S. 1-33). Berlin: Springer Verlag

**Musolff**, C. (2002b). Tausend Spuren und ihre Erzählung. Hermeneutische Verfahren in der Verbrechensbekämpfung. In: C. Musolff & J. Hoffmann (Hrsg.). *Täterprofile bei Gewaltverbrechen. Mythos, Theorie und Praxis des Profilings* (S. 151-180). Berlin: Springer Verlag

## N

**Nagel**, U. (2002). Neue Wege in der Ermittlungspraxis. In: C. Musolff & J. Hoffmann (Hrsg.). *Täterprofile bei Gewaltverbrechen. Mythos, Theorie und Praxis des Profilings* (S. 331-353). Berlin: Springer Verlag

**Nagel**, U. & **Horn**, A. (1998). ViCLAS – Ein Expertensystem als Ermittlungshilfe. In: *Kriminalistik* 52 (1): 54-58

**Nedopil**, N. (2000). *Forensische Psychiatrie. Klinik, Begutachtung und Behandlung zwischen Psychiatrie und Recht* (2. Aufl.). Stuttgart: Thieme Verlag

**Nedopil**, N.; **Hollweg**, M.; **Hartmann**, J. & **Jaser**, R. (1998). Comorbidity of psychopathy with major mental disorders. In: D. J. Cooke; A. E. Forth & R. D. Hare (eds.). *Psychopathy: theory, research and implications for society* (pp. 257-268). Dordrecht: Kluwer Academic Publishers

**Neuwirth**, W. & **Eher**, R. (2003). What differentiates Anal Rapists from Vaginal Rapists? In: *International Journal of Offender Therapy and Comparative Criminology*, 47 (4), 482-488

**Niemantsverdriet**, J. R.& **Weenink**, A. G. M.. (2002). Forschung und Psychodiagnostik als Rahmenbedingungen einer modernen forensisch-psychiatrischen Behandlung. In: M. Osterheider (Hrsg.). *Forensik 2001. Innovative Konzepte.* 16. Eickelborner Fachtagung (S. 108-119). Dortmund: PsychoGenVerlag

## O

**Oldfield**, D. (2000). What help do the police need with their enquiries ? In: J. L. Jackson & D. A. Bekerian (Eds.). *Offender Profiling. Theory, Research and Practice* (2nd ed.; pp. 93-106). Chichester: John Wiley & Sons

**Ostendorf**, F. & **Angleiter**, A. (2004). *NEO-PI-R. NEO-Persönlichkeitsinventar nach Costa und McCrae. Manual.* Göttingen: Hogrefe Verlag für Psychologie

**Osterheider**, M. (2003a). »Tatortanalyse« – Ein Beitrag der Kriminalpsychologie zur forensischen Prognosefindung ?! – Abstract. In: M. Osterheider (Hrsg.). *Forensik 2002. Wie sicher kann Prognose sein ?.* 17. Eickelborner Fachtagung (S. 157-165). Dortmund: PsychoGenVerlag

**Osterheider**, M. (2003b). »Tatortanalyse« als integraler Bestandteil Forensischer Psychiatrie. In: *extracta psychiatrica / neurologica*, 11, 18-23

**Otto**, T. (2003). *Das Kieler Persönlichkeitsinventar (KPI).* Unveröffentlichte Diplomarbeit der Christian-Albrechts-Universität zu Kiel. Institut für Psychologie

## P

**Pead**, D. (1994). Psychologische Täterprofile. Wie Psychogramme die polizeiliche Arbeit unterstützen. In: *Kriminalistik*, 48 (5), 335-336

**Pervin**, L. A. (2000). *Persönlichkeitstheorien* (4. neu bearb. Aufl.). München: Reinhardt

**Pfäfflin**, F. (2004). Sexualstraftaten. In: K. Foerster (Hrsg.; 4. Aufl.). *Psychiatrische Begutachtung. Ein praktisches Handbuch für Ärzte und Juristen* (S. 275-302). München: Urban & Fischer

**Plas**, M. van de (1998). Nobody saw what happened. In: Bundeskriminalamt, Case Analysis Unit (ed.). *Methods of Case Analysis. An International Symposium* (pp. 155-173). Wiesbaden: Bundeskriminalamt, BKA-Forschungsreihe, Vol. 38.2

**Prins**, H. (2001). W(h)ither psychopathic disorder ? A View from the U.K. In: *Psychology, Crime & Law*, 7, 89-103

**Proulx**, J.; **Aubut**, J.; **Perron**, L. & **McKibben**, A. (1994). Troubles de la personnalité et violence: Implications théoriques et cliniques. In: *Criminologie*, 27 (2), 33-53

**Püschel**, K. & **Schröer**, J. (2002). Die Bedeutung rechtsmedizinischer Untersuchungsergebnisse bei der Erstellung von Fallanalysen. In: C. Musolff & J. Hoffmann (Hrsg.). *Täterprofile bei Gewaltverbrechen. Mythos, Theorie und Praxis des Profilings* (S. 213-255). Berlin: Springer Verlag

## R

**Rauchfleisch**, U. (1997). Die antisoziale Persönlichkeitsstörung – diagnostische Überlegungen bei Verwendung psychoanalytischer Modellvorstellungen. In: *Persönlichkeits-störungen*, 2, 85-92

**Rauchfleisch**, U. (1999). *Außenseiter der Gesellschaft. Psychodynamik und Möglichkeiten zur Psychotherapie Straffälliger.* Göttingen: Vandenhoeck & Ruprecht

**Rehder**, U. (1993). Sexuell abweichendes Verhalten – Klassifikation, Ursachen und Behandlung. In: R. Egg (Hrsg.). *Sozialtherapie in den 90er Jahren. Gegenwärtiger*

*Stand und aktuelle Entwicklung im Justizvollzug.* Wiesbaden: Kriminologische Zentralstalle (KrimZ), Heft 7, 71-101

**Rehder**, U. (1996). Klassifizierung inhaftierter Sexualdelinquenten. 1. Teil: Wegen Vergewaltigung und sexueller Nötigung Erwachsener Verurteilte. In: *Monatsschrift für Kriminologie und Strafrechtsreform*, 79 (5), 291-304

**Rehder**, U. (2001). *Rückfallrisiko bei Sexualstraftätern.* Lingen: Kriminalpädagogischer Verlag

**Reichertz**, J. (1998). Expertensysteme in der Kriminalistik. Kriminalistische Expertensysteme oder Experten für kriminalistisches Denken ? In: *Kriminalistik*, 52 (1), 47-53

**Reichertz**, J. (2002). ‚Meine Mutter war eine Holmes'. Über Mythenbildung und die tägliche Arbeit der Crime-Profiler. In: C. Musolff & J. Hoffmann (Hrsg.). *Täterprofile bei Gewaltverbrechen. Mythos, Theorie und Praxis des Profilings* (S. 37-69). Berlin: Springer Verlag

**Ressler**, R. K.; **Burgess**, A. W.; **Douglas**, J. E. (1988). *Sexual Homicide. Patterns and Motives.* New York: Lexington Book

**Ressler**, R. K.; **Burgess**, A. W.; **Douglas**, J. E.; **Hartman**, C. R. & D'Agostino, R. B. (1986). Sexual killers and their crimes. Identifying patterns through crime scene analysis. In: *Journal of Interpersonal Violence.* 3, 288-308

**Robak**, M. (2004). *Profiling: Täterprofile und Fallanalysen als Unterstützung strafprozessualer Ermittlungen. Polizeiliche Methoden und deren kriminalpolitische Bedeutung.* Kölner Schriften zur Kriminologie und Kriminalpolitik, Bd. 6, Münster: LIT Verlag

**Ross**, R. R.; **Fabiano**, E. & **Ewles**, C. D. (1988). Reasoning and Rehabilitation. In: *International Journal of Offender Therapy and Comparative Criminology*, 32, 29-35

**Rossmo**, D. K. (2000). Geographic Profiling. In: J. L. Jackson & D. A. Bekerian (Eds.). *Offender Profiling. Theory, Research and Practice* (2nd ed.; pp. 159-175). Chichester: John Wiley & Sons

## S

**Salfati**, C. G. (2000). The nature of expressiveness and instrumentality in homicide. Implications for offender profiling. In: *Homicide Studies*, 4 (3), 265-293

**Salfati**, C. G. & **Canter**, D. V. (1999). Differentiating stranger murders: Profiling offender characteristics from behavioral styles. In: *Behavioral Sciences & the Law*, 17, 391-406

**Sandoval**, A.-M., R.; **Hancock**, D. ; **Poythress**, N.; **Edens**, J. F. & **Lilienfeld**, S. (2000). Construct Validity of the Psychopathic Personality Inventory in a Correctional Sample. In: *Journal of Personality Assessment*, 74 (2), 262-281

**Saß**, H. (1983). Affektdelikte. In: *Der Nervenarzt* 54, 557-572

**Saß**, H. (1987). *Psychopathie, Soziopathie, Dissozialität. Zur Differentialtypologie der Persönlichkeitsstörungen.* Berlin: Springer-Verlag

**Saß**, H.; **Wittchen**, H. U. & **Zaudig**, M. (Hrsg.) (1996). *Diagnostisches und Statistisches Manual Psychischer Störungen DSM-IV.* Göttingen: Hogrefe

**Schalling**, D. (1977). Psychopathy – related personality variables and the psychophysiology of socialization. In: R. D. Hare & D. Schalling (eds.). *Psychopathic behavior: approaches to research* (pp. 85-106). Chichester: Wiley

**Scheurer**, H. (1993). *Persönlichkeit und Kriminalität. Eine theoretische und empirische Analyse.* Regensburg: S. Roderer Verlag

**Scheurer**, H. & **Richter**, P. (2000). Psychologische Persönlichkeitsdiagnostik: Zur Bedeutung von Persönlichkeitsfragebogen bei der Begutachtung der Schuldfähigkeit. In: H.-L. Kröber & M. Steller (Hrsg.). *Psychologische Begutachtung im Strafverfahren. Indikationen, Methoden und Qualitätsstandards* (S. 19-38). Darmstadt: Steinkopff

**Schewe**, G. (1986). Forensische Psychopathologie. In: W. Schwerd (Hrsg.; 4. Aufl.). *Rechtsmedizin. Lehrbuch für Mediziner und Juristen* (S. 204-254). Köln: Deutscher Ärzte-Verlag

**Schmidt**, A. (2003). Sensation Seeking und delinquentes Verhalten. In: M. Roth & Ph. Hammelstein (Hrsg.). *Sensation Seeking – Konzeption, Diagnostik und Anwendung* (S. 214-234). Göttingen: Hogrefe Verlag für Psychologie

**Schmitt**, M. (1990). Konsistenz als Persönlichkeitseigenschaft. Moderatorvariablen in der Persönlichkeits- und Einstellungsforschung. In: D. Albert, K. Pawlik, K.-H. Stapf & W. Stroebe (Hrsg.). *Lehr- und Forschungstexte Psychologie 36*. Berlin: Springer-Verlag

**Schneider**, H. J. (1974). *Kriminologie. Standpunkte und Probleme*. Berlin: de Gruyter

**Schröer**, J. (2004). *Tötungsdelikte mit sexuellem Bezug in Hamburg 1974-1998: Forensisch-medizinische und kriminologische Aspekte*. Hamburg: Verlag Dr. Kovac

**Schröer**, J.; **Kukies**, H.; **Gehl**, A.; **Sperhake**, J. & **Püschel**, K. (2004). Neue Ermittlungsansätze durch fallanalytische Verfahren. In: *Deutsches Ärzteblatt*, 101 (33), 1882-1887

**Selekin**, R. T.; **Trobst**, K. K. & **Krioukova**, M. (2001). Construct Validity of psychopathy in a community sample: A nomological net approach. In: *Journal of Personality Disorders*, 15 (5), 425-441

**Serin**, R. C.; **Mailloux**, D. L. & **Malcolm**, P. B. (2001). Psychopathy, deviant sexual arousal and recidivism among sexual offenders. In: *Journal of Interpersonal Violence*, 16 (3), 234-236

**Seto**, M. C. & **Barbaree**, H. E. (1999). Psychopathy, treatment behavior, and sex offender recidivism. In: *Journal of Interpersonal Violence*, 14 (12), 1235-1248

**Shipley**, St. & **Arrigo**, B. A. (2001). The Confusion over Psychopathy (II): Implications for Forensic (Correctional) Practice. In: *International Journal of Offender Therapy and Comparative Criminology*, 45 (4), 407-420

**Simons**, D. (1988). *Tötungsdelikte als Folge misslungener Problemlösungen*. Stuttgart: Verlag für Angewandte Psychologie

**Srivastava**, S.; **John**, O. P.; **Gosling**, S. D. & **Potter**, J. (2003). Development of personality in early and middle adulthood: Set like plaster or persistent change ?. In: *Journal of Personality and Social Psychology*, 84 (5), 1041-1053

**Steck**, P. & **Pauer**, U. (1992). Verhaltensmuster bei Vergewaltigung in Abhängigkeit von Täter- und Situationsmerkmalen. In: *Monatsschrift für Kriminologie und Strafrechtsreform*, 75 (4), 187-197

**Steller**, M. & **Hunze**, D. (1984). Zur Selbstbeschreibung von Delinquenten im Freiburger Persönlichkeitsinventar (FPI) – eine Sekundäranalyse empirischer Untersuchungen. In: *Zeitschrift für Differentielle und Diagnostische Psychologie*, 5, 87-109

**Stephan**, E. (1993a). Forensische Psychologie. In: G. Kaiser; H.-J. Kerner; F. Sack & H. Schellhoss (Hrsg.). *Kleines Kriminologisches Wörterbuch* (3. Aufl., S. 135-142). Heidelberg: C.F. Müller Juristischer Verlag

**Stephan**, E. (1993b). Rechtspsychologie. In: G. Kaiser; H.-J. Kerner; F. Sack & H. Schellhoss (Hrsg.). *Kleines Kriminologisches Wörterbuch* (3. Aufl., S. 421-428). Heidelberg: C.F. Müller Juristischer Verlag

**Straub**, U. & **Witt**, R. (2003). Polizeiliche Vorerkenntnisse von Vergewaltigern. Ein Projekt zur Optimierung der Einschätzung von polizeilichen Vorerkenntnissen im Rahmen der Erstellung eines Täterprofils bei operativen Fallanalysen. In: *Kriminalistik*, 57 (1), 19-30

## T

**Turvey**, B. E. (2002). *Criminal Profiling. An introduction to behavioural evidence analysis* (2nd ed.) Amsterdam: Academic Press

## U

**Ullrich**, S. (1999). *Die Persönlichkeit von Straftätern. Psychopathologische und normalpsychologische Akzentuierungen.* Dissertation an der Martin-Luther-Universität Halle-Wittenberg

**Ullrich**, S. & **Marneros**, A. (2002). ‚Was ist das nur für ein Mensch, der so etwas tun konnte ?' Von der Individualisierung zur Typologisierung von Täterprofilen. In: C. Musolff & J. Hoffmann (Hrsg.). *Täterprofile bei Gewaltverbrechen. Mythos, Theorie und Praxis des Profilings* (S. 257-280). Berlin: Springer Verlag

**Ullrich**, S.; **Paelecke**, M.; **Kahle**, I.; **Marneros**, A. (2003). Kategoriale und dimensionale Erfassung von »psychopathy« bei deutschen Straftätern. Prävalenz, Geschlechts- und Alterseffekte. In: *Der Nervenarzt*, 11, 1002-1008

## V

**Venzlaff**, U. & **Pfäfflin**, F. (2004). Persönlichkeitsstörungen und andere abnorme seelische Entwicklungen. In: K. Foerster (Hrsg.; 4. Aufl.). *Psychiatrische Begutachtung. Ein praktisches Handbuch für Ärzte und Juristen* (S. 247-274). München: Urban & Fischer

**Vick**, J. (1998). Introduction. In: Bundeskriminalamt, Case Analysis Unit (ed.). *Methods of Case Analysis. An International Symposium* (S. 7-14). Wiesbaden: Bundeskriminalamt, BKA-Forschungsreihe, Vol. 38.2

## W

**Warmuth**, M. (1995). Die Prognose von Urlaub und Ausgang – ein Vergleich zwischen Maßregelpatienten und Strafgefangenen. In: *Recht & Psychiatrie*, 13, 15-19

**Wells**, S. & **West**, A. (1998). The National Crime Faculty and Offender Profiling. In Bundeskriminalamt, Case Analysis Unit (ed.). *Methods of Case Analysis. An International Symposium* (pp. 113-124). Wiesbaden: Bundeskriminalamt, BKA-Forschungsreihe, Vol. 38.2

**Wegener**, H. (1981). *Einführung in die forensische Psychologie.* Darmstadt: Wissenschaftliche Buchgesellschaft

**Widiger**, T.A. (1998). Psychopathy and normal personality. In: D. J. Cooke; A. E. Forth & R. D. Hare (eds.). *Psychopathy: theory, research and implications for society* (pp. 47-68). Dordrecht: Kluwer Academic Publishers

**Wieczorek**, A. (2002). Kriminologie des Serienmörders. Eine Replik auf Harbort in Kriminalistik 10/99, S. 642-650, und 11/99, S. 713-721. In: *Kriminalistik*, 56 (5), 293-295

**Wischka**, B. (2004). Das Behandlungsprogramm für Sexualstraftäter (BPS). Entwicklung – Inhalte – Erfahrungen. In: M. Osterheider (Hrsg.). *Forensik 2003. Krank und/oder kriminell.* 18. Eickelborner Fachtagung (S. 74-86). Dortmund: PsychoGenVerlag

**Wolff**, P. & **Steller**, M. (1997). Realkennzeichen in Aussagen von Frauen. Zur Validierung der Kriterienorientierten Aussageanalyse für Zeugenaussagen von Vergewaltigungsopfern. In: L. Greuel; T. Fabian & M. Stadler (Hrsg.). *Psychologie der Zeugenaussage. Ergebnisse der rechtspsychologischen Forschung* (S. 121-130). Weinheim: Psychologie Verlags Union

## Z

**Zuckerman**, M. (1979). *Sensation Seeking: Beyond the optimal level of arousal.* New Jersey: Lawrence Earlbaum Association

# 8. Anhang A

Tab. *A*-1: Crime Scene Characteristics

| Organized | Disorganized |
|---|---|
| 1. **Tatort verweist auf geplante Tat.** | 1. **Tatort verweist auf impulsiv und ungeplant durchgeführte Tat.** |
| 2. Opfer meist fremd, ausgewählt aufgrund bestimmter Merkmale (‚targeted stranger') | 2. Opfer möglicherweise bekannt; Alter und Aussehen selten Auswahlkriterien |
| »The victim typically is not known to the offender but is often chosen because he or she meets certain criteria [...]. He or she becomes a victim of opportunity.« (p.124) | »The victim of a disorganized offender may be known to the offender [...]. The victim essentially becomes a casualty because he or she was in the wrong place at the wrong time.« (p. 129) |
| 3. nähert sich seinem Opfer unter einem plausiblen Vorwand | 3. spontaner Übergriff; aus dem Hinterhalt (geringe Kommunikation) |
| »... often uses verbal means (the con) to capture the victim. He may strike up a conversation or a pseudo-relationship as a prelude to the attack. He may impersonate another role, such as a police officer or security guard, to gain victim confidence.« (p. 125) | »There is evidence of sudden violence to the victim, a blitz style of attack.« (p. 129) |
| 4. begeht die Tat an mehreren Plätzen (Ort der Überwältigung, Misshandlung und Fundort sind unterschiedlich) | 4. Tatort gleich Fundort |
| »There are often multiple crime scenes involved with the organized killing... .« (p. 124) | »... the disorganized sexual killer may confront, assault, kill, and leave the body, all in the same location.« (p. 8) |
| 5. genießt die Angst seines Opfers, vollzieht sexuelle Handlungen am lebenden Opfer (um Gefühl der Macht zu erlangen) | 5. vollzieht sexuelle oder sadistische Verhaltensweisen am toten Opfer (begeht exzessive Verstümmelungen [overkill] an Körperteilen mit sexueller Signifikanz) |
| »Aggressive acts as well a sexual acts will ususally have occured prior to death.« (p. 125) | »There may be depersonalization that entails mutilation to the face and overkill [...] to specific body parts. The face, genitals, and breasts are most often targeted for overkill. Body parts may be missing form the scene.« (p. 130) |
| 6. Tatort und Tatvorgang sind von Obsessionen und Ritualen geprägt | 6. depersonalisiert sein Opfer (verdeckt Gesicht, postmortale Verstümmelungen, dreht Körper auf den Bauch) |
| »The forensic findings of an organized sexual homicide may be bite marks and saliva recovery of the body, semen in body orifices or on body pubic hair, and bruising or cutting of the sex organs.« (p. 125) | »Depersonalization may be present as evidenced by the victim's face being covered by a pillow or towels or by the body being found rolled on the stomach (a more subtle form of depersonalization).« (p. 130) |

| | |
|---|---|
| 7. gebraucht Utensilien, die der Kontrolle des Opfers dienen (Verwendung von Fesseln, Knebeln, Augenbinden u.ä.)<br><br>»Evidence of restraint devices may also be present.« (p. 125) | 7. tötet sein Opfer schnell, um Kontrolle zu bewahren<br><br>»Because death is immediate in order for the offender to establish control over the victim, there is minimal use of restraints.« (p. 130) |
| 8. bringt eigene Waffe mit, die er wieder mitnimmt<br><br>»Weapons generally are brought to the crime scene but are removed by the offender after the completion of the crime.« (p. 124) | 8. verwendet einen am Tatort befindlichen Gegenstand als Waffe, lässt diesen zurück<br><br>»The weapon is one of opportunity, obtained at the scene and left there.« (p. 129) |
| 9. bemüht, keine Spuren zu hinterlassen<br><br>»If the offender has time, evidence such as fingerprints and footprints will be removed.« (p. 124) | 9. hinterlässt Spermaspuren, Fäkalien oder Urin am Tatort oder auf dem Körper des Opfers<br><br>»There is little or no effect to remove evidence, such as fingerprints, from the scene.« (p. 129) |
| 10. versucht die Leiche des Opfers zu verstecken<br><br>»Staging may be present at the crime scene(s). The subject may stage the crime [...] to distract or mislead police.« (p. 125) | 10. hinterlässt die Leiche in einer für ihn symbolischen Position am Tatort zurück<br><br>»The body may be positioned or deposited in a way that has special significance for the offender, based on his sexually violent fantasies.« (p. 129) |

Anmerkung: Variablen des Tatortes und des Tathergangs; Auszüge (nach Ressler et al., 1988; vgl. auch Hoffmann & Musolff, 2000); zitierte Passagen aus Douglas et al., 1992

Tab. A-2: Profile Characteristics

| | Organized | | Disorganized |
|---|---|---|---|
| 1. | durchschnittliche bis überdurchschnittliche Intelligenz | 1. | unterdurchschnittliche Intelligenz |
| 2. | sozial integriert; lebt mit Partner zusammen | 2. | sozial isoliert; lebt allein oder im Elternhaus |
| 3. | übt qualifizierte Tätigkeiten aus, Arbeitsgeschichte durch Unbeständigkeit geprägt | 3. | übt unregelmäßig unqualifizierte Tätigkeiten aus |
| 4. | häufig erstgeborene Söhne, elterlicher Erziehungsstil ist inkonsistent | 4. | nimmt späten Platz in der Geschwisterreihe ein |
| 5. | erlebt Stressfaktoren im persönlichen Umfeld vor der Tat | 5. | hat Feindseligkeiten in der Kindheit erfahren |
| 6. | befindet sich zur Tatzeit in einem allgemein wütenden Zustand oder fühlt sich deprimiert | 6. | befindet sich während der Tat in einem verwirrten und gequälten Geisteszustand |
| 7. | konsumiert Alkohol vor / bei der Tat | 7. | konsumiert keinen Alkohol vor der Tat |
| 8. | ändert alltägliches Leben nach der Tat; wechselt Wohnort oder Arbeitsplatz nach der Tat | 8. | Wohnung oder Arbeitsplatz befinden sich in unmittelbarer Nähe des Tatorts |
| 9. | verfolgt Berichterstattung über eigene Verbrechen in den Medien | 9. | verfolgt Berichterstattung weniger |

Anmerkung: Variablen der Persönlichkeit und des Lebensstils; Auszüge (nach Ressler et al., 1988; vgl. auch Hoffmann & Musolff 2000)

Tab. A-3: Kategoriensystem zur Erfassung psychologischer Tätermerkmale

| Kategorie | | Merkmal |
|---|---|---|
| **Aggressivität in der Vorgeschichte** | *autoaggressiv* | Suizidversuch; Selbsterniedrigung |
| | *fremdaggressiv* | beleidigen / demütigen anderer Personen |
| **Verhalten in Konfliktsituationen** | *funktional* | Reflexion über Situation etc. |
| | *dysfunktional* | Drogenabusus, Drohungen etc. |
| **Interpersonale Interaktion** | | selbstwertbedrohende Attacke<br>Erfahrung von Gewalt durch das Opfer |
| **Soziale Beeinträchtigung** | | kein qualifizierter Schulabschluss<br>keine Akzeptanz in Bezugsfamilie etc. |
| **Delinquente Vorgeschichte** | | Vorstrafe in der Vorgeschichte |
| **Planungsniveau der Tat** | *zielorientiert* | Antizipation der Tat<br>Waffe gezielt mitgebracht<br>ausgeformtes Motiv |
| | *ziellos* | hill-climbing<br>Waffe zufällig am Tatort<br>od. vom Opfer mitgebracht<br>nicht ausgeformtes Motiv |
| **Kontrolle bei der Tatausführung** | *ausgeprägt* | Schutzhandlung; Verdeckungshandlung<br>mehrphasiges Tatgeschehen; Alternative erkannt<br>Primärmotiv; Sekundärmotiv |
| | *schwach* | Übertöten<br>Motivverlagerung |

Anmerkung: Kategoriensystem zur inhaltsanalytischen Erfassung von psychologischen Tätermerkmalen bei Tötungsdelikten; Auszüge (aus: Busch & Scholz, 2001, S. 553)

Tab. *A*-4: Entfernungen Ankerpunkt – Kontaktort

| **Entfernung Ankerpunkt – Kontaktort** (Luftlinie) | **ohne vorgefassten Tatentschluss** Anzahl (N) | % | **mit vorgefasstem Tatentschluss** Anzahl (N) | % |
|---|---|---|---|---|
| bis 1 km | 85 | 33.2 | 13 | 14.1 |
| bis 5 km | 83 | 65.6 | 34 | 51.1 |
| bis 10 km | 32 | 78.1 | 10 | 62.0 |
| bis 15 km | 13 | 83.2 | 13 | 76.1 |
| bis 20 km | 11 | 87.5 | 2 | 78.3 |
| über 20 km | 32 | 100.0 | 20 | 100.0 |
| Gesamt | **256** | **100.0** | **92** | **100.0** |

Anmerkung: Entfernungen Ankerpunkt – Kontaktort bei Vergewaltigungen mit und ohne vorgefasstem Tatentschluss; Prozentwerte kumuliert (aus: Dern et al., 2004, S. 57)

Tab. *A*-5: FBI-Typologie für Vergewaltiger

## Machtmotivierte Vergewaltiger (Power)

Typ Machtbestätigung (Power Reassurance)

- *Motivation*: Bestätigung der angezweifelten Männlichkeit; Kompensation mangelnden Selbstbewusstseins
- *Tatverhalten*: keine bis wenig physische Gewalt; zeigt oft Planung; **lauert dem Opfer oft auf**; nimmt evtl. persönliche Gegenstände des Opfers mit; phantasiert **‚intime Beziehung' in Vergewaltigungstat**
- *Persönliche Charakteristika*: wenig soziale Kompetenz; unsicherer Umgang mit Frauen; häufig auch Fetischist oder Voyeurrist
- *Groth et al.*: »... **commits the offense in** an effort to resolve disturbing doubts about his sexual adequacy and masculinity.« (p. 1241)

Typ Machtbehauptung (Power Assertive)

- *Motivation*: Beweis seiner männlichen Dominanz und Potenz
- *Tatverhalten*: wenig bis mittlere physische Gewalt; **Kontaktaufnahme unter Vorwand**; zwingt Opfer zu mehrfachen sexuellen Handlungen
- *Persönliche Charakteristika*: **‚machohaftes' Auftreten; kurze,** konfliktreiche Beziehungen zu Frauen; schlechte Schul-, Berufsausbildung; Alkohol-, Drogenmissbrauch
- *Groth et al.*: »... **regards rape as an** expression of his virility and mastery and dominance.« (p. 1240)

## Wutmotivierte Vergewaltiger (Anger)

Typ Vergeltung aus Zorn (Anger Retaliatory)

- *Motivation*: Befriedigung genereller **Aggression ggü. Frauen; ‚Racheakt'**
- *Tatverhalten*: großes Spektrum physischer Gewalt bis zu extremer Brutalität; **impulsive, kurze Attacke**

Typ Sadismus (Anger Excitation)

- *Motivation*: Sexuelle Erregung aus Leiden, Schmerz und Angst des Opfers
- *Tatverhalten*: planend; **Kontaktaufnahme unter Vorwand**; hält Opfer lange in seiner Gewalt; speziell

| | |
|---|---|
| → *Persönliche Charakteristika*: Opfer symbolisiert oft Person aus Lebensgeschichte des Täters; Opfer und Täter etwa gleich alt | vorbereitetes Tatwerkzeug; emotional ‚kalt' |
| → *Groth et al.*: »… commits rape as an expression of his hostility and rage towards women. His motive is revenge and his aim is degradation and humiliation.« (p. 1242) | → *Persönliche Charakteristika*: durchschnittliche oder hohe Intelligenz; seit Jugend verhaltensauffällig; Photos / Aufzeichnungen von Tat; ‚Cruising' |
| | → *Groth et al.*: »… finds pleasure, thrills, and excitation in the suffering of his victim.« (p. 1242) |

Anmerkung: mod. n. Hoffmann & Musolff, 2000; vgl. auch Keppel & Walter (1999), die diese Kategorisierung auf sexuell motivierte Tötungsdelikte ausgeweitet haben; zitierte Passagen aus Groth et al., 1977

Tab. *A-6*: Antisoziale Persönlichkeitsstörung, ‚Psychopathy' und Kriterien nach Cleckley

| **Antisoziale Persönlichkeitsstörung** | ‚Psychopathy' **(PCL-R)** | **Kriterien n. Cleckley** |
|---|---|---|
| Tiefgreifendes Muster von Missachtung und Verletzung der Rechte anderer, das seit dem Alter von 15 Jahren auftritt (A). Die Person ist mindestens 18 Jahre alt (B) | | Antisoziales Verhalten |
| Störung des Sozialverhaltens war bereits vor Vollendung des 15. Lebensjahres erkennbar (C) | Frühkindliche Verhaltensprobleme (12), Jugendkriminalität (18) | |
| Das Antisoziale Verhalten tritt nicht ausschließlich im Verlauf einer Schizophrenie oder einer manischen Episode auf (D). | | keine Wahnvorstellungen oder andere Anzeichen irrationalen Denkens |
| Versagen, sich in Bezug auf gesetzmäßiges Verhalten gesellschaftlichen Normen anzupassen, was sich in wiederholtem Begehen von Handlungen äußert, die einen Grund für eine Festnahme darstellen (1) | Verletzung von Bewährungsauflagen (19), kriminelle Flexibilität (20) | |
| Fehlendes Wahrheitsempfinden, das sich in wiederholtem Lügen zeigt, im Gebrauch falscher Namen od. im Betrug anderer zum eigenen Vorteil od. zur eigenen Freude (2) | pathologisches Lügen (4)<br>lenkend / beeinflussend (5) | falsch und unaufrichtig |
| | parasitärer Lebensstil (9) | |
| Impulsivität und Versagen, vorausschauend zu planen (3) | Fehlen realistischer, langfristiger Pläne (13), Impulsivität (14) | unfähig, sein Leben zu planen oder seinem Leben eine Ordnung zu geben |
| Reizbarkeit und Aggressivität, die sich in wiederholten Schlägen oder Überfällen äußert (4) | geringe Verhaltenskontrolle (10) | launiges und anstößiges Verhalten |
| Rücksichtslose Missachtung der eigenen Sicherheit bzw. der Sicherheit anderer (5). Durchgängige Verantwortungslosigkeit, die sich im wiederholten Versagen zeigt, eine dauerhafte Tätigkeit auszuüben oder finanziellen Verpflichtungen nachzukommen (6) | sorglos verantwortungsloses Handeln (15), Verweigerung der Verantwortung für eigenes Handeln (16) | Unzuverlässigkeit, keinerlei Pflichtgefühl |
| | Reizhunger / Neigung zu Langeweile (3) | unfähig, aus Erfahrungen zu lernen |

| | | |
|---|---|---|
| Fehlende Reue, die sich in Gleichgültigkeit oder Rationalisierung äußert, wenn die Person andere Menschen kränkt, misshandelt oder bestohlen hat (7) | Mangel an Gewissen und Schuldgefühl (6) | kennt weder Reue noch Schamgefühl; keine Anerkennung anderer |
| | gefühllos / fehlende Empathie (8) | Fehlen jeglicher Einsicht; unfähig, sich selbst mit den Augen anderer zu sehen |
| | glatter, oberflächlicher Charme (1) | oberflächlicher Charme |
| | übermäßiges Selbstwertgefühl (2) | pathologisch egozentrisch; vollkommen selbstzentriert |
| | oberflächlicher Affekt (7) | Mangel an tiefen und dauerhaften Emotionen |
| | promiskuitives Sexualverhalten (11) | |
| | viele kurze eheliche Beziehungen (17) | unpersönliches, triviales und kaum integriertes Sexualleben |

Anmerkung: Gegenüberstellung der Antisozialen Persönlichkeitsstörung gemäß Diagnosekriterien des DSM-IV und der PCL-R (Hart et al., 1996), mod. n. Schmidt, 2003, S. 219; erweitert um die Gegenüberstellung zu den Kriterien von Cleckley (1941/1976; vgl. Fiedler, 2001; Rauchfleisch, 1999; Saß, 1987)

Tab. *A*-7: Hauptmerkmale der Persönlichkeitsstörungen gemäß DSM-IV

| **Cluster A** | |
|---|---|
| | Als Hauptmerkmale der **paranoiden** Persönlichkeitsstörung gelten übertriebenes Misstrauen, Argwohn und die deutliche Neigung, die Handlungen anderer als feindselig oder kränkend fehlzuinterpretieren. Während dieses Misstrauen gegenüber den Motiven anderer Menschen sie dazu veranlasst, zwischenmenschliche Beziehungen gänzlich zu meiden, zeichnen sich Personen mit einer **schizoiden** Persönlichkeitsstörung durch ein fehlendes Interesse an engen Beziehungen aus. Diese Distanziertheit im sozialen Umgang geht einher mit einer eingeschränkten Bandbreite des Gefühlsausdrucks. Ein solch tief greifendes Muster sozialer und zwischenmenschlicher Defizite kennzeichnet auch die **schizotypische** Persönlichkeitsstörung, die zudem durch Verzerrungen der Wahrnehmung und des Denkens charakterisiert wird. |
| **Cluster B** | |
| | Während das DSM-IV bei Personen mit einer **antisozialen** Persönlichkeitsstörung ein dauerhaftes Muster egozentrischer Missachtung und Verletzung der Rechte anderer als Hauptmerkmal benennt, steht bei der **Borderline**-Persönlichkeitsstörung v.a. die Instabilität in zwischen-menschlichen Beziehungen, im Selbstbild und in den Affekten im Vordergrund. Bei den **histrionischen** Persönlichkeitsstörungen sind Streben nach Aufmerksamkeit und Geltungssucht mit der Neigung zu theatralischem Ausagieren und zu übertriebener Emotionalisierung zwischenmenschlicher Beziehungen gekoppelt. Die Selbstbezogenheit und mangelnde Empathie der histrionischen – früher hysterischen – Persönlichkeiten findet sich auch bei Personen mit einer **narzisstischen** Persönlichkeitsstörung, die sich darüber hinaus durch überhöhtes Selbstwertgefühl und dem Bedürfnis nach Bewunderung auszeichnen. Mangelnde Empathiefähigkeit, |

| | |
|---|---|
| | emotionale Instabilität und Impulsivität führen dann zu sozialen und zwischen-menschlichen Problemen, wenn affektive Erregungen ungebremst ausagiert werden. |
| **Cluster C** | |
| | Als Hauptmerkmal der **vermeidend-selbstunsicheren** Persönlichkeitsstörung führt das DSM-IV ein tief greifendes Muster von sozialer Gehemmtheit an, einhergehend mit Insuffizienzgefühlen und überempfindlichen Reaktionen gegenüber negativer Beurteilung. Die Verhaltensweisen von Personen mit einer **dependenten** Persönlichkeitsstörung werden als unterwürfig und anklammernd benannt, geprägt von Trennungsängsten und dem extrem starken Bedürfnis, versorgt zu werden. Die ängstliche Grundhaltung von Menschen mit einer **zwanghaften** Persönlichkeitsstörung führt zu einer rigiden Beschäftigung mit Ordnung, Perfektion und dem Bedürfnis nach psychischer und zwischenmenschlicher Kontrolle auf Kosten von Flexibilität, Aufgeschlossenheit und Effizienz. |

Anmerkung: DSM-IV (APA, 1994; Saß et al., 1996)

Tab. *A*-8: Planungsniveau

| | Rohwerte | Verbale Klassifikation | Code |
|---|---|---|---|
| *Planungs-niveau* (*PN*) | ☐ 0 – 1 | ⇒ *sehr geringes* PN → keine Vorbereitung oder Planung der Tat erkennbar; die Tat erfolgte nach allen vorliegenden Informationen impulsiv........... | ....(0) |
| | ☐ 2 – 3 | ⇒ *geringes* PN → keine Tatplanung nachweisbar; aber zu vermuten (z.B. Waffe mitgebracht, Opfer mit hohem Risiko, Spurenbeseitigung)................ | ....(1) |
| | ☐ 4 – 5 | ⇒ *durchschnittlich hohes* PN → es liegen einige Indizien dafür vor, dass die Tat zumindest im Ansatz geplant oder vorbereitet war.................. | ....(2) |
| | ☐ 6 – 7 | ⇒ *hohes* PN → viele Indizien sprechen dafür, dass die Tat geplant war .......................................... | ....(3) |
| | ☐ 8 – 9 | ⇒ *sehr hohes* PN → die Tat war langfristig vorbereitet und sorgfältig geplant................................... | ....(4) |

Anmerkung: die Rohwerte (0-9) werden aufaddiert und in eine fünffach gestufte Skala (0-4) transformiert

Tab. *A*-9: Operationalisierung des Bekanntschaftsgrades

| Bekanntschaftsgrad zwischen Täter und Opfer | |
|---|---|
| **fremd** | Opfer dem Täter bis zur Tatbegehung völlig unbekannt oder erst kurz (maximal sechs Stunden) vor der Tat kennen gelernt |
| **flüchtige Bekanntschaft** | Opfer im Zeitraum von maximal sieben Tagen vor der Tat kennen gelernt oder über längere Zeit, aber nur flüchtig bekannt (z.B. Nutzen des gleichen Sportzentrums) |
| **berufliche Bekanntschaft** | Opfer und Täter standen in beruflichem Kontakt, z.B. Arbeitnehmer/-geber, Kollege/-in, Klient/-in, Kunde/-in, Patient/-in, Prostituierte, Arzt/Ärztin, Rechtsanwalt/-anwältin, Lehrer/-in, Babysitter |
| **lange Bekanntschaft / Freundschaft** | Opfer dem Täter gut bekannt, wobei im Zeitrahmen der Tat keine intimen Kontakte bestehen |
| **Verwandtschaft** | Opfer und Täter sind sehr gut bekannt aufgrund leiblicher bzw. sozialer Verwandtschaft |
| **(ehem.) Lebensgefährte / -in** | Opfer und Täter sehr gut bekannt, inklusive intimer bzw. nicht lange zurückliegender sexueller Kontakte |

Tab. *A*-10: Opferrisiko

| | Rohwerte | Verbale Klassifikation | Code |
|---|---|---|---|
| *Opferrisiko (OR)* | ☐ 0 – 1 | ⇒ *geringes* Risiko.................................. | .......(0) |
| | ☐ 2 – 3 | ⇒ *durchschnittlich hohes* Risiko ................. | .......(1) |
| | ☐ 4 – 5 | ⇒ *hohes* Risiko ........................................ | .......(2) |

Anmerkung: die Rohwerte (0-5) werden aufaddiert und in eine dreifach gestufte Skala (0-2) transformiert

Tab. *A*-11: Täterrisiko

| | Rohwerte | Verbale Klassifikation | Code |
|---|---|---|---|
| *Täterrisiko (TR)* | ☐ 0 – 2 | ⇒ *geringes* Risiko .................................... | .......(0) |
| | ☐ 3 – 5 | ⇒ *durchschnittlich hohes* Risiko ................... | .......(1) |
| | ☐ 6 – 8 | ⇒ *hohes* Risiko ........................................ | .......(2) |

Anmerkung: die Rohwerte (0-8) werden aufaddiert und in eine dreifach gestufte Skala (0-2) transformiert

Tab. A-12: Deskription der PCL-SV-Kriterien

**Item 1: Oberflächlich; aufgesetzt, künstlich, unecht**

Das Item beschreibt Personen, deren Umgangsstil dadurch geprägt ist, durch Vortäuschen von Gefühlen, Erzählen von Geschichten und Vorbringen unwahrscheinlicher Entschuldigungen für unerwünschtes Verhalten einen vorteilhaften Eindruck zu erwecken bzw. sich in ein möglichst gutes Licht zu rücken. Haupteindruck ist eine affektierte und oberflächliche Selbstdarstellung, die sich alternativ auch in Versuchen äußern kann, durch moros-verstimmtes, feindseliges oder machohaftes Verhalten zu beeindrucken. Trotz des nur oberflächlichen Charmes vermögen diese trickreich-sprachgewandten Blender (vgl. PCL-R, **Item 1**) Schlagfertigkeit und Redegewandtheit gewinnbringend einzusetzen, so dass ihr Kommunikations- und Interaktionsstil durchaus als einnehmend und sympathisch empfunden werden kann. Im Interview sind Abschweifen und Ablenken von Fragen ebenso typisch wie die spontane Modifizierung ihrer Geschichten bei Konfrontation mit Unstimmigkeiten in ihren Darstellungen oder Fakten, die ihren Aussagen entgegenstehen. Trotz vermeintlich überzeugender Erklärungen für ihr Verhalten, vermittelt ein Kontakt mit diesen Personen den Eindruck, etwas habe in der Darstellung nicht gestimmt, emotionale Äußerungen erscheinen aufgesetzt und wenig authentisch („Psychopaths are play acting, mechanically reading their lines." (Hare 1993, 4).

**Item 2: Grandios; großspurig**

Prototypische Personen werden aufgrund eines völlig überzogenen Selbstbildes, ihrer Möglichkeiten und Fähigkeiten als großspurig oder als Angeber / Prahler beschrieben. Im Interview imponiert als Haupteindruck v.a. ihre selbstsichere, rechthaberische sowie herablassend-überhebliche Grundhaltung – einhergehend mit einer Überhöhung ihres sozialen Status und Ansehens (sie geben ihre »eigene Pressekonferenz«). Ihr erheblich *übersteigertes Selbstwertgefühl* (vgl. PCL-R, **Item 2**) steht i.d.R. im Widerspruch zu tatsächlichen Verdiensten und Leistungen; Zweifeln an der eigenen Verantwortlichkeit wirken sie durch externale Attribuierungen (Pech, das ‚System', Inkompetenz der Justiz) entgegen.

**Item 3: Betrügerisch; manipulativ**

Personen, die hier hoch scoren, bedienen sich zur Durchsetzung ihrer persönlichen Ziele (Geld, Sex, Macht etc.) für gewöhnlich der Lüge, des Betruges und der Manipulation anderer, wobei sie sehr selbstsicher auftreten und ohne erkennbare Anzeichen von Angst agieren. Haupteindruck in der Interaktion mit diesen Personen ist die Vorstellung eines Schwindlers oder Hochstaplers, dessen ausschließliche Zielsetzung darin besteht, durch geplantes, strategisches Verhalten eigene Bedürfnisse und Wünsche nach persönlichem Gewinn zu befriedigen (vgl. PCL-R, **Items 4** und **5**: *Pathologisches Lügen* und *Betrügerisch-manipulatives Verhalten*). Zur Durchsetzung der eigenen Interessen werden Fremde wie auch Freunde oder Verwandte rücksichtslos manipuliert, wobei auch kriminelle Handlungen, z.B. Urkundenfälschung, Betrug, Angabe falscher Identitäten, Bestandteile des Verhaltensrepertoires sind.

**Item 4: Fehlen von Reue; Fehlen von Gewissensbissen, Schuldgefühlen, - bewusstsein**

High-Scorer zeichnen sich dahingehend durch einen generellen *Mangel an Gewissen und Schuldgefühl* (vgl. PCL-R, **Item 6**) aus, dass der Haupteindruck entsteht, Personen mit dieser Eigenschaft seien anteilslos und ignorant ob ihres verletzenden Verhaltens und dessen Auswirkungen gegenüber anderen. Wird Reue bzw. emotionale Anteilnahme verbalisiert, dann in einer unaufrichtigen, unehrlichen Art und Weise; unter Betonung der eigenen Opferrolle wird das persönliche Leiden in den Vordergrund gerückt, die Schuld auf Dritte verschoben und die ggf. erfahrene Strafe bzw. das verhängte Strafmaß als unangemessen und ungerecht beurteilt.

**Item 5: Fehlen von Empathie; Gefühlskälte**

Dieses Item beschreibt Menschen hinsichtlich ihrer Empathie- und Introspektionsfähigkeit insofern, als im Interview der Haupteindruck eines erheblichen Desinteresses sowie der Unfähigkeit, sich in andere hineinzuversetzen bzw. sich die emotionalen positiven oder negativen Konsequenzen ihrer Handlungen bewusst zu machen, entsteht. High-Scorer erscheinen kalt, gefühllos und gleichgültig, unbeteiligt gegenüber den Gefühlen anderer (vgl. PCL-R, **Items 7** und **8**: *Oberflächliche Gefühle und Gefühlskälte*, *Mangel an Empathie*). Werden Gefühle – die häufig als Zeichen von Schwäche interpretiert werden – geäußert, dann auf so oberflächliche und instabile Weise, dass der verbale und der nonverbale Ausdruck inkonsistent erscheinen. Als ‚freiwillige Einzelgänger' ohne soziale Beziehungen streben diese Menschen skrupellos und selbstsüchtig einzig die eigene Bedürfnisbefriedigung an – dies unter Missachtung und Verletzung der Rechte, Gefühle und des Wohlergehens anderer.

**Item 6: Übernimmt keine Verantwortung**

Hohe Scores erhalten bei diesem Item Personen, die den Haupteindruck eines völligen *Vermeidens* (i.S. mangelnder Bereitschaft und Fähigkeit) der *Übernahme von Verantwortung* für die eigenen schädigenden Handlungen (vgl. PCL-R, **Item 16**) hervorrufen. Als Neutralisierungstechniken kommen Rationalisierungen des Verhaltens (z.B. Schuldumkehr, -projektion auf das Opfer oder äußere Umstände), extremes Herunterspielen der negativen Konsequenzen ihres Handelns für andere oder Bagatellisieren (Abstreiten ernsthafter Schädigungen) und Verleugnungen (Unschuldsbeteuerungen, denen zufolge das Opfer gelogen habe, Leugnen der eigenen Täterschaft) zum Tragen. Alternativ machen sie – mit Verweis auf den Zustand einer Drogenintoxikation – eine Amnesie, Erinnerungslücken oder eine körperliche oder psychische Krankheit geltend.

**Item 7: Impulsiv**

Personen mit dieser Eigenschaft sind charakterisiert durch ein hohes Stimulationsbedürfnis (*Erlebnishunger*), dem anhaltenden *Gefühl von Langeweile* und *Impulsivität* (vgl. PCL-R, **Items 3** und **14**). Als Haupteindruck tritt im Interview die Einstellung in den Vordergrund, ohne ein Abwägen der Auswirkungen zu handeln, d.h. unreflektiert aus dem Augenblick heraus zu agieren – ein Verhalten, dem häufig das Bedürfnis nach Risiko und Nervenkitzel zugrunde liegt. Fehlende Ausdauer und eine nur kurze Aufmerksamkeits- und Konzentrationsspanne gehen einher mit einem unsteten Lebensstil, der sich in Beziehungs- und Arbeitsabbrüchen sowie häufigem Wohnungswechsel äußert.

**Item 8: Schlechte Verhaltenssteuerung; impulsives acting-out**

Dieses Item beschreibt Personen, die v.a. den Eindruck erwecken, unangemessen und aggressiv mit Frustrationen umzugehen – eine inadäquate Bewältigungsstrategie, die sich durch Attribute wie Reizbarkeit, Ungeduld, Kränkbarkeit und cholerischer Reagibilität beschreiben lässt, und welche durch Alkohol- oder Drogenabusus verstärkt auftreten kann. Während sich das Item 7 (»impulsiv«) auf unüberlegtes Handeln resp. Impulsivität im Hinblick auf die Entscheidungsstruktur bezieht, äußert sich hier die deutlich verminderte Frustrationstoleranz in Form von kurzlebigen, unangemessenen Wutausbrüchen. Die *unzureichende Verhaltenskontrolle* (vgl. PCL-R, **Item 10**) führt oft zu verbalen und/oder physischen Übergriffen wie fluchen, drohen oder schlagen (bspw. im Straßenverkehr oder auf Ämtern).

**Item 9: Fehlende Lebensziele**

Haupteindruck von Personen, die hier hohe Scores erzielen, ist ihr Unwille, ihr Leben eigenverantwortlich zu führen in Zusammenhang mit einem passiven Widerstand gegenüber Forderungen nach angemessener Leistung. Ihr *parasitärer Lebensstil* und das *Fehlen von realistischen, langfristigen Plänen* (vgl. PCL-R, **Items 9** und **13**) lässt sie regelmäßige, einträgliche Arbeit vermeiden – stattdessen leben sie auf Kosten anderer (Familie, Freude, öffentliche soziale Einrichtungen) in den Tag hinein und schildern häufig wechselnde, utopische Zukunftspläne und Lebensziele (z.B. Berufswünsche, die sich konträr zur fehlenden

Leistungsorientierung und entsprechend schlechten Bildungs- und Arbeitszertifikaten verhalten).

**Item 10: Verantwortungslos**

Dieses Item beschreibt Personen, die bewusst und aktiv ein Verhalten zeigen, das für andere mit besonderer Härte oder Risiko behaftet ist (z.B. Verkehrsvergehen wie Trunkenheit, Raserei). Ihre *Verantwortungslosigkeit* (vgl. PCL-R, **Item 15**) bedingt inadäquates Handeln in diversen Lebensbereichen: Unzuverlässigkeit als Lebenspartner oder Elternteil (mangelnde Versorgung der Kinder), gegenüber dem Arbeitgeber und Kollegen (erhebliche Fehlzeiten) sowie bzgl. finanzieller Angelegen-heiten (Zahlungsverpflichtungen, Alimente). Haupteindruck im Interview ist demzufolge das gewohnheitsmäßige Versagen, Verpflichtungen und Verbindlichkeiten zu akzeptieren und zu erfüllen.

**Item 11: Antisoziales Verhalten in der Adoleszenz**

Die Vorgeschichte von Personen, die bei diesem Item hoch scoren, ist i.A. geprägt von schweren Verhaltensproblemen in der Jugend, die sowohl zuhause, als auch in der Schule und im sozialen Umfeld auftraten und nicht ausschließlich als Konsequenz von Missbrauch oder Vernachlässigung in der Kindheit zu interpretieren sind. *Frühe Verhaltensauffälligkeiten* und *Jugendkriminalität* (vgl. PCL-R, **Items 12** und **18**) können subsumiert werden unter Verletzungen von formalen, expliziten Bestimmungen und Verordnungen, die als vielfältig, häufig und überdauernd zu charakterisieren sind.

**Item 12: Antisoziales Verhalten im Erwachsenenalter**

Personen, die hier hohe Werte erreichen, fallen durch *Missachtung von Weisungen und Auflagen* sowie durch *polytrope Kriminalität* auf (vgl. PCL-R, **Items 19** und **20**). Die Verletzungen von formalen, expliziten Bestimmungen und Verordnungen sind vielfältig, häufig und überdauernd; sie beinhalten Konflikte mit dem Gesetz einschließlich Anklagen oder Verurteilungen wegen Straftaten. Diese antisozialen Verhaltensweisen führen zudem häufig zum Widerruf einer bedingten Strafaussetzung bzw. Widerruf der bedingten Entlassung (wegen Verstoßes gegen Bewährungsauflagen, z.B. aufgrund weiterer Delikte, Missbrauch von Ausgängen und Urlauben für Fluchtversuche).

Anmerkung: im Text auch die inhaltliche Zuordnung zu den PCL-R-Kriterien; vgl. Freese, 1999; Hare, 1993; Hart et al., 1996

Tab. A-13: Beschreibung der Persönlichkeitsdimensionen des NEO-FFI

| Beschreibung der Persönlichkeitskonstrukte des NEO-FFI | |
|---|---|
| Neurotizismus: | Diese Dimension erfasst individuelle Unterschiede emotionaler Stabilität bzw. Labilität (Neurotizismus), insbesondere findet die Art und Weise, wie Emotionen – v.a. jene negativer Qualität – erlebt werden, Beachtung. Personen mit einer hohen Skalenausprägung erleben sich häufig negativen Gefühlszuständen und vielen Sorgen sowie einer deutlichen Gefühlsinstabilität ausgesetzt. Die Tendenz zu Nervosität, Ängstlichkeit, sozialer Befangenheit und Verlegenheit geht oftmals einher mit einer Neigung zu unrealistischen Ideen; gleichsam sehen sie sich außerstande, ihre Bedürfnisse zu kontrollieren (mangelnde Impulskontrolle i.S. von Unfähigkeit, den eigenen Impulsen und Versuchungen zu widerstehen) und auf Stresssituationen adäquat zu reagieren. |
| Extraversion: | Personen mit hohen Werten auf der Skala E beschreiben sich als gesellig, aktiv, gesprächig und selbstsicher. Ausgestattet mit einem hohen Energiepotenzial und Durchsetzungsfähigkeit sowie einer optimistischen Lebenseinstellung sind sie häufig auf der Suche nach Anreizen und Aufregungen. Introversion lässt sich weniger durch die Gegensätzlichkeit (»unsicher«, »sozial ängstlich«, »pessimistisch«) charakterisieren, als vielmehr durch ein Fehlen von Extraversion. |
| Offenheit für Erfahrungen: | Hier werden das Interesse an und das Ausmaß der Beschäftigung mit neuen Erfahrungen, Erlebnissen und Eindrücken erfasst. Personen mit einer hohen Ausprägung auf dieser Dimension zeichnen sich durch eine Wertschätzung für Abwechslung sowie einer kritischen Haltung gegenüber Althergebrachtem in Verbindung mit der unkonventionellen Bereitschaft, sich auf neue Dinge einzulassen, aus. Sie können weiter als phantasievoll, wissbegierig und introspektionsfähig beschrieben werden. |
| Verträglichkeit: | Verträglichkeit ist wie auch Extraversion ein Konstrukt, das in erster Linie interpersonelles Verhalten beschreibt, wobei hohe Werte insbesondere auf Verständnis, Empathie und Hilfsbereitschaft verweisen. Diese altruistische Grundhaltung geht einher mit der Überzeugung, auch mit der Hilfe anderer rechnen zu können. Eine solche Neigung zu zwischenmenschlichem Vertrauen, zu Kooperativität und Nachgiebigkeit zeigen Personen mit niedrigen Werten nicht – sie beschreiben sich vielmehr als misstrauisch, kompetitiv und egozentrisch. |
| Gewissenhaftigkeit: | Gilt die Unfähigkeit, den eigenen Impulsen und sofortiger Bedürfnisbefriedigung zu widerstehen, als Indikator für Neurotizismus, so basiert die Dimension Gewissenhaftigkeit auf jener anderen Art von Selbstkontrolle, welche sich auf den aktiven Prozess von Planung, Organisation und Durchführung von Aufgaben bezieht. Diese Skala unterscheidet demzufolge ehrgeizige, pflichtbewusste, ausdauernd und diszipliniert arbeitende Personen mit einer eher systematischen Vorgehensweise von nachlässigen und gleichgültigen Personen. |

Anmerkung: vgl. Borkenau & Ostendorf, 1993

# 8. Anhang B

Tab. *B*-1: Dauer der Inhaftierung / Unterbringung bis zum Zeitpunkt der Datenerhebung

| **Dauer der Inhaftierung / Unterbringung** | Häufigkeit (N) | Prozent (%) |
|---|---|---|
| bis 12 Monate | 10 | 18.5 |
| 12 bis 24 Monate | 7 | 13.0 |
| 24 bis 36 Monate | 6 | 11.1 |
| 36 bis 48 Monate | 3 | 5.5 |
| 48 bis 60 Monate | 3 | 5.5 |
| 60 bis 72 Monate | 1 | 1.9 |
| 72 bis 84 Monate | 8 | 14.8 |
| 84 bis 96 Monate | 1 | 1.9 |
| 96 bis 108 Monate | 2 | 3.7 |
| 108 bis 120 Monate | 1 | 1.9 |
| 120 bis 180 Monate | 3 | 5.5 |
| 180 bis 240 Monate | 4 | 7.5 |
| 240 bis 300 Monate | 3 | 5.5 |
| 300 bis 360 Monate | 2 | 3.7 |
| **gesamt** | **54** | **100.0** |

Tab. *B*-2: Strafrechtsnorm zur gemeinschaftlichen Tatbegehung: § 25 StGB

| **Gemeinschaftliche Tatbegehung** | |
|---|---|
| *§ 25 StGB Täterschaft* | (1) Als Täter wird bestraft, wer die Straftat selbst oder durch einen anderen begeht.<br>(2) Begehen mehrere die Straftat gemeinschaftlich, so wird jeder als Täter bestraft (Mittäter). |

Tab. *B-3*: Erläuterungen der Kriterien zur De-/ Exkulpierung

| **Beschreibung der De-/ Exkulpierungskriterien** | |
|---|---|
| *§ 20 StGB Schuldunfähigkeit wegen seelischer Störungen* | Schuld handelt, wer bei Begehung der Tat wegen einer krankhaften seelischen Störung, wegen einer tief greifenden Bewusstseinsstörung oder wegen Schwachsinns oder wegen einer schweren anderen seelischen Abartigkeit unfähig ist, das Unrecht der Tat einzusehen oder nach dieser Einsicht zu handeln. |
| *§ 21 StGB Verminderte Schuldfähigkeit* | Fähigkeit des Täters, das Unrecht der Tat einzusehen oder nach dieser Einsicht zu handeln, aus einem der in § 20 genannten Gründe bei Begehung der Tat erheblich vermindert, so kann die Strafe nach § 49 Abs. 1 gemildert werden. |
| **Krankhafte seelische Störung** | Die Gruppe der »krankhaften seelischen Störung« umfasst u.a. folgende am »normalen Durchschnitt« gemessene Krankheitsbilder: (hirn)organisch bedingte psychische Störungen und/oder Persönlichkeitsveränderungen, Anfallskrankheiten (genuine Epilepsie), senile Demenz, Psychosen (Schizophrenie, Zyklothymie), Entzugserscheinungen, (Rauschmittel-) Intoxikationen.<br>›xikation durch Alkohol oder andere Drogen als temporäre, körperlich begründbare psychische Störung gehört psychopathologisch zu den »exogenen Psychosen«, d.h. Störungen mit einer hirnorganischen Ursache. Jedoch erlauben erst die konkreten Auswirkungen der Substanz (en) im Einzelfall Schlussfolgerungen über eine mögliche Beeinträchtigung der Einsichts- und/oder Steuerungsfähigkeit des Betroffenen. Spielt jedoch die Alkohol- oder Drogenwirkung als konstellativer Faktor im Zusammenhang mit einer »tief greifenden Bewusstseinsstörung«, einem »Schwachsinn« oder einer »anderen schweren seelischen Abartigkeit« eine Rolle, wird sie unter diesem Eingangsmerkmal und nicht unter dem Kriterium »krankhafte seelische Störung« diskutiert. |
| **Tief greifende Bewusstseins-störung** | Zum Merkmal der »tief greifenden Bewusstseinsstörung« werden in der Literatur folgende nicht krankhafte, d.h. »normal-psychologische« Störungen aufgeführt: Schlaftrunkenheit, Erschöpfung, Übermüdung, Panikreaktionen, nicht krankhafte Dämmerzustände, hypnotische Zustände oder hochgradiger Affekt.<br>Saß (1983) hat Tatmerkmale, die für bzw. gegen eine tief greifende Bewusstseinsstörung sprechen können, aufgestellt. Für eine tief greifende Bewusstseinsstörung werden folgende Kriterien (»Affektmerkmale«) aufgeführt: Ansteigen chronischer Affektspannungen, psychopathologische Disposition der Persönlichkeit, konstellative Faktoren wie Alkoholgenuss oder Erschöpfung, abrupter Tatablauf mit elementarer Wucht, gleichsam recht-winkliger Affektverlauf, schwere Erschütterung nach der Tat, hochgradige Einengung des Wahrnehmungsfeldes und der seelischen Abläufe, starke Erinnerungsstörungen, Persönlichkeitsfremdheit, Störungen der Sinn- und Erlebniskontinuität.<br>Gegen das Vorliegen einer tief greifenden Bewusstseinsstörung zum Tatzeitpunkt können folgende »Negativ-Merkmale« sprechen: aggressive Vorgestalten der Tat in der Phantasie, Ankündigen der Tat, aggressive Handlungen in der Tatanlaufzeit, Tatvorbereitungen, Herbeiführen der Tatsituation durch den Täter, Fehlen eines Zusammenhanges zwischen Provokation, Erregung und Tat, Gestaltung des Tatablaufes vorwiegend durch den Täter, lang hingezogenes Tatgeschehen, komplexer |

| | |
|---|---|
| | Handlungsablauf in Etappen, erhaltene Introspektionsfähigkeit bei der Tat, exakte und detailreiche Erinnerung, zustimmende Kommentierung des Tatgeschehens, Fehlen von vegetativen, psychomotorischen und psychischen Begleiterscheinungen heftiger Affekterregung. |
| **Schwachsinn** | Als forensisch bedeutsame, abgrenzbare Gruppe definiert sich der sog. »Schwachsinn« über all jene Formen intellektueller Minderbegabung, die einem selbstreflexiven und selbstständigen Leben des Betroffenen entgegenstehen (insbesondere geistige Behinderungen). Wird bei anderen Eingangskriterien vornehmlich die Fähigkeit zum einsichtsgemäßen Handeln in Frage gestellt, ist es hier in erster Linie die Fähigkeit zur Unrechtseinsicht. |
| **Schwere andere seelische Abartigkeit** | Das Gesetz formuliert als weiteren möglichen Exkulpationsgrund die sog. »schwere andere seelische Abartigkeit«. Subsumiert werden unter diese – terminologisch zweifelhaft formulierte – Kategorie verschiedene schwere psychische Störungen der Persönlichkeit. In der forensischen Praxis sind es v.a. die sexuellen Deviationen, Psychopathien, Borderline-Störungen und stoffgebundenen Suchterkrankungen, die von erheblicher Relevanz sind. |

Anmerkung: Strafrechtsnormen zur verminderten Schuldfähigkeit und Schuldunfähigkeit §§ 20, 21; die entsprechenden Eingangsmerkmale, die eine De- resp. Exkulpierung des Täters aufgrund kognitiver Handlungsfaktoren (mangelnde Unrechtseinsichtsfähigkeit) sowie voluntativer Komponenten (mangelnde Steuerungsfähigkeit) normieren, sind in Anlehnung an die Literatur (vgl. u.a. Forster & Ropohl 1987; Greuel 1997; Schewe 1986) erläutert. Hierbei gilt es zu bedenken, dass es sich um rein juristische Kategorien und nicht um psychologische oder psychiatrische Symptombilder handelt.

Tab. *B-4*: Anzahl der Vorstrafen

| **Anzahl Vorstrafen** | Häufigkeit (N) | Gültige Prozente (%) |
|---|---|---|
| 1 | 5 | 12.2 |
| 2 | 4 | 9.8 |
| 3 | 5 | 12.2 |
| 4 | 4 | 9.8 |
| 5 | 3 | 7.3 |
| 6 | 3 | 7.3 |
| 7 | 2 | 4.9 |
| 8 | 3 | 7.3 |
| 9 | 2 | 4.9 |
| 10 | 1 | 2.4 |
| 11 | 1 | 2.4 |
| 12 | 1 | 2.4 |
| 13 | 3 | 7.3 |
| 18 | 1 | 2.4 |
| 19 | 1 | 2.4 |
| 21 | 2 | 4.9 |
| **gesamt** | **41** | **100.0** |

Anmerkung: einbezogen nur diejenigen Probanden, bei denen eine Vorstrafenbelastung vorgelegen hat (N = 41); die Kategorie »Vorstrafenbelastung« beinhaltet diejenigen Handlungen, aufgrund welcher der Täter strafrechtlich in Erscheinung getreten und im Bundeszentral- resp. Erziehungsregister registriert wurde. Ausgenommen werden Einstellungen gem. der Vorschrift § 170 StPO, welche eine Einstellung des Verfahrens durch die Staatsanwaltschaft normiert, wenn die Ermittlungen nicht genügend Anlass zur Erhebung der öffentlichen Klage bieten, d.h. wenn die Schuld des Beschuldigten als nicht erwiesen gilt. Einstellungen nach §§ 153ff. StPO, welche die Nichtverfolgung von Bagatellsachen bzw. das (vorläufige) Absehen von Klage beinhalten, sind subsumiert; gleiches gilt für Einstellungen nach dem Jugendgerichtsgesetz gem. §§ 45, 47 JGG, welche das Absehen von Verfolgung durch die Staatsanwaltschaft (§ 45) resp. durch den Jugendrichter (§ 47) normieren – dies u.a. in Anlehnung an die Voraussetzungen von §153 StPO.

Tab. *B-5*: Strafrechtsnormen zu Tateinheit und Tatmehrheit: §§ 52, 53 StGB

| **Tateinheit / Tatmehrheit** | |
|---|---|
| *§ 52 StGB Tateinheit* | (1) Verletzt dieselbe Handlung mehrere Strafgesetze oder dasselbe Strafgesetz mehrmals, so wird nur auf eine Strafe erkannt.<br>(2) Sind mehrere Strafgesetze verletzt, so wird die Strafe nach dem Gesetz bestimmt, das die schwerste Strafe androht. Sie darf nicht milder sein, als die anderen anwendbaren Gesetze es zulassen. |
| *§ 53 StGB Tatmehrheit* | (1) Hat jemand mehrere Straftaten begangen, die gleichzeitig abgeurteilt werden, und dadurch mehrere Freiheitsstrafen oder mehrere Geldstrafen verwirkt, so wird auf eine Gesamtstrafe erkannt. |

Tab. *B*-6: »Sonstige Straftaten« nach Art und Anzahl

| | |
|---|---|
| § 86a StGB | Verwenden von Kennzeichen verfassungswidriger Organisationen (N = 1) |
| § 113 StGB | Widerstand gegen Vollstreckungsbeamte (N = 2) |
| § 123 StGB | Hausfriedensbruch (N = 6) |
| § 142 StGB | Unerlaubtes Entfernen vom Unfallort (N = 2) |
| § 145 StGB | Missbrauch eines Notrufs (N = 2) |
| § 153 StGB | Falsche uneidliche Aussage (N = 1) |
| § 164 StGB | falsche Verdächtigung (N = 1) |
| § 170 StGB | Verletzung der Unterhaltspflicht (N = 1) |
| § 323a StGB | Vollrausch (N =1) |
| § 326 StGB | Unerlaubter Umgang mit gefährlichen Abfällen (N = 1) |
| § 21 StVG | Vorsätzliches Fahren ohne Fahrerlaubnis (N = 10) |
| § 22 StVG | Kennzeichenmissbrauch (N = 2) |
| § 15 WStG | Eigenmächtige Abwesenheit (N = 3) |
| § 20 WStG | Gehorsamsverweigerung (N = 1) |

Anmerkung: Auflistung derjenigen Strafrechtsnormen, die unter ‚sonstige Straftaten' subsumiert wurden; Häufigkeitsangabe der Nennungen in Klammern

Tab. *B*-7: Alkoholisierung zum Tatzeitpunkt: Blutalkoholkonzentration (BAK)

Erfasst wird, ob zum Zeitpunkt der Tat eine – objektiv durch Blutalkohol festgestellte – Alkoholisierung des Täters bestand. Die vorgelegene Blutalkoholkonzentration (BAK) zum Tatzeitpunkt wird ggf. über Rückrechnung der den Akten zu entnehmenden Angabe zum Zeitpunkt der Blutprobe erfasst (Rückrechnungsformel: Maximale BAK zur Tatzeit = Blutentnahmewert plus 0.20 ‰ plus 0.20 ‰ pro Stunde zwischen Tatzeit und dem Zeitpunkt der Blutentnahme), wobei der nach den Umständen höchstmögliche Abbauwert zugrunde gelegt wird, um eine Benachteiligung des Täters auszuschließen.
Für die forensisch-psychiatrische Praxis gilt der Grundsatz, dass für die Beurteilung einer beeinträchtigten Steuerungsfähigkeit nicht der BAK-Wert, sondern die daraus resultierenden psychopathologischen Auffälligkeiten entscheidend sind. Die vorgelegene BAK ist nur einer von vielen Beurteilungsfaktoren.
Gleichwohl noch kein allgemeiner Konsens darüber besteht, hat sich in der forensisch-psychiatrischen Literatur die Einteilung nach einem »leichten«, »mittelgradigen« und »schweren Rausch« durchgesetzt, wobei zu betonen ist, dass nicht bestimmte Blutalkoholwerte entscheidend sind, sondern die psychischen Veränderungen. Die folgende – in Anlehnung an Feuerlein et al. (1998) – vorgenommene Zuordnung kann daher nur als sehr grobe Orientierung dienen:

| | |
|---|---|
| BAK<br>1 bis 1.5 ‰<br>(»leichter Rausch») | allgemeine Enthemmung, Antriebssteigerung (aber auch Müdigkeit oder Schläfrigkeit), Verminderung der Kritikfähigkeit und der Selbstkontrolle bei subjektivem Gefühl der erhöhten Leistungsfähigkeit, erhöhte Bereitschaft zu sozialen Kontakten, Stimulation, Rede- und Tätigkeitsdrang; neurologisch auffällig die Gang- und Standunsicherheit, verwaschene Sprache sowie eine Beeinträchtigung komplexerer motorischer Funktionen, typischerweise Gesichtsrötung |

| | |
|---|---|
| BAK <br>1.5 bis 2.5 ‰ <br>(»mittelgradiger Rausch«) | häufig die beim »leichten Rausch« beschriebenen neurologischen und motorischen Störungen in verstärkter Form; ebenfalls betroffen sein können höhere psychische Funktionen, wobei das Denken noch geordnet und die Orientierung erhalten ist; affektive Enthemmung, gehobene Stimmungslage bis hin zur Euphorie (aber auch bis hin zur Benommenheit und psychomotorischen Unruhe); Vorliegen einer erhöhten Neigung zur triebhaften Bedürfnisbefriedigung und zum schnellen Wechsel der Intentionen sowie Fehlen zielgerichteter Konstanz im Verhalten (»Sprunghaftigkeit«) und eine erhöhte Bereitschaft zu primitiven, explosiven Reaktionsweisen |
| BAK <br>> 2.5 ‰ <br>(»schwerer Rausch«) | verstärktes Auftreten der beim »leichten« und »mittelgradigen Rausch« aufgeführten neurologischen Symptome; Bewusstseins- und Orientierungsstörungen, illusionäre Verkennung, motivlose Angst oder Erregung; obligat ist das Vorliegen von Gleichgewichtsstörungen, es können aber auch Ataxie, Dysarthrie und Schwindel vorkommen |

Anmerkung: Rückrechnung und verbale Klassifikation in Anlehnung an Feuerlein et al., 1998

Tab. *B*-8: Erläuterungen zur Operationalisierung: »Drohung«, »Beleidigung«, »Nötigung«

| | |
|---|---|
| **Drohung** | Eine Drohung ist juristisch definiert als »das – ausdrückliche oder schlüssige – In-Aussicht-Stellen eines Übels, dessen Eintritt davon abhängen soll, dass der Bedrohte sich nicht dem Willen des Drohenden beugt« (Lackner & Kühl, 2001, § 240 Rdn. 12). Der Täter stellt es somit als in seiner Macht stehend hin, das angedrohte Übel zu verwirklichen. Darüber hinaus kann eine Drohung auch in der »unmittelbaren Zufügung eines Übels oder in der Ausnutzung eines bereits zugefügten Übels liegen, wenn damit die Fortsetzung eines Nötigungsverhaltens in Aussicht gestellt wird und die Befürchtung dieser Fortsetzung den Genötigten motivieren soll« (ebd.). |
| **Beleidigung** | Eine Beleidigung ist »ein Angriff auf die Ehre durch Kundgabe eigener Missachtung oder Nichtachtung« (ebd., § 185 Rdn. 3). Diese Missachtung oder Nichtachtung wird durch solche Äußerungen zum Ausdruck gebracht, die »dem Betroffenen den elementaren Menschenwert oder seinen ethischen oder sozialen Wert ganz oder teilweise abspricht und dadurch seinen grundsätzlich uneingeschränkten Achtungsanspruch verletzt« (ebd., Rdn. 4). |
| **Nötigung** | Eine Nötigung liegt vor, wenn der Täter seinem Opfer ein von diesem nicht gewolltes Verhalten (Handeln, Dulden, Unterlassen) aufzwingt: »Wer einen Menschen rechtswidrig mit Gewalt oder durch Drohung mit |

| | |
|---|---|
| | einem empfindlichen Übel zu einer Handlung, Duldung oder Unterlassung nötigt ...« (§ 240 Abs. 1 StGB). |

Tab. *B-9*: Art der Verletzungen beim Opfer

| | |
|---|---|
| **Verletzungen** durch ‚stumpfe Gewalt' | Einwirkung von breitflächigen Gegenständen oder stumpfkantigen Instrumenten; Verletzungen, die durch die Einwirkung verschiedenster Gegenstände auf den Körper (z.B. gegen den Kopf, oberhalb der sog. Hutkrempenlinie) oder auch durch Sturz oder Anstoßen entstehen und mehr oder weniger charakteristische Muster hinterlassen (Abschürfungen, Suffusionen, Zerreißungen, Knochenbrüche etc.); es können typische Werkzeugspuren (z.B. Doppelstriemen bei Stock- oder Peitschenhieben, Gürtelabdrücke, Schuhsohlenabdrücke) abgrenzbar sein. |
| **Parier-/ Abwehr-verletzungen** | Passive Abwehrverletzungen, die sich am häufigsten im Bereich der Streck- bzw. Ellenseite der Unterarme sowie auf den Handrücken befinden |
| **Stich-, Schnitt-verletzungen** | Verletzungen an schmerzempfindlichen Bereichen (unterschiedlich gerichtet, verschieden tief, (auch) im lebensbedrohlichen Ausmaß); Verletzungen durch ‚scharfe Gewalt' können durch ‚Werkzeuge' wie Scheren, Dolche, Messer, Feilen, Meißel, Schraubenzieher, Nägel, Nadeln, Glasscherben etc. hervorgerufen sein. |
| **Genitale Verletzungen** | Verletzungsformen (z.B. Scheiden-, Dammriss, Analverletzungen) können das äußere oder innere Genitale sowie die Brüste betreffen, wobei vaginale Verletzungen (Schleimhautrötungen, Einrisse, Abschürfungen und Risswunden im Bereich der Schamlippen) sehr selten sind |
| **Widerlager-verletzungen** | Druckstellen und Abschürfungen, die entstehen, wenn das Opfer gegen einen harten Untergrund gedrückt wird; diese Verletzungsarten entstehen typischerweise im Bereich der Schulterblätter, an den hinteren Becken-knochen oder an den Dornfortsätzen der Wirbelsäule |
| **Strangulations-verletzungen** | Gewalteinwirkungen gegen den Hals hinterlassen als Zeichen eines Würge- oder Drosselungsvorganges Schürfungen und Hautmarken im Halsbereich (z.B. Strangulationsspuren) sowie punktförmige Stauungsblutungen im Bereich der Gesichtshaut, den Augenbindehäuten, der Mundschleimhaut oder hinter den Ohren |
| **Fixier-verletzungen** | Hämatome, die durch Haltgriffe – v.a am Hals sowie an den Innenseiten der Oberarme sowie der Oberschenkel durch Auseinanderziehen – entstehen |
| **Biss-, Saug-verletzungen** | Verletzungen, die sich je nach Ausdehnung entweder der ‚stumpfen' oder der ‚halbscharfen' Gewalteinwirkung zuordnen lassen; beispielhaft zu nennen sind Hämatome am Hals (sog. ‚Knutschflecke') |
| **Thermische Läsionen** | z.B. Brandverletzungen durch Zigarettenglut |
| **Fesselungs-verletzungen** | Spuren (z.B. Abschürfungen) von Fesselungen an Hand- oder Fußgelenken |
| **Entkleide-** | Schürfverletzungen, die bei gewaltsamer Entkleidung des Opfers |

| | |
|---|---|
| **verletzungen** | entstehen, und sich zumeist im Bereich der Hüften und des Unterbauchs sowie im vorderen Brustkorbbereich befinden |
| **Schuss-verletzungen** | Schussverletzungen rechnen ihrem Wesen nach zur ‚stumpfen Gewalt', weil Geschosse meist stumpf sind; die Verletzungen werden direkt oder indirekt durch das Geschoss erzeugt (inkl. Schmauchhöhlen oder mehrstrahliger Platzwunden bei aufgesetzter Waffe) |

Anmerkung: Kategorisierung in Anlehnung an rechtsmedizinische Befunde (vgl. Forster & Ropohl, 1987; Püschel & Schröer, 2001; Schröer, 2002)

Tab. *B*-10a: Unterbringungsort und Persönlichkeit (N, O, V): Ränge

| | **Mittlerer Rang** | | | | **Rangsumme** | | |
|---|---|---|---|---|---|---|---|
| | N | Neuro-tizismus | Offenheit | Verträglichkeit | Neuro-tizismus | Offenheit | Verträglichkeit |
| JVA | 24 | 26.56 | **22.13** | 30.73 | 637.50 | 531.00 | 737.50 |
| MRV | 30 | 28.25 | 31.80 | 24.92 | 847.50 | 954.00 | 747.50 |

Anmerkung: NEO-FFI-Skalen (Borkenau & Ostendorf, 1993): Neurotizismus, Offenheit für Erfahrungen, Verträglichkeit

Tab. *B*-10b: Unterbringungsort und Persönlichkeit (N, O, V): Mann-Whitney-U-Test

| | **U-Wert** | | | **Signifikanz** | | |
|---|---|---|---|---|---|---|
| | Neurotizismus | Offenheit | Verträglichkeit | Neuro-tizismus | Offenheit | Verträglichkeit |
| JVA MRV | 337.500 | 231.000 | 282.500 | 0.695 | **0.024*** | 0.176 |

Anmerkung: *. signifikant 0.05%-Niveau, 2-seitig

Tab. *B*-11: Skaleninterkorrelationen des SKID-II-Fragebogens

| | su | depe | zw | nega | depr | para | scht | schi | hist | narz | Bord |
|---|---|---|---|---|---|---|---|---|---|---|---|
| **su** | | | | | | | | | | | |
| **depe** | .50** | | | | | | | | | | |
| **zw** | .46** | .32* | | | | | | | | | |
| **nega** | .56** | .56** | .56** | | | | | | | | |
| **depr** | .67** | .56** | .57** | .69** | | | | | | | |
| **para** | .53** | .47** | .56** | .55** | .69** | | | | | | |
| **scht** | .33** | .60** | .37** | .53** | .49** | .39** | | | | | |
| **schi** | .50** | .17 | .14 | .17 | .40** | .36** | .26 | | | | |
| **hist** | .01 | .19 | .33* | .35** | .19 | .27* | .39** | -.01 | | | |
| **narz** | .22 | .38** | .50** | .43** | .33* | .43** | .50** | .18 | .56** | | |
| **Bord** | .44** | .47** | .52** | .80** | .61** | .51** | .58** | .19 | .30* | .46** | |
| **SV** | .11 | .22 | .26 | .30* | .27* | .09 | .39** | .05 | .21 | .23* | .48** |

Anmerkung: su: selbstunsichere PD, depe: dependente PD, zw: zwanghafte PKS, nega: negativistische PD, depr: depressive PD, para: paranoide PD, scht: schizotypische PD, schi: schizoide PD, hist: histrionische PD, narz: narzisstische PD, Bord: Borderline PD, SV: Störung des Sozialverhaltens; N = 54; *. Signifikanz $p \leq 0.05$ (Pearson, 2-seitig); **. Signifikanz $p \leq 0.01$ (Pearson, 2-seitig)

Tab. *B*-12: Korrelationen SKID-II-Fragebogen, NEO-FFI, Skala Risikobereitschaft

| | N | E | O | G | V | R |
|---|---|---|---|---|---|---|
| **Selbstunsicher** | **.603**** | **-.338*** | -.229 | -.096 | **-.401**** | .197 |
| **Dependent** | **.676**** | -.151 | .066 | **-.270*** | -.224 | .198 |
| **Zwanghaft** | **.457**** | .038 | .151 | .166 | **-.471**** | .235 |
| **Negativistisch** | **.679**** | -.031 | .007 | -.001 | **-.509**** | **.340*** |
| **Depressiv** | **.738**** | -.099 | .002 | .012 | **-.560**** | .264 |
| **Paranoid** | **.618**** | -.057 | -.053 | -.047 | **-.397**** | .152 |
| **Schizotypisch** | **.481**** | -.061 | .107 | -.051 | **-.315*** | **.406**** |
| **Schizoid** | .206 | **-.353**** | -.237 | -.211 | **-.295*** | .050 |
| **Histrionisch** | .086 | **.426**** | .223 | .049 | -.100 | **.336*** |
| **Narzisstisch** | **.316*** | **.285*** | .052 | .021 | **-.397**** | **.419**** |
| **Borderline** | **.640**** | -.014 | .107 | .000 | **-.572**** | **.386**** |
| **St. d. SV** | .180 | .116 | .115 | .100 | **-.269*** | .256 |

Anmerkung: Korrelationen zwischen den 12 Skalen des SKID-II-Fragebogen und den Dimensionen des NEO-FFI sowie der Skala R des HPI; St. d. SV: Störung des Sozialverhaltens; N: Neurotizismus, E: Extraversion, O: Offenheit, G: Gewissenhaftigkeit, V: Verträglichkeit; N = 54; * Signifikanz $p \leq 0.05$ (Pearson; 2-seitig); ** Signifikanz $p \leq 0.01$ (Pearson; 2-seitig)

Tab. *B*-13: Interkorrelationen der PCL-SV auf Itemebene

| | 1 | 2 | 3 | 4 | 5 | 6 | 7 | 8 | 9 | 10 | 11 | 12 |
|---|---|---|---|---|---|---|---|---|---|---|---|---|
| 1 | | | | | | | | | | | | |
| 2 | **.676**** | | | | | | | | | | | |
| 3 | **.519**** | **.548**** | | | | | | | | | | |
| 4 | **.339*** | .250 | **.380**** | | | | | | | | | |
| 5 | .263 | **.298*** | **.391**** | **.428**** | | | | | | | | |
| 6 | .246 | .156 | **.439**** | **.458**** | **.337*** | | | | | | | |
| 7 | .256 | **.282*** | **.297*** | .000 | .013 | .178 | | | | | | |
| 8 | .179 | .144 | **.315*** | .156 | .044 | .209 | **.641**** | | | | | |
| 9 | .099 | .240 | **.385**** | **.366**** | **.365**** | **.448**** | .207 | **.373**** | | | | |
| 10 | **.415**** | **.296*** | **.466**** | **.544**** | **.276*** | **.547**** | .212 | **.396**** | **.539**** | | | |
| 11 | **.270*** | **.341*** | **.432**** | .033 | .204 | .050 | **.471**** | **.466**** | .258 | .242 | | |
| 12 | .055 | .078 | .091 | .031 | -.182 | .096 | **.311*** | .212 | .049 | -.03 | **.514**** | |

Anmerkung: N = 54; Zuordnung und Beschreibung der Items (1-12) vgl. Tab. A-12; *. Signifikanz $p \leq 0.05$ (Pearson, 2-seitig); **. Signifikanz $p \leq 0.01$ (Pearson, 2-seitig)

Tab. *B*-14: Korrelationen NEO-FFI, Skala R und PCL-SV

| | | N | E | O | G | V | R |
|---|---|---|---|---|---|---|---|
| **Hare, 1991** | Faktor-I | **-.330*** | -.006 | .031 | -.089 | .018 | -.182 |
| | Faktor-II | -.021 | .011 | .195 | .023 | -.195 | -.196 |
| | Gesamtscore | -.199 | .003 | .135 | -.037 | -.107 | -.211 |
| **Cooke & Michie, 2001** | Faktor 1 | -.230 | .035 | .119 | -.103 | -.079 | -.186 |
| | Faktor 2 | **-.349**** | -.056 | -.091 | -.042 | .137 | -.116 |
| | Faktor 3 | -.133 | -.104 | .058 | -.127 | -.069 | -.189 |
| **Untersuchungs-stichprobe** | Faktor-1 | **-.306*** | -.137 | -.046 | -.142 | .105 | -.207 |
| | Faktor-2 | .072 | .118 | .237 | .146 | **-.268*** | -.108 |
| | Faktor-3 | -.230 | .035 | .119 | -.103 | -.079 | -.186 |

Anmerkung: Korrelationen zwischen den Skalen des NEO-FFI und der Skala Risikobereitschaft des HPI und den Scores der PCL-SV (Hare, 1991; Cooke & Michie, 2001; Untersuchungsstichprobe); N: Neurotizismus, E: Extraversion, O: Offenheit, G: Gewissenhaftigkeit, V: Verträglichkeit; N = 54; **. Signifikanz $p \leq 0.01$ (Pearson, 2-seitig); *. Signifikanz $p \leq 0.05$ (Pearson, 2-seitig)

Tab. *B*-15: Korrelationen SKID-II-Fragebogen und PCL-SV

| | su | depe | zw | nega | depr | para | scht | schiz | hist | narz | Bo | SV |
|---|---|---|---|---|---|---|---|---|---|---|---|---|
| **F-I** | -.073 | -.195 | -.110 | -.222 | -.184 | -.168 | -.251 | -.039 | -.037 | -.256 | -.167 | -.007 |
| **F-II** | .005 | -.126 | .010 | .028 | .001 | -.106 | -.124 | .011 | .121 | .024 | .155 | **.348**** |
| **Ges.** | -.038 | -.186 | -.056 | -.108 | -.103 | -.159 | -.216 | -.015 | .052 | -.130 | .000 | .206 |

Anmerkung: Korrelationen zwischen den 12 Skalen des SKID-II-Fragebogen und den Scores der PCL-SV (Hare, 1991); su: selbstunsichere PD, depe: dependente PD, zw: zwanghafte PKS, nega: negativistische PD, depr: depressive PD, para: paranoide PD, scht: schizotypische PD, schiz: schizoide PD, hist: histrionische PD, narz: narzisstische PD, Bo: Borderline PD, SV: Störung des Sozial-verhaltens; F-I: Faktor I; F-II: Faktor-II; Ges. = Gesamtscore; N = 54; **. Signifikanz $p \leq 0.01$ (Pearson, 2-seitig)

Tab. *B*-16: Hauptkomponentenanalyse mit Varimax-Rotation

| | Rotierte Summe der quadrierten Ladungen | | |
|---|---|---|---|
| **Komponente** | Eigenwerte | % der Varianz | Kumulierte % |
| **1** | 2.91 | 24.24 | 24.24 |
| **2** | 2.41 | 20.11 | 44.35 |
| **3** | 2.27 | 18.92 | **63.27** |

Anmerkung: Kaiser-Normierung, Eigenwert > 1.0 der PCL-SV: Eigenwerte (der Eigenwert eines Faktors gibt an, welcher Betrag der Gesamtstreuung aller Items des Faktorenmodells durch diesen Faktor erklärt wird) und erklärte Varianz; N = 54

Tab. *B*-17: Rotierte Komponentenmatrix der PCL-SV

| | Komponenten / Faktoren | | |
|---|---|---|---|
| **PCL-SV** | **1** | **2** | **3** |
| Fehlen von Reue (4) | 0.71 | | |
| Fehlen von Empathie (5) | 0.53 | | |
| Keine Verantwortungsübernahme (6) | 0.77 | | |
| Fehlende Lebensziele (9) | 0.75 | | |
| Verantwortungslosigkeit (10) | 0.77 | | |
| Impulsivität (7) | | 0.78 | |
| Schlechte Verhaltenssteuerung (8) | | 0.74 | |
| Antisozial Adoleszenz (11) | | 0.75 | |
| Antisozial Erwachsenenalter (12) | | 0.67 | |
| Oberflächlich (1) | | | 0.85 |
| Grandios (2) | | | 0.87 |
| Betrügerisch-manipulativ (3) | | | 0.62 |

Anmerkung: Extraktionsmethode: Hauptkomponentenanalyse; Rotationsmethode: Varimax (Kaiser-Normierung, Eigenwert > 1.0) der PCL-SV: Eigenwerte und erklärte Varianz; N = 5

Tab. *B*-18: Gemeinsame Verteilung: Täter-Opfer-Beziehung und Ort des Übergriffs

| **Täter-Opfer-Beziehung** | **Ort des Übergriffs** | | | |
|---|---|---|---|---|
| | **»indoor«** | | **»outdoor«** | |
| | N | Prozent (%) | N | Prozent (%) |
| fremd | 2 | 6.1 | 16 | 76.2 |
| bekannt | 31 | 93.9 | 5 | 23.8 |
| **Gesamt** | **33** | **100.0** | **21** | **100.0** |

Anmerkung: N = 54

Tab. *B*-19: Mann-Whitney-U-Test für Ort des Übergriffs und Täter-Opfer-Beziehung

| **Ort des Übergriffs** | **Deskriptive Statistik** | | | **Mann-Whitney-U-Test** | |
|---|---|---|---|---|---|
| | **N** | **MR** | **RS** | **U-Wert** | **Signifikanz** |
| »outdoor« | 21 | 39.07 | 820.50 | 103.500 | **0.000**** |
| »indoor« | 33 | 20.14 | 664.50 | | |

Anmerkung: MR: mittlerer Rang; RS: Rangsumme; **. $p \leq 0.0001$, 2-seitig

Tab. *B*-20: »anal rapists« vs. »vaginal rapists«: Täteralter zum Tatzeitpunkt

| **Täteralter zum Tatzeitpunkt** | **»anal rapists«** | | **»vaginal rapists«** | |
|---|---|---|---|---|
| | N | Prozent (%) | N | Prozent (%) |
| 14;0 bis 20;11 | 1 | 10.0 | 5 | 29.4 |
| 21;0 bis 27;11 | 6 | 60.0 | 5 | 29.4 |
| 28;0 bis 34;11 | 1 | 10.0 | 3 | 17.7 |
| 35;0 bis 41;11 | 1 | 10.0 | 1 | 5.9 |
| 42;0 bis 48;11 | 1 | 10.0 | 3 | 17.7 |
| **gesamt** | **10** | **100.0** | **17** | **100.0** |

Anmerkung: absolute Häufigkeiten (N); »anal rapists« (N = 10); »vaginal rapists« (N = 17); Prozentangaben bei »vaginal rapists« gerundet

Tab. *B*-21: »anal rapists« vs. »vaginal rapists«: Nationalität

| **Nationalität** | **»anal rapists«** | | **»vaginal rapists«** | |
|---|---|---|---|---|
| | N | Prozent (%) | N | Prozent (%) |
| deutsch | 8 | 80.0 | 17 | 100.0 |
| nicht deutsch | 2 | 20.0 | 0 | 0.0 |
| **gesamt** | **10** | **100.0** | **17** | **100.0** |

Anmerkung: absolute Häufigkeiten (N); »anal rapists« (N = 10); »vaginal rapists« (N = 17)

Tab. *B*-22: »anal rapists« vs. »vaginal rapists«:
Lebenssituation vor der Inhaftierung / Unterbringung

| Haushalt | »anal rapists« N | »anal rapists« Prozent (%) | »vaginal rapists« N | »vaginal rapists« Prozent (%) |
|---|---|---|---|---|
| alleinlebend | 2 | 20.0 | 5 | 29.4 |
| zusammenlebend mit Ehe-/ Lebenpartnerin | 5 | 50.0 | 4 | 23.5 |
| bei den Eltern od Verwandten lebend | 2 | 20.0 | 6 | 35.3 |
| in WG lebend | 1 | 10.0 | 1 | 5.9 |
| keine Wohnung od. regelmäßige Unterkunft | 0 | 0.0 | 1 | 5.9 |
| **gesamt** | **10** | **100.0** | **17** | **100.0** |

Anmerkung: absolute Häufigkeiten (N); »anal rapists« (N = 10); »vaginal rapists« (N = 17)

Tab. *B*-23: »anal rapists« vs. »vaginal rapists«: Schulbildung

| Schulbildung | »anal rapists« N | »anal rapists« Prozent (%) | »vaginal rapists« N | »vaginal rapists« Prozent (%) |
|---|---|---|---|---|
| Förderschule | 0 | 0.0 | 4 | 23.5 |
| Hauptschule | 5 | 50.0 | 7 | 41.2 |
| Realschule | 1 | 10.0 | 3 | 17.7 |
| ohne Abschluss | 4 | 40.0 | 3 | 17.7 |
| **gesamt** | **10** | **100.0** | **17** | **100.0** |

Anmerkung: absolute Häufigkeiten (N); »anal rapists« (N = 10); »vaginal rapists« (N = 17); Prozentangaben bei »vaginal rapists« gerundet

Tab. *B*-24: »anal rapists« vs. »vaginal rapists«:
Berufstätigkeit vor der Inhaftierung / Unterbringung

| Berufstätigkeit | »anal rapists« N | »anal rapists« Prozent (%) | »vaginal rapists« N | »vaginal rapists« Prozent (%) |
|---|---|---|---|---|
| ja | 7 | 70.0 | 8 | 47.1 |
| arbeitslos | 2 | 20.0 | 6 | 35.3 |
| Hausmann | 0 | 0.0 | 1 | 5.9 |
| Schüler | 1 | 10.0 | 2 | 11.8 |
| **gesamt** | **10** | **100.0** | **17** | **100.0** |

Anmerkung: absolute Häufigkeiten (N); »anal rapists« (N = 10); »vaginal rapists« (N = 17); Prozentangaben bei »vaginal rapists« gerundet

Tab. *B*-25: »anal rapists« vs. »vaginal rapists«: frühere Haftstrafen

| **Frühere Haftstrafen** | **»anal rapists«** N | Prozent (%) | **»vaginal rapists«** N | Prozent (%) |
|---|---|---|---|---|
| nein | 5 | 50.0 | 7 | 41.2 |
| ja | 5 | 50.0 | 10 | 58.8 |
| **gesamt** | **10** | **100.0** | **17** | **100.0** |

Anmerkung: absolute Häufigkeiten (N); »anal rapists« (N = 10); »vaginal rapists« (N = 17)

Tab. *B*-26: »anal rapists« vs. »vaginal rapists«: Vorstrafenbelastung

| **Vorstrafenbelastung** | **»anal rapists«** N | Prozent (%) | **»vaginal rapists«** N | Prozent (%) |
|---|---|---|---|---|
| nein | 1 | 10.0 | 2 | 11.8 |
| ja | 9 | 90.0 | 15 | 88.2 |
| **gesamt** | **10** | **100.0** | **17** | **100.0** |

Anmerkung: absolute Häufigkeiten (N); »anal rapists« (N = 10); »vaginal rapists« (N = 17)

Tab. *B*-27: »anal rapists« vs. »vaginal rapists«: Anzahl involvierter Tatorte

| **Anzahl involvierter Tatorte** | **»anal rapists«** N | Prozent (%) | **»vaginal rapists«** N | Prozent (%) |
|---|---|---|---|---|
| ein Tatort | 3 | 30.0 | 8 | 47.1 |
| zwei Tatorte | 7 | 70.0 | 7 | 41.2 |
| drei und mehr Tatorte | 0 | 0.0 | 2 | 11.8 |
| **gesamt** | **10** | **100.0** | **17** | **100.0** |

Anmerkung: absolute Häufigkeiten (N); »anal rapists« (N = 10); »vaginal rapists« (N = 17); Prozentangaben bei »vaginal rapists« gerundet

Tab. *B*-28: »anal rapists« vs. »vaginal rapists«: Verbleib am Tatort

| **Verbleib am Tatort** | **»anal rapists«** N | Prozent (%) | **»vaginal rapists«** N | Prozent (%) |
|---|---|---|---|---|
| Dauer der Tatdurchführung | 2 | 20.0 | 5 | 29.4 |
| Dauer der Tatdurchführung + 50% | 4 | 40.0 | 7 | 41.2 |
| Dauer der Tatdurchführung + 100 % | 4 | 40.0 | 5 | 29.4 |
| **gesamt** | **10** | **100.0** | **17** | **100.0** |

Anmerkung: absolute Häufigkeiten (N); »anal rapists« (N = 10); »vaginal rapists« (N = 17)

Tab. *B*-29: »anal rapists« vs. »vaginal rapists«: Tatzeit

| Tatzeit | »anal rapists« | | »vaginal rapists« | |
|---|---|---|---|---|
| | N | Prozent (%) | N | Prozent (%) |
| tagsüber | 3 | 30.0 | 4 | 23.5 |
| nachts / früher Morgen | 7 | 70.0 | 13 | 76.5 |
| **gesamt** | **10** | **100.0** | **17** | **100.0** |

Anmerkung: absolute Häufigkeiten (N); »anal rapists« (N = 10); »vaginal rapists« (N = 17)

Tab. *B*-30: »anal rapists« vs. »vaginal rapists«: Kontaktaufnahme

| Kontaktaufnahme | »anal rapists« | | »vaginal rapists« | |
|---|---|---|---|---|
| | N | Prozent (%) | N | Prozent (%) |
| Blitz Attack | 4 | 40.0 | 5 | 29.4 |
| Surprise Attack | 3 | 30.0 | 8 | 47.1 |
| Con Approach | 3 | 30.0 | 4 | 23.5 |
| **gesamt** | **10** | **100.0** | **17** | **100.0** |

Anmerkung: absolute Häufigkeiten (N); »anal rapists« (N = 10); »vaginal rapists« (N = 17)

Tab. *B*-31: »anal rapists« vs. »vaginal rapists«: Oralverkehr am Täter

| Oralverkehr am Täter | »anal rapists« | | »vaginal rapists« | |
|---|---|---|---|---|
| | N | Prozent (%) | N | Prozent (%) |
| nein | 7 | 70.0 | 13 | 76.5 |
| ja | 3 | 30.0 | 4 | 23.5 |
| **gesamt** | **10** | **100.0** | **17** | **100.0** |

Anmerkung: absolute Häufigkeiten (N); »anal rapists« (N = 10); »vaginal rapists« (N = 17)

Tab. *B*-32: »anal rapists« vs. »vaginal rapists«: Oralverkehr am Opfer

| Oralverkehr am Opfer | »anal rapists« | | »vaginal rapists« | |
|---|---|---|---|---|
| | N | Prozent (%) | N | Prozent (%) |
| nein | 8 | 80.0 | 15 | 88.2 |
| ja | 2 | 20.0 | 2 | 11.8 |
| **gesamt** | **10** | **100.0** | **17** | **100.0** |

Anmerkung: absolute Häufigkeiten (N); »anal rapists« (N = 10); »vaginal rapists« (N = 17)

Tab. *B*-33: »anal rapists« vs. »vaginal rapists«: Waffengebrauch

| Waffengebrauch | »anal rapists« | | »vaginal rapists« | |
|---|---|---|---|---|
| | N | Prozent (%) | N | Prozent (%) |
| nein | 5 | 50.0 | 9 | 52.9 |
| ja | 5 | 50.0 | 8 | 47.1 |
| **gesamt** | **10** | **100.0** | **17** | **100.0** |

Anmerkung: absolute Häufigkeiten (N); »anal rapists« (N = 10); »vaginal rapists« (N = 17)

Tab. *B*-34: »anal rapists« vs. »vaginal rapists«: Opferalter zum Tatzeitpunkt

| Opferalter | »anal rapists« | | »vaginal rapists« | |
|---|---|---|---|---|
| | N | Prozent (%) | N | Prozent (%) |
| < 14 | 2 | 20.0 | 3 | 17.7 |
| 14;0 bis 20;11 | 2 | 20.0 | 4 | 23.5 |
| 21;0 bis 27;11 | 2 | 20.0 | 2 | 11.8 |
| 28;0 bis 34;11 | 2 | 20.0 | 2 | 11.8 |
| 35;0 bis 41;11 | 0 | 0.0 | 2 | 11.8 |
| 42;0 bis 48;11 | 0 | 0.0 | 2 | 11.8 |
| 49;0 bis 55;11 | 1 | 10.0 | 1 | 5.9 |
| 56;0 und älter | 1 | 10.0 | 1 | 5.9 |
| **gesamt** | **10** | **100.0** | **17** | **100.0** |

Anmerkung: absolute Häufigkeiten (N); »anal rapists« (N = 10); »vaginal rapists« (N = 17); Prozentangaben bei »vaginal rapists« gerundet

Tab. *B*-35: »anal rapists« vs. »vaginal rapists«: Täter-Opfer-Beziehung

| Täter-Opfer-Beziehung | »anal rapists« | | »vaginal rapists« | |
|---|---|---|---|---|
| | N | Prozent (%) | N | Prozent (%) |
| fremd | 2 | 20.0 | 6 | 35.3 |
| bekannt | 8 | 80.0 | 11 | 64.7 |
| **gesamt** | **10** | **100.0** | **17** | **100.0** |

Anmerkung: absolute Häufigkeiten (N); »anal rapists« (N = 10); »vaginal rapists« (N = 17)

# ChET

Code/Name: ______________________

## A Tätervariablen / Demographische Angaben

| | | |
|---|---|---|
| **$A_1$**<br>Geburtsdatum<br>Alter zum Zeitpunkt des Deliktes<br>Staatsangehörigkeit | ______________<br>______________<br>______________ | |
| **$A_2$**<br>**Familienstand** zum Zeitpunkt der Tat | ☐ ledig<br>☐ verlobt<br>☐ verheiratet<br>☐ getrennt lebend / geschieden<br>☐ verwitwet | (1)<br>(2)<br>(3)<br>(4)<br>(5) |
| **$A_3$**<br>**Höchster Ausbildungsgrad** | ☐ vor letzter Förderschulklasse abgegangen<br>☐ Förderschule<br>☐ vor letzter Hauptschulklasse abgegangen<br>☐ Volks-/ Hauptschule<br>☐ Realschule<br>☐ Gymnasium<br>☐ Hochschule / Studium<br>☐ Berufsbildende Schule<br>☐ Lehre / Ausbildung<br>☐ unbekannt | (1)<br>(2)<br>(3)<br>(4)<br>(5)<br>(6)<br>(7)<br>(8)<br>(9)<br>(99) |
| **$A_4$**<br>**Haushalt** vor der Inhaftierung | ☐ alleinlebend<br>☐ zusammenlebend mit Ehe-/Lebenspartnerin<br>☐ in Wohngemeinschaft lebend<br>☐ bei den Eltern od. Verwandten lebend<br>☐ keine Wohnung od. regelmäßige Unterkunft | (1)<br>(2)<br>(3)<br>(4)<br>(5) |
| **$A_5$**<br>**Berufstätigkeit** vor der Inhaftierung | ☐ ja → ______________<br>☐ in Berufsausbildung → ______________<br>☐ zur Zeit arbeitslos<br>☐ Hausmann<br>☐ Schüler<br>☐ Student<br>☐ Rentner, Ruhestand<br>☐ Soldat / Zivildienstleistender | (1)<br>(2)<br>(3)<br>(4)<br>(5)<br>(6)<br>(7)<br>(8) |

| | | |
|---|---|---|
| **$A_6$**<br>Ergebnisse **Leistungstests**<br><br>Testtyp, auf dessen Grundlage die Klassifikation vorgenommen wurde | ☐ unterdurchschnittlich ....................................<br>☐ durchschnittlich ............................................<br>☐ überdurchschnittlich ....................................<br><br>☐ unbekannt ....................................................<br><br>______________________________ | (1)<br>(2)<br>(3)<br><br>(99) |
| | | |
| **$A_7$**<br>**Psychiatrische Vorgeschichte**<br><br>☐ prädeliktisch bekannt<br>☐ bei deliktbezogener Begutachtung<br>☐ intramural erkannt | ☐ nein, keine diagnostizierte Störung .............<br>☐ ja, Klassifikation durch ICD / DSM ............<br>__________________________<br>__________________________<br><br>☐ unbekannt ..................................................... | (0)<br>(1)<br><br><br><br>(99) |
| | | |
| **$A_8$**<br>**Therapeutische Behandlung**<br>(Modus)<br><br>*($A_8$ entfällt, wenn $A_7$ [0])* | ☐ keine ...............................................................<br>☐ Beratung / ambulante Behandlung ...............<br>☐ Medikamentenverschreibung .......................<br>☐ Stationärer Aufenthalt .................................<br>→ ______________________________ | (0)<br>(1)<br>(2)<br>(3) |
| | | |
| **$A_9$**<br>**Frühere Inhaftierung (en)** | ☐ nein ................................................................<br>☐ ja ....................................................................<br>→ Häufigkeit __________ | (0)<br>(1) |
| | | |
| **$A_{10}$**<br>**Haft / Unterbringung** (z.Zt.) | ☐ Regelvollzug – Jugendstrafanstalt ................<br>☐ Regel (-E-) vollzug .......................................<br>☐ Regelvollzug – SothA ..................................<br>☐ Forensische Abt. (§ 63) ................................ | (1)<br>(2)<br>(3)<br>(4) |
| | | |

## B Indexdelikt

| | | |
|---|---|---|
| $B_1$ Klassifikation<br>**$B_{1\text{-}1}$**<br>**Indexdelikt**<br>(jeweils nur Haupttatbestand) | ☐ Personenbezogenes Gewaltdelikt ................................................<br>(nicht als Straftat gegen die sexuelle Selbstbestimmung verurteilt)<br>→ § ____________________<br>☐ Sexuelles Gewaltdelikt (Vergewaltigung / sexuelle Nötigung) .....<br>→ § ____________________ | (0)<br><br><br>(1) |
| **$B_{1\text{-}2}$**<br>**Straftaten in Tateinheit mit dem Indexdelikt** | ☐ nein ....................................................................................<br>☐ ja .........................................................................................<br>→ ____________________ (vgl. $C_2$) | (0)<br>(1) |
| **$B_{1\text{-}3}$**<br>**Straftaten in Tatmehrheit mit dem Indexdelikt** | ☐ nein ....................................................................................<br>☐ ja .........................................................................................<br>→ ____________________ (vgl. $C_2$) | (0)<br>(1) |
| **$B_{1\text{-}4}$**<br>Täterschaft | ☐ Einzeltäter ..........................................................................<br>☐ gemeinschaftliche Tatbegehung (Anzahl Täter: ____) ......... | (0)<br>(1) |
| **$B_{1\text{-}5}$**<br>**Datum des Deliktes** | ____________________ | |
| $B_2$ Urteil<br>**$B_{2\text{-}1}$**<br>**Rechtskraft Urteil** | ____________________ | |
| **$B_{2\text{-}2}$**<br>**Inhaftiert / untergebracht seit:**<br>**Strafmaß**<br>Widerruf Strafaussetzung zur Bewährung | ____________________<br>____________________<br>☐ nein (0) ☐ ja (1) → Strafmaß inkl. ____________________ | |

| | | |
|---|---|---|
| $B_{2-3}$<br>Anwendung §§ 20 / 21 StGB | ☐ nein ........<br>☐ ja, § 20 StGB ........<br>→ ______<br>☐ ja, § 21 StGB ........<br>→ ______ | (0)<br>(1)<br><br>(2) |

## C Vorstrafenbelastung / Einträge ins Zentral- und Erziehungsregister

| | | |
|---|---|---|
| $C_1$<br>Vorstrafen<br><br>**(strafrechtlich in Erscheinung getreten <u>und</u> im BZR registriert; exkl. Einstellungen gem. § 170 StPO)** | ☐ nein ........<br>☐ ja ........<br>⇒ Anzahl: ______<br>☐ unbekannt ........ | (0)<br>(1)<br><br>(99) |

| | | |
|---|---|---|
| $C_2$<br>**Deliktische Bandbreite I**<br><br>(Anzahl kann $C_1$ übersteigen, da als selbstständige Handlung [Tatmehrheit] abgeurteilte Delikte qualitativ unterschieden werden) | ☐ Straftaten gg. die sexuelle Selbstbestimmung (§§ 174 ff.)<br>→ § ______<br>☐ Beleidigung (§§ 185 ff.)<br>→ § ______<br>☐ Straftaten gg. das Leben (§§ 211 ff.)<br>→ § ______<br>☐ Straftaten gg. die körperliche Unversehrtheit (§§ 223 ff.)<br>→ § ______<br>☐ Straftaten gg. die persönliche Freiheit (§§ 234 ff.)<br>→ § ______<br>☐ Diebstahl / Unterschlagung (§§ 242 ff.)<br>→ § ______<br>☐ Raub / Erpressung (§§ 249 ff.)<br>→ § ______<br>☐ Begünstigung / Hehlerei (§§ 257 ff.)<br>→ § ______<br>☐ Betrug / Untreue (§§ 263 ff.)<br>→ § ______<br>☐ Sachbeschädigung (§§ 303 ff.)<br>→ § ______<br>☐ Gemeingefährliche Straftaten (§§ 306 ff.)<br>→ § ______<br>☐ Straftaten gg. das BtMG<br>→ § ______<br>☐ Sonstige Straftaten<br>→ § ______ | <br>(1)<br><br>(2)<br><br>(3)<br><br>(4)<br><br>(5)<br><br>(6)<br><br>(7)<br><br>(8)<br><br>(9)<br><br>(10)<br><br>(11)<br><br>(12)<br><br>(13) |
| | | |

| | | |
|---|---|---|
| $C_3$<br>**Deliktische Bandbreite II** | Deliktische Bandbreite ($C_2$) unter Einbeziehung der in Tatmehrheit ($B_{1-3}$) mit dem Indexdelikt abgeurteilten Straftaten<br>→ ____________________ | |
| $C_4$<br>**Falls Vorstrafe(n) resp. Tatmehrheit, dann**<br>(qualitative Unterscheidung selbständiger Handlungen) | ☐ nicht einschlägig ..........<br>☐ einschlägig ..........<br>☐ einschlägig und nicht einschlägig ..........<br>→ Anzahl „einschlägig": <u>geringer</u> (1) / <u>höher</u> (2) / <u>gleich hoch</u> (3) | (0)<br>(1)<br>(2) |

| **D Delikt** (*Inhaftierungs- / Unterbringungsanlass*) | | |
|---|---|---|
| **$D_1$ Tatort (e) / Tatzeit** | | |
| $D_{1-1}$<br>Region (ggf. erster TO) | ☐ Stadt<br>☐ Land ☐ unbekannt (99) | (0)<br>(1) |
| $D_{1-2}$<br>Tatort (ggf. erster TO) | ☐ belebt resp. Wohnung des Opfers<br>☐ öffentlich zugänglich, aber unbelebt<br>☐ abgelegen resp. Wohnung des Täters ☐ unbekannt (99) | (0)<br>(1)<br>(2) |
| $D_{1-3}$<br>Tatort (ggf. erster TO) | ☐ dem Täter bekannt<br>☐ dem Täter fremd ☐ unbekannt (99) | (0)<br>(1) |
| $D_{1-4}$<br>Tatzeit | ☐ ____________ ☐ unbekannt (99)<br>☐ tagsüber – *nach 6 Uhr*<br>☐ nachts / früher Morgen – *nach 21 Uhr* | <br>(0)<br>(1) |
| $D_{1-5}$<br>Anzahl Tatort (e) | ☐ 1<br>☐ 2<br>☐ 3 oder mehr ☐ unbekannt (99) | (0)<br>(1)<br>(2) |
| $D_{1-6}$<br>Ort des Übergriffs (ggf. erster TO) | ☐ außerhalb Gebäude (*outdoor attack*)<br>☐ innerhalb Gebäude (*indoor attack*) ☐ unbekannt (99) | (0)<br>(1) |
| $D_{1-7}$<br>Verbleib am Tatort (Zeitspanne) | ☐ ____________ ☐ unbekannt (99)<br>☐ Dauer der Tatdurchführung ..........<br>☐ Dauer der Tatdurchführung + 50% ..........<br>☐ Dauer der Tatdurchführung + 100% .......... | <br>(0)<br>(1)<br>(2) |

| | | |
|---|---|---|
| $D_2$ **Alkoholisierung** zum Tatzeitpunkt | ☐ nein ........ <br> ☐ ja ........ <br> ⇒ ☐ BAK < 1 o/oo <br> ⇒ ☐ BAK 1 – 1.5 o/oo <br> ⇒ ☐ BAK 1.5 – 2.5 o/oo <br> ⇒ ☐ BAK > 2.5 o/oo | (0) <br> (1) <br><br><br> ☐ unbekannt (99) |

| | | |
|---|---|---|
| $D_3$ <br> Kontaktaufnahme <br> Annäherung des Täters an das Opfer <br><br> ☐ unbekannt (99) | ☐ überwältigte das Opfer sofort und ohne Vorwarnung mit körperlicher Gewalt (*Blitz Attack; Blitzartiger Überfall*) ........ <br> ☐ lauerte dem Opfer aus dem Hinterhalt auf oder überraschte es im Schlaf (*Surprise Attack; Hinterhältiger Überfall*) ........ <br> ☐ näherte sich unter einem Vorwand / Täuschung (*Con Approach; Betrügerischer Überfall*) ........ | (0) <br><br> (1) <br><br> (2) |

| $D_4$ Täterverhalten | | ☐ unbekannt (99) | |
|---|---|---|---|
| 1. | Verbale Gewalt (Drohungen, Beleidigungen) ........ | ☐ nein (0) | ☐ ja (1) |
| 2. | Nötigung ........ | ☐ nein (0) | ☐ ja (1) |
| 3. | Samenerguss ........ | ☐ nein (0) | ☐ ja (1) |
| 4. | Masturbation am TO ........ | ☐ nein (0) | ☐ ja (1) |
| 5. | Vaginaler GV ........ | ☐ nein (0) | ☐ ja (1) |
| 6. | Analer GV ........ | ☐ nein (0) | ☐ ja (1) |
| 7. | Oralverkehr am Täter ........ | ☐ nein (0) | ☐ ja (1) |
| 8. | Oralverkehr am Opfer ........ | ☐ nein (0) | ☐ ja (1) |
| 9. | Manuelle Penetration ........ | ☐ nein (0) | ☐ ja (1) |
| 10. | Einführen fremder Objekte ........ | ☐ nein (0) | ☐ ja (1) |
| 11. | Zufügen von Stich-/Schnittwunden ........ | ☐ nein (0) | ☐ ja (1) |
| 12. | Zufügen von Schusswunden ........ | ☐ nein (0) | ☐ ja (1) |
| 13. | Zufügen von Brandwunden ........ | ☐ nein (0) | ☐ ja (1) |
| 14. | Zufügen von Biss-/Saugwunden ........ | ☐ nein (0) | ☐ ja (1) |
| 15. | Schläge mit Gegenständen / Fußtritte / Faustschläge | ☐ nein (0) | ☐ ja (1) |
| 16. | Würgen / Drosseln ........ | ☐ nein (0) | ☐ ja (1) |
| 17. | Folter ........ | ☐ nein (0) | ☐ ja (1) |

| | | |
|---|---|---|
| $D_5$<br>Gewaltanwendung<br>gegen das Opfer<br>*($D_5$ entfällt, wenn $B_{1-1}$ [0])*<br>☐ unbekannt (99) | ☐ minimal – gerade genug, um Kontrolle über das Opfer aufrecht zu halten ..........<br>☐ mittelmäßig – überschritt das notwendige Maß, um Kontrolle aufrecht zu halten ..........<br>☐ übertrieben – ausreichend, um den Tod herbeizuführen .... | (1)<br>(2)<br>(3) |
| $D_6$<br>Zeitpunkt der<br>Gewaltanwendung<br>*($D_6$ entfällt, wenn $B_{1-1}$ [0])*<br>☐ unbekannt (99) | ☐ unmittelbar nach Kontaktaufnahme ..........<br>☐ nach Kontaktaufnahme, aber vor sexuellen Handlungen ...<br>☐ nur aufgrund des Widerstandes durch das Opfer ..........<br>☐ während sexueller Handlungen ..........<br>☐ nach sexuellen Handlungen ..........<br>☐ unmittelbar bevor der Täter verschwand .......... | (1)<br>(2)<br>(3)<br>(4)<br>(5)<br>(6) |

| | | |
|---|---|---|
| **$D_7$**<br>**Zwangsmittel**<br>zur Kontrolle (z.B. Fesseln)<br>☐ unbekannt (99) | ☐ nein ..........<br>☐ ja ..........<br>→ ______________ | (0)<br>(1) |

| | | | |
|---|---|---|---|
| $D_8$<br>Störung bei Tathandlung<br>☐ **unbekannt (99)** | ☐ nein ..........<br>☐ ja .......... | (0)<br>(1) | |
| $D_9$<br>Täterreaktion bei<br>Störung<br>*($D_9$ entfällt, wenn $D_8$ [0])* | ☐ Tat abgebrochen / Flucht ..........<br>☐ Tat weitergeführt .......... | (0)<br>(1) | |
| $D_{10-1}$<br>Waffengebrauch<br>*($D_{10-2}$ und $D_{10-3}$ entfallen, wenn $D_{10-1}$ [0])* | ☐ nein ..........<br>☐ ja ..........<br>→ ______________ | (0)<br>(1) | ☐ unbekannt (99) |
| $D_{10-2}$<br>zum Tatort<br>mitgebracht | ☐ nein ..........<br>☐ ja .......... | (0)<br>(1) | |
| $D_{10-3}$<br>nach der Tat<br>mitgenommen | ☐ nein ..........<br>☐ ja .......... | (0)<br>(1) | |

| | | |
|---|---|---|
| **$D_{11}$** Versuche der **Spurenbeseitigung** | ☐ nein ... (0)<br>☐ ja ... (1) | ☐ unbekannt (99) |

| | | | |
|---|---|---|---|
| **$D_{12}$** Personifizierung | ☐ nein ... (0)<br>☐ ja ... (1) | ☐ unbekannt (99) | |
| $D_{12\text{-}1}$ | Inszenierung ... | ☐ nein (0) | ☐ ja (1) |
| $D_{12\text{-}2}$ | Emotionale Wiedergutmachung ... | ☐ nein (0) | ☐ ja (1) |
| $D_{12\text{-}3}$ | Depersonalisation ... | ☐ nein (0) | ☐ ja (1) |
| $D_{12\text{-}4}$ | Übertöten ... | ☐ nein (0) | ☐ ja (1) |
| $D_{12\text{-}5}$ | Gewalt mittelmäßig / übertrieben ($D_5$) ... | ☐ nein (0) | ☐ ja (1) |
| $D_{12\text{-}6}$ | Souvenirs ... | ☐ nein (0) | ☐ ja (1) |
| $D_{12\text{-}7}$ | Versuch, Intimität herzustellen (z.B. Streicheln, Küssen, „Dating", „Pseudo-Beziehung") ... | ☐ nein (0) | ☐ ja (1) |
| $D_{12\text{-}8}$ | Zufügen postmortaler Verletzungen ... | ☐ nein (0) | ☐ ja (1) |
| $D_{12\text{-}9}$ | Weitere (sexuelle) Personifizierungsformen ... → ____ | ☐ nein (0) | ☐ ja (1) |
| $D_{12\text{-}10}$ | Weitere (nicht-sex.) Personifizierungsformen ... → ____ | ☐ nein (0) | ☐ ja (1) |
| | *($D_{12\text{-}1}$ bis $D_{12\text{-}10}$ entfallen, wenn $D_{12}$ = [0]; $D_{12\text{-}4}$ und $D_{12\text{-}8}$ entfallen, wenn $B_{1\text{-}1}$ = [1]; $D_{12\text{-}5}$ entfällt, wenn $B_{1\text{-}1}$ = [0])* | | |

## E Opfer (bei Tatmehrheit der „*schlimmste Fall*")

| | | |
|---|---|---|
| **$E_1$** Geschlecht<br>Geburtsdatum<br>Alter zum Zeitpunkt des Deliktes | ☐ m (0) ☐ w (1)<br>____<br>____ | |
| **$E_2$** Alter in Relation zum Täter | ☐ ungefähr gleiches Alter (+/- 5 Jahre) ...<br>☐ Opfer signifikant älter als Täter ...<br>☐ Opfer signifikant jünger als Täter ... | (1)<br>(2)<br>(3) |
| **$E_3$** **Beruf / tatrelevante Tätigkeit**<br>☐ unbekannt (99) | ☐ ____<br>☐ gering risikoreicher Beruf ...<br>☐ durchschnittlich risikoreicher Beruf ...<br>☐ hoch risikoreicher Beruf ... | <br>(0)<br>(1)<br>(2) |

| | | |
|---|---|---|
| $E_4$<br>Opferauswahl<br><br>☐ unbekannt (99) | ☐ zufällig ..........<br>☐ gezielt .......... | (0)<br>(1) |

| | | |
|---|---|---|
| **$E_5$**<br>**Bekanntschaftsgrad**<br>zw. Täter und Opfer<br><br>☐ unbekannt (99) | ☐ Fremde ..........<br>☐ Flüchtige Bekanntschaft ..........<br>☐ Berufliche Bekanntschaft ..........<br>☐ Lange Bekanntschaft / Freundschaft ..<br>☐ Verwandtschaft ..........<br>☐ (ehem.) Lebensgefährte / -in .......... | (1)<br>(2)<br>(3)<br>(4)<br>(5)<br>(6) |

| | | |
|---|---|---|
| $E_6$<br>Opferreaktion /<br>Widerstand<br><br>☐ unbekannt (99) | ☐ keiner (befolgte Anweisungen / Forderungen) ..........<br>☐ passiver (befolgte Anweisungen / Forderungen nicht) ..........<br>☐ verbaler (argumentierte / verhandelte mit Täter) ..........<br>☐ körperlicher (schlug um sich / kämpfte oder versuchte zu flüchten) | (0)<br>(1)<br>(2)<br>(3) |

| | | |
|---|---|---|
| **$E_7$**<br>**Verletzungsgrad**<br><br>☐ unbekannt (99) | ☐ keine Verletzung ..........<br>☐ leicht verletzt (ärztliche Versorgung nicht notwendig) .....<br>☐ mittelmäßig verletzt (ärztliche Versorgung notwendig) ....<br>☐ schwer verletzt (Krankenhausaufenthalt notwendig) ........<br>☐ tödlich verletzt .......... | (0)<br>(1)<br>(2)<br>(3)<br>(4) |

| | | |
|---|---|---|
| **$E_8$**<br>**Verletzungslokalisation**<br>*($E_8$ entfällt, wenn $E_7$ [0])*<br><br>☐ unbekannt (99) | ☐ genital (primär) ..........<br>☐ genital (sekundär) ..........<br>☐ Kopf ..........<br>☐ Hals ..........<br>☐ Brustkorb ..........<br>☐ Unterleib ..........<br>☐ Rücken ..........<br>☐ Gesäß ..........<br>☐ Arme / Beine .......... | (1)<br>(2)<br>(3)<br>(4)<br>(5)<br>(6)<br>(7)<br>(8)<br>(9) |

| | | |
|---|---|---|
| **$E_9$**<br>**Art der Verletzungen**<br>*($E_9$ entfällt, wenn $E_7$ [0])* | ☐ Fixierverletzungen ..........<br>☐ Parier-/Abwehrverletzungen ..........<br>☐ Widerlagerverletzungen ..........<br>☐ Entkleideverletzungen ..........<br>☐ Genitale Verletzungen .......... | (1)<br>(2)<br>(3)<br>(4)<br>(5) |

| | | |
|---|---|---|
| | ☐ Fesselungsverletzungen ........................ | (6) |
| | ☐ Strangulationsverletzungen ................ | (7) |
| | ☐ Stich-, Schnittverletzungen ................ | (8) |
| | ☐ Verletzungen durch ‚stumpfe Gewalt' | (9) |
| | ☐ Schussverletzungen | (10) |
| | ☐ Biss-, Saugverletzungen ..................... | (11) |
| ☐ unbekannt (99) | ☐ Thermische Läsionen .......................... | (12) |

## F Scores

| | | |
|---|---|---|
| *Opferrisiko-Score* **(OR)** | ☐ 0 – 1 → *geringes* Risiko ............................................................. | (0) |
| | ☐ 2 – 3 → *durchschnittlich hohes* Risiko ....................................... | (1) |
| | ☐ 4 – 5 → *hohes* Risiko ................................................................... | (2) |

| | | |
|---|---|---|
| Täterrisiko-Score **(TR)** | ☐ 0 – 2 → *geringes* Risiko ............................................................. | (0) |
| | ☐ 3 – 5 → *durchschnittlich hohes* Risiko ....................................... | (1) |
| | ☐ 6 – 8 → *hohes* Risiko ................................................................... | (2) |

| | | | |
|---|---|---|---|
| **Planungsniveau (PN)** | ☐ 0 – 1 | ⇒ *sehr geringes* PN → keine Vorbereitung oder Planung der Tat erkennbar; die Tat erfolgte nach allen vorliegenden Informationen impulsiv .......................... | (0) |
| | ☐ 2 – 3 | ⇒ *geringes* PN → keine Tatplanung nachweisbar, aber zu vermuten (z.B. Waffe mitgebracht, Opfer mit hohem Risiko, Versuche der Spurenbeseitigung) ......... | (1) |
| | ☐ 4 – 5 | ⇒ *durchschnittlich hohes* PN → es liegen einige Indizien dafür vor, dass die Tat zumindest im Ansatz geplant oder vorbereitet war..................................................... | (2) |
| | ☐ 6 – 7 | ⇒ *hohes* PN → viele Indizien sprechen dafür, dass die Tat geplant war ............................................................. | (3) |
| | ☐ 8 – 9 | ⇒ *sehr hohes* PN → die Tat war langfristig vorbereitet und sorgfältig geplant.................................................... | (4) |

# 9. Über die Autoren/in

**Frau Dipl.-Päd. Cand.-Psych. Silvia Müller** arbeitet im Bereich der Jugendhilfe sowie der Bewährungshilfe und ihre Schwerpunkte liegen hauptsächlich in der ambulanten Versorgung von Sexualstraftätern. In der Forschung beschäftigt sie sich u.a. mit Täterverhalten, Persönlichkeit, Psychopathologie, Psychotherapie von Straftätern. Email-Kontakt: Silvia.Müller@forensische psychologie.de

**Herr Dr. phil. Dipl.-Psych. Denis Köhler** ist als wissenschaftlicher Mitarbeiter an der Universitätsklinik für Kinder- und Jugendpsychiatrie und –psychotherapie des Zentrums für Integrative Psychiatrie Kiel angestellt. Zudem ist er Lehrbeauftragter am Fachbereich Polizei der FHVD Altenholz und am Psychologischen Institut der Universität Kiel. Seine Arbeitsschwerpunkte sind die psychologische Behandlung von Inhaftierten des Jugendvollzuges und die Begutachtung von jungen Straftätern. In der Forschung beschäftigt er sich u.a. mit Psychischen Störungen bei jungen Straftätern, Persönlichkeitspsychologie, Psychopathy und Diagnostik. Email-Kontakt: Denis.Koehler@forensischepsychologie.de

**Herr Priv.-Doz. Dr. med. Dipl.-Psych. Günter Hinrichs** ist Oberarzt und stellvertretender Direktor der Universitätsklinik für Kinder- und Jugendpsychiatrie und –psychotherapie des Zentrums für Integrative Psychiatrie Kiel. Zudem ist er als forensischer Gutachter im Jugendbereich tätig. Seine Forschungsschwerpunkte sind u.a. die Therapiemotivation und Psychotherapie von Inhaftierten des Jugendvollzuges. Zudem beschaftigt er sich mit allgemeinen kinder- und jugendpsychiatrischen Fragestellungen. Aus diesen Bereichen gingen in den letzten Jahren div. wissenschaftliche Veröffentlichungen hervor.
Email-Kontakt: Guenter.Hinrichs@forensischepsychologie.de

Mehr Informationen über die Autoren/ in finden Sie unter:
**www.forensischepsychologie.de**